# 中国纳税百强年鉴

CHINA TOP100 CORPORATION & INSTITUTION TAXPAYERS YEARBOOK

2009 年卷

中国财政经济出版社

# 向纳税英雄

XIANG NA SHUI YINGXIONG
ZHI JING !

**税收乃国力血脉，**
**经济为税收源泉，**
**做大中国财政蛋糕主要依靠的**
**是一大批实力雄厚的纳税大企业。**
**依靠的是他们对**
**中国经济的卓越贡献。**

# 致敬！

中华人民共和国财政部税政司

中国财政经济出版社

《中国纳税百强年鉴》编辑部

# 《中国纳税百强年鉴》

## 编辑委员会

# 目　录

# 前　言

税收是国家组织财政收入、实施宏观调控和调节收入分配的重要物质基础和政策工具。胡锦涛同志曾经指出："税收作为国家财政收入的主要形式，它不仅是财政收入的稳定、可靠的来源，而且是国家经济政策的重要体现，它对经济社会运行、资源配置和收入分配也具有重要的调节作用。"

近年来，税收收入持续增长，税收规模不断扩大，国家财政实力明显增强。这为逐步建立完善的公共财政制度和深化财税体制改革，为促进经济结构调整和社会协调发展奠定了坚实的物质基础。这些成绩的取得，是党中央、国务院正确领导和财税战线全体同志共同努力的结果，更是全国千百万纳税人通过依法诚信纳税为国家作出的贡献，其中纳税大户的贡献尤其突出。

为大力宣扬纳税大户对国家和社会所作出的突出贡献，客观反映企业纳税实际，展现企业综合实力，树立先进榜样，形成依法诚信纳税的良好社会氛围，我们依托国家权威部门提供的有关数据信息，组织编写了《中国纳税百强年鉴》，将各行各业纳税大户的纳税贡献载入共和国的发展史。

《中国纳税百强年鉴》自2005年创刊以来，已连续出版了4卷，本卷为第5卷。《中国纳税百强年鉴》（2009年卷）收录了2008年中国境内各类企业的纳税总排行榜（前500名）、全国上市企业纳税排行榜（前500名）、全国国有企业纳税排行榜（前500名）、全国外商投资企业纳税排行榜（前500名）、全国分地区企业纳税排行榜（前100名）、全国分行业企业纳税排行榜（前100名）。各排行榜企业纳税数据根据全国税收资料调查和企业所得税税源调查数据整理而成。

《中国纳税百强年鉴》在编辑过程中，得到了财政部领导和有关司局的热情关怀，得到了有关企事业单位的大力支持，在此，我们向他们表示衷心的感谢！

由于我们的水平有限，本书如有错误和疏漏，还望广大读者批评指正。

编者

二〇〇九年十二月

# 中国石化

## ——认真履行社会责任　努力促进社会和谐

中国石化是集石油勘探开发、炼油、化工及产品营销于一体的能源化工企业，是全球第三大炼油商，第六大石化公司，中国最大的成品油和石化产品营销商、进口原油贸易商及第二大原油生产商，在《财富》2009年度全球500强企业中排名第9位，在中企联2009年中国企业500强排名中位列榜首。中国石化每年向社会提供三千多万吨的化工原料，满足老百姓的衣食住行需要。通过近三万座加油站及销售网络每年为消费者提供一亿两千多万吨的成品油，每天向上千万车辆提供全方位的服务。

多年来，中国石化始终坚持企业经济责任、政治责任、社会责任的有机统一，按照对员工负责、对社会负责、对人类的共同利益和生存环境负责的总要求，在不断加快发展、追求经济总量和效益最大化的同时，认真履行企业社会责任，积极推进企业和社会和谐发展。在履行企业社会责任的过程中，中国石化坚持从自身实际出发，始终把着力点放在以下方面：

**（一）持续稳定地为社会提供能源及服务**

中国石化坚持把为社会和公众提供优质能源及服务作为公司的最大责任，多年来始终把资源战略放在首位，不断加大国内勘探开发力度，积极实施“走出去”战略，努力发现和开发更多的油气资源，保障国家经济社会发展的需要。在国内，中国石化把勘探开发领域从东部扩展到西部、南方和海域，每年用于勘探的投入已超过100亿元，登记区块扩大到了100万平方公里以上，油气资源量近几年已增加了三倍，大大拓展了发展空间。特别是近年来国内局部地区出现油品供需失衡的情况下，中国石化及时采取措施稳定市场供应，充

GGUO SHIHUA

分发挥了成品油主渠道作用。在海外，中国石化注重抓住机遇，积极开展油气勘探开发，初步形成了较为合理的海外勘探和开发布局。在开拓海外业务时，中国石化注重保护环境、关心民生，积极支持当地经济社会发展，赢得了当地政府及非政府组织的普遍赞誉。

**（二）千方百计地节约能源资源**

近年来，中国石化对已有装置实施了大规模技术改造，关停了一批消耗高、污染重、技术落后的小炼油、小化工装置，有效促进了生产装置的大型化、集约化和产业结构的优化升级，实现了能源资源消耗的大幅度降低。公司全面推广了国家级的重点节能技术，研发推广了一系列实用节能技术，2006-2008年在节能减排改造项目上已累计投资114亿元。同时，公司充分发挥上中下游一体化优势，大力推广循环经济，促进资源优化配置和再利用。通过以上措施，公司在生产经营总量持续增长的同时，整体能耗物耗水平逐年降低。2006-2008年在工业总产值增长58.9%的发展形势下，万元产值综合能耗降低了14.3%；外排废水减少了21.5%，危险废物妥善处理率达到100%，加工吨原油取水量下降了39.8%。在原油平均硫含量上升16.7%的情况下，二氧化硫排放量降低了19.8%。

**（三）坚持不懈推进健康、安全、环境(HSE)一体化管理**

中国石化每年在安排投资计划时，都将隐患治理放在第一位。近二年来，先后有重点地完成各类隐患治理项目1200多项，提高了装置设施的本质安全水平，公司的事故发生率逐年下降，事故和自然灾害的赔偿记录远低于商业保险公司的记录。公司严格执行有关法令和规章，坚持安全、环保、卫生等技术措施与主体工程同时设计、同时施工、同时投入使用，努力把缺陷和隐患消灭在源头。公司每年安排环境治理专项资金4-5亿元，解决与现有国家相关标准规定和要求不相适应的环保问题，取得了良好效果。公司始终重视职业卫生管理，保护员工身体健康，目前有毒有害岗位检测覆盖率已达98%以上，在岗员工职业病发病率控制在0.1‰以下。

**（四）全面推行清洁生产和生产清洁产品**

国家《清洁生产促进法》颁布后，中国石化结合自身实际制定了严于国家标准的《清洁生产企业标准》，全面启动了清洁生产和生产清洁产品工作。到目前，已经有12家企业、51套生产装置达到了标准，通过了验收。为保护环境、节约能源，公司制定实施了熄灭“火炬”计划。目前所属炼化生产装置中，95%以上的火炬已经熄灭，每年可减少二氧化碳排放近400万吨。

在生产清洁产品方面，公司近几年累计投入近400亿元改造生产装置，开发清洁燃料和可再生能源的生产技术。从2005年7月1日起，公司在全国率先全面实现新标准汽柴油生产，向北京市提供符合欧Ⅲ排放标准的汽油产品，2008年开始向北京市场提供符合欧Ⅳ排放标准的汽油产品。2009年10月，向上海市提供符合国Ⅳ排放标准的汽油产品，2009年12月31日，向浙江、江苏、广东、天津等12个省市全面提供符合国Ⅲ排放标准的汽油产品。

# 中国石化

ZHON

NGGUO SHIHUA

长安街

**（五）积极参与公益事业，推动和谐社会建设**

中国石化持续赞助“健康快车光明行”活动，累计向健康快车基金会捐赠人民币7540万元，为贫困地区白内障患者送去光明。由中国石化赞助的“健康快车”开进了西藏、新疆、青海等10几个省区的边远贫困地方，已免费救治了12981名白内障患者。中国石化积极参与扶贫援藏计划，先后向贫困地区及西藏地区投入超过12亿元，帮助修建基础设施、发展地方经济及开展各种救灾活动。中国石化资助“春蕾计划”，近四年来已出资3206.9万元，使近8万人次的失、辍学女童重返校园。此外，中国石化还热心公益文化事业，成为北京奥运会合作伙伴，赞助第十届、第十一届全运会，多次向中国残疾人基金会、中国少年儿童基金会等机构捐款，积极赞助中美、中法、中俄等文化交流活动。2007年，中国石化在中国“2007十大慈善企业”中位居榜首。2008年，科技部、国务院国资委和中华全国总工会授予我们“创新型企业”称号。国务院扶贫领导小组授予我们“中央国家机关等单位定点扶贫先进单位”称号。2009年9月19日，由新华网主办、国内专家和亿万网共同评选，中国石化荣获了履行企业社会责任的“杰出企业奖”，集团公司总经理苏树林先生荣获履行企业社会责任的“杰出人物奖”。

# 中国石化

ZHON

海南大炼油项目

国家储备油库

鸟巢沥青摊铺

# 中国石化

希望小学

GGUO SHIHUA

雪龙1

# 中国石化

中国石化冠名的健康快车奔赴内蒙古呼伦贝尔

GGUO SHIHUA

中国石化生产调度指挥中心

天翼
surfing
3G互联网手机
天翼 带你畅游3G
3G 让上网搜索
更加简单
3G 让手机办公
轻松自如
3G 让即时通讯
随时随地
Google(谷歌)全球副总裁
大中华区总裁
网易 创始人兼CEO
销售及在线服务微软大中华区总经理
MSN中国总裁
中国电信
CHINA TELECOM
世 界 触 手 可 及
用户至上 用心服务 Customer First Service Foremost
www.ct10000.com
客户服务热线
Customer Hotline
10000

天翼
surfing
3G互联网手机
无线宽带
激情互联生活
一号双卡，畅快同享
一号双卡：同时满足手机、电脑两种应用。
自动登录：无需输入帐号、密码，轻松便捷。
无缝覆盖：WLAN、3G和1X三种接入方式，网络无处不在。
一号尽享：一个号码满足通话、邮箱、聊天、上网、无线宽带、海量增值服务。
中国电信
CHINA TELECOM
世界触手可及
用户至上 用心服务 Customer First Service Foremost
www.ct10000.com
客户服务热线
Customer Hotline

EXPO 2010 SHANGHAI CHINA
中国电信 CHINA TELECOM
中国2010年上海世博会全球合作伙伴
网上营业厅
e-Customer Service Center
首页 商务领航 我的e家 天翼 最新动态 业务介绍 自助服务 手机专区 帮助与支持 关于我们
"自助服务"
费用查询
购买充值卡
充值交费
业务办理
中国电信网上营业厅
www.ct10000.com
轻松一键交费，网上永不排队
还在把时间浪费在排队上么？到中国电信网上营业厅交费吧！足不出户，便可将充值交费、费用查询、业务办理等轻松搞定，便捷安全，让您更安心！从此甩掉排队的烦恼，尽享更多休闲时光！
用户至上 用心服务 Customer First Service Foremost
www.ct10000.com
客户服务热线 Customer Hotline 10000

天翼
surfing
3G互联网手机
天翼 Live
高清
i music
189
精彩纷呈的娱乐生活 尽在天翼Live
全方位通信服务及高品质娱乐内容，
有了天翼Live，生活从此不同！
天翼 Live可与MSN完美互通，PC版更可提供手机短信、在线高清、爱音乐、189邮箱、在线号码百事通、安全防护、爱冲印等服务。中国电信天翼用户、我的e家及家庭宽带用户均可轻松登录，推广期每月还有300条免费短信哦！手机版同时推出，现在就来体验吧！
中国电信
CHINA TELECOM
世界触手可及
用户至上 用心服务 Customer First Service Foremost
www.ct10000.com
客户服务热线
Customer Hotline

号码百事通
Best Tone
订酒店
订餐
118114
114
订机票

2009年3月10日至11日，中国共产党东风汽车公司第八次党员代表大会在武汉隆重召开，图为大会场景。

2009年9月21日，东风公司建设40周年大型庆典晚会在东风体育馆举行。

2009年10月1日，83辆东风整车参加国庆大阅兵。

2009年1月9日，东风1.5吨级高机动性越野汽车（东风“猛士”）的研制获“国家科技进步奖”一等奖。

## 东风汽车公司
## DONGFENG MOTOR CORPORATION

东风汽车公司（以下简称公司）始建于1969年，是中国特大型骨干企业之一，主要基地分布在十堰、襄樊、武汉、广州等地，总部设在武汉。主营业务涵盖全系列商用车、乘用车、零部件和汽车装备。

公司以“把东风打造成为国内最强、国际一流的汽车制造商；创造同业中国际居前、中国领先的盈利率；实现可持续成长，为股东、员工和社会长期创造价值”为事业梦想，以“建设永续发展的百年东风，面向世界的国际化东风，在开放中自主发展的东风”为愿景，以“三个跨越，一方和谐”为奋斗目标，致力于把一个自主开放、可持续发展、具有国际竞争力的东风汽车公司推向世界。

2009年9月21日，第500万辆东风品牌商用车——东风天龙从东风商用车总装配厂下线。

2009年6月30日，东风公司首款自主乘用车产品东风风神S30在东风乘用车公司武汉工厂总装车间隆重下线。

2009年8月19日，东风本田汽车有限公司在武汉隆重举行第50万辆车暨思铂睿下线仪式。

国家专利化试点基地揭牌仪式

2009年，公司积极应对国际金融危机，加快转变发展方式，加强自主创新，使各项事业全面迈上了新台阶。公司全年销售汽车189.8万辆，同比增长43.6%，实现销售收入2564亿元，同比增长30.2%，各项指标均创历史最好水平。

国资委考核指标超额完成。按国资委考核口径，实现利润91.5亿元（比例合并报表），净资产收益率为22.4%，成本费用总额占主营业务收入比重为93.3%，流动资产周转率达到1.98次。四大指标完成情况均好于考核目标。

自主品牌乘用车新事业首战告捷。武汉工厂一期工程建成投产，8万辆能力初步形成。首款东风风神轿车实现成功上市，全年销售2万辆。

节能减排阶段性目标全面达成。与2005年相比，公司万元增加值能耗、COD、SO2排放分别下降或减少36.3%、25.4%、34.9%。超额完成国资委下达的阶段性考核目标。

东风汽车公司
DONGFENG MOTOR CORPORATION
东风 标致 408
东风雪铁龙 C5
东风悦达·起亚 赛拉图 欧风
东风 风行景逸
东风 HONDA 新思域 CIVIC
东风日产 天籁
东风 天龙
东风 猛士

东风 风圣

东风 大力神

东风风神 H30

东风 金霸

东风 HONDA CR-V

东风日产 奇骏

东风 小康新3U金钻

东风 纯电动 旅游观光车

Bank
中国光大银行
CHINA EVERBRIGHT BANK
大地之爱
LOVE OF MOTHER
“大地之爱·母亲水窖”专项基金
■ 主办单位：中国妇女发展基金会
■ 合作伙伴：中国光大银行
五年时间捐建万口水窖
点滴积累彰显社会责任
刷“母亲水窖·爱心信用卡”
每刷一次，光大银行就按消费额的1‰向西部缺水家庭捐款
您也可自选自助捐款功能，每成功消费一笔自动捐赠1元钱
中国妇女发展基金会捐赠热线：010-65103488

# 关于2008年度中国纳税百强企业数据的有关说明

2008年度纳税百强企业排行榜包括中国纳税企业500强排行榜（总排名）、外商（含港澳台）投资企业纳税500强排行榜、上市公司纳税500强排行榜、国有企业纳税500强排行榜、35个行业企业纳税100强排行榜、31个省（自治区、直辖市）企业纳税100强排行榜。

一、本排行榜使用纳入全国（不含香港、澳门、台湾）税收资料调查和企业所得税税源调查企业的相关数据。

二、本排行榜企业行业分类，使用《中华人民共和国国民经济行业分类》（GB/T4754－2002）标准。

三、本排行榜企业地区分类，使用《中华人民共和国行政区划代码》（GB/T2260－2002）标准。

四、本排行榜企业经济类型分类，使用国家统计局和国家工商行政管理总局2001年《关于划分企业登记注册类型的规定》标准。

五、本排行榜企业的实纳税额，为企业排名年度实际缴纳的增值税、消费税、营业税、企业所得税、地方税、车辆购置税、进口环节增值税、进口环节消费税、进出口关税之和减去代扣代缴证券交易印花税、出口退税、增值税先征后退、企业所得税返还等退税额后的余额。

编　者

# 一、2008年度全国纳税五百强企业排行榜

单位：万元

| 序号 | 企业代码 | 企业名称 | 地区 | 实纳税额 |
|---|---|---|---|---|
| 1 | 110102100003962 | 中国工商银行股份有限公司 | 11 | 4229629 |
| 2 | 230690716675409 | 大庆油田有限责任公司 | 23 | 4229138 |
| 3 | 110108100005474 | 中国农业银行 | 11 | 2853104 |
| 4 | 370502723856718 | 中国石油化工股份有限公司胜利油田分公司 | 37 | 2691386 |
| 5 | 430102740640740 | 湖南中烟工业有限责任公司 | 43 | 2533453 |
| 6 | 110102100001342 | 中国银行股份有限公司 | 11 | 2209954 |
| 7 | 310043132200434 | 上海烟草（集团）公司 | 31 | 2069451 |
| 8 | 53040121766326X | 红塔烟草（集团）有限责任公司 | 53 | 2040335 |
| 9 | 530102781651462 | 红云烟草（集团）有限责任公司 | 53 | 1891234 |
| 10 | 120118712824649 | 中海石油（中国）有限公司 | 12 | 1728116 |
| 11 | 330201793017426 | 中国石油化工股份有限公司镇海炼化分公司 | 33 | 1679786 |
| 12 | 110102000018454 | 国家开发银行 | 11 | 1661641 |
| 13 | 310046631696382 | 宝山钢铁股份有限公司 | 31 | 1497363 |
| 14 | 330194142916794 | 浙江中烟工业有限责任公司 | 33 | 1445180 |
| 15 | 11010571785912X | 梅赛德斯－奔驰（中国）汽车销售有限公司 | 11 | 1409985 |
| 16 | 420104757009410 | 湖北中烟工业有限责任公司 | 42 | 1312584 |
| 17 | 440901722484553 | 中国石油化工股份有限公司茂名分公司 | 44 | 1197013 |
| 18 | 650200715597998 | 中国石油天然气股份有限公司新疆油田分公司 | 65 | 1188673 |
| 19 | 41010575714492X | 河南中烟工业公司 | 41 | 1115979 |
| 20 | 110105717859867 | 宝马（中国）汽车贸易有限公司 | 11 | 1090082 |
| 21 | 65280071554911X | 中国石油天然气股份有限公司塔里木油田分公司 | 65 | 1015703 |
| 22 | 44030110001686X | 招商银行股份有限公司 | 44 | 972803 |
| 23 | 619000713594558 | 中国石油天然气股份有限公司长庆油田分公司 | 61 | 935801 |
| 24 | 210211716947734 | 中国石油天然气股份有限公司大连石化分公司 | 21 | 934397 |
| 25 | 220104605120697 | 一汽－大众汽车有限公司 | 22 | 930128 |
| 26 | 340104148944251 | 安徽中烟工业公司 | 34 | 925712 |
| 27 | 520100214412588 | 贵州中烟工业有限责任公司 | 52 | 907971 |
| 28 | 110101710935038 | 中国投资有限责任公司 | 11 | 848547 |
| 29 | 370112759162101 | 山东中烟工业公司 | 37 | 840090 |
| 30 | 310043132200581 | 上海证券交易所 | 31 | 767275 |
| 31 | 110108000013477 | 中华人民共和国铁道部 | 11 | 746539 |

续表

| 序号 | 企业代码 | 企业名称 | 地区 | 实纳税额 |
|---|---|---|---|---|
| 32 | 210303242669479 | 鞍钢股份有限公司 | 21 | 735713 |
| 33 | 310046607371748 | 上海通用汽车有限公司 | 31 | 720529 |
| 34 | 110105710938183 | 丰田汽车（中国）投资有限公司 | 11 | 702702 |
| 35 | 440100707653099 | 中国移动通信集团广东有限公司 | 44 | 685230 |
| 36 | 120115710939151 | 天津一汽丰田汽车有限公司 | 12 | 675629 |
| 37 | 440103190329746 | 广东中烟工业有限责任公司 | 44 | 662894 |
| 38 | 320102134876825 | 江苏中烟工业公司南京卷烟厂 | 32 | 646814 |
| 39 | 320300136388104 | 江苏中烟工业公司徐州卷烟厂 | 32 | 630149 |
| 40 | 610690220568570 | 陕西延长石油（集团）有限责任公司 | 61 | 594977 |
| 41 | 420107300247654 | 武汉钢铁股份有限公司 | 42 | 576463 |
| 42 | 310046607200463 | 上海大众汽车有限公司 | 31 | 571398 |
| 43 | 532526217870138 | 红河烟草（集团）有限责任公司 | 53 | 564970 |
| 44 | 440106734916755 | 广东电网公司广州供电局 | 44 | 552993 |
| 45 | 22079171717338X | 中国石油天然气股份有限公司吉林油田分公司 | 22 | 546973 |
| 46 | 650104228931952 | 新疆西北中石油国际事业有限公司 | 65 | 532788 |
| 47 | 510112793957784 | 四川烟草工业有限责任公司 | 51 | 532347 |
| 48 | 440194717852200 | 广州丰田汽车有限公司 | 44 | 513123 |
| 49 | 370883166122374 | 兖州煤业股份有限公司 | 37 | 513023 |
| 50 | 620301224690952 | 金川集团有限公司 | 62 | 504677 |
| 51 | 210213604821942 | 大连西太平洋石油化工有限公司 | 21 | 503123 |
| 52 | 440112708263885 | 广州本田汽车有限公司 | 44 | 498305 |
| 53 | 110192101783083 | 诺基亚（中国）投资有限公司 | 11 | 493614 |
| 54 | 440102730486030 | 广东电网公司 | 44 | 486278 |
| 55 | 310043834486537 | 中国石油化工股份有限公司上海高桥分公司 | 31 | 486187 |
| 56 | 420101616401865 | 东风本田汽车有限公司 | 42 | 471415 |
| 57 | 350802157821405 | 龙岩烟草工业有限责任公司 | 35 | 469912 |
| 58 | 610198220562750 | 陕西中烟工业公司 | 61 | 469906 |
| 59 | 652800742248144 | 中国石油化工股份有限公司西北油田分公司 | 65 | 467371 |
| 60 | 450100198222644 | 广西中烟工业有限责任公司 | 45 | 461420 |
| 61 | 350100158142711 | 兴业银行股份有限公司 | 35 | 459351 |
| 62 | 110101710933024 | 中国神华能源股份有限公司 | 11 | 454768 |
| 63 | 110102100004447 | 中国建设银行股份有限公司 | 11 | 450200 |
| 64 | 310043132212291 | 中国石化上海石油化工股份有限公司 | 31 | 444097 |
| 65 | 360101767016649 | 江西中烟工业公司 | 36 | 420332 |
| 66 | 130982721634003 | 中国石油天然气股份有限公司华北油田分公司 | 13 | 417748 |
| 67 | 31004313221158X | 上海浦东发展银行股份有限公司 | 31 | 404583 |
| 68 | 110101100018988 | 中国民生银行股份有限公司 | 11 | 396622 |

续表

| 序号 | 企业代码 | 企业名称 | 地区 | 实纳税额 |
|---|---|---|---|---|
| 69 | 440114749934315 | 东风汽车有限公司东风日产乘用车公司 | 44 | 395501 |
| 70 | 340504610400837 | 马鞍山钢铁股份有限公司 | 34 | 394073 |
| 71 | 500904709375109 | 长安福特马自达汽车有限公司 | 50 | 393980 |
| 72 | 440101618404218 | 广州宝洁有限公司 | 44 | 389537 |
| 73 | 37010372495538X | 中国移动通信集团山东有限公司 | 37 | 387978 |
| 74 | 440801617797099 | 中国石化湛江东兴石油化工有限公司 | 44 | 387494 |
| 75 | 440401105377277 | 中油燃料油股份有限公司 | 44 | 385074 |
| 76 | 330000142911635 | 浙江省电力公司 | 33 | 376784 |
| 77 | 320800139434583 | 江苏中烟工业公司淮阴卷烟厂 | 32 | 370766 |
| 78 | 120114722958405 | 中国石油化工股份有限公司天津分公司 | 12 | 366373 |
| 79 | 310106100019382 | 光大证券股份有限公司 | 31 | 366188 |
| 80 | 11010271093123X | 国家电网公司 | 11 | 363318 |
| 81 | 440100717859912 | 保时捷（中国）汽车销售有限公司 | 44 | 363161 |
| 82 | 152701772221612 | 中国神华能源股份有限公司东胜结算部 | 15 | 359728 |
| 83 | 510108713006509 | 四川一汽丰田汽车有限公司 | 51 | 358864 |
| 84 | 350204155016357 | 厦门烟草工业有限责任公司 | 35 | 352922 |
| 85 | 150230114392559 | 包头钢铁（集团）有限责任公司 | 15 | 345868 |
| 86 | 440100795524886 | 中国石化销售有限公司华南分公司 | 44 | 342437 |
| 87 | 310043744912184 | 中国石化销售有限公司华东分公司 | 31 | 340867 |
| 88 | 211103716484362 | 中国石油辽河油田分公司 | 21 | 340174 |
| 89 | 11010271092841X | 中国人寿保险股份有限公司 | 11 | 337770 |
| 90 | 441401196271995 | 广东中烟工业有限责任公司梅州卷烟厂 | 44 | 337185 |
| 91 | 120114718258908 | 中国石油股份有限公司大港油田分公司 | 12 | 330139 |
| 92 | 32000670404188X | 中国移动通信集团江苏有限公司 | 32 | 326963 |
| 93 | 370212794031617 | 山东中烟工业公司青岛卷烟厂 | 37 | 326551 |
| 94 | 11010810169040X | 中国矿产有限责任公司 | 11 | 320517 |
| 95 | 222401795219048 | 吉林烟草工业有限责任公司 | 22 | 318203 |
| 96 | 120118718249438 | 中海石油（中国）有限公司天津分公司 | 12 | 314442 |
| 97 | 37010316304901X | 山东电力集团公司 | 37 | 311788 |
| 98 | 310046132200821 | 宝钢集团有限公司 | 31 | 310549 |
| 99 | 310046132224671 | 上海市电力公司 | 31 | 308448 |
| 100 | 610890770043971 | 中国神华能源有限责任公司神东煤炭分公司 | 61 | 305862 |
| 101 | 440301710930739 | 中国平安人寿保险股份有限公司 | 44 | 305480 |
| 102 | 440101618419487 | 安利（中国）日用品有限公司 | 44 | 301402 |
| 103 | 140213710932953 | 大秦铁路股份有限公司 | 14 | 296830 |
| 104 | 330165704200297 | 中国移动通信集团浙江有限公司 | 33 | 295328 |
| 105 | 110104101109822 | 华北电网有限公司 | 11 | 294187 |

续表

| 序号 | 企业代码 | 企业名称 | 地区 | 实纳税额 |
|---|---|---|---|---|
| 106 | 620101224434895 | 甘肃烟草工业有限责任公司 | 62 | 292052 |
| 107 | 110222710935986 | 北京现代汽车有限公司 | 11 | 285973 |
| 108 | 31010663159284X | 国泰君安证券股份有限公司 | 31 | 281742 |
| 109 | 140213602161688 | 大同煤矿集团有限责任公司 | 14 | 279833 |
| 110 | 110102801365632 | 北京市电力公司 | 11 | 279416 |
| 111 | 210102701796881 | 辽宁省电力有限公司 | 21 | 278995 |
| 112 | 420501100015058 | 中国长江三峡工程开发总公司 | 42 | 271046 |
| 113 | 371203267179433 | 莱芜钢铁股份有限公司 | 37 | 266906 |
| 114 | 110104101174712 | 北京银行股份有限公司 | 11 | 266673 |
| 115 | 210104746494975 | 华晨宝马汽车有限公司 | 21 | 263537 |
| 116 | 110108100000059 | 中钢贸易有限公司 | 11 | 263067 |
| 117 | 310043834480565 | 中石油华东销售分公司 | 31 | 263046 |
| 118 | 110101710939135 | 中国联合网络通信有限公司 | 11 | 257853 |
| 119 | 510104621601108 | 四川省电力公司 | 51 | 257094 |
| 120 | 510122772989760 | 中国国际航空股份有限公司西南分公司 | 51 | 255773 |
| 121 | 420106177589391 | 湖北省电力公司 | 42 | 255324 |
| 122 | 410402727034084 | 平顶山天安煤业股份有限公司 | 41 | 244727 |
| 123 | 530601216970591 | 红河烟草（集团）有限责任公司昭通卷烟厂 | 53 | 244189 |
| 124 | 520382755389528 | 贵州茅台酒销售有限公司 | 52 | 240776 |
| 125 | 441301710939725 | 中海壳牌石油化工有限公司 | 44 | 239424 |
| 126 | 440301192185379 | 深圳发展银行 | 44 | 237558 |
| 127 | 410902719176285 | 中国石油化工股份有限公司中原油田分公司 | 41 | 232501 |
| 128 | 110108700000458 | 联想（北京）有限公司 | 11 | 228348 |
| 129 | 140116110050121 | 山西省电力公司 | 14 | 227203 |
| 130 | 130702106158578 | 张家口卷烟厂有限责任公司 | 13 | 225938 |
| 131 | 652100718901908 | 中国石油天然气股份有限公司吐哈油田分公司 | 65 | 225534 |
| 132 | 410103169951151 | 河南省电力公司 | 41 | 223709 |
| 133 | 230103127050339 | 黑龙江烟草工业有限责任公司 | 23 | 222906 |
| 134 | 140116701011888 | 山西太钢不锈钢股份有限公司 | 14 | 220413 |
| 135 | 150230701464975 | 内蒙古包钢钢联股份有限公司 | 15 | 220097 |
| 136 | 371102747809801 | 日照钢铁有限公司 | 37 | 214478 |
| 137 | 110192600003205 | 北京奔驰－戴姆勒·克莱斯勒汽车有限公司 | 11 | 213920 |
| 138 | 500107902846275 | 重庆市电力公司杨家坪供电局 | 50 | 212981 |
| 139 | 420101616412935 | 神龙汽车有限公司 | 42 | 211110 |
| 140 | 610802016082725 | 中国农业银行榆林分行 | 61 | 210332 |
| 141 | 310046132149237 | 中国移动通信集团上海有限公司 | 31 | 209033 |
| 142 | 110222717871006 | 中国国际航空股份有限公司 | 11 | 208709 |

续表

| 序号 | 企业代码 | 企业名称 | 地区 | 实纳税额 |
|---|---|---|---|---|
| 143 | 110107101120028 | 中国首钢国际贸易工程公司 | 11 | 208391 |
| 144 | 420501710930405 | 中国长江电力股份有限公司 | 42 | 208045 |
| 145 | 110105746717497 | 瑞钢联集团有限公司 | 11 | 203137 |
| 146 | 110105101100414 | 中粮集团有限公司 | 11 | 202737 |
| 147 | 140116713676510 | 山西西山煤电股份有限公司 | 14 | 202512 |
| 148 | 440300455744938 | 中国工商银行股份有限公司深圳市分行 | 44 | 200265 |
| 149 | 210502242690243 | 本钢板材股份有限公司 | 21 | 199653 |
| 150 | 440300101781440 | 中信证券股份有限公司 | 44 | 199583 |
| 151 | 370112726230489 | 济南钢铁股份有限公司 | 37 | 197617 |
| 152 | 441900712250622 | 中国移动通信集团广东有限公司东莞分公司 | 44 | 196741 |
| 153 | 350102710920936 | 中国移动通信集团福建有限公司 | 35 | 196569 |
| 154 | 310043132257510 | 上海银行股份有限公司 | 31 | 193978 |
| 155 | 450205715187622 | 柳州钢铁股份有限公司 | 45 | 193497 |
| 156 | 32058571785883X | 耐克体育（中国）有限公司 | 32 | 193023 |
| 157 | 210101719646152 | 中国移动通信集团辽宁有限公司 | 21 | 192796 |
| 158 | 410303171076587 | 河南省电力公司洛阳供电公司 | 41 | 192191 |
| 159 | 632820710925462 | 中油天然气股份有限公司青海油田分公司 | 63 | 188523 |
| 160 | 440101100017600 | 中国南方航空股份有限公司 | 44 | 186879 |
| 161 | 130203104759628 | 唐山钢铁股份有限公司 | 13 | 183293 |
| 162 | 410504719173420 | 安阳钢铁股份有限公司 | 41 | 183158 |
| 163 | 110101722611700 | 中国移动通信集团北京有限公司 | 11 | 182405 |
| 164 | 430111183770576 | 湖南省电力公司 | 43 | 182137 |
| 165 | 372330167206000 | 山东魏桥创业集团有限公司 | 37 | 181259 |
| 166 | 440203191526821 | 广东中烟工业有限责任公司韶关卷烟厂 | 44 | 177814 |
| 167 | 440301708594625 | 中海石油（中国）有限公司深圳分公司 | 44 | 177714 |
| 168 | 140405729666771 | 山西潞安环保能源开发股份有限公司 | 14 | 175083 |
| 169 | 120116101166595 | 中远散货运输有限公司 | 12 | 174790 |
| 170 | 150104114155211 | 内蒙古昆明卷烟有限责任公司 | 15 | 169406 |
| 171 | 440301279285671 | 深圳市中兴康讯电子有限公司 | 44 | 167542 |
| 172 | 370211747204554 | 青岛益佳海业贸易有限公司 | 37 | 166690 |
| 173 | 130106104321300 | 河北省电力公司 | 13 | 165147 |
| 174 | 110112101100772 | 北京卷烟厂 | 11 | 163395 |
| 175 | 130104784057215 | 河北白沙烟草有限责任公司 | 13 | 162096 |
| 176 | 120114104313327 | 天津钢管集团股份有限公司 | 12 | 160194 |
| 177 | 372301706208970 | 中海沥青股份有限公司 | 37 | 159999 |
| 178 | 220104244976413 | 一汽轿车股份有限公司 | 22 | 158813 |
| 179 | 32100172059808X | 中国石油化工股份有限公司江苏油田分公司 | 32 | 157184 |

续表

| 序号 | 企业代码 | 企业名称 | 地区 | 实纳税额 |
|---|---|---|---|---|
| 180 | 430603661699146 | 中国石化集团资产经营管理有限公司巴陵石化分公司 | 43 | 156534 |
| 181 | 110191802763501 | 中国石油化工股份有限公司北京燕山分公司 | 11 | 154952 |
| 182 | 440301192199332 | 深圳烟草工业有限责任公司 | 44 | 154683 |
| 183 | 210302241423725 | 鞍钢集团国际经济贸易公司 | 21 | 154314 |
| 184 | 110105625912210 | 佳能（中国）有限公司 | 11 | 154137 |
| 185 | 310115729446189 | 雅培贸易（上海）有限公司 | 31 | 154059 |
| 186 | 130182670310403 | 中国石化石家庄炼油化工股份有限公司 | 13 | 153222 |
| 187 | 530103713405825 | 云南电网公司 | 53 | 152829 |
| 188 | 350102858144646 | 中国农业银行福建省分行 | 35 | 150970 |
| 189 | 440301710930720 | 中国平安财产保险股份有限公司 | 44 | 150643 |
| 190 | 230690129310130 | 大庆石油管理局 | 23 | 150193 |
| 191 | 110108102052389 | 中建材集团进出口公司 | 11 | 147753 |
| 192 | 320102134764540 | 江苏中烟工业公司 | 32 | 146924 |
| 193 | 110102801380971000 | 国家开发银行北京市分行 | 11 | 145820 |
| 194 | 440114732987664 | 广州风神汽车有限公司 | 44 | 144341 |
| 195 | 370502164721269 | 中国石化集团胜利石油管理局 | 37 | 144246 |
| 196 | 110108710923766 | 朔黄铁路发展有限责任公司 | 11 | 144058 |
| 197 | 310112607417881 | 华硕电脑（上海）有限公司 | 31 | 142974 |
| 198 | 320102721730177 | 中国石油化工股份有限公司金陵分公司 | 32 | 142866 |
| 199 | 610521664102114 | 金堆城钼业股份有限公司矿冶分公司 | 61 | 140341 |
| 200 | 330621747727910 | 绍兴远东石化有限公司 | 33 | 140212 |
| 201 | 620200224641202 | 酒泉钢铁（集团）有限责任公司 | 62 | 140013 |
| 202 | 411300719176832 | 中国石油化工股份有限公司河南油田分公司 | 41 | 139582 |
| 203 | 12011572574957X | 天津三星通信技术有限公司 | 12 | 139371 |
| 204 | 530301217222042 | 云南省烟草公司曲靖市公司 | 53 | 139269 |
| 205 | 440301729872524 | 深圳市东方嘉盛商贸物流有限公司 | 44 | 137189 |
| 206 | 110105100007170 | 中信金属公司 | 11 | 137179 |
| 207 | 420103744618954 | 中国石化销售有限公司华中分公司 | 42 | 137095 |
| 208 | 110101101690637 | 中国石化国际事业有限公司 | 11 | 136847 |
| 209 | 310103717853158 | 保乐力加（中国）贸易有限公司 | 31 | 136770 |
| 210 | 130503718311625 | 河北金牛能源股份有限公司 | 13 | 136757 |
| 211 | 110102100003102 | 中国石化销售有限公司 | 11 | 136502 |
| 212 | 120115600899320 | 天津三星电子显示器有限公司 | 12 | 136459 |
| 213 | 440205231129346 | 广东韶钢松山股份有限公司 | 44 | 135614 |
| 214 | 420101710937412 | 中国移动通信集团湖北有限公司 | 42 | 135214 |
| 215 | 310046754780760 | 华东电网有限公司 | 31 | 134763 |
| 216 | 440112708263519 | 东风本田发动机有限公司 | 44 | 134664 |

续表

| 序号 | 企业代码 | 企业名称 | 地区 | 实纳税额 |
|---|---|---|---|---|
| 217 | 14032371599263X | 山西国阳新能股份有限公司 | 14 | 134601 |
| 218 | 330206734245293 | 中海石油宁波大榭石化有限公司 | 33 | 134526 |
| 219 | 370781795333617 | 山东中烟工业公司青州卷烟厂 | 37 | 133968 |
| 220 | 44030127926896X | 深圳市中汽南华汽车有限公司 | 44 | 133477 |
| 221 | 430304770052915 | 湖南华菱湘潭钢铁有限公司 | 43 | 132844 |
| 222 | 210102117601635 | 沈阳铁路局 | 21 | 132778 |
| 223 | 21030224150404X | 鞍钢集团矿业公司 | 21 | 132281 |
| 224 | 310046132212734 | 中海发展股份有限公司 | 31 | 131859 |
| 225 | 321700660088829 | 阿迪达斯体育（中国）有限公司 | 32 | 130284 |
| 226 | 620101224335387 | 甘肃省电力公司 | 62 | 129932 |
| 227 | 110101710929658 | 中纺粮油进出口有限责任公司 | 11 | 129181 |
| 228 | 14060411141525X | 山西平朔安家岭露天煤炭有限公司 | 14 | 129114 |
| 229 | 210702716459108 | 中国石油天然气股份有限公司锦州石化分公司 | 21 | 128981 |
| 230 | 210802121122004 | 红塔辽宁烟草有限责任公司营口卷烟厂 | 21 | 128271 |
| 231 | 37021126462882X | 青岛海信电器股份有限公司 | 37 | 127940 |
| 232 | 511502208852472 | 四川省宜宾五粮液供销有限公司 | 51 | 126644 |
| 233 | 530111760417482 | 中国移动通信集团云南有限公司 | 53 | 126533 |
| 234 | 310046671143758 | 中国电信股份有限公司上海分公司 | 31 | 126356 |
| 235 | 230198126970993 | 黑龙江省电力有限公司 | 23 | 126311 |
| 236 | 410103169994215 | 郑州铁路局 | 41 | 125854 |
| 237 | 450200708731386 | 上汽通用五菱汽车股份有限公司 | 45 | 125234 |
| 238 | 140604811410505 | 平朔煤炭工业公司运销公司 | 14 | 124539 |
| 239 | 410324171080594 | 洛阳栾川钼业集团股份有限公司 | 41 | 124458 |
| 240 | 619000710072607 | 陕西省电力公司 | 61 | 124044 |
| 241 | 53011221655183X | 云南云天化国际化工股份有限公司 | 53 | 123624 |
| 242 | 440307100018216 | 岭澳核电有限公司 | 44 | 123414 |
| 243 | 130207601074048 | 唐山国丰钢铁有限公司 | 13 | 123018 |
| 244 | 610824783669017 | 延长石油（集团）榆林核算部 | 61 | 122073 |
| 245 | 120114749125091 | 中国石化销售有限公司华北分公司 | 12 | 121941 |
| 246 | 21040271960098X | 中国石油天然气股份有限公司抚顺石化分公司 | 21 | 121815 |
| 247 | 440112721928327 | 中国石油化工股份有限公司广州分公司 | 44 | 121548 |
| 248 | 120114103061295 | 天津市电力公司 | 12 | 121158 |
| 249 | 110104100017336 | 大唐国际发电股份有限公司 | 11 | 119079 |
| 250 | 340603733033942 | 淮北矿业集团煤业有限责任公司 | 34 | 118915 |
| 251 | 11010210112001X | 华夏银行股份有限公司 | 11 | 118400 |
| 252 | 140115710937455 | 中国移动通信集团山西有限公司 | 14 | 118088 |
| 253 | 320901608606625 | 东风悦达起亚汽车有限公司 | 32 | 117963 |

续表

| 序号 | 企业代码 | 企业名称 | 地区 | 实纳税额 |
|---|---|---|---|---|
| 254 | 410500172267086 | 安钢集团国际贸易有限责任公司 | 41 | 117853 |
| 255 | 440301726186393 | 深圳市九立商贸有限公司 | 44 | 117666 |
| 256 | 440401617436816 | 广发证券股份有限公司 | 44 | 117634 |
| 257 | 450600715191891 | 大海粮油工业（防城港）有限公司 | 45 | 117627 |
| 258 | 211281123814696 | 铁法煤业（集团）有限责任公司 | 21 | 117472 |
| 259 | 500102711619686 | 重庆烟草工业有限责任公司涪陵卷烟厂 | 50 | 117361 |
| 260 | 430103710937420 | 中国移动通信集团湖南有限公司 | 43 | 116787 |
| 261 | 110108710929236 | 五矿有色金属股份有限公司 | 11 | 116573 |
| 262 | 210105716408175 | 中油辽宁销售分公司 | 21 | 116276 |
| 263 | 310112607330647 | 可口可乐（中国）饮料有限公司 | 31 | 116216 |
| 264 | 130227721610976 | 河北津西钢铁股份有限公司 | 13 | 116083 |
| 265 | 210104604606804 | 上海通用（沈阳）北盛汽车有限公司 | 21 | 116067 |
| 266 | 440106729911247 | 广东烟草广州市有限公司 | 44 | 115880 |
| 267 | 610690783684735 | 延长油田股份有限公司 | 61 | 115775 |
| 268 | 130302723397611 | 秦皇岛金海粮油工业有限公司 | 13 | 114774 |
| 269 | 649602735972927 | 神华宁夏煤业集团有限责任公司 | 64 | 114640 |
| 270 | 330000720083254 | 中国石油化工股份有限公司浙江石油分公司 | 33 | 114578 |
| 271 | 110192600087023 | 富士康精密组件（北京）有限公司 | 11 | 114464 |
| 272 | 320704755871517 | 益海（连云港）油化工业有限公司 | 32 | 114407 |
| 273 | 510198735866286 | 中国移动通信集团四川有限公司 | 51 | 113148 |
| 274 | 310046132202309 | 上海汽车进出口有限公司 | 31 | 112701 |
| 275 | 130203721614029 | 中国石油天然气股份有限公司冀东油田分公司 | 13 | 111629 |
| 276 | 440301618815578 | 康佳集团股份有限公司 | 44 | 111110 |
| 277 | 440106748017099 | 中国电信股份有限公司广州分公司 | 44 | 110746 |
| 278 | 469040754358922 | 中国石化海南炼油化工有限公司 | 46 | 110391 |
| 279 | 11010571785226X | 现代汽车（中国）投资有限公司 | 11 | 110339 |
| 280 | 110105710934289 | 中国中煤能源股份有限公司 | 11 | 110154 |
| 281 | 320704723527279 | 益海（连云港）粮油工业有限公司 | 32 | 109858 |
| 282 | 110102710934537 | 中国银河证券股份有限公司 | 11 | 109719 |
| 283 | 500114711640768 | 重庆烟草工业有限责任公司黔江分厂 | 50 | 109707 |
| 284 | 340402150230004 | 淮南矿业（集团）有限责任公司 | 34 | 109606 |
| 285 | 310043703486764 | 中石油西气东输管道分公司 | 31 | 109300 |
| 286 | 152702626402490 | 内蒙古伊泰煤炭股份有限公司 | 15 | 109255 |
| 287 | 310112717880375 | 上海电气电站设备有限公司 | 31 | 109007 |
| 288 | 510402204360956 | 攀枝花新钢钒股份有限公司 | 51 | 108954 |
| 289 | 150105114111593 | 内蒙古电力（集团）有限责任公司 | 15 | 108375 |
| 290 | 360501158308443 | 新余钢铁股份有限公司 | 36 | 108235 |

续表

| 序号 | 企业代码 | 企业名称 | 地区 | 实纳税额 |
|---|---|---|---|---|
| 291 | 211401716427237 | 中国石油天然气股份有限公司锦西石化分公司 | 21 | 108022 |
| 292 | 52038271430580X | 贵州茅台酒股份有限公司 | 52 | 107924 |
| 293 | 441900738593308 | 广东电网公司东莞供电局 | 44 | 107695 |
| 294 | 440307755675030 | 深圳华为通信技术有限公司 | 44 | 107455 |
| 295 | 440401192548256 | 珠海格力电器股份有限公司 | 44 | 106698 |
| 296 | 130404700647251 | 邯郸钢铁股份有限公司 | 13 | 106681 |
| 297 | 450100718890786 | 中国移动通信集团广西有限公司 | 45 | 106615 |
| 298 | 14011611007158X | 山西昆明烟草有限责任公司 | 14 | 106341 |
| 299 | 110105717859138 | 克莱斯勒（中国）汽车销售有限公司 | 11 | 105859 |
| 300 | 370602613422169 | 斗山工程机械（中国）有限公司 | 37 | 105092 |
| 301 | 440781727840297 | 广东国华粤电台山发电有限公司 | 44 | 104537 |
| 302 | 110108100013669 | 北京铁路局 | 11 | 104139 |
| 303 | 371203757493927 | 莱芜钢铁集团银山型钢有限公司 | 37 | 104018 |
| 304 | 110102101135684 | 交通银行股份有限公司北京市分行 | 11 | 103505 |
| 305 | 610190735354889 | 中国移动通信集团陕西有限公司 | 61 | 103414 |
| 306 | 320106743917098 | 中国电信股份有限公司江苏分公司 | 32 | 103227 |
| 307 | 440106719289001 | 中国南方电网有限责任公司超高压输电公司 | 44 | 102756 |
| 308 | 650203726984969 | 中国石油天然气股份有限公司克拉玛依石化分公司 | 65 | 102369 |
| 309 | 120115600539026 | 天津俊安煤焦化工有限公司 | 12 | 102142 |
| 310 | 500108203155686 | 重庆烟草工业有限责任公司重庆卷烟厂 | 50 | 101503 |
| 311 | 110108801977962 | 中国民生银行股份有限公司总行营业部 | 11 | 100636 |
| 312 | 340104610308512 | 日立建机（中国）有限公司 | 34 | 100628 |
| 313 | 310115607339756 | 上海索广映像有限公司 | 31 | 100093 |
| 314 | 110108100008157 | 中钢炉料有限公司 | 11 | 99116 |
| 315 | 500902202856659 | 重庆市电力公司 | 50 | 98758 |
| 316 | 120115773646700 | 维斯塔斯风力技术（中国）有限公司 | 12 | 98506 |
| 317 | 440304708542518 | 中国移动通信集团广东有限公司深圳分公司 | 44 | 98453 |
| 318 | 440801707913938 | 中海石油（中国）有限公司湛江分公司 | 44 | 98397 |
| 319 | 370305723267788 | 中国石油化工股份有限公司齐鲁分公司 | 37 | 98301 |
| 320 | 310043132204400 | 中国建设银行股份有限公司上海市分行 | 31 | 97740 |
| 321 | 320300134750616 | 徐州矿务集团有限公司 | 32 | 97680 |
| 322 | 330206744973411 | 浙江逸盛石化有限公司 | 33 | 97270 |
| 323 | 500904902887456001 | 中国工商银行重庆市分行 | 50 | 97056 |
| 324 | 370403164446404 | 枣庄矿业（集团）有限责任公司 | 37 | 96939 |
| 325 | 320112714085405 | 南京钢铁股份有限公司 | 32 | 96461 |
| 326 | 530103216593597 | 云南省烟草公司昆明市公司 | 53 | 96338 |
| 327 | 321081625908297 | 中国石化仪征化纤股份有限公司 | 32 | 95824 |

续表

| 序号 | 企业代码 | 企业名称 | 地区 | 实纳税额 |
|---|---|---|---|---|
| 328 | 310115607425849 | 国际商业机器全球服务（中国）有限公司 | 31 | 94943 |
| 329 | 110104101609026 | 中国印钞造币总公司 | 11 | 94928 |
| 330 | 350100717868448 | 中石化森美（福建）石油有限公司 | 35 | 94247 |
| 331 | 440101190336428 | 广东省发展银行股份有限公司 | 44 | 94190 |
| 332 | 110107700234318 | 北京首钢股份有限公司 | 11 | 94034 |
| 333 | 110104710931483 | 中国人民财产保险股份有限公司 | 11 | 93533 |
| 334 | 310226134527983 | 上海世贸汽车贸易有限公司 | 31 | 93471 |
| 335 | 430102883761611 | 中国工商银行股份有限公司湖南省分行 | 43 | 93331 |
| 336 | 440300192278444 | 国信证券有限责任公司 | 44 | 93188 |
| 337 | 370705745676590 | 潍柴动力股份有限公司 | 37 | 92837 |
| 338 | 110108100016448 | 中国进出口银行 | 11 | 92780 |
| 339 | 130203757512841 | 华北电网有限公司唐山供电公司 | 13 | 92757 |
| 340 | 140511746034864 | 晋城无烟煤矿业集团有限责任公司寺河煤矿 | 14 | 92731 |
| 341 | 520103750174528 | 瓮福国际贸易股份有限公司 | 52 | 92697 |
| 342 | 530111291981370 | 云南省卷烟烤烟交易市场 | 53 | 92379 |
| 343 | 340103148974661 | 徽商银行股份有限公司 | 34 | 92286 |
| 344 | 15210276105971X | 满洲里中石油国际事业有限公司 | 15 | 92107 |
| 345 | 120110767648013 | 上海烟草（集团）公司天津卷烟厂 | 12 | 92043 |
| 346 | 310108101691285 | 飞利浦（中国）投资有限公司 | 31 | 91771 |
| 347 | 11010840001134X | 中国中央电视台 | 11 | 90650 |
| 348 | 340700148973642 | 铜陵有色金属集团股份有限公司 | 34 | 90646 |
| 349 | 140604602460258 | 山西中煤平朔安太堡煤炭有限责任公司 | 14 | 90419 |
| 350 | 411481749235557 | 河南省正龙煤业有限公司 | 41 | 90272 |
| 351 | 130302805260053 | 华北电网有限公司秦皇岛电力公司 | 13 | 89986 |
| 352 | 440301619290822 | 广东电网公司深圳供电局 | 44 | 88823 |
| 353 | 500104202852965 | 重庆钢铁股份有限公司 | 50 | 88798 |
| 354 | 429005735209235 | 中国石油化工股份有限公司江汉油田公司 | 42 | 88771 |
| 355 | 220203717174219 | 中国石油天然气股份公司吉林市石化分公司 | 22 | 88598 |
| 356 | 110105101129938 | 中石油北京天然气管道有限公司 | 11 | 88529 |
| 357 | 310043132202528 | 中国农业银行上海市分行 | 31 | 88419 |
| 358 | 330424142941885 | 秦山第三核电有限公司 | 33 | 88114 |
| 359 | 410481706575279 | 舞阳钢铁有限责任公司 | 41 | 88039 |
| 360 | 14032370107060X | 阳泉煤业（集团）有限责任公司 | 14 | 87612 |
| 361 | 110107101120001 | 首钢总公司 | 11 | 87586 |
| 362 | 320582739421700 | 联峰钢铁（张家港）有限公司 | 32 | 87517 |
| 363 | 150122114179096 | 内蒙古大唐国际托克托发电有限责任公司 | 15 | 87107 |
| 364 | 410902169954862 | 中国石化集团中原石油勘探局（中原油田） | 41 | 86975 |

续表

| 序号 | 企业代码 | 企业名称 | 地区 | 实纳税额 |
|---|---|---|---|---|
| 365 | 320200791954918 | 尚能太阳能电力有限公司 | 32 | 86822 |
| 366 | 320582608257189 | 张家港浦项不锈钢有限公司 | 32 | 86610 |
| 367 | 110108717745042 | 神州数码（中国）有限公司 | 11 | 86484 |
| 368 | 321101608835858 | 金东纸业（江苏）股份有限公司 | 32 | 86349 |
| 369 | 420106877596808 | 国家开发银行湖北省分行 | 42 | 86284 |
| 370 | 370202163615667 | 青岛啤酒股份有限公司 | 37 | 86029 |
| 371 | 440682738591185 | 广东省石油企业集团南方石油化工有限公司 | 44 | 85837 |
| 372 | 34011114894004X | 安徽省电力公司 | 34 | 85745 |
| 373 | 110102100028625 | 华商储备商品管理中心 | 11 | 85561 |
| 374 | 11010271093465X | 中国邮政储蓄银行有限责任公司 | 11 | 85276 |
| 375 | 310115775768541 | 上海中煤华东有限公司 | 31 | 85065 |
| 376 | 140213729670025 | 大同煤业股份有限公司 | 14 | 84890 |
| 377 | 440101734930290 | 联众（广州）不锈钢有限公司 | 44 | 84773 |
| 378 | 510108675795796 | 中国石油集团川庆钻探工程有限公司 | 51 | 84692 |
| 379 | 110102100017045 | 中国农业发展银行 | 11 | 84291 |
| 380 | 320112748204660 | 南京钢铁联合有限公司 | 32 | 84034 |
| 381 | 120114724495870 | 中石油天然气股份有限公司大港石化分公司 | 12 | 82915 |
| 382 | 532301217430343 | 云南省烟草公司楚雄州公司 | 53 | 82626 |
| 383 | 13040310552795X | 邯邢冶金矿山管理局 | 13 | 82249 |
| 384 | 321101608834353 | 镇江奇美化工有限公司 | 32 | 82043 |
| 385 | 620200710375659 | 甘肃酒钢集团宏兴钢铁股份有限公司 | 62 | 81785 |
| 386 | 130323746874054 | 秦皇岛首秦金属材料有限公司 | 13 | 81785 |
| 387 | 321600608258317 | 中粮东海粮油工业（张家港）有限公司 | 32 | 81317 |
| 388 | 230690X06584158 | 中国石油天然气股份有限公司大庆炼化分公司 | 23 | 81165 |
| 389 | 654003230490439 | 红云红河烟草集团有限责任公司新疆卷烟厂 | 65 | 81108 |
| 390 | 440103722457168 | 中国石油化工股份有限公司广东石油分公司 | 44 | 80664 |
| 391 | 370502706242888 | 东营方圆有色金属有限公司 | 37 | 80554 |
| 392 | 510105201911513 | 四川省烟草公司成都市公司 | 51 | 80454 |
| 393 | 110192600035733 | 拜耳医药保健有限公司 | 11 | 80202 |
| 394 | 440601708178082 | 中国移动通信集团广东有限公司佛山分公司 | 44 | 80200 |
| 395 | 13028380511817X | 首钢矿业公司 | 13 | 80173 |
| 396 | 130705106181022 | 宣化钢铁集团有限责任公司 | 13 | 80095 |
| 397 | 530401217660501 | 云南省烟草公司玉溪市公司 | 53 | 79990 |
| 398 | 310227765970957 | 上海永裕医药有限公司 | 31 | 79974 |
| 399 | 320111797106047 | 中国石化扬子石油化工有限公司 | 32 | 79730 |
| 400 | 430104712194405 | 长沙中联重工科技发展股份有限公司 | 43 | 79607 |
| 401 | 340803713982868 | 中国石油化工股份公司安庆分公司 | 34 | 79568 |

续表

| 序号 | 企业代码 | 企业名称 | 地区 | 实纳税额 |
|---|---|---|---|---|
| 402 | 110105101730993 | 中信信托有限责任公司 | 11 | 79467 |
| 403 | 120116722997404 | 中国移动通信集团天津有限公司 | 12 | 79455 |
| 404 | 110105781703453 | 中信建投证券有限责任公司 | 11 | 79209 |
| 405 | 210102755522149 | 红塔辽宁烟草有限责任公司沈阳卷烟厂 | 21 | 79194 |
| 406 | 320601765860600 | 嘉吉粮油（南通）有限有公司 | 32 | 79102 |
| 407 | 372524769712461 | 茌平信发华宇氧化铝有限公司 | 37 | 78765 |
| 408 | 211103122565835 | 辽河石油勘探局 | 21 | 78445 |
| 409 | 220503717104464 | 通化钢铁股份有限公司 | 22 | 78429 |
| 410 | 110102100006426 | 中国兵工物资总公司 | 11 | 78422 |
| 411 | 320113608943998 | 南京夏普电子有限公司 | 32 | 78397 |
| 412 | 650109718902097 | 中国石油天然气股份有限公司乌石化分公司 | 65 | 78165 |
| 413 | 120101103063434 | 天津市物资集团总公司 | 12 | 78121 |
| 414 | 110192749353393 | 北京京东方光电科技有限公司 | 11 | 78025 |
| 415 | 210303241420014 | 鞍山钢铁集团公司 | 21 | 78005 |
| 416 | 110105717850555 | 日产（中国）投资有限公司 | 11 | 77930 |
| 417 | 372522769728295 | 阳谷祥光铜业有限公司 | 37 | 77549 |
| 418 | 320502137690890 | 江苏省烟草公司苏州市公司 | 32 | 77289 |
| 419 | 310115607339254 | 联合汽车电子有限公司 | 31 | 77271 |
| 420 | 610190623100825 | 西安杨森制药有限公司 | 61 | 77140 |
| 421 | 442000617592341 | 完美（中国）日用品有限公司 | 44 | 76821 |
| 422 | 230190762734027 | 中国移动通信集团黑龙江有限公司 | 23 | 76789 |
| 423 | 33022777824281X | 浙江华茂国际贸易 | 33 | 76769 |
| 424 | 220104776551133 | 四川一汽丰田汽车有限公司长春丰越公司 | 22 | 76344 |
| 425 | 320300608002178 | 卡特彼勒（徐州）有限公司 | 32 | 76335 |
| 426 | 330201741035171 | 浙江国华浙能发电有限公司 | 33 | 76120 |
| 427 | 140211764654266 | 同煤大唐塔山煤矿有限公司 | 14 | 76099 |
| 428 | 370102863047816 | 国家开发银行山东省分行 | 37 | 75713 |
| 429 | 110102100018558 | 中油财务有限责任公司 | 11 | 75623 |
| 430 | 500902621900167 | 重庆长安铃木汽车有限公司 | 50 | 75424 |
| 431 | 532901218651543 | 云南省烟草公司大理州公司 | 53 | 75423 |
| 432 | 340700151105774 | 铜陵有色金属集团控股有限公司 | 34 | 75399 |
| 433 | 142302741096548 | 山西大土河焦化有限责任公司 | 14 | 75337 |
| 434 | 370212706414694 | 青岛海尔国际贸易有限公司 | 37 | 75125 |
| 435 | 130202104744522 | 开滦（集团）有限责任公司 | 13 | 75090 |
| 436 | 320114134872859 | 上海梅山钢铁股份有限公司 | 32 | 74998 |
| 437 | 130982804322363 | 中国石油天然气股份有限公司华北石化分公司 | 13 | 74597 |
| 438 | 15272170125242X | 神华准格尔能源有限责任公司 | 15 | 74366 |

续表

| 序号 | 企业代码 | 企业名称 | 地区 | 实纳税额 |
|---|---|---|---|---|
| 439 | 211005701709733 | 鞍钢集团矿业公司弓长岭矿业公司 | 21 | 74238 |
| 440 | 420601735211503 | 风神襄樊汽车有限公司 | 42 | 74187 |
| 441 | 511502744682825 | 四川省宜宾五粮液酒厂有限公司 | 51 | 74169 |
| 442 | 310043132200426 | 上海烟草贸易中心有限公司 | 31 | 73888 |
| 443 | 310115607211699 | 上海贝尔股份有限公司 | 31 | 73399 |
| 444 | 140106810015183 | 中国建设银行股份有限公司山西省分行 | 14 | 73306 |
| 445 | 320281607984202 | 江阴兴澄特种钢铁有限公司 | 32 | 72990 |
| 446 | 31004313220454X | 中国银行股份有限公司上海市分行 | 31 | 72939 |
| 447 | 310105733386529 | 和记黄埔地产（上海）古北有限公司 | 31 | 72918 |
| 448 | 371102791528521 | 日照钢铁轧钢有限公司 | 37 | 72899 |
| 449 | 440306738817535 | 深圳富泰宏精密工业有限公司 | 44 | 72825 |
| 450 | 230603716676129 | 中国石油天然气股份有限公司大庆石化分公司 | 23 | 72559 |
| 451 | 130604105947209 | 石家庄卷烟厂保定卷烟分厂 | 13 | 72494 |
| 452 | 440705617733669 | ABB 新会低压开关有限公司 | 44 | 72444 |
| 453 | 330165142910640 | 浙江物产金属集团有限公司 | 33 | 72400 |
| 454 | 420106615401409 | 武汉铁路局 | 42 | 72357 |
| 455 | 110102801124011 | 中信银行股份有限公司总行营业部 | 11 | 72321 |
| 456 | 440306763491848 | 新百丽鞋业（深圳）有限公司 | 44 | 72001 |
| 457 | 370202264583609 | 青岛钢铁进出口公司 | 37 | 71936 |
| 458 | 440301729878010 | 深圳市华富洋进出口有限公司 | 44 | 71929 |
| 459 | 110102100015525 | 中国电力财务有限公司 | 11 | 71797 |
| 460 | 110192742602094 | 利乐包装（北京）有限公司 | 11 | 71557 |
| 461 | 44010676384341X | 中国南方电网有限责任公司 | 44 | 71526 |
| 462 | 310112133385370 | 上海锅炉厂有限公司 | 31 | 70955 |
| 463 | 110108600006959 | 中国惠普有限公司 | 11 | 70953 |
| 464 | 37233074568737X | 山东魏桥铝电有限公司 | 37 | 70783 |
| 465 | 330165712558221 | 浙江物产国际贸易有限公司 | 33 | 70647 |
| 466 | 140507713630037 | 山西兰花科技创业股份有限公司 | 14 | 70571 |
| 467 | 330424100008392 | 核电秦山联营有限公司 | 33 | 70233 |
| 468 | 310046132207580 | 上海国际港务（集团）股份有限公司 | 31 | 70142 |
| 469 | 321201726639030 | 中海沥青（泰州）有限责任公司 | 32 | 69921 |
| 470 | 33020314405899X | 宁波电业局 | 33 | 69860 |
| 471 | 610626223720646 | 延长油田股份有限公司吴起采油厂 | 61 | 69772 |
| 472 | 110105625907585 | 西门子（中国）有限公司 | 11 | 69735 |
| 473 | 320582728722524 | 张家港宏发炼钢有限公司 | 32 | 69563 |
| 474 | 120114724488101 | 天津钢铁有限公司 | 12 | 69292 |
| 475 | 150102756683040 | 中国移动通信集团内蒙古有限公司 | 15 | 69171 |

续表

| 序号 | 企业代码 | 企业名称 | 地区 | 实纳税额 |
|---|---|---|---|---|
| 476 | 440191618416948 | 箭牌糖果（中国）有限公司 | 44 | 69106 |
| 477 | 110109746132245 | 北京昊华能源股份有限公司 | 11 | 69001 |
| 478 | 430102142927995 | 方正证券有限责任公司 | 43 | 68807 |
| 479 | 370211753752987 | 青岛丽东化工有限公司 | 37 | 68802 |
| 480 | 440301618817282 | 南海油脂工业（赤湾）有限公司 | 44 | 68566 |
| 481 | 31011579144036X | 宝钢资源有限公司 | 31 | 68278 |
| 482 | 451222715180527 | 龙滩水电开发有限公司 | 45 | 68249 |
| 483 | 411221753877093 | 东方希望（三门峡）铝业有限公司 | 41 | 68141 |
| 484 | 310106729388433 | 上海宾利汽车销售有限公司 | 31 | 67902 |
| 485 | 510104901861983 | 中国人寿保险股份有限公司四川省分公司 | 51 | 67895 |
| 486 | 31004372935636X | 中国证券登记结算有限责任公司上海分公司 | 31 | 67773 |
| 487 | 310101717860470 | 宏碁电脑（上海）有限公司 | 31 | 67753 |
| 488 | 411481753858386 | 河南龙宇能源股份有限公司 | 41 | 67748 |
| 489 | 150501743892417 | 通辽市华泰房地产开发有限公司 | 15 | 67740 |
| 490 | 340202849394328 | 安徽省电力公司芜湖供电公司 | 34 | 67619 |
| 491 | 230402777880115 | 黑龙江龙煤矿业集团鹤岗分公司 | 23 | 67611 |
| 492 | 532526218032822 | 云南省烟草公司红河州公司 | 53 | 67564 |
| 493 | 110222743300346 | 北京现代摩比斯汽车零部件有限公司 | 11 | 67561 |
| 494 | 63280171055952X | 青海盐湖发展有限公司 | 63 | 67346 |
| 495 | 11010220283066X | 金融街控股股份有限公司 | 11 | 67273 |
| 496 | 370802613590392 | 小松山推工程机械有限公司 | 37 | 67117 |
| 497 | 150102701467412 | 中国石油天然气股份公司内蒙古销售分公司 | 15 | 66582 |
| 498 | 32010672057933X | 中国石油化工股份有限公司江苏石油分公司 | 32 | 66340 |
| 499 | 360108612446943 | 江铃汽车股份有限公司 | 36 | 66286 |
| 500 | 310110630473910 | 上海市烟草贸易中心卷烟经理部 | 31 | 66264 |

# 二、2008 年度全国国有企业纳税五百强排行榜

单位：万元

| 序号 | 企业代码 | 企业名称 | 地区 | 实纳税额 |
|---|---|---|---|---|
| 1 | 370502723856718 | 中国石油化工股份有限公司胜利油田分公司 | 37 | 269139 |
| 2 | 430102740640740 | 湖南中烟工业有限责任公司 | 43 | 253345 |
| 3 | 310043132200434 | 上海烟草（集团）公司 | 31 | 206945 |
| 4 | 53040121766326X | 红塔烟草（集团）有限责任公司 | 53 | 204033 |
| 5 | 110102000018454 | 国家开发银行 | 11 | 166164 |
| 6 | 420104757009410 | 湖北中烟工业有限责任公司 | 42 | 131258 |
| 7 | 440901722484553 | 中国石油化工股份有限公司茂名分公司 | 44 | 119701 |
| 8 | 41010575714492X | 河南中烟工业公司 | 41 | 111598 |
| 9 | 210211716947734 | 中国石油天然气股份有限公司大连石化分公司 | 21 | 93440 |
| 10 | 340104148944251 | 安徽中烟工业公司 | 34 | 92571 |
| 11 | 520100214412588 | 贵州中烟工业有限责任公司 | 52 | 90797 |
| 12 | 370112759162101 | 山东中烟工业公司 | 37 | 84009 |
| 13 | 310043132200581 | 上海证券交易所 | 31 | 76727 |
| 14 | 110108000013477 | 中华人民共和国铁道部 | 11 | 74654 |
| 15 | 440103190329746 | 广东中烟工业有限责任公司 | 44 | 66289 |
| 16 | 320102134876825 | 江苏中烟工业公司南京卷烟厂 | 32 | 64681 |
| 17 | 320300136388104 | 江苏中烟工业公司徐州卷烟厂 | 32 | 63015 |
| 18 | 440102730486030 | 广东电网公司 | 44 | 48628 |
| 19 | 610198220562750 | 陕西中烟工业公司 | 61 | 46991 |
| 20 | 450100198222644 | 广西中烟工业有限责任公司 | 45 | 46142 |
| 21 | 110102100004447 | 中国建设银行股份有限公司 | 11 | 45020 |
| 22 | 360101767016649 | 江西中烟工业公司 | 36 | 42033 |
| 23 | 130982721634003 | 中国石油天然气股份有限公司华北油田分公司 | 13 | 41775 |
| 24 | 330000142911635 | 浙江省电力公司 | 33 | 37678 |
| 25 | 320800139434583 | 江苏中烟工业公司淮阴卷烟厂 | 32 | 37077 |
| 26 | 11010271093123X | 国家电网公司 | 11 | 36332 |
| 27 | 150230114392559 | 包头钢铁（集团）有限责任公司 | 15 | 34587 |
| 28 | 310043744912184 | 中国石化销售有限公司华东分公司 | 31 | 34087 |
| 29 | 211103716484362 | 中国石油辽河油田分公司 | 21 | 34017 |
| 30 | 120114718258908 | 中国石油股份有限公司大港油田分公司 | 12 | 33014 |
| 31 | 11010810169040X | 中国矿产有限责任公司 | 11 | 32052 |

续表

| 序号 | 企业代码 | 企业名称 | 地区 | 实纳税额 |
|---|---|---|---|---|
| 32 | 37010316304901X | 山东电力集团公司 | 37 | 31179 |
| 33 | 310046132224671 | 上海市电力公司 | 31 | 30845 |
| 34 | 110102801365632 | 北京市电力公司 | 11 | 27942 |
| 35 | 420501100015058 | 中国长江三峡工程开发总公司 | 42 | 27105 |
| 36 | 110108100000059 | 中钢贸易有限公司 | 11 | 26307 |
| 37 | 510104621601108 | 四川省电力公司 | 51 | 25709 |
| 38 | 420106177589391 | 湖北省电力公司 | 42 | 25532 |
| 39 | 530601216970591 | 红河烟草（集团）有限责任公司昭通卷烟厂 | 53 | 24419 |
| 40 | 520382755389528 | 贵州茅台酒销售有限公司 | 52 | 24078 |
| 41 | 140116110050121 | 山西省电力公司 | 14 | 22720 |
| 42 | 410103169951151 | 河南省电力公司 | 41 | 22371 |
| 43 | 500107902846275 | 重庆市电力公司杨家坪供电局 | 50 | 21298 |
| 44 | 610802016082725 | 中国农业银行榆林分行 | 61 | 21033 |
| 45 | 110105101100414 | 中粮集团有限公司 | 11 | 20274 |
| 46 | 450205715187622 | 柳州钢铁股份有限公司 | 45 | 19350 |
| 47 | 410303171076587 | 河南省电力公司洛阳供电公司 | 41 | 19219 |
| 48 | 430111183770576 | 湖南省电力公司 | 43 | 18214 |
| 49 | 130106104321300 | 河北省电力公司 | 13 | 16515 |
| 50 | 110112101100772 | 北京卷烟厂 | 11 | 16339 |
| 51 | 440301192199332 | 深圳烟草工业有限责任公司 | 44 | 15468 |
| 52 | 210302241423725 | 鞍钢集团国际经济贸易公司 | 21 | 15431 |
| 53 | 530103713405825 | 云南电网公司 | 53 | 15283 |
| 54 | 350102858144646 | 中国农业银行福建省分行 | 35 | 15097 |
| 55 | 230690129310130 | 大庆石油管理局 | 23 | 15019 |
| 56 | 110108102052389 | 中建材集团进出口公司 | 11 | 14775 |
| 57 | 320102134764540 | 江苏中烟工业公司 | 32 | 14692 |
| 58 | 110102801380971000 | 国家开发银行北京市分行 | 11 | 14582 |
| 59 | 370502164721269 | 中国石化集团胜利石油管理局 | 37 | 14425 |
| 60 | 411300719176832 | 中国石油化工股份有限公司河南油田分公司 | 41 | 13958 |
| 61 | 530301217222042 | 云南省烟草公司曲靖市公司 | 53 | 13927 |
| 62 | 420103744618954 | 中国石化销售有限公司华中分公司 | 42 | 13710 |
| 63 | 110102100003102 | 中国石化销售有限公司 | 11 | 13650 |
| 64 | 310046754780760 | 华东电网有限公司 | 31 | 13476 |
| 65 | 370781795333617 | 山东中烟工业公司青州卷烟厂 | 37 | 13397 |
| 66 | 210102117601635 | 沈阳铁路局 | 21 | 13278 |
| 67 | 21030224150404X | 鞍钢集团矿业公司 | 21 | 13228 |
| 68 | 620101224335387 | 甘肃省电力公司 | 62 | 12993 |

续表

| 序号 | 企业代码 | 企业名称 | 地区 | 实纳税额 |
|---|---|---|---|---|
| 69 | 210702716459108 | 中国石油天然气股份有限公司锦州石化分公司 | 21 | 12898 |
| 70 | 310046671143758 | 中国电信股份有限公司上海分公司 | 31 | 12636 |
| 71 | 230198126970993 | 黑龙江省电力有限公司 | 23 | 12631 |
| 72 | 410103169994215 | 郑州铁路局 | 41 | 12585 |
| 73 | 140604811410505 | 平朔煤炭工业公司运销公司 | 14 | 12454 |
| 74 | 440307100018216 | 岭澳核电有限公司 | 44 | 12341 |
| 75 | 610824783669017 | 延长石油（集团）榆林核算部 | 61 | 12207 |
| 76 | 440112721928327 | 中国石油化工股份有限公司广州分公司 | 44 | 12155 |
| 77 | 120114103061295 | 天津市电力公司 | 12 | 12116 |
| 78 | 210105716408175 | 中油辽宁销售分公司 | 21 | 11628 |
| 79 | 130203721614029 | 中国石油天然气股份有限公司冀东油田分公司 | 13 | 11163 |
| 80 | 110102710934537 | 中国银河证券股份有限公司 | 11 | 10972 |
| 81 | 500114711640768 | 重庆烟草工业有限责任公司黔江分厂 | 50 | 10971 |
| 82 | 150105114111593 | 内蒙古电力（集团）有限责任公司 | 15 | 10837 |
| 83 | 360501158308443 | 新余钢铁股份有限公司 | 36 | 10824 |
| 84 | 14011611007158X | 山西昆明烟草有限责任公司 | 14 | 10634 |
| 85 | 110108100013669 | 北京铁路局 | 11 | 10414 |
| 86 | 110108100008157 | 中钢炉料有限公司 | 11 | 9912 |
| 87 | 500902202856659 | 重庆市电力公司 | 50 | 9876 |
| 88 | 370305723267788 | 中国石油化工股份有限公司齐鲁分公司 | 37 | 9830 |
| 89 | 320300134750616 | 徐州矿务集团有限公司 | 32 | 9768 |
| 90 | 530103216593597 | 云南省烟草公司昆明市公司 | 53 | 9634 |
| 91 | 110104101609026 | 中国印钞造币总公司 | 11 | 9493 |
| 92 | 430102883761611 | 中国工商银行股份有限公司湖南省分行 | 43 | 9333 |
| 93 | 110108100016448 | 中国进出口银行 | 11 | 9278 |
| 94 | 130203757512841 | 华北电网有限公司唐山供电公司 | 13 | 9276 |
| 95 | 530111291981370 | 云南省卷烟烤烟交易市场 | 53 | 9238 |
| 96 | 120110767648013 | 上海烟草（集团）公司天津卷烟厂 | 12 | 9204 |
| 97 | 130302805260053 | 华北电网有限公司秦皇岛电力公司 | 13 | 8999 |
| 98 | 440301619290822 | 广东电网公司深圳供电局 | 44 | 8882 |
| 99 | 110105101129938 | 中石油北京天然气管道有限公司 | 11 | 8853 |
| 100 | 310043132202528 | 中国农业银行上海市分行 | 31 | 8842 |
| 101 | 14032370107060X | 阳泉煤业（集团）有限责任公司 | 14 | 8761 |
| 102 | 110107101120001 | 首钢总公司 | 11 | 8759 |
| 103 | 410902169954862 | 中国石化集团中原石油勘探局（中原油田） | 41 | 8697 |
| 104 | 420106877596808 | 国家开发银行湖北省分行 | 42 | 8628 |
| 105 | 34011114894004X | 安徽省电力公司 | 34 | 8575 |

续表

| 序号 | 企业代码 | 企业名称 | 地区 | 实纳税额 |
|---|---|---|---|---|
| 106 | 110102100028625 | 华商储备商品管理中心 | 11 | 8556 |
| 107 | 510108675795796 | 中国石油集团川庆钻探工程有限公司 | 51 | 8469 |
| 108 | 110102100017045 | 中国农业发展银行 | 11 | 8429 |
| 109 | 532301217430343 | 云南省烟草公司楚雄州公司 | 53 | 8263 |
| 110 | 13040310552795X | 邯邢冶金矿山管理局 | 13 | 8225 |
| 111 | 510105201911513 | 四川省烟草公司成都市公司 | 51 | 8045 |
| 112 | 13028380511817X | 首钢矿业公司 | 13 | 8017 |
| 113 | 530401217660501 | 云南省烟草公司玉溪市公司 | 53 | 7999 |
| 114 | 320111797106047 | 中国石化扬子石油化工有限公司 | 32 | 7973 |
| 115 | 210102755522149 | 红塔辽宁烟草有限责任公司沈阳卷烟厂 | 21 | 7919 |
| 116 | 211103122565835 | 辽河石油勘探局 | 21 | 7845 |
| 117 | 110102100006426 | 中国兵工物资总公司 | 11 | 7842 |
| 118 | 120101103063434 | 天津市物资集团总公司 | 12 | 7812 |
| 119 | 210303241420014 | 鞍山钢铁集团公司 | 21 | 7801 |
| 120 | 320502137690890 | 江苏省烟草公司苏州市公司 | 32 | 7729 |
| 121 | 330201741035171 | 浙江国华浙能发电有限公司 | 33 | 7612 |
| 122 | 110102100018558 | 中油财务有限责任公司 | 11 | 7562 |
| 123 | 532901218651543 | 云南省烟草公司大理州公司 | 53 | 7542 |
| 124 | 340700151105774 | 铜陵有色金属集团控股有限公司 | 34 | 7540 |
| 125 | 211005701709733 | 鞍钢集团矿业公司弓长岭矿业公司 | 21 | 7424 |
| 126 | 31004313220454X | 中国银行股份有限公司上海市分行 | 31 | 7294 |
| 127 | 130604105947209 | 石家庄卷烟厂保定卷烟分厂 | 13 | 7249 |
| 128 | 330165142910640 | 浙江物产金属集团有限公司 | 33 | 7240 |
| 129 | 420106615401409 | 武汉铁路局 | 42 | 7236 |
| 130 | 370202264583609 | 青岛钢铁进出口公司 | 37 | 7194 |
| 131 | 33020314405899X | 宁波电业局 | 33 | 6986 |
| 132 | 610626223720646 | 延长油田股份有限公司吴起采油厂 | 61 | 6977 |
| 133 | 120114724488101 | 天津钢铁有限公司 | 12 | 6929 |
| 134 | 31011579144036X | 宝钢资源有限公司 | 31 | 6828 |
| 135 | 451222715180527 | 龙滩水电开发有限公司 | 45 | 6825 |
| 136 | 340202849394328 | 安徽省电力公司芜湖供电公司 | 34 | 6762 |
| 137 | 230402777880115 | 黑龙江龙煤矿业集团鹤岗分公司 | 23 | 6761 |
| 138 | 532526218032822 | 云南省烟草公司红河州公司 | 53 | 6756 |
| 139 | 310110630473910 | 上海市烟草贸易中心卷烟经理部 | 31 | 6626 |
| 140 | 520302214760830 | 贵州省烟草公司遵义市公司 | 52 | 6614 |
| 141 | 650106228601101 | 宝钢集团新疆八一钢铁有限公司 | 65 | 6543 |
| 142 | 320106134766570 | 江苏省电力公司 | 32 | 6431 |

续表

| 序号 | 企业代码 | 企业名称 | 地区 | 实纳税额 |
|---|---|---|---|---|
| 143 | 370481169896877 | 山东中烟工业公司滕州卷烟厂 | 37 | 6271 |
| 144 | 522401215471045 | 贵州省烟草公司毕节地区公司 | 52 | 6225 |
| 145 | 211103729061625 | 中国石油天然气股份有限公司辽河石化公司 | 21 | 6217 |
| 146 | 360101014504031 | 南昌铁路局 | 36 | 6188 |
| 147 | 320200834754255 | 江苏省电力公司无锡供电公司 | 32 | 6078 |
| 148 | 650104712965011 | 中国石油天然气股份有限公司西北销售新疆分公司 | 65 | 6042 |
| 149 | 42070170691922X | 武汉钢铁集团鄂城钢铁有限责任公司 | 42 | 5984 |
| 150 | 440104190348824 | 广州铁路（集团）公司 | 44 | 5878 |
| 151 | 440106762916947 | 中国石油天然气股份有限公司华南销售分公司 | 44 | 5874 |
| 152 | 430603717052342 | 中国石油化工股份有限公司长岭分公司 | 43 | 5871 |
| 153 | 530181757160292 | 武钢集团昆明钢铁股份有限公司 | 53 | 5793 |
| 154 | 420112751810979 | 湖北省烟草公司武汉市公司 | 42 | 5776 |
| 155 | 350503156100796 | 福建省烟草公司泉州市公司 | 35 | 5742 |
| 156 | 610625223690125 | 延长油田股份有限公司永宁采油厂 | 61 | 5716 |
| 157 | 110105710934369 | 中国交通建设股份有限公司 | 11 | 5645 |
| 158 | 142603113091746 | 霍州煤电集团有限责任公司 | 14 | 5566 |
| 159 | 370105163070951 | 济南铁路局 | 37 | 5521 |
| 160 | 450100711428783 | 国家开发银行广西壮族自治区分行 | 45 | 5513 |
| 161 | 152201115611784 | 红云红河烟草（集团）有限责任公司乌兰浩特卷烟厂 | 15 | 5420 |
| 162 | 140111110071184 | 中铁十二局集团有限公司 | 14 | 5399 |
| 163 | 650102228601208 | 新疆电力公司 | 65 | 5388 |
| 164 | 520100214406188 | 贵州乌江水电开发有限责任公司 | 52 | 5305 |
| 165 | 630104226581557 | 青海省电力公司 | 63 | 5286 |
| 166 | 310046759579978 | 中海集装箱运输股份有限公司 | 31 | 5205 |
| 167 | 370882744526179 | 山东东山古城煤矿有限公司 | 37 | 5203 |
| 168 | 130426107140396 | 天津铁厂 | 13 | 5186 |
| 169 | 320102134923126 | 江苏省烟草公司南京市公司 | 32 | 5175 |
| 170 | 110105100013431 | 中国国际石油化工联合有限责任公司 | 11 | 5129 |
| 171 | 370203713700736 | 山东青岛烟草有限公司 | 37 | 5046 |
| 172 | 370202163585613 | 山东电力集团公司青岛供电公司 | 37 | 5022 |
| 173 | 440301192179593 | 中国烟草总公司深圳市公司 | 44 | 5003 |
| 174 | 610104709902132 | 金堆城钼业股份有限公司销售分公司 | 61 | 4968 |
| 175 | 460100735841214 | 海南红塔卷烟有限责任公司 | 46 | 4928 |
| 176 | 510112752323857 | 川渝中烟工业公司 | 51 | 4920 |
| 177 | 230590772600276 | 黑龙江龙煤集团有限责任公司双鸭山分公司 | 23 | 4752 |
| 178 | 440104455352838 | 广州市房屋调换总站 | 44 | 4749 |
| 179 | 320200135906010 | 江苏省烟草公司无锡市公司 | 32 | 4726 |

续表

| 序号 | 企业代码 | 企业名称 | 地区 | 实纳税额 |
|---|---|---|---|---|
| 180 | 110102710925032 | 中国移动通信集团公司 | 11 | 4718 |
| 181 | 440104190346511 | 中国对外贸易中心（集团） | 44 | 4696 |
| 182 | 320601138315283 | 江苏省烟草公司南通市公司 | 32 | 4681 |
| 183 | 430111183855596 | 湖南省烟草公司长沙市公司 | 43 | 4678 |
| 184 | 150102701466583 | 国家开发银行股份有限公司内蒙古分行 | 15 | 4630 |
| 185 | 310043734050744 | 上海期货交易所 | 31 | 4585 |
| 186 | 530103622600772 | 中国农业银行云南省分行 | 53 | 4584 |
| 187 | 152101701354995 | 大庆油田有限责任公司呼伦贝尔分公司 | 15 | 4563 |
| 188 | 410381681797923 | 洛阳中硅高科技有限公司二分公司 | 41 | 4513 |
| 189 | 650200228900005 | 新疆维吾尔自治区石油管理局 | 65 | 4501 |
| 190 | 11010877197214X | 中国神华能源股份有限公司煤炭销售中心 | 11 | 4482 |
| 191 | 31011563126503X | 中国建筑第八工程局有限公司 | 31 | 4477 |
| 192 | 230102702852099 | 中国石油天然气股份有限公司黑龙江销售分公司 | 23 | 4467 |
| 193 | 211004701696207 | 中国石油股份有限公司辽阳石化分公司 | 21 | 4423 |
| 194 | 410105869971268 | 中国农业发展银行河南省分行 | 41 | 4378 |
| 195 | 21020211843754X | 辽宁省电力有限公司大连供电公司 | 21 | 4377 |
| 196 | 330194143058496 | 浙江省烟草公司杭州市公司 | 33 | 4354 |
| 197 | 310113746502808 | 上海宝冶建设有限公司 | 31 | 4351 |
| 198 | 110105710931694 | 中煤焦化控股有限责任公司 | 11 | 4336 |
| 199 | 35020626015919X | 厦门象屿集团有限公司 | 35 | 4210 |
| 200 | 330000143048685 | 杭州市电力局 | 33 | 4193 |
| 201 | 420106931251983 | 中国农业银行湖北省分行 | 42 | 4176 |
| 202 | 350102705101397 | 国家开发银行股份有限公司福建省分行 | 35 | 4148 |
| 203 | 110105101692827 | 中国石化工程建设公司 | 11 | 4118 |
| 204 | 320503834754538 | 江苏省电力公司苏州供电公司 | 32 | 4089 |
| 205 | 500105202804090 | 中国烟草总公司重庆市公司 | 50 | 4085 |
| 206 | 210203118466391 | 中国烟草总公司大连市公司 | 21 | 4064 |
| 207 | 440300100011460 | 招商局蛇口工业区有限公司 | 44 | 4060 |
| 208 | 6501042285770X7 | 乌鲁木齐铁路局 | 65 | 4049 |
| 209 | 530601216970583 | 云南省烟草公司昭通市公司 | 53 | 4048 |
| 210 | 420102755111139 | 湖北省电力公司武汉供电公司 | 42 | 4042 |
| 211 | 340111149185525 | 中铁四局集团有限公司 | 34 | 4018 |
| 212 | 210102X04720187 | 辽宁省电力有限公司沈阳供电公司 | 21 | 3970 |
| 213 | 370303164105335 | 山东电力集团公司淄博供电公司 | 37 | 3966 |
| 214 | 120101103065720 | 中国烟草总公司天津市公司 | 12 | 3959 |
| 215 | 530103719449490 | 华能澜沧江水电有限公司 | 53 | 3930 |
| 216 | 230198127041096 | 黑龙江省烟草公司哈尔滨市公司 | 23 | 3924 |

续表

| 序号 | 企业代码 | 企业名称 | 地区 | 实纳税额 |
|---|---|---|---|---|
| 217 | 410102170032734 | 河南省电力公司郑州供电公司 | 41 | 3899 |
| 218 | 231282126979349349 | 大庆榆树林油田开发有限责任公司 | 23 | 3899 |
| 219 | 532621218170205 | 云南省烟草公司文山州公司 | 53 | 3882 |
| 220 | 530502218920651 | 云南省烟草公司保山市公司 | 53 | 3862 |
| 221 | 650103228581569 | 新疆维吾尔自治区烟草公司 | 65 | 3857 |
| 222 | 210202118417266 | 大连远洋运输公司 | 21 | 3840 |
| 223 | 530103719408277 | 中国石油化工股份有限公司云南石油分公司 | 53 | 3789 |
| 224 | 610190220600163 | 陕西省烟草公司西安市公司 | 61 | 3784 |
| 225 | 450100198222855 | 广西电网公司 | 45 | 3779 |
| 226 | 53010391652092X | 云南电网公司昆明供电局 | 53 | 3775 |
| 227 | 370502164721189 | 山东电力集团公司东营供电公司 | 37 | 3772 |
| 228 | 51150270916714X | 四川省宜宾五粮液集团进出口有限公司 | 51 | 3769 |
| 229 | 110102801120096 | 中国农业发展银行总行营业部 | 11 | 3732 |
| 230 | 371302724990871 | 山东临沂烟草有限公司 | 37 | 3712 |
| 231 | 330000142943450 | 浙江东南发电股份有限公司 | 33 | 3696 |
| 232 | 360101014504082 | 江西省电力公司 | 36 | 3689 |
| 233 | 410102170030528 | 河南省烟草公司郑州市公司 | 41 | 3679 |
| 234 | 422801883014237 | 湖北省烟草公司恩施州公司 | 42 | 3668 |
| 235 | 350103154381352 | 福建省烟草公司福州市公司 | 35 | 3653 |
| 236 | 440102190334772 | 广东物资集团公司 | 44 | 3635 |
| 237 | 370206163576944 | 中国石化集团青岛石油化工有限责任公司 | 37 | 3626 |
| 238 | 320400834754220 | 江苏省电力公司常州供电公司 | 32 | 3620 |
| 239 | 370112163148157 | 济钢集团有限公司 | 37 | 3598 |
| 240 | 650102928598388 | 中国农业发展银行新疆维吾尔自治区分行 | 65 | 3541 |
| 241 | 140111775152894 | 太原铁路局 | 14 | 3538 |
| 242 | 231281702811174 | 安达市庆新油田开发有限责任公司 | 23 | 3537 |
| 243 | 110102100010222 | 中国植物油公司 | 11 | 3530 |
| 244 | 330000143563345 | 萧山供电局 | 33 | 3515 |
| 245 | 140421794213875 | 山西潞安集团司马煤业有限公司 | 14 | 3465 |
| 246 | 210103701935984 | 辽宁省烟草公司沈阳市公司 | 21 | 3462 |
| 247 | 410800173471038 | 焦作煤业（集团）有限责任公司 | 41 | 3454 |
| 248 | 370826864444856 | 枣庄矿业（集团）有限责任公司高庄煤矿 | 37 | 3450 |
| 249 | 610602223531132 | 延长油田股份有限公司南泥湾采油厂 | 61 | 3439 |
| 250 | 210202716951354 | 中国石油天然气股份有限公司大连销售分公司 | 21 | 3435 |
| 251 | 361122796959291 | 江西中烟工业公司广丰卷烟厂 | 36 | 3426 |
| 252 | 220303753632424 | 湖南中烟工业有限责任公司四平卷烟厂 | 22 | 3410 |
| 253 | 32040013720360X | 江苏省烟草公司常州市公司 | 32 | 3409 |

续表

| 序号 | 企业代码 | 企业名称 | 地区 | 实纳税额 |
|---|---|---|---|---|
| 254 | 130205804791805 | 大唐国际发电股份有限公司陡河发电厂 | 13 | 3403 |
| 255 | 130403805527774 | 邯郸供电公司 | 13 | 3398 |
| 256 | 320106733144888 | 江苏省电力公司南京供电公司 | 32 | 3383 |
| 257 | 530181719479411 | 云南昆钢国际贸易有限公司 | 53 | 3362 |
| 258 | 321001140715905 | 江苏省烟草公司扬州市公司 | 32 | 3355 |
| 259 | 370702865450879 | 山东电力集团公司潍坊供电公司 | 37 | 3298 |
| 260 | 320901140132929 | 江苏省烟草公司盐城市公司 | 32 | 3289 |
| 261 | 370103163154485 | 山东电力集团公司济南供电公司 | 37 | 3278 |
| 262 | 321201141855483 | 江苏省烟草公司泰州市公司 | 32 | 3271 |
| 263 | 650200676327257 | 中国石油集团西部钻探工程有限公司 | 65 | 3260 |
| 264 | 640104227680151 | 宁夏电力公司 | 64 | 3259 |
| 265 | 450100898221888 | 广西电网公司南宁供电局 | 45 | 3257 |
| 266 | 230604129311053 | 大庆电业局 | 23 | 3245 |
| 267 | 140423110930719 | 山西省襄垣县地方国营襄垣煤矿 | 14 | 3220 |
| 268 | 610198713595630 | 中国石油天然气股份有限公司陕西销售分公司 | 61 | 3161 |
| 269 | 210302241445529 | 辽宁省电力有限公司鞍山供电公司 | 21 | 3151 |
| 270 | 440682740847661 | 广东电网公司佛山南海供电局 | 44 | 3140 |
| 271 | 230603129320398 | 中国石油大庆石油化工总厂 | 23 | 3104 |
| 272 | 130982104322397 | 华北石油管理局 | 13 | 3082 |
| 273 | 310113132230684 | 上海宝钢化工有限公司 | 31 | 3074 |
| 274 | 110104101619961 | 中国烟草国际有限公司 | 11 | 3066 |
| 275 | 220105124014834 | 吉林省烟草公司长春市公司 | 22 | 3060 |
| 276 | 11011210114015X | 中国烟草总公司北京市公司 | 11 | 3056 |
| 277 | 35040215558109X | 福建省烟草公司三明分公司 | 35 | 3052 |
| 278 | 513401213000370 | 四川省烟草公司凉山分公司 | 51 | 3040 |
| 279 | 320582842111495 | 中国农业银行张家港市支行 | 32 | 3024 |
| 280 | 120114803060859 | 国家开发银行天津市分行 | 12 | 3017 |
| 281 | 350602156507027 | 福建省烟草公司漳州市公司 | 35 | 3014 |
| 282 | 441302456660517 | 中国建设银行股份有限公司惠州市分行 | 44 | 2987 |
| 283 | 210204717812540 | 大连商品交易所 | 21 | 2985 |
| 284 | 431103188320144 | 湖南省烟草公司永州市公司 | 43 | 2985 |
| 285 | 413001176882967 | 河南省电力公司信阳供电公司 | 41 | 2984 |
| 286 | 340421788558906 | 淮南矿业（集团）有限责任公司顾桥煤矿 | 34 | 2960 |
| 287 | 150104114154657 | 呼和浩特市烟草公司 | 15 | 2955 |
| 288 | 530102216558329 | 国投云南大朝山水电有限公司 | 53 | 2948 |
| 289 | 350702705273092 | 福建省烟草公司南平市公司 | 35 | 2914 |
| 290 | 310108132204785 | 上海市五金矿产进出口公司 | 31 | 2912 |

续表

| 序号 | 企业代码 | 企业名称 | 地区 | 实纳税额 |
|---|---|---|---|---|
| 291 | 22010412399835X | 吉林省电力有限公司长春供电公司 | 22 | 2893 |
| 292 | 340603150825112 | 安徽省电力公司淮北供电公司 | 34 | 2888 |
| 293 | 110101100002361 | 中国纺织物资有限公司 | 11 | 2883 |
| 294 | 320582842159448 | 江苏省电力公司张家港市供电公司 | 32 | 2874 |
| 295 | 130427107111157 | 河北省磁县申家庄煤矿 | 13 | 2863 |
| 296 | 130104104393865 | 河北省烟草公司石家庄市公司 | 13 | 2858 |
| 297 | 440301190335310 | 广东核电投资有限公司 | 44 | 2855 |
| 298 | 53011121653292X | 云南省烟草烟叶公司 | 53 | 2831 |
| 299 | 370826706106333 | 枣庄矿业（集团）付村煤业有限公司 | 37 | 2830 |
| 300 | 11010510169286X | 中国石油化工集团公司 | 11 | 2830 |
| 301 | 500115202803768 | 中国石化集团四川维尼纶厂 | 50 | 2825 |
| 302 | 37110274988627X | 山东新良油脂有限公司 | 37 | 2825 |
| 303 | 350103154392836 | 福建省福州电业局 | 35 | 2816 |
| 304 | 330300145049294 | 温州电力局 | 33 | 2789 |
| 305 | 440301731137342 | 中国证券登记结算有限责任公司深圳分公司 | 44 | 2774 |
| 306 | 420106300260453 | 华中电网有限公司 | 42 | 2772 |
| 307 | 520100709611191 | 贵州省烟草公司贵阳市公司 | 52 | 2761 |
| 308 | 610581661193700 | 陕西龙门钢铁有限责任公司 | 61 | 2757 |
| 309 | 522330009600299 | 贵州省烟草公司黔西南州公司 | 52 | 2754 |
| 310 | 320281842229725 | 江苏省电力公司江阴市供电公司 | 32 | 2752 |
| 311 | 430702186482860 | 湖南省烟草公司常德市公司 | 43 | 2750 |
| 312 | 140111110120089 | 山西省烟草公司太原市公司 | 14 | 2741 |
| 313 | 320300136406616 | 江苏省烟草公司徐州市公司 | 32 | 2734 |
| 314 | 110105101694371 | 中国出版对外贸易总公司 | 11 | 2729 |
| 315 | 140116715997051 | 中国石油化工股份有限公司山西石油分公司 | 14 | 2713 |
| 316 | 420107300022236 | 武钢集团国际经济贸易总公司 | 42 | 2694 |
| 317 | 150102626405317 | 呼和浩特铁路局 | 15 | 2682 |
| 318 | 53010271348608X | 国家开发银行股份有限公司云南省分行 | 53 | 2670 |
| 319 | 640105227682712 | 中石油股份公司宁夏炼化公司 | 64 | 2654 |
| 320 | 130602105945019 | 保定钞票纸厂 | 13 | 2652 |
| 321 | 320601834754271 | 江苏省电力公司南通供电公司 | 32 | 2651 |
| 322 | 650104228660427 | 新疆电力公司乌鲁木齐电业局 | 65 | 2645 |
| 323 | 210213773015060 | 第一汽车（大连保税区）口岸通商中心 | 21 | 2586 |
| 324 | 330702147301940 | 金华电业局 | 33 | 2568 |
| 325 | 210402119215009 | 中国石油抚顺石油化工公司 | 21 | 2567 |
| 326 | 220791244433152 | 吉林石油集团有限责任公司 | 22 | 2566 |
| 327 | 610821755247976 | 陕西国华锦界能源有限责任公司 | 61 | 2564 |

续表

| 序号 | 企业代码 | 企业名称 | 地区 | 实纳税额 |
|---|---|---|---|---|
| 328 | 420302178782345 | 湖北省电力公司十堰供电公司 | 42 | 2554 |
| 329 | 420111760686164 | 中国石油天然气股份有限公司华中销售分公司 | 42 | 2547 |
| 330 | 340104783099130 | 安徽省烟草公司合肥市公司 | 34 | 2536 |
| 331 | 371302168251348 | 山东电力集团公司临沂供电公司 | 37 | 2505 |
| 332 | 610090920520148 | 国家开发银行陕西省分行 | 61 | 2504 |
| 333 | 530325748281375 | 云南滇东能源有限责任公司 | 53 | 2475 |
| 334 | 220104823941178 | 中国农业发展银行吉林省分行 | 22 | 2461 |
| 335 | 420104615571010 | 中国葛洲坝集团股份有限公司 | 42 | 2459 |
| 336 | 360701160237197 | 江西省烟草公司赣州市公司 | 36 | 2450 |
| 337 | 210804604051941 | 华能国际电力股份有限公司营口电厂 | 21 | 2445 |
| 338 | 340402733034777 | 安徽淮南洛能发电有限责任公司 | 34 | 2444 |
| 339 | 110102100000411 | 中国中化集团公司 | 11 | 2434 |
| 340 | 610103920524878 | 中国农业银行陕西省分行 | 61 | 2423 |
| 341 | 370811706092437 | 淄博矿业集团有限责任公司许厂煤矿 | 37 | 2409 |
| 342 | 230102127048941 | 哈尔滨电业局 | 23 | 2402 |
| 343 | 12011010375258X | 天津二十冶建设有限公司 | 12 | 2394 |
| 344 | 140114776713323 | 山西焦煤集团国际贸易有限责任公司 | 14 | 2380 |
| 345 | 120118100023285 | 中国石油天然气勘探开发公司 | 11 | 2371 |
| 346 | 230198769221128 | 黑龙江龙煤矿业集团有限责任公司 | 23 | 2368 |
| 347 | 320584838233916 | 江苏省电力公司吴江市供电公司 | 32 | 2365 |
| 348 | 340802151302495 | 安徽省烟草公司安庆市公司 | 34 | 2358 |
| 349 | 430204779031096 | 南车株洲电力机车有限公司 | 43 | 2356 |
| 350 | 51170021015119X | 达州电业局 | 51 | 2354 |
| 351 | 341226852221284 | 淮南矿业（集团）有限责任公司谢桥煤矿 | 34 | 2340 |
| 352 | 420101737546008 | 武汉地产开发投资集团有限公司 | 42 | 2331 |
| 353 | 330401146478349 | 嘉兴电力局 | 33 | 2331 |
| 354 | 130602805953589 | 保定供电公司 | 13 | 2324 |
| 355 | 110102801473553 | 中国农业发展银行北京市分行 | 11 | 2316 |
| 356 | 110228802974181 | 北京首云铁矿 | 11 | 2307 |
| 357 | 130603105941085 | 河北省烟草公司保定市公司 | 13 | 2307 |
| 358 | 370802165921393 | 山东电力集团公司济宁供电公司 | 37 | 2305 |
| 359 | 110192757700076 | 中冶京诚工程技术有限公司 | 11 | 2304 |
| 360 | 110102100006653 | 中国对外经济贸易信托有限公司 | 11 | 2302 |
| 361 | 510115202456540 | 成都印钞公司 | 51 | 2293 |
| 362 | 110108100002724 | 中国国际电视总公司 | 11 | 2290 |
| 363 | 440105190506722 | 广州船舶工业公司 | 44 | 2275 |
| 364 | 360101158376593 | 江西省烟草公司南昌市公司 | 36 | 2275 |

续表

| 序号 | 企业代码 | 企业名称 | 地区 | 实纳税额 |
|---|---|---|---|---|
| 365 | 320583838134264 | 江苏省电力公司昆山市供电公司 | 32 | 2275 |
| 366 | 445302190321875 | 云浮硫铁矿企业集团公司 | 44 | 2268 |
| 367 | 320113660688162 | 中国石化集团资产经营管理有限公司金陵石化分公司 | 32 | 2266 |
| 368 | 321001134753374 | 中国石化集团江苏石油勘探局 | 32 | 2266 |
| 369 | 130203104744995 | 河北省烟草公司唐山市公司 | 13 | 2260 |
| 370 | 510108765397812 | 四川石油管理局川西钻探公司 | 51 | 2243 |
| 371 | 370205163580003 | 华电青岛发电有限公司 | 37 | 2239 |
| 372 | 53011162260081X | 昆明铁路局 | 53 | 2236 |
| 373 | 440681741708807 | 广东电网公司佛山顺德供电局 | 44 | 2205 |
| 374 | 530381738062005 | 国电宣威发电有限责任公司 | 53 | 2204 |
| 375 | 110108102069527 | 中国航天时代电子公司 | 11 | 2198 |
| 376 | 140114701138010 | 太原煤气化股份有限公司 | 14 | 2195 |
| 377 | 440801730463162 | 广东烟草湛江市有限公司 | 44 | 2180 |
| 378 | 371202169530031 | 鲁中冶金矿业集团公司 | 37 | 2180 |
| 379 | 37120316953055X | 莱芜钢铁集团有限公司 | 37 | 2178 |
| 380 | 142701813643345 | 山西省电力公司运城大用户营业所 | 14 | 2173 |
| 381 | 513423213150192 | 四川省盐源县平川铁矿 | 51 | 2171 |
| 382 | 421001178968502 | 湖北省烟草公司荆州市公司 | 42 | 2163 |
| 383 | 140116110013910 | 山西省电力公司太原供电分公司 | 14 | 2159 |
| 384 | 522701216252186 | 贵州省烟草公司黔南州公司 | 52 | 2157 |
| 385 | 11010810000624X | 中国电子器材总公司 | 11 | 2156 |
| 386 | 520100214402515 | 贵州电网公司 | 52 | 2156 |
| 387 | 522201215051390 | 贵州省烟草公司铜仁地区公司 | 52 | 2156 |
| 388 | 150240114392532 | 内蒙古自治区烟草公司包头市公司 | 15 | 2149 |
| 389 | 510601735892505 | 二重集团（德阳）重型装备股份有限公司 | 51 | 2141 |
| 390 | 130481105744268 | 邯邢冶金矿山管理局北洺河铁矿 | 13 | 2135 |
| 391 | 411403175000969 | 河南省烟草公司商丘市公司 | 41 | 2114 |
| 392 | 350204155014220 | 福建省厦门电业局 | 35 | 2108 |
| 393 | 11010810000106X | 中国电子进出口总公司 | 11 | 2107 |
| 394 | 450201198585373 | 广西柳州钢铁（集团）公司 | 45 | 2106 |
| 395 | 469007721234704 | 中海石油化学股份有限公司 | 46 | 2104 |
| 396 | 500103902820921 | 国家开发银行重庆市分行 | 50 | 2096 |
| 397 | 370830720741675 | 山东裕隆矿业集团有限公司唐阳煤矿 | 37 | 2081 |
| 398 | 230206128512937 | 中国华电集团富拉尔基发电总厂 | 23 | 2080 |
| 399 | 110102100027235 | 中核财务有限责任公司 | 11 | 2062 |
| 400 | 411000174272612 | 河南省烟草公司许昌市公司 | 41 | 2056 |
| 401 | 370827166237876 | 山东鲁泰煤业有限公司鹿洼煤矿 | 37 | 2052 |

续表

| 序号 | 企业代码 | 企业名称 | 地区 | 实纳税额 |
|---|---|---|---|---|
| 402 | 410881735514918 | 华能沁北发电有限责任公司 | 41 | 2033 |
| 403 | 430602186085953 | 湖南省烟草公司岳阳市公司 | 43 | 2032 |
| 404 | 413001176883054 | 河南省烟草公司信阳市公司 | 41 | 2025 |
| 405 | 110106101107173 | 中国建筑一局（集团）有限公司 | 11 | 2022 |
| 406 | 140107810016098 | 中国农业银行山西省分行 | 14 | 2012 |
| 407 | 131003109261423 | 华北电网有限公司廊坊供电公司 | 13 | 2010 |
| 408 | 320005834779241 | 中国农业发展银行江苏省分行 | 32 | 2006 |
| 409 | 342400152943614 | 安徽省烟草公司六安市公司 | 34 | 2001 |
| 410 | 110106802154562 | 中国工商银行股份有限公司北京方庄支行 | 11 | 1994 |
| 411 | 610521220532244 | 金堆城钼业集团有限公司 | 61 | 1984 |
| 412 | 320121135596999 | 南京造币厂 | 32 | 1981 |
| 413 | 44090166334762X | 中国石化集团资产经营管理有限公司茂名石化分公司 | 44 | 1979 |
| 414 | 441601707923773 | 广东烟草河源市有限责任公司 | 44 | 1976 |
| 415 | 410500172196054 | 河南省电力公司安阳供电公司 | 41 | 1972 |
| 416 | 431381763251190 | 大唐华银电力股份有限公司金竹山火力发电分公司 | 43 | 1971 |
| 417 | 150590767871733 | 中国移动通信集团内蒙古有限公司通辽公司 | 15 | 1969 |
| 418 | 310113754778652 | 中冶天工上海十三冶建设有限公司 | 31 | 1969 |
| 419 | 530328781658066 | 云南大为制焦有限公司 | 53 | 1965 |
| 420 | 36110116144311X | 江西省烟草公司上饶市公司 | 36 | 1963 |
| 421 | 420501722096227 | 湖北省烟草公司宜昌市公司 | 42 | 1955 |
| 422 | 44030010001694X | 中国广东核电集团有限公司 | 44 | 1937 |
| 423 | 330227844393596 | 中国农业银行宁波市鄞州支行 | 33 | 1936 |
| 424 | 360403159304292 | 江西省烟草公司九江市公司 | 36 | 1933 |
| 425 | 110102710933307 | 中国人民健康保险股份有限公司 | 11 | 1923 |
| 426 | 321100141379448 | 江苏省烟草公司镇江市公司 | 32 | 1921 |
| 427 | 460100901253195 | 国家开发银行海南分行 | 46 | 1911 |
| 428 | 320200748159222 | 一汽解放汽车有限公司无锡柴油机厂 | 32 | 1909 |
| 429 | 620102224332944 | 甘肃省烟草公司兰州市公司 | 62 | 1908 |
| 430 | 110108100011508 | 中国化纤总公司 | 11 | 1903 |
| 431 | 610190220530206 | 西安印钞厂 | 61 | 1894 |
| 432 | 622624925730961 | 白银有色集团股份有限公司厂坝铅锌矿 | 62 | 1892 |
| 433 | 370305664437395 | 中国石化集团资产经营管理有限公司齐鲁石化分公司 | 37 | 1892 |
| 434 | 142330764697338 | 霍州煤电集团吕梁山煤电有限公司 | 14 | 1891 |
| 435 | 610581222160683 | 陕西韩城矿务局 | 61 | 1891 |
| 436 | 510601671415848 | 东方电气集团东方电机有限公司 | 51 | 1882 |
| 437 | 410481871956956 | 河南安钢集团舞阳矿业有限责任公司 | 41 | 1877 |
| 438 | 340104848940358 | 中国农业发展银行安徽省分行 | 34 | 1875 |

续表

| 序号 | 企业代码 | 企业名称 | 地区 | 实纳税额 |
|---|---|---|---|---|
| 439 | 411300176350776 | 河南省电力公司南阳供电公司 | 41 | 1874 |
| 440 | 110104101626272 | 北京印钞有限公司 | 11 | 1869 |
| 441 | 152826787084841 | 巴彦淖尔西部铜业有限公司 | 15 | 1868 |
| 442 | 460100201242022 | 中国烟草总公司海南省公司 | 46 | 1868 |
| 443 | 53080221835117X | 云南省烟草公司普洱市公司 | 53 | 1864 |
| 444 | 440181743597266 | 广东电网公司广州番禺供电局 | 44 | 1864 |
| 445 | 530381797240748 | 曲靖市烟草公司宣威分公司 | 53 | 1862 |
| 446 | 361001162581645 | 江西省烟草公司抚州市公司 | 36 | 1857 |
| 447 | 412800175860627 | 河南省烟草公司驻马店市公司 | 41 | 1848 |
| 448 | 372901725406403 | 山东菏泽烟草有限公司 | 37 | 1845 |
| 449 | 340504150509144 | 马钢（集团）控股有限公司 | 34 | 1844 |
| 450 | 140323728164876 | 阳泉市南庄煤炭集团有限责任公司 | 14 | 1844 |
| 451 | 650102718901684 | 国家开发银行股份有限公司新疆分行 | 65 | 1839 |
| 452 | 14021311040230X | 山西省烟草公司大同市公司 | 14 | 1836 |
| 453 | 34022276686286X | 芜湖海螺水泥有限公司 | 34 | 1834 |
| 454 | 310046631639185 | 上海吴泾第二发电有限责任公司 | 31 | 1830 |
| 455 | 630105226593945 | 西宁特殊钢股份有限公司 | 63 | 1818 |
| 456 | 361101161445000 | 江西上饶供电公司 | 36 | 1816 |
| 457 | 220106715303515 | 长春汽车检测中心 | 22 | 1812 |
| 458 | 330602609610511 | 绍兴电力局 | 33 | 1809 |
| 459 | 430305184734649 | 大唐湘潭发电有限责任公司 | 43 | 1804 |
| 460 | 61020292114093X | 铜川矿务局煤炭运输销售公司 | 61 | 1804 |
| 461 | 370883166123289 | 山东宏河矿业集团有限公司 | 37 | 1801 |
| 462 | 152721701419883 | 内蒙古国华准格尔发电有限责任公司 | 15 | 1801 |
| 463 | 342600153581109 | 安徽省烟草公司巢湖市公司 | 34 | 1797 |
| 464 | 320703834764058 | 中国石化集团南京化学工业有限公司连云港碱厂 | 32 | 1787 |
| 465 | 331082148880454 | 浙江省电力公司台州电业局 | 33 | 1786 |
| 466 | 210302765442193 | 中冶焦耐工程技术有限公司 | 21 | 1780 |
| 467 | 130104804321045 | 石家庄供电公司 | 13 | 1779 |
| 468 | 152722772228160 | 北方联合电力有限责任公司鄂尔多斯发电厂 | 15 | 1776 |
| 469 | 120118101765977 | 中海油气开发利用公司 | 11 | 1768 |
| 470 | 640181774928697 | 华电宁夏灵武发电有限公司 | 64 | 1766 |
| 471 | 130481805528793 | 邯邢冶金矿山管理局西石门铁矿 | 13 | 1764 |
| 472 | 142701113632995 | 山西省烟草公司运城市公司 | 14 | 1763 |
| 473 | 610198220611778 | 西安西电国际工程有限责任公司 | 61 | 1756 |
| 474 | 420606179319125 | 湖北省烟草公司襄樊市公司 | 42 | 1756 |
| 475 | 371402867271110 | 山东电力集团公司德州供电公司 | 37 | 1754 |

续表

| 序号 | 企业代码 | 企业名称 | 地区 | 实纳税额 |
|---|---|---|---|---|
| 476 | 450100198228800 | 广西壮族自治区烟草公司南宁市公司 | 45 | 1752 |
| 477 | 370882267174130 | 山东省田庄煤矿 | 37 | 1751 |
| 478 | 500112202806301 | 重庆鲁能开发（集团）有限公司 | 50 | 1738 |
| 479 | 410321171086961 | 大唐洛阳首阳山发电厂 | 41 | 1735 |
| 480 | 370902866407119 | 山东电力集团公司泰安供电公司 | 37 | 1735 |
| 481 | 130403105520408 | 河北省烟草公司邯郸市公司 | 13 | 1735 |
| 482 | 350102858145104 | 中国农业发展银行福建省分行 | 35 | 1734 |
| 483 | 41060078054434X | 河南省电力公司鹤壁供电公司 | 41 | 1733 |
| 484 | 340111849021476 | 安徽省电力公司合肥供电公司 | 34 | 1731 |
| 485 | 220203124475104 | 吉化集团公司 | 22 | 1728 |
| 486 | 630104226580888 | 中国烟草总公司青海省公司 | 63 | 1717 |
| 487 | 441302456660680 | 中国银行股份有限公司惠州分行 | 44 | 1714 |
| 488 | 142611113092036 | 山西省烟草公司临汾市公司 | 14 | 1708 |
| 489 | 320581842050696 | 江苏省电力公司常熟市供电公司 | 32 | 1707 |
| 490 | 210502463564339 | 辽宁省电力有限公司本溪供电公司 | 21 | 1702 |
| 491 | 652100228599064 | 吐哈石油勘探开发指挥部 | 65 | 1694 |
| 492 | 429005177564194 | 中国石化集团江汉石油管理局 | 42 | 1689 |
| 493 | 652701742210760 | 新疆阿拉山口口岸工贸股份有限公司 | 65 | 1686 |
| 494 | 310113133401086 | 中冶宝钢技术服务有限公司 | 31 | 1681 |
| 495 | 110102710934190 | 中船重工物资贸易集团有限公司 | 11 | 1681 |
| 496 | 420901180813243 | 湖北省烟草公司孝感市公司 | 42 | 1681 |
| 497 | 130404105566107 | 邯郸钢铁集团有限责任公司 | 13 | 1680 |
| 498 | 110102710924910 | 中国兵器工业集团公司 | 11 | 1680 |
| 499 | 430103183859714 | 湖南省电力公司长沙电业局 | 43 | 1678 |
| 500 | 330204144068063 | 浙江省烟草公司宁波市公司 | 33 | 1676 |

# 三、2008年度全国上市企业纳税五百强排行榜

单位：万元

| 序号 | 企业代码 | 企业名称 | 地区 | 实纳税额 |
|---|---|---|---|---|
| 1 | 110102100003962 | 中国工商银行股份有限公司 | 11 | 4229629 |
| 2 | 110102100001342 | 中国银行股份有限公司 | 11 | 2209954 |
| 3 | 330201793017426 | 中国石油化工股份有限公司镇海炼化分公司 | 33 | 1679786 |
| 4 | 310046631696382 | 宝山钢铁股份有限公司 | 31 | 1497363 |
| 5 | 440901722484553 | 中国石油化工股份有限公司茂名分公司 | 44 | 1197013 |
| 6 | 650200715597998 | 中国石油天然气股份有限公司新疆油田分公司 | 65 | 1188673 |
| 7 | 65280071554911X | 中国石油天然气股份有限公司塔里木油田分公司 | 65 | 1015703 |
| 8 | 44030110001686X | 招商银行股份有限公司 | 44 | 972803 |
| 9 | 619000713594558 | 中国石油天然气股份有限公司长庆油田分公司 | 61 | 935801 |
| 10 | 210303242669479 | 鞍钢股份有限公司 | 21 | 735713 |
| 11 | 420107300247654 | 武汉钢铁股份有限公司 | 42 | 576463 |
| 12 | 370883166122374 | 兖州煤业股份有限公司 | 37 | 513023 |
| 13 | 310043834486537 | 中国石油化工股份有限公司上海高桥分公司 | 31 | 486187 |
| 14 | 652800742248144 | 中国石油化工股份有限公司西北油田分公司 | 65 | 467371 |
| 15 | 350100158142711 | 兴业银行股份有限公司 | 35 | 459351 |
| 16 | 110101710933024 | 中国神华能源股份有限公司 | 11 | 454768 |
| 17 | 310043132212291 | 中国石化上海石油化工股份有限公司 | 31 | 444097 |
| 18 | 31004313221158X | 上海浦东发展银行股份有限公司 | 31 | 404583 |
| 19 | 110101100018988 | 中国民生银行股份有限公司 | 11 | 396622 |
| 20 | 340504610400837 | 马鞍山钢铁股份有限公司 | 34 | 394073 |
| 21 | 120114722958405 | 中国石油化工股份有限公司天津分公司 | 12 | 366373 |
| 22 | 310043744912184 | 中国石化销售有限公司华东分公司 | 31 | 340867 |
| 23 | 11010271092841X | 中国人寿保险股份有限公司 | 11 | 337770 |
| 24 | 610890770043971 | 中国神华能源有限责任公司神东煤炭分公司 | 61 | 305862 |
| 25 | 140213710932953 | 大秦铁路股份有限公司 | 14 | 296830 |
| 26 | 110104101174712 | 北京银行股份有限公司 | 11 | 266673 |
| 27 | 310043834480565 | 中石油华东销售分公司 | 31 | 263046 |
| 28 | 440301192185379 | 深圳发展银行 | 44 | 237558 |
| 29 | 410902719176285 | 中国石油化工股份有限公司中原油田分公司 | 41 | 232501 |
| 30 | 652100718901908 | 中国石油天然气股份有限公司吐哈油田分公司 | 65 | 225534 |
| 31 | 140116701011888 | 山西太钢不锈钢股份有限公司 | 14 | 220413 |

续表

| 序号 | 企业代码 | 企业名称 | 地区 | 实纳税额 |
|---|---|---|---|---|
| 32 | 150230701464975 | 内蒙古包钢钢联股份有限公司 | 15 | 220097 |
| 33 | 110222717871006 | 中国国际航空股份有限公司 | 11 | 208709 |
| 34 | 420501710930405 | 中国长江电力股份有限公司 | 42 | 208045 |
| 35 | 140116713676510 | 山西西山煤电股份有限公司 | 14 | 202512 |
| 36 | 440300455744938 | 中国工商银行股份有限公司深圳市分行 | 44 | 200265 |
| 37 | 210502242690243 | 本钢板材股份有限公司 | 21 | 199653 |
| 38 | 440300101781440 | 中信证券股份有限公司 | 44 | 199583 |
| 39 | 370112726230489 | 济南钢铁股份有限公司 | 37 | 197617 |
| 40 | 450205715187622 | 柳州钢铁股份有限公司 | 45 | 193497 |
| 41 | 130203104759628 | 唐山钢铁股份有限公司 | 13 | 183293 |
| 42 | 410504719173420 | 安阳钢铁股份有限公司 | 41 | 183158 |
| 43 | 140405729666771 | 山西潞安环保能源开发股份有限公司 | 14 | 175083 |
| 44 | 220104244976413 | 一汽轿车股份有限公司 | 22 | 158813 |
| 45 | 32100172059808X | 中国石油化工股份有限公司江苏油田分公司 | 32 | 157184 |
| 46 | 320102721730177 | 中国石油化工股份有限公司金陵分公司 | 32 | 142866 |
| 47 | 610521664102114 | 金堆城钼业股份有限公司矿冶分公司 | 61 | 140341 |
| 48 | 110101101690637 | 中国石化国际事业有限公司 | 11 | 136847 |
| 49 | 130503718311625 | 河北金牛能源股份有限公司 | 13 | 136757 |
| 50 | 440205231129346 | 广东韶钢松山股份有限公司 | 44 | 135614 |
| 51 | 14032371599263X | 山西国阳新能股份有限公司 | 14 | 134601 |
| 52 | 310046132212734 | 中海发展股份有限公司 | 31 | 131859 |
| 53 | 210702716459108 | 中国石油天然气股份有限公司锦州石化分公司 | 21 | 128981 |
| 54 | 37021126462882X | 青岛海信电器股份有限公司 | 37 | 127940 |
| 55 | 310046671143758 | 中国电信股份有限公司上海分公司 | 31 | 126356 |
| 56 | 410324171080594 | 洛阳栾川钼业集团股份有限公司 | 41 | 124458 |
| 57 | 110104100017336 | 大唐国际发电股份有限公司 | 11 | 119079 |
| 58 | 11010210112001X | 华夏银行股份有限公司 | 11 | 118400 |
| 59 | 330000720083254 | 中国石油化工股份有限公司浙江石油分公司 | 33 | 114578 |
| 60 | 440106748017099 | 中国电信股份有限公司广州分公司 | 44 | 110746 |
| 61 | 110105710934289 | 中国中煤能源股份有限公司 | 11 | 110154 |
| 62 | 310043703486761 | 中石油西气东输管道分公司 | 31 | 109300 |
| 63 | 510402204360956 | 攀枝花新钢钒股份有限公司 | 51 | 108954 |
| 64 | 211401716427237 | 中国石油天然气股份有限公司锦西石化分公司 | 21 | 108022 |
| 65 | 52038271430580X | 贵州茅台酒股份有限公司 | 52 | 107924 |
| 66 | 440401192548256 | 珠海格力电器股份有限公司 | 44 | 106698 |
| 67 | 130404700647251 | 邯郸钢铁股份有限公司 | 13 | 106681 |
| 68 | 110102101135684 | 交通银行股份有限公司北京市分行 | 11 | 103505 |

续表

| 序号 | 企业代码 | 企业名称 | 地区 | 实纳税额 |
|---|---|---|---|---|
| 69 | 320106743917098 | 中国电信股份有限公司江苏分公司 | 32 | 103227 |
| 70 | 650203726984969 | 中国石油天然气股份有限公司克拉玛依石化分公司 | 65 | 102369 |
| 71 | 110108801977962 | 中国民生银行股份有限公司总行营业部 | 11 | 100636 |
| 72 | 370305723267788 | 中国石油化工股份有限公司齐鲁分公司 | 37 | 98301 |
| 73 | 500904902887456001 | 中国工商银行重庆市分行 | 50 | 97056 |
| 74 | 320112714085405 | 南京钢铁股份有限公司 | 32 | 96461 |
| 75 | 321081625908297 | 中国石化仪征化纤股份有限公司 | 32 | 95824 |
| 76 | 110107700234318 | 北京首钢股份有限公司 | 11 | 94034 |
| 77 | 110104710931483 | 中国人民财产保险股份有限公司 | 11 | 93533 |
| 78 | 370705745676590 | 潍柴动力股份有限公司 | 37 | 92837 |
| 79 | 340700148973642 | 铜陵有色金属集团股份有限公司 | 34 | 90646 |
| 80 | 429005735209235 | 中国石油化工股份有限公司江汉油田公司 | 42 | 88771 |
| 81 | 220203717174219 | 中国石油天然气股份公司吉林市石化分公司 | 22 | 88598 |
| 82 | 370202163615667 | 青岛啤酒股份有限公司 | 37 | 86029 |
| 83 | 140213729670025 | 大同煤业股份有限公司 | 14 | 84890 |
| 84 | 120114724495870 | 中石油天然气股份有限公司大港石化分公司 | 12 | 82915 |
| 85 | 620200710375659 | 甘肃酒钢集团宏兴钢铁股份有限公司 | 62 | 81785 |
| 86 | 440103722457168 | 中国石油化工股份有限公司广东石油分公司 | 44 | 80664 |
| 87 | 430104712194405 | 长沙中联重工科技发展股份有限公司 | 43 | 79607 |
| 88 | 650109718902097 | 中国石油天然气股份有限公司乌石化分公司 | 65 | 78165 |
| 89 | 140106810015183 | 中国建设银行股份有限公司山西省分行 | 14 | 73306 |
| 90 | 31004313220454X | 中国银行股份有限公司上海市分行 | 31 | 72939 |
| 91 | 230603716676129 | 中国石油天然气股份有限公司大庆石化分公司 | 23 | 72559 |
| 92 | 110102801124011 | 中信银行股份有限公司总行营业部 | 11 | 72321 |
| 93 | 140507713630037 | 山西兰花科技创业股份有限公司 | 14 | 70571 |
| 94 | 510104901861983 | 中国人寿保险股份有限公司四川省分公司 | 51 | 67895 |
| 95 | 11010220283066X | 金融街控股股份有限公司 | 11 | 67273 |
| 96 | 150102701467412 | 中国石油天然气股份公司内蒙古销售分公司 | 15 | 66582 |
| 97 | 32010672057933X | 中国石油化工股份有限公司江苏石油分公司 | 32 | 66340 |
| 98 | 330165704200860 | 杭州钢铁股份有限公司 | 33 | 65803 |
| 99 | 120113103070984 | 中储发展股份有限公司 | 12 | 63425 |
| 100 | 510108711890652 | 中国石油股份有限公司西南油气田分公司 | 51 | 62322 |
| 101 | 411481706784652 | 河南神火煤电股份有限公司 | 41 | 62122 |
| 102 | 510700205412308 | 四川长虹电器股份有限公司 | 51 | 61905 |
| 103 | 361181X12425989 | 江西铜业股份有限公司德兴铜矿 | 36 | 61480 |
| 104 | 430121183802099 | 湖南长丰汽车制造股份有限公司 | 43 | 61377 |
| 105 | 370783613588986 | 山东晨鸣纸业集团股份有限公司 | 37 | 60217 |

续表

| 序号 | 企业代码 | 企业名称 | 地区 | 实纳税额 |
| --- | --- | --- | --- | --- |
| 106 | 230198128175037 | 哈药集团股份公司 | 23 | 60123 |
| 107 | 310043832211775 | 招商银行股份有限公司上海分行 | 31 | 60081 |
| 108 | 440300445769023 | 中国银行股份有限公司深圳市分行 | 44 | 60076 |
| 109 | 130202730266302 | 开滦能源化工股份有限公司 | 13 | 60071 |
| 110 | 510105711890927 | 中国石油天然气股份有限公司四川销售分公司 | 51 | 59993 |
| 111 | 350402733617489 | 福建三钢闽光股份有限公司 | 35 | 59518 |
| 112 | 440100890328787 | 中国银行股份有限公司广东省分行 | 44 | 58891 |
| 113 | 430603717052342 | 中国石油化工股份有限公司长岭分公司 | 43 | 58714 |
| 114 | 610498727375006 | 中石油天然气公司长庆石化分公司 | 61 | 58101 |
| 115 | 430211616777117 | 株洲冶炼集团股份有限公司 | 43 | 57917 |
| 116 | 500904902887456 | 中国工商银行股份有限公司重庆市分行 | 50 | 57439 |
| 117 | 650202712998841 | 中国石油天然气股份有限公司独山子石化分公司 | 65 | 56586 |
| 118 | 340123733037089 | 安徽江淮汽车股份有限公司商务车分公司 | 34 | 55269 |
| 119 | 440300192411663 | 广深铁路股份有限公司 | 44 | 54635 |
| 120 | 370102863134717 | 山东高速公路股份有限公司 | 37 | 54561 |
| 121 | 420103877715264 | 中国工商银行股份有限公司湖北分行营业部 | 42 | 54243 |
| 122 | 320106608950987 | 苏宁电器股份有限公司 | 32 | 53690 |
| 123 | 320003134762764 | 江苏宁沪高速公路股份有限公司 | 32 | 53566 |
| 124 | 650106722318862 | 新疆八一钢铁股份有限公司 | 65 | 53231 |
| 125 | 310046759579978 | 中海集装箱运输股份有限公司 | 31 | 52049 |
| 126 | 440106190548279 | 广州富力地产股份有限公司 | 44 | 51018 |
| 127 | 360106705514271 | 南昌长力钢铁股份有限公司 | 36 | 50701 |
| 128 | 372330720714466 | 魏桥纺织股份有限公司 | 37 | 50501 |
| 129 | 152302733266340 | 内蒙古霍林河露天煤业股份有限公司 | 15 | 50430 |
| 130 | 320103249682756 | 南京银行股份有限公司 | 32 | 49694 |
| 131 | 50010520286320X | 重庆长安汽车股份有限公司 | 50 | 49033 |
| 132 | 41110070678701X | 河南双汇投资发展股份有限公司 | 41 | 48954 |
| 133 | 320322720579102 | 上海大屯能源股份有限公司江苏分公司 | 32 | 48669 |
| 134 | 420107717996183 | 中国石油化工股份有限公司武汉分公司 | 42 | 48163 |
| 135 | 440300455769852 | 交通银行股份有限公司深圳分行 | 44 | 47536 |
| 136 | 440194708346859 | 中海发展股份有限公司货轮公司 | 44 | 47267 |
| 137 | 350590856105555 | 中国建设银行股份有限公司泉州分行 | 35 | 47055 |
| 138 | 142334112359966 | 山西杏花村汾酒厂股份有限公司 | 14 | 46884 |
| 139 | 340421710923520 | 国投新集能源股份有限公司 | 34 | 46484 |
| 140 | 420103177568750 | 长江证券股份有限公司 | 42 | 46444 |
| 141 | 530112709705745 | 云南铜业股份有限公司 | 53 | 46400 |
| 142 | 530301713464526 | 云南驰宏锌锗股份有限公司 | 53 | 45235 |

续表

| 序号 | 企业代码 | 企业名称 | 地区 | 实纳税额 |
|---|---|---|---|---|
| 143 | 11010877197214X | 中国神华能源股份有限公司煤炭销售中心 | 11 | 44821 |
| 144 | 310043132207804 | 交通银行股份有限公司上海市分行 | 31 | 44501 |
| 145 | 23010471844994X | 中国石油天然气股份有限公司哈尔滨石化分公司 | 23 | 44230 |
| 146 | 211004701696207 | 中国石油股份有限公司辽阳石化分公司 | 21 | 44225 |
| 147 | 110102801107430 | 中国工商银行股份有限公司北京长安支行 | 11 | 43949 |
| 148 | 32070570404786X | 江苏恒瑞医药股份有限公司 | 32 | 43574 |
| 149 | 110227742624357 | 北汽福田汽车股份有限公司北京欧曼重型汽车厂 | 11 | 43466 |
| 150 | 310043834486035 | 中国石油化工股份有限公司上海石油分公司 | 31 | 42967 |
| 151 | 372523873954006 | 中石化中原油田分公司采油三厂 | 37 | 42893 |
| 152 | 12011871092921X | 中海油田服务股份有限公司 | 12 | 42724 |
| 153 | 142703736335903 | 中国铝业股份有限公司山西分公司 | 14 | 42607 |
| 154 | 330103744141180 | 中国电信股份有限公司浙江分公司 | 33 | 41905 |
| 155 | 410104971859950 | 交通银行股份有限公司河南省分行 | 41 | 41753 |
| 156 | 370883866156823 | 华电国际电力股份有限公司邹县发电厂 | 37 | 41688 |
| 157 | 440106617419493 | 广东电力发展股份有限公司 | 44 | 41267 |
| 158 | 420105717947410 | 武汉钢铁股份有限公司棒材厂 | 42 | 41089 |
| 159 | 410106737441935 | 中国铝业股份有限公司河南分公司 | 41 | 40777 |
| 160 | 420103877585797 | 招商银行股份有限公司武汉分行 | 42 | 40677 |
| 161 | 410800712634853 | 风神轮胎股份有限公司 | 41 | 39989 |
| 162 | 440301708596778 | 中国石油化工股份有限公司深圳石油分公司 | 44 | 39659 |
| 163 | 110222633646901 | 北京燕京啤酒股份有限公司 | 11 | 39095 |
| 164 | 650104299937622 | 新疆金风科技股份有限公司 | 65 | 38842 |
| 165 | 320006834791179 | 招商银行股份有限公司南京分行 | 32 | 38603 |
| 166 | 420104722002083 | 中国石油化工股份有限公司湖北石油分公司 | 42 | 38331 |
| 167 | 130902721677572 | 中国石油化工股份有限公司沧州分公司 | 13 | 37805 |
| 168 | 440300892351059 | 中国民生银行股份有限公司深圳分行 | 44 | 37735 |
| 169 | 110102733466748 | 华夏银行股份有限公司北京分行 | 11 | 37223 |
| 170 | 41088171917196X | 河南豫光金铅股份有限公司 | 41 | 37093 |
| 171 | 622101712722124 | 中国石油玉门油田分公司 | 62 | 37075 |
| 172 | 110106710935003 | 中国中铁股份有限公司 | 11 | 36898 |
| 173 | 110102801949566 | 中国建设银行股份有限公司总行营业部 | 11 | 35408 |
| 174 | 130803106512303 | 承德新新钒钛股份有限公司 | 13 | 35180 |
| 175 | 520113736615163 | 中国铝业股份有限公司贵州分公司 | 52 | 34824 |
| 176 | 140106810015810 | 中国工商银行股份有限公司山西省分行 | 14 | 34498 |
| 177 | 431103768004930 | 湖南长丰汽车制造股份有限公司永州分公司 | 43 | 34482 |
| 178 | 370202264610857 | 青岛远洋运输有限公司 | 37 | 34360 |
| 179 | 130205804791805 | 大唐国际发电股份有限公司陡河发电厂 | 13 | 34032 |

续表

| 序号 | 企业代码 | 企业名称 | 地区 | 实纳税额 |
|---|---|---|---|---|
| 180 | 21140112076702X | 葫芦岛锌业股份有限公司 | 21 | 33951 |
| 181 | 320105834753463 | 中信银行股份有限公司南京分行 | 32 | 33799 |
| 182 | 330000842910094 | 中国银行股份有限公司浙江省分行 | 33 | 33550 |
| 183 | 410104170001401 | 郑州宇通客车股份有限公司 | 41 | 33548 |
| 184 | 530102622600270 | 中国工商银行股份有限公司云南省分行 | 53 | 33299 |
| 185 | 310046741602981 | 中国东方航空股份有限公司 | 31 | 33262 |
| 186 | 44030078278219X | 招商银行股份有限公司深圳分行 | 44 | 33193 |
| 187 | 61009092052005X | 中国工商银行股份有限公司陕西省分行 | 61 | 33172 |
| 188 | 440102741884392 | 保利房地产（集团）股份有限公司 | 44 | 33126 |
| 189 | 110102801388295 | 中国石油天然气股份有限公司华北天然气销售分公司 | 11 | 32950 |
| 190 | 310043832220719 | 兴业银行股份有限公司上海分行 | 31 | 32827 |
| 191 | 210213782451606 | 大连港股份有限公司 | 21 | 32317 |
| 192 | 430102883842091 | 中国工商银行股份有限公司湖南省分行营业部 | 43 | 32165 |
| 193 | 310043832246986 | 中国民生银行上海分行 | 31 | 32153 |
| 194 | 350590856105440 | 中国工商银行股份有限公司泉州分行 | 35 | 31803 |
| 195 | 440224712385455 | 深圳市中金岭南有色金属股份有限公司凡口铅锌矿 | 44 | 31338 |
| 196 | 210102817561582 | 中国建设银行股份有限公司辽宁省分行 | 21 | 31275 |
| 197 | 440191718160724 | 中远航运股份有限公司 | 44 | 30740 |
| 198 | 632873710449283 | 西部矿业股份有限公司 | 63 | 30465 |
| 199 | 152721767895014 | 中国神华能源股份有限公司准格尔运销公司 | 15 | 30433 |
| 200 | 441900751092436 | 中国电信股份有限公司东莞分公司 | 44 | 30248 |
| 201 | 53012121658149X | 云南铝业股份有限公司 | 53 | 30205 |
| 202 | 441302456660517 | 中国建设银行股份有限公司惠州市分行 | 44 | 29865 |
| 203 | 34020214949036X | 安徽海螺水泥股份有限公司 | 34 | 29833 |
| 204 | 110105801125305 | 中国石油化工股份有限公司北京石油分公司 | 11 | 29378 |
| 205 | 441300195971850 | TCL 集团股份有限公司 | 44 | 29309 |
| 206 | 110102801105478 | 招商银行股份有限公司北京分行 | 11 | 28935 |
| 207 | 410800173525171 | 焦作万方铝业股份有限公司 | 41 | 28700 |
| 208 | 110103710925737 | 国药集团药业股份有限公司 | 11 | 28696 |
| 209 | 15010362640500X | 中国工商银行股份有限公司内蒙古分行 | 15 | 28577 |
| 210 | 310046134616599 | 上海国际机场股份有限公司 | 31 | 28486 |
| 211 | 310115631189305 | 上海建工股份有限公司 | 31 | 28410 |
| 212 | 510302620729185 | 东方锅炉（集团）股份有限公司 | 51 | 28410 |
| 213 | 450100898222573 | 中国建设银行股份有限公司广西区分行 | 45 | 28161 |
| 214 | 610103920523699 | 中国建设银行股份有限公司陕西省分行 | 61 | 27749 |
| 215 | 142625113273064 | 山西焦化股份有限公司 | 14 | 27641 |
| 216 | 130106723388547 | 中国石油化工股份有限公司河北石油分公司 | 13 | 27609 |

续表

| 序号 | 企业代码 | 企业名称 | 地区 | 实纳税额 |
| --- | --- | --- | --- | --- |
| 217 | 330725147641689 | 浙江中国小商品城集团股份有限公司 | 33 | 27561 |
| 218 | 430121616800612 | 三一重工股份有限公司 | 43 | 27371 |
| 219 | 65010271890202X | 中国石油天然气股份有限公司新疆销售分公司 | 65 | 27314 |
| 220 | 130213721620963 | 唐山三友化工股份有限公司 | 13 | 27197 |
| 221 | 320106773973920 | 苏宁电器股份有限公司南京采购中心 | 32 | 27152 |
| 222 | 440101190510588 | 交通银行股份有限公司广东省分行 | 44 | 27142 |
| 223 | 440801456247001 | 中国工商银行湛江分行 | 44 | 27093 |
| 224 | 442000898101827 | 中国银行股份有限公司中山分行 | 44 | 26998 |
| 225 | 440300748856239 | 中国股份有限公司深圳分公司 | 44 | 26428 |
| 226 | 440101725066955 | 广州白云国际机场股份有限公司 | 44 | 26227 |
| 227 | 32010683498988X | 交通银行股份有限公司江苏省分行 | 32 | 25931 |
| 228 | 370783706206553 | 山东海化股份有限公司 | 37 | 25894 |
| 229 | 310046132211803 | 上海航空股份有限公司 | 31 | 25839 |
| 230 | 342900725538799 | 安徽池州海螺水泥股份有限公司 | 34 | 25659 |
| 231 | 361101705558047 | 中国石油化工股份有限公司江西上饶石油分公司 | 36 | 25648 |
| 232 | 53010221652214X | 云南白药集团股份有限公司 | 53 | 25606 |
| 233 | 21138212320998X | 凌源钢铁股份有限公司 | 21 | 25263 |
| 234 | 31004310000595X | 交通银行股份有限公司 | 31 | 25104 |
| 235 | 350203854989713 | 中国工商银行股份有限公司厦门市分行 | 35 | 24885 |
| 236 | 430121799122817 | 中联重科底盘分公司 | 43 | 24669 |
| 237 | 420104615571010 | 中国葛洲坝集团股份有限公司 | 42 | 24595 |
| 238 | 120118722950227 | 海洋石油工程股份有限公司 | 12 | 24564 |
| 239 | 370321706397513 | 山东博汇纸业股份有限公司 | 37 | 24265 |
| 240 | 370303164100307 | 山东金岭矿业股份有限公司 | 37 | 24250 |
| 241 | 310109132207927 | 上海城投控股股份有限公司 | 31 | 24121 |
| 242 | 340104148973087 | 安徽皖通高速公路股份有限公司 | 34 | 23897 |
| 243 | 320006714093229 | 中国民生银行股份有限公司南京分行 | 32 | 23874 |
| 244 | 42020327175201X | 大冶特殊钢股份有限公司 | 42 | 23811 |
| 245 | 310043755725974 | 中石油西气东输销售分公司 | 31 | 23538 |
| 246 | 230103828027713 | 哈药集团制药总厂 | 23 | 23461 |
| 247 | 110101801102701 | 中国银行股份有限公司北京市分行 | 11 | 23437 |
| 248 | 150105814190106 | 中国石油天然气股份有限公司呼和浩特石化分公司 | 15 | 23391 |
| 249 | 370685761859952 | 招金矿业股份有限公司 | 37 | 23291 |
| 250 | 410181170002324 | 河南中孚实业股份有限公司 | 41 | 23176 |
| 251 | 370602163044841 | 烟台万华聚氨酯股份有限公司 | 37 | 23156 |
| 252 | 440100192185379 | 深圳发展银行股份有限公司广州分行 | 44 | 23121 |
| 253 | 410183170011386 | 郑州煤电股份有限公司 | 41 | 22969 |

续表

| 序号 | 企业代码 | 企业名称 | 地区 | 实纳税额 |
|---|---|---|---|---|
| 254 | 310104132222385 | 上海隧道工程股份有限公司 | 31 | 22895 |
| 255 | 131011236077725 | 荣盛房地产发展股份有限公司 | 13 | 22859 |
| 256 | 430102183778498 | 现代投资股份有限公司 | 43 | 22820 |
| 257 | 370802165936413 | 山推工程机械股份有限公司 | 37 | 22801 |
| 258 | 450100198320391 | 南宁糖业股份有限公司 | 45 | 22375 |
| 259 | 530381738062005 | 国电宣威发电有限责任公司 | 53 | 22042 |
| 260 | 140114701138010 | 太原煤气化股份有限公司 | 14 | 21954 |
| 261 | 110107722601879 | 北京京能热电股份有限公司 | 11 | 21622 |
| 262 | 220104702333395 | 中国石油天然气股份有限公司吉林销售分公司 | 22 | 21612 |
| 263 | 140114701013306 | 太原重工股份有限公司 | 14 | 21442 |
| 264 | 310043832236753 | 人保财险上海市分公司 | 31 | 21441 |
| 265 | 330182142919274 | 浙江新安化工集团股份有限公司 | 33 | 21168 |
| 266 | 420102877603844 | 中国民生银行股份有限公司武汉分行 | 42 | 21102 |
| 267 | 230198128173269 | 哈药集团三精制药股份有限公司 | 23 | 21094 |
| 268 | 469007721234704 | 中海石油化学股份有限公司 | 46 | 21035 |
| 269 | 440106618607269 | 金发科技股份有限公司 | 44 | 21034 |
| 270 | 21040470181332X | 抚顺特殊钢股份有限公司 | 21 | 21027 |
| 271 | 230198127044967 | 哈药集团制药六厂 | 23 | 20755 |
| 272 | 370105YA1756540 | 招商银行股份有限公司济南分行 | 37 | 20698 |
| 273 | 120114103071899 | 天津一汽夏利汽车股份有限公司 | 12 | 20666 |
| 274 | 45010089828087X | 中国工商银行股份有限公司广西壮族自治区分行营业部 | 45 | 20526 |
| 275 | 320003834782459 | 上海浦东发展银行股份有限公司南京分行 | 32 | 20509 |
| 276 | 430602722587712 | 岳阳纸业股份有限公司 | 43 | 20446 |
| 277 | 120107103622427 | 中交一航局第一工程有限公司 | 12 | 20405 |
| 278 | 500905202823566 | 重庆啤酒股份有限公司 | 50 | 20366 |
| 279 | 310043786713482 | 招商银行股份有限公司信用卡中心 | 31 | 20362 |
| 280 | 140106810041525 | 中国人民财产保险股份公司山西省分公司 | 14 | 20296 |
| 281 | 350823157987632 | 紫金矿业集团股份有限公司紫金山金铜矿 | 35 | 20144 |
| 282 | 44020472242362X | 深圳市中金岭南有色金属股份有限公司韶关冶炼厂 | 44 | 19847 |
| 283 | 431381763251190 | 大唐华银电力股份有限公司金竹山火力发电分公司 | 43 | 19708 |
| 284 | 120114103061834 | 交通银行股份有限公司天津市分行 | 12 | 19531 |
| 285 | 370103732620512 | 中国民生银行股份有限公司济南分行 | 37 | 19112 |
| 286 | 150117114124263 | 内蒙古伊利实业集团股份有限公司 | 15 | 19103 |
| 287 | 440102190481772 | 广州友谊集团股份有限公司 | 44 | 19085 |
| 288 | 320601608316572 | 华能国际电力股份有限公司南通电厂 | 32 | 18924 |
| 289 | 370523164960403 | 山东华泰纸业股份有限公司 | 37 | 18866 |
| 290 | 510601671415848 | 东方电气集团东方电机有限公司 | 51 | 18815 |

续表

| 序号 | 企业代码 | 企业名称 | 地区 | 实纳税额 |
|---|---|---|---|---|
| 291 | 310043759580434 | 兴业银行股份有限公司资金营运中心 | 31 | 18692 |
| 292 | 410105745761285 | 招商银行股份有限公司郑州分行 | 41 | 18683 |
| 293 | 410105719178475 | 中国石油化工股份有限公司河南石油分公司 | 41 | 18677 |
| 294 | 320105834758993 | 中国银行股份有限公司江苏省分行 | 32 | 18611 |
| 295 | 460108620025161 | 海南航空股份有限公司 | 46 | 18576 |
| 296 | 440101890350562 | 中信银行股份有限公司广州分行 | 44 | 18466 |
| 297 | 330401710959275 | 民丰特种纸股份有限公司 | 33 | 18447 |
| 298 | 440104190422131 | 广州市广百股份有限公司 | 44 | 18378 |
| 299 | 220104664275090 | 东北证券股份有限公司 | 22 | 18354 |
| 300 | 330000843499954 | 中国工商银行股份有限公司杭州萧山支行 | 33 | 18315 |
| 301 | 350521158164558 | 福建省燕京惠泉啤酒股份有限公司 | 35 | 18077 |
| 302 | 32050260821340X | 中国工商银行股份有限公司苏州分行 | 32 | 18030 |
| 303 | 53230171949315X | 云南楚雄矿冶股份有限公司 | 53 | 18020 |
| 304 | 371402723286858 | 山东华鲁恒升化工股份有限公司 | 37 | 17911 |
| 305 | 370202964921189 | 交通银行股份有限公司青岛分行 | 37 | 17608 |
| 306 | 341600151940008 | 安徽古井贡酒股份有限公司 | 34 | 17452 |
| 307 | 140111701003474 | 中国民生银行股份有限公司太原分行 | 14 | 17337 |
| 308 | 230198127575573 | 哈尔滨动力设备股份有限公司 | 23 | 17232 |
| 309 | 310046132260250 | 上海汽车集团股份有限公司 | 31 | 17165 |
| 310 | 441302456660680 | 中国银行股份有限公司惠州分行 | 44 | 17138 |
| 311 | 330000142924567 | 上海浦东发展银行股份有限公司杭州分行 | 33 | 17057 |
| 312 | 450100898230186 | 中国建设银行股份有限公司广西区分行营业部 | 45 | 17039 |
| 313 | 110101801114817 | 上海浦东发展银行北京分行 | 11 | 16849 |
| 314 | 110102801448622 | 中国民生银行股份有限公司北京北太平庄支行 | 11 | 16817 |
| 315 | 210103715742139 | 中国石油东北销售分公司 | 21 | 16723 |
| 316 | 519000901804241 | 中国建设银行股份有限公司成都新华支行 | 51 | 16615 |
| 317 | 420526271750612 | 湖北兴发化工集团股份有限公司 | 42 | 16579 |
| 318 | 330624712560575 | 浙江新和成股份有限公司 | 33 | 16493 |
| 319 | 42060670689187X | 东风汽车股份有限公司 | 42 | 16287 |
| 320 | 370104742442772 | 九阳股份有限公司 | 37 | 16180 |
| 321 | 310112607200180 | 上海氯碱化工股份有限公司 | 31 | 16158 |
| 322 | 370102863052199 | 中国建设银行股份有限公司山东省分行 | 37 | 16116 |
| 323 | 520103214433290 | 贵州益佰制药股份有限公司 | 52 | 15999 |
| 324 | 330000842921930 | 招商银行股份有限公司杭州分行 | 33 | 15957 |
| 325 | 152721667310795 | 神华哈尔乌素煤炭分公司 | 15 | 15955 |
| 326 | 440104725006397 | 中石化广东广州石油分公司 | 44 | 15946 |
| 327 | 650102228593068 | 宏源证券股份有限公司 | 65 | 15873 |

续表

| 序号 | 企业代码 | 企业名称 | 地区 | 实纳税额 |
|---|---|---|---|---|
| 328 | 511301714426775 | 中国石油西南油气田分公司南充炼油化工总厂 | 51 | 15779 |
| 329 | 220202100014493 | 中钢集团吉林炭素股份有限公司 | 22 | 15720 |
| 330 | 44030089218633X | 中国平安财产保险股份有限公司深圳分公司 | 44 | 15676 |
| 331 | 330202728115855 | 兴业银行股份有限公司宁波分行 | 33 | 15583 |
| 332 | 110108771979544 | 中国神华能源股份有限公司铁路货车运输分公司 | 11 | 15479 |
| 333 | 22028472673322X | 吉林吉恩镍业股份有限公司 | 22 | 15479 |
| 334 | 110105101636761 | 中铁十六局集团有限公司 | 11 | 15466 |
| 335 | 430102X16772187 | 招商银行股份有限公司长沙分行 | 43 | 15375 |
| 336 | 350206155013367 | 厦门钨业股份有限公司 | 35 | 15334 |
| 337 | 150240701463622 | 内蒙古包钢稀土高科技股份有限公司 | 15 | 15263 |
| 338 | 110105633796475 | 北京双鹤药业股份有限公司 | 11 | 15245 |
| 339 | 510500204706718 | 泸州老窖股份有限公司 | 51 | 15224 |
| 340 | 150121701469493 | 内蒙古伊利实业集团股份有限公司奶粉事业部 | 15 | 15213 |
| 341 | 320200135902458 | 交通银行股份有限公司无锡分行 | 32 | 15208 |
| 342 | 619000741280740 | 中国石化销售有限公司西北分公司 | 61 | 15201 |
| 343 | 130106723374102 | 中国石油天然气股份有限公司河北销售分公司 | 13 | 15049 |
| 344 | 440301710924590 | 三九医药股份有限公司 | 44 | 14935 |
| 345 | 330104719577660 | 杭州滨江房产集团股份有限公司 | 33 | 14876 |
| 346 | 411282742545894 | 灵宝黄金股份有限公司 | 41 | 14475 |
| 347 | 310115710923539 | 中化国际（控股）股份有限公司 | 31 | 14426 |
| 348 | 321700608285139 | 苏州金螳螂建筑装饰股份有限公司 | 32 | 14386 |
| 349 | 410103725823522 | 河南中原高速公路股份有限公司 | 41 | 14374 |
| 350 | 330205254106251 | 宁波海运股份有限公司 | 33 | 14334 |
| 351 | 610197220594875 | 陕西省天然气股份有限公司 | 61 | 14326 |
| 352 | 440100890508008 | 中国工商银行股份有限公司广州北京路支行 | 44 | 14130 |
| 353 | 370202863607414 | 中信银行股份有限公司青岛分行 | 37 | 14111 |
| 354 | 131102601248773 | 河北衡水老白干酒业股份有限公司酿酒分公司 | 13 | 14020 |
| 355 | 440300892418356 | 兴业银行股份有限公司深圳分行 | 44 | 13954 |
| 356 | 519000X21601534 | 中国建设银行股份有限公司成都岷江支行 | 51 | 13946 |
| 357 | 210202241268278 | 大商集团股份有限公司 | 21 | 13898 |
| 358 | 320006834782029 | 华夏银行股份有限公司南京分行 | 32 | 13828 |
| 359 | 530630291993726 | 云南云天化股份有限公司 | 53 | 13828 |
| 360 | 320502837711496 | 中信银行股份有限公司苏州分行 | 32 | 13782 |
| 361 | 320103134881640 | 南京中央商场（集团）股份有限公司 | 32 | 13702 |
| 362 | 340502150523317 | 安徽山鹰纸业股份有限公司 | 34 | 13701 |
| 363 | 440600893543642 | 交通银行股份有限公司佛山分行 | 44 | 13548 |
| 364 | 330000843047309 | 中国工商银行股份有限公司浙江省分行营业部 | 33 | 13544 |

续表

| 序号 | 企业代码 | 企业名称 | 地区 | 实纳税额 |
|---|---|---|---|---|
| 365 | 44030027954141X | 深圳市机场股份有限公司 | 44 | 13467 |
| 366 | 14240211303694X | 山西安泰集团股份有限公司冶炼分公司 | 14 | 13439 |
| 367 | 330000142943469 | 浙江医药股份有限公司 | 33 | 13420 |
| 368 | 610103920520236 | 中国银行股份有限公司陕西省分行 | 61 | 13418 |
| 369 | 340603726325699 | 安徽恒源煤电股份有限公司 | 34 | 13339 |
| 370 | 372525168130028 | 山东东阿阿胶股份有限公司 | 37 | 13304 |
| 371 | 340103711759128 | 中国工商银行股份有限公司合肥四牌楼支行 | 34 | 13304 |
| 372 | 450991708650252 | 中国工商银行股份有限公司玉林分行 | 45 | 13289 |
| 373 | 350102705102437 | 福建发展高速公路股份有限公司 | 35 | 13279 |
| 374 | 320705138997640 | 江苏康缘药业股份有限公司 | 32 | 13264 |
| 375 | 110102801124775 | 深圳发展银行股份有限公司北京分行 | 11 | 13215 |
| 376 | 120114718272224 | 招商银行股份有限公司天津分行 | 12 | 13211 |
| 377 | 420000931155553 | 交通银行股份有限公司湖北省分行 | 42 | 13089 |
| 378 | 320200748734186 | 中国电信股份有限公司无锡分公司 | 32 | 13057 |
| 379 | 110106802129498 | 中国工商银行股份有限公司北京丰台支行 | 11 | 13049 |
| 380 | 370206163577402 | 青岛碱业股份有限公司 | 37 | 12996 |
| 381 | 441900198058741 | 中国银行股份有限公司东莞分行 | 44 | 12954 |
| 382 | 370212264574251 | 青岛海尔股份有限公司 | 37 | 12921 |
| 383 | 342524669461239 | 安徽海螺水泥股份有限公司宁国水泥厂 | 34 | 12854 |
| 384 | 440113891425650 | 中国工商银行股份有限公司广州番禺支行 | 44 | 12795 |
| 385 | 61009092055556X | 招商银行股份有限公司西安分行 | 61 | 12792 |
| 386 | 320113134955662 | 中国长江航运集团南京油运股份有限公司 | 32 | 12664 |
| 387 | 440604748014859 | 中国电信股份有限公司佛山分公司 | 44 | 12656 |
| 388 | 320200704046760 | 无锡小天鹅股份有限公司 | 32 | 12640 |
| 389 | 32050471857525X | 招商银行股份有限公司苏州分行 | 32 | 12628 |
| 390 | 142703113872091 | 山西漳泽电力股份有限公司河津发电分公司 | 14 | 12567 |
| 391 | 610090920607171 | 交通银行股份有限公司陕西省分行 | 61 | 12501 |
| 392 | 330602142943303 | 浙江古越龙山绍兴酒股份有限公司 | 33 | 12491 |
| 393 | 35059075736499X | 中国电信股份有限公司泉州分公司 | 35 | 12451 |
| 394 | 510104X21607362 | 中信银行股份有限公司成都分行 | 51 | 12447 |
| 395 | 440301279351261 | 中国长城计算机深圳股份有限公司 | 44 | 12436 |
| 396 | 450100711494908 | 中国石油天然气股份有限公司广西销售分公司 | 45 | 12431 |
| 397 | 440681190343548 | 海信科龙电器股份有限公司 | 44 | 12415 |
| 398 | 51010672341539X | 四川水井坊股份有限公司 | 51 | 12414 |
| 399 | 110105101782670 | 北京京客隆商业集团股份有限公司 | 11 | 12257 |
| 400 | 11010580169951X | 中国工商银行股份有限公司北京望京支行 | 11 | 12255 |
| 401 | 420105722084584 | 湖北楚天高速公路股份有限公司 | 42 | 12163 |

续表

| 序号 | 企业代码 | 企业名称 | 地区 | 实纳税额 |
|---|---|---|---|---|
| 402 | 510105201961940 | 国金证券股份有限公司 | 51 | 12084 |
| 403 | 320111663764650 | 南车南京浦镇车辆有限公司 | 32 | 12059 |
| 404 | 330000843008318 | 中信银行股份有限公司绍兴分行 | 33 | 12036 |
| 405 | 140111713672069 | 太原化工股份有限公司 | 14 | 11994 |
| 406 | 210211711341725 | 大连金牛股份有限公司 | 21 | 11972 |
| 407 | 130811601268264 | 河北承德露露股份有限公司 | 13 | 11939 |
| 408 | 440106716340473 | 广州广电运通金融电子股份有限公司 | 44 | 11930 |
| 409 | 340506713957793 | 安徽星马汽车股份有限公司 | 34 | 11888 |
| 410 | 370402864440513 | 中国工商银行股份有限公司枣庄分行 | 37 | 11786 |
| 411 | 370202718064572 | 招商银行股份有限公司青岛分行 | 37 | 11776 |
| 412 | 370402864440919 | 中国建设银行股份有限公司枣庄分行 | 37 | 11714 |
| 413 | 650102928585392 | 建行股份有限公司新疆分行营业部 | 65 | 11701 |
| 414 | 320400837156701 | 中国工商银行股份有限公司常州分行 | 32 | 11672 |
| 415 | 330000720081814 | 中国民生银行股份有限公司杭州分行 | 33 | 11650 |
| 416 | 140109110071555 | 中铁十二局集团第三工程有限公司 | 14 | 11648 |
| 417 | 110222802500760 | 北京顺鑫农业股份有限公司牛栏山酒厂 | 11 | 11637 |
| 418 | 510113202285163 | 川化股份有限公司 | 51 | 11536 |
| 419 | 220104823939561 | 建设银行吉林省分行 | 22 | 11426 |
| 420 | 152602701396626 | 蒙电华能热电股份有限公司丰镇发电厂 | 15 | 11395 |
| 421 | 350206154996787 | 厦门信达股份有限公司 | 35 | 11370 |
| 422 | 230110826962994 | 中国人民财产保险股份有限公司省分公司 | 23 | 11232 |
| 423 | 110102681953105 | 中国电信股份有限公司北京分公司 | 11 | 11183 |
| 424 | 120114103065501 | 天津创业环保集团股份有限公司 | 12 | 11086 |
| 425 | 520100714307389 | 中国石油化工股份有限公司贵州石油分公司 | 52 | 11070 |
| 426 | 320502837701677 | 交通银行苏州分行 | 32 | 11059 |
| 427 | 150102114123615 | 内蒙古蒙电华能热电股份有限公司 | 15 | 11057 |
| 428 | 350204155052227 | 厦门工程机械股份有限公司 | 35 | 11030 |
| 429 | 140404719842137 | 山西漳泽电力股份有限公司漳泽发电分公司 | 14 | 11012 |
| 430 | 610481294207364 | 陕西兴化化学股份有限公司 | 61 | 10990 |
| 431 | 370202746566123 | 山东中外运船务代理有限公司 | 37 | 10982 |
| 432 | 210804716409709 | 营口港务股份有限公司 | 21 | 10964 |
| 433 | 430102883761646 | 中国银行股份有限公司湖南分行 | 43 | 10954 |
| 434 | 110192710925163 | 华北高速公路股份有限公司 | 11 | 10927 |
| 435 | 130203804748225 | 交通银行股分有限公司唐山分行 | 13 | 10893 |
| 436 | 210103001603903 | 中国石油天然气辽宁沈阳销售分公司 | 21 | 10803 |
| 437 | 440300192207267 | 中信银行股份有限公司深圳分行 | 44 | 10786 |
| 438 | 441302456659284 | 中国工商银行股份有限公司惠州分行 | 44 | 10780 |

续表

| 序号 | 企业代码 | 企业名称 | 地区 | 实纳税额 |
|---|---|---|---|---|
| 439 | 34010271175903X | 中国工商银行股份公司合肥长江东路支行 | 34 | 10775 |
| 440 | 370902166408727 | 中国石化山东泰山石油股份有限公司 | 37 | 10771 |
| 441 | 310101132329342 | 上海新世界股份有限公司 | 31 | 10767 |
| 442 | 650103731836311 | 新疆中泰化学股份有限公司 | 65 | 10710 |
| 443 | 110108101929281 | 北京石油机械厂 | 11 | 10684 |
| 444 | 320281703519028 | 凯诺科技股份有限公司 | 32 | 10642 |
| 445 | 440300618831041 | 深圳市振业（集团）股份有限公司 | 44 | 10642 |
| 446 | 440300708585091 | 上海浦东发展银行股份有限公司深圳分行 | 44 | 10592 |
| 447 | 320200835893732 | 中国工商银行股份有限公司无锡分行 | 32 | 10584 |
| 448 | 360425705653896 | 蓝星新材料股份有限公司江西星火有机硅厂 | 36 | 10581 |
| 449 | 110108710924187 | 有研半导体材料股份有限公司 | 11 | 10581 |
| 450 | 430204780850865 | 株洲南车时代电气股份有限公司 | 43 | 10527 |
| 451 | 330203844098028 | 交通银行股份有限公司宁波分行 | 33 | 10518 |
| 452 | 330000843499401 | 中国银行股份有限公司杭州市萧山支行 | 33 | 10505 |
| 453 | 320502837691819 | 中国银行股份有限公司苏州分行 | 32 | 10478 |
| 454 | 310101132203694 | 上海百联集团股份有限公司 | 31 | 10464 |
| 455 | 430603186201870 | 岳阳兴长石化股份有限公司 | 43 | 10461 |
| 456 | 440601724779144 | 中国石油化工股份有限公司广东佛山石油分公司 | 44 | 10440 |
| 457 | 330000720007286 | 招商银行股份有限公司温州分行 | 33 | 10431 |
| 458 | 130124795464238 | 中国太平洋财产保险股份有限公司河北分公司栾城营销服务部 | 13 | 10333 |
| 459 | 530103731230416 | 招商银行昆明分行 | 53 | 10327 |
| 460 | 230198127046743 | 哈尔滨空调股份有限公司 | 23 | 10290 |
| 461 | 330300704320133 | 上海浦东发展银行股份有限公司温州分行 | 33 | 10268 |
| 462 | 350427158157497 | 福建省青山纸业股份有限公司 | 35 | 10248 |
| 463 | 130102700715920 | 石家庄常山纺织股份有限公司 | 13 | 10241 |
| 464 | 130302105252888 | 中交一航局第五工程有限公司 | 13 | 10235 |
| 465 | 330381717613998 | 浙江华峰氨纶股份有限公司 | 33 | 10211 |
| 466 | 23019871201745X | 哈尔滨东安汽车动力股份有限公司 | 23 | 10205 |
| 467 | 120114725725885 | 上海浦东发展银行股份有限公司天津分行 | 12 | 10183 |
| 468 | 140111701006798 | 华夏银行股份有限公司太原分行 | 14 | 10175 |
| 469 | 420981706803542 | 湖北双环科技股份有限公司 | 42 | 10165 |
| 470 | 210114243490075 | 沈阳化工股份有限公司 | 21 | 10147 |
| 471 | 210701719686672 | 锦州港股份有限公司 | 21 | 10147 |
| 472 | 370323749881110 | 山东联合化工有限公司 | 37 | 10122 |
| 473 | 350305611258799 | 福建佳通轮胎有限公司 | 35 | 10115 |
| 474 | 220202124496079 | 吉林化纤股份有限公司 | 22 | 10099 |
| 475 | 411100170001516 | 河南银鸽实业投资股份有限公司 | 41 | 10089 |

续表

| 序号 | 企业代码 | 企业名称 | 地区 | 实纳税额 |
|---|---|---|---|---|
| 476 | 410402871754529 | 平顶山煤业（集团）二矿 | 41 | 10059 |
| 477 | 370681705830311 | 山东南山铝业股份有限公司 | 37 | 10040 |
| 478 | 370323168611868 | 山东省药用玻璃股份有限公司 | 37 | 10028 |
| 479 | 142625110055862 | 山西三维集团股份有限公司 | 14 | 9999 |
| 480 | 320103134896447 | 南京新街口百货商店股份有限公司 | 32 | 9958 |
| 481 | 320106724588575 | 深圳发展银行股份有限公司南京分行 | 32 | 9905 |
| 482 | 310115132204523 | 上海万业企业股份有限公司 | 31 | 9877 |
| 483 | 321023718546176 | 宝胜科技创新股份有限公司 | 32 | 9868 |
| 484 | 340103149140650 | 交通银行股份有限公司安徽省分行 | 34 | 9856 |
| 485 | 519000744670365 | 中国民生银行股份有限公司成都分行 | 51 | 9810 |
| 486 | 320002726058578 | 兴业银行股份有限公司南京分行 | 32 | 9806 |
| 487 | 110108100026793 | 同方股份有限公司 | 11 | 9800 |
| 488 | 370612165341292 | 山东恒邦冶炼股份有限公司 | 37 | 9799 |
| 489 | 371102740965844 | 日照港股份有限公司 | 37 | 9772 |
| 490 | 410403169972489 | 神马实业股份有限公司 | 41 | 9746 |
| 491 | 450891198227509 | 广西贵糖（集团）股份有限公司 | 45 | 9740 |
| 492 | 440601190380023 | 佛山塑料集团股份有限公司 | 44 | 9728 |
| 493 | 330000704398408 | 上海浦东发展银行股份有限公司嘉兴分行 | 33 | 9715 |
| 494 | 320200703514737 | 无锡商业大厦大东方股份有限公司 | 32 | 9688 |
| 495 | 441900X18074614 | 中国建设银行股份有限公司东莞市分行 | 44 | 9687 |
| 496 | 130105730278653 | 中信银行股份有限公司石家庄分行 | 13 | 9683 |
| 497 | 420103717984158 | 中信银行股份有限公司武汉分行 | 42 | 9658 |
| 498 | 440300192186574 | 中国人民财产保险股份有限公司深圳市分公司 | 44 | 9629 |
| 499 | 420106714666795 | 华夏银行股份有限公司武汉分行 | 42 | 9628 |
| 500 | 330000845035010 | 中国建设银行股份有限公司温州分行 | 33 | 9597 |

# 四、2008年度全国外商（含港澳台）投资企业纳税五百强排行榜

单位：万元

| 序号 | 企业代码 | 企业名称 | 地区 | 实纳税额 |
|---|---|---|---|---|
| 1 | 11010571785912X | 梅赛德斯－奔驰（中国）汽车销售有限公司 | 11 | 1409985 |
| 2 | 110105717859867 | 宝马（中国）汽车贸易有限公司 | 11 | 1090082 |
| 3 | 220104605120697 | 一汽－大众汽车有限公司 | 22 | 930128 |
| 4 | 310046607371748 | 上海通用汽车有限公司 | 31 | 720529 |
| 5 | 110105710938183 | 丰田汽车（中国）投资有限公司 | 11 | 702702 |
| 6 | 440100707653099 | 中国移动通信集团广东有限公司 | 44 | 685230 |
| 7 | 120115710939151 | 天津一汽丰田汽车有限公司 | 12 | 675629 |
| 8 | 310046607200463 | 上海大众汽车有限公司 | 31 | 571398 |
| 9 | 440194717852200 | 广州丰田汽车有限公司 | 44 | 513123 |
| 10 | 440112708263885 | 广州本田汽车有限公司 | 44 | 498305 |
| 11 | 110192101783083 | 诺基亚（中国）投资有限公司 | 11 | 493614 |
| 12 | 420101616401865 | 东风本田汽车有限公司 | 42 | 471415 |
| 13 | 440114749934315 | 东风汽车有限公司东风日产乘用车公司 | 44 | 395501 |
| 14 | 500904709375109 | 长安福特马自达汽车有限公司 | 50 | 393980 |
| 15 | 37010372495538X | 中国移动通信集团山东有限公司 | 37 | 387978 |
| 16 | 440801617797099 | 中国石化湛江东兴石油化工有限公司 | 44 | 387494 |
| 17 | 510108713006509 | 四川一汽丰田汽车有限公司 | 51 | 358864 |
| 18 | 32000670404188X | 中国移动通信集团江苏有限公司 | 32 | 326963 |
| 19 | 440101618419487 | 安利（中国）日用品有限公司 | 44 | 301402 |
| 20 | 110222710935986 | 北京现代汽车有限公司 | 11 | 285973 |
| 21 | 210104746494975 | 华晨宝马汽车有限公司 | 21 | 263537 |
| 22 | 510122772989760 | 中国国际航空股份有限公司西南分公司 | 51 | 255773 |
| 23 | 441301710939725 | 中海壳牌石油化工有限公司 | 44 | 239424 |
| 24 | 110192600003205 | 北京奔驰－戴姆勒·克莱斯勒汽车有限公司 | 11 | 213920 |
| 25 | 420101616412935 | 神龙汽车有限公司 | 42 | 211110 |
| 26 | 310046132149237 | 中国移动通信集团上海有限公司 | 31 | 209033 |
| 27 | 350102710920936 | 中国移动通信集团福建有限公司 | 35 | 196569 |
| 28 | 210101719646152 | 中国移动通信集团辽宁有限公司 | 21 | 192796 |
| 29 | 440101100017600 | 中国南方航空股份有限公司 | 44 | 186879 |
| 30 | 110101722611700 | 中国移动通信集团北京有限公司 | 11 | 182405 |

续表

| 序号 | 企业代码 | 企业名称 | 地区 | 实纳税额 |
|---|---|---|---|---|
| 31 | 110105625912210 | 佳能（中国）有限公司 | 11 | 154137 |
| 32 | 310115729446189 | 雅培贸易（上海）有限公司 | 31 | 154059 |
| 33 | 310112607417881 | 华硕电脑（上海）有限公司 | 31 | 142974 |
| 34 | 12011572574957X | 天津三星通信技术有限公司 | 12 | 139371 |
| 35 | 310103717853158 | 保乐力加（中国）贸易有限公司 | 31 | 136770 |
| 36 | 120115600899320 | 天津三星电子显示器有限公司 | 12 | 136459 |
| 37 | 420101710937412 | 中国移动通信集团湖北有限公司 | 42 | 135214 |
| 38 | 440112708263519 | 东风本田发动机有限公司 | 44 | 134664 |
| 39 | 321700660088829 | 阿迪达斯体育（中国）有限公司 | 32 | 130284 |
| 40 | 530111760417482 | 中国移动通信集团云南有限公司 | 53 | 126533 |
| 41 | 450200708731386 | 上汽通用五菱汽车股份有限公司 | 45 | 125234 |
| 42 | 140115710937455 | 中国移动通信集团山西有限公司 | 14 | 118088 |
| 43 | 320901608606625 | 东风悦达起亚汽车有限公司 | 32 | 117963 |
| 44 | 450600715191891 | 大海粮油工业（防城港）有限公司 | 45 | 117627 |
| 45 | 430103710937420 | 中国移动通信集团湖南有限公司 | 43 | 116787 |
| 46 | 310112607330647 | 可口可乐（中国）饮料有限公司 | 31 | 116216 |
| 47 | 130227721610976 | 河北津西钢铁股份有限公司 | 13 | 116083 |
| 48 | 210104604606804 | 上海通用（沈阳）北盛汽车有限公司 | 21 | 116067 |
| 49 | 130302723397611 | 秦皇岛金海粮油工业有限公司 | 13 | 114774 |
| 50 | 510198735866286 | 中国移动通信集团四川有限公司 | 51 | 113148 |
| 51 | 440301618815578 | 康佳集团股份有限公司 | 44 | 111110 |
| 52 | 469040754358922 | 中国石化海南炼油化工有限公司 | 46 | 110391 |
| 53 | 11010571785226X | 现代汽车（中国）投资有限公司 | 11 | 110339 |
| 54 | 310112717880375 | 上海电气电站设备有限公司 | 31 | 109007 |
| 55 | 110105717859138 | 克莱斯勒（中国）汽车销售有限公司 | 11 | 105859 |
| 56 | 370602613422169 | 斗山工程机械（中国）有限公司 | 37 | 105092 |
| 57 | 610190735354889 | 中国移动通信集团陕西有限公司 | 61 | 103414 |
| 58 | 340104610308512 | 日立建机（中国）有限公司 | 34 | 100628 |
| 59 | 310115607339756 | 上海索广映像有限公司 | 31 | 100093 |
| 60 | 120115773646700 | 维斯塔斯风力技术（中国）有限公司 | 12 | 98506 |
| 61 | 310115607425849 | 国际商业机器全球服务（中国）有限公司 | 31 | 94943 |
| 62 | 350100717868448 | 中石化森美（福建）石油有限公司 | 35 | 94247 |
| 63 | 310108101691285 | 飞利浦（中国）投资有限公司 | 31 | 91771 |
| 64 | 320200791954918 | 尚能太阳能电力有限公司 | 32 | 86822 |
| 65 | 320582608257189 | 张家港浦项不锈钢有限公司 | 32 | 86610 |
| 66 | 321101608835858 | 金东纸业（江苏）股份有限公司 | 32 | 86349 |
| 67 | 440101734930290 | 联众（广州）不锈钢有限公司 | 44 | 84773 |

续表

| 序号 | 企业代码 | 企业名称 | 地区 | 实纳税额 |
|---|---|---|---|---|
| 68 | 321101608834353 | 镇江奇美化工有限公司 | 32 | 82043 |
| 69 | 130323746874054 | 秦皇岛首秦金属材料有限公司 | 13 | 81785 |
| 70 | 321600608258317 | 中粮东海粮油工业（张家港）有限公司 | 32 | 81317 |
| 71 | 370502706242888 | 东营方圆有色金属有限公司 | 37 | 80554 |
| 72 | 110192600035733 | 拜耳医药保健有限公司 | 11 | 80202 |
| 73 | 120116722997404 | 中国移动通信集团天津有限公司 | 12 | 79455 |
| 74 | 320601765860600 | 嘉吉粮油（南通）有限公司 | 32 | 79102 |
| 75 | 320113608943998 | 南京夏普电子有限公司 | 32 | 78397 |
| 76 | 110105717850555 | 日产（中国）投资有限公司 | 11 | 77930 |
| 77 | 310115607339254 | 联合汽车电子有限公司 | 31 | 77271 |
| 78 | 610190623100825 | 西安杨森制药有限公司 | 61 | 77140 |
| 79 | 442000617592341 | 完美（中国）日用品有限公司 | 44 | 76821 |
| 80 | 230190762734027 | 中国移动通信集团黑龙江有限公司 | 23 | 76789 |
| 81 | 220104776551133 | 四川一汽丰田汽车有限公司长春丰越公司 | 22 | 76344 |
| 82 | 320300608002178 | 卡特彼勒（徐州）有限公司 | 32 | 76335 |
| 83 | 500902621900167 | 重庆长安铃木汽车有限公司 | 50 | 75424 |
| 84 | 420601735211503 | 风神襄樊汽车有限公司 | 42 | 74187 |
| 85 | 310115607211699 | 上海贝尔股份有限公司 | 31 | 73399 |
| 86 | 371102791528521 | 日照钢铁轧钢有限公司 | 37 | 72899 |
| 87 | 440306738817535 | 深圳富泰宏精密工业有限公司 | 44 | 72825 |
| 88 | 440705617733669 | ABB 新会低压开关有限公司 | 44 | 72444 |
| 89 | 110192742602094 | 利乐包装（北京）有限公司 | 11 | 71557 |
| 90 | 110108600006959 | 中国惠普有限公司 | 11 | 70953 |
| 91 | 310046132207580 | 上海国际港务（集团）股份有限公司 | 31 | 70142 |
| 92 | 110105625907585 | 西门子（中国）有限公司 | 11 | 69735 |
| 93 | 150102756683040 | 中国移动通信集团内蒙古有限公司 | 15 | 69171 |
| 94 | 440191618416948 | 箭牌糖果（中国）有限公司 | 44 | 69106 |
| 95 | 370211753752987 | 青岛丽东化工有限公司 | 37 | 68802 |
| 96 | 440301618817282 | 南海油脂工业（赤湾）有限公司 | 44 | 68566 |
| 97 | 411221753877093 | 东方希望（三门峡）铝业有限公司 | 41 | 68141 |
| 98 | 310101717860470 | 宏碁电脑（上海）有限公司 | 31 | 67753 |
| 99 | 411481753858386 | 河南龙宇能源股份有限公司 | 41 | 67748 |
| 100 | 110222743300346 | 北京现代摩比斯汽车零部件有限公司 | 11 | 67561 |
| 101 | 370802613590592 | 小松山推工程机械有限公司 | 37 | 67117 |
| 102 | 360108612446943 | 江铃汽车股份有限公司 | 36 | 66286 |
| 103 | 440401632847138 | 珠海碧辟化工有限公司 | 44 | 66225 |
| 104 | 310115607231489 | 多美滋婴幼儿食品有限公司 | 31 | 65355 |

续表

| 序号 | 企业代码 | 企业名称 | 地区 | 实纳税额 |
|---|---|---|---|---|
| 105 | 370602710936591 | 上海通用东岳汽车有限公司 | 37 | 65079 |
| 106 | 110102101156864 | 中化化肥有限公司 | 11 | 63685 |
| 107 | 310115765998431 | 法拉利玛莎拉蒂汽车国际贸易（上海）有限公司 | 31 | 63108 |
| 108 | 5009053736550152 | 中国移动通信集团重庆有限公司 | 50 | 62997 |
| 109 | 350505735651410 | 泉州福海粮油工业有限公司 | 35 | 62086 |
| 110 | 320112710939573 | 扬子石化—巴斯夫有限责任公司 | 32 | 61312 |
| 111 | 330195609136127 | 杭州赛诺菲安万特民生制药有限公司 | 33 | 60818 |
| 112 | 340700610436303 | 金隆铜业有限公司 | 34 | 60769 |
| 113 | 120115600537733 | 诺和诺德（中国）制药有限公司 | 12 | 60293 |
| 114 | 310106710939418 | 欧莱雅（中国）有限公司 | 31 | 60017 |
| 115 | 330206732116324 | 台化塑胶（宁波）有限公司 | 33 | 59807 |
| 116 | 350121611007201 | 东南（福建）汽车工业有限公司 | 35 | 59768 |
| 117 | 420601615406672 | 东风康明斯发动机有限公司 | 42 | 59742 |
| 118 | 320113608967965 | 南京 LG 新港显示有限公司 | 32 | 59658 |
| 119 | 310115607382623 | 明尼苏达矿业制造（上海）国际贸易有限公司 | 31 | 58263 |
| 120 | 31011571093975X | 小松（中国）投资有限公司 | 31 | 57922 |
| 121 | 440401618390629 | 广东省珠海发电厂有限公司 | 44 | 57657 |
| 122 | 440307715281416 | 艾默生网络能源有限公司 | 44 | 57186 |
| 123 | 210104604603259 | 沈阳华晨金杯汽车有限公司 | 21 | 56944 |
| 124 | 310043710938474 | 上海赛科石油化工有限责任公司 | 31 | 56583 |
| 125 | 469040620050666 | 海南金海浆纸业有限公司 | 46 | 56424 |
| 126 | 310101717854505 | 尼康映像仪器销售（中国）有限公司 | 31 | 56061 |
| 127 | 310115703465170 | 强生（上海）医疗器材有限公司 | 31 | 56042 |
| 128 | 310043798961993 | 渣打银行（中国）有限公司 | 31 | 55907 |
| 129 | 320601608309823 | 南通醋酸纤维有限公司 | 32 | 55746 |
| 130 | 13048174540750X | 河北文丰钢铁有限公司 | 13 | 55620 |
| 131 | 441788796213641 | 嘉吉粮油（阳江）有限公司 | 44 | 55123 |
| 132 | 110105600039013 | 北京 ABB 电气传动系统有限公司 | 11 | 55062 |
| 133 | 350206612020483 | 戴尔（中国）有限公司 | 35 | 55013 |
| 134 | 321700753217722 | 欧莱雅（中国）有限公司苏州分公司 | 32 | 54378 |
| 135 | 331021744117463 | 华能国际电力股份有限公司浙江分公司 | 33 | 54193 |
| 136 | 120115600502506 | 摩托罗拉（中国）电子有限公司 | 12 | 54071 |
| 137 | 330211610278712 | 宁波乐金甬兴化工有限公司 | 33 | 53649 |
| 138 | 320585739426077 | 玖龙纸业（太仓）有限公司 | 32 | 53519 |
| 139 | 310115607229696 | 上海仁恒房地产有限公司 | 31 | 52694 |
| 140 | 110108710931838 | 一汽丰田汽车销售有限公司 | 11 | 52646 |
| 141 | 130225766614559 | 唐山中厚板材有限公司 | 13 | 52252 |

续表

| 序号 | 企业代码 | 企业名称 | 地区 | 实纳税额 |
|---|---|---|---|---|
| 142 | 310112607205141 | 上海三菱电梯有限公司 | 31 | 51918 |
| 143 | 110105625909986 | 中国国际金融有限公司 | 11 | 51862 |
| 144 | 440191618419751 | 美赞臣营养品（中国）有限公司 | 44 | 51703 |
| 145 | 320583608279441 | 利乐包装（昆山）有限公司 | 32 | 51451 |
| 146 | 120115600911828 | 天津电装电子有限公司 | 12 | 50887 |
| 147 | 630121710495888 | 青海桥头铝电有限公司 | 63 | 50537 |
| 148 | 35030373565446X | 英博雪津啤酒有限公司 | 35 | 50396 |
| 149 | 120117600587482 | 西门子电气传动有限公司 | 12 | 50239 |
| 150 | 330206610262876 | 金光食品（宁波）有限公司 | 33 | 49731 |
| 151 | 310043664339541 | 三菱东京日联银行（中国）有限公司 | 31 | 49621 |
| 152 | 440300618884266 | 深圳远洋运输股份有限公司 | 44 | 48883 |
| 153 | 110105625910426 | 施耐德电气（中国）投资有限公司 | 11 | 48874 |
| 154 | 440101617406684 | 百事（中国）有限公司 | 44 | 48732 |
| 155 | 441900732186197 | 统一嘉吉（东莞）饲料蛋白科技有限公司 | 44 | 48626 |
| 156 | 35010572793981X | 日立数字映像（中国）有限公司 | 35 | 48504 |
| 157 | 120111600900467 | 天津一汽丰田发动机有限公司 | 12 | 48440 |
| 158 | 310114789570966 | 舍弗勒贸易（上海）有限公司 | 31 | 48374 |
| 159 | 350206612012766 | 厦门 ABB 开关有限公司 | 35 | 47785 |
| 160 | 110105X00000801 | 摩托罗拉（中国）电子有限公司北京分公司 | 11 | 47695 |
| 161 | 440101745962482 | 广州珠江啤酒股份有限公司 | 44 | 47593 |
| 162 | 310046607419035 | 上海上汽大众汽车销售有限公司 | 31 | 47259 |
| 163 | 31011260727223X | 强生（中国）有限公司 | 31 | 47094 |
| 164 | 310115703097064 | 上海嘉里食品工业有限公司 | 31 | 47063 |
| 165 | 310043710936612 | 上海巴斯夫聚氨酯有限公司 | 31 | 47033 |
| 166 | 210213604814718 | 辉瑞制药有限公司 | 21 | 46694 |
| 167 | 320581608248696 | 芬欧汇川（常熟）纸业有限公司 | 32 | 46638 |
| 168 | 110108600010704 | 北京发那科机电有限公司 | 11 | 46559 |
| 169 | 310107X07249415 | 施耐德电气（中国）投资有限公司上海分公司 | 31 | 46520 |
| 170 | 450991619723149 | 广西玉柴机器股份有限公司 | 45 | 46447 |
| 171 | 22010471785373X | 一汽马自达销售有限公司 | 22 | 46201 |
| 172 | 220106702570892 | 一汽－大众销售有限责任公司 | 22 | 46201 |
| 173 | 330206756285499 | 台塑聚丙烯（宁波）有限公司 | 33 | 45541 |
| 174 | 11019260004105X | 北京 ABB 高压开关设备有限公司 | 11 | 45437 |
| 175 | 110105717850133 | 本田技研工业（中国）投资有限公司 | 11 | 45084 |
| 176 | 310115607297170 | 上海罗氏制药有限公司 | 31 | 44808 |
| 177 | 310115132214887 | 上海陆家嘴金融贸易区股份开发有限公司 | 31 | 44727 |
| 178 | 370602724987453 | 益海（烟台）粮油工业有限公司 | 37 | 44465 |

续表

| 序号 | 企业代码 | 企业名称 | 地区 | 实纳税额 |
|---|---|---|---|---|
| 179 | 371103613800596 | 中粮黄海粮油工业（山东）有限公司 | 37 | 43991 |
| 180 | 130521757518864 | 德龙钢铁有限公司 | 13 | 43812 |
| 181 | 321700716805103 | 博世汽车部件（苏州）有限公司 | 32 | 43780 |
| 182 | 320102608942178 | 南京依维柯汽车有限公司 | 32 | 43335 |
| 183 | 220105605917786 | 大陆汽车电子（长春）有限公司 | 22 | 43286 |
| 184 | 210213782460801 | 淡水河谷英可新型镍材料（大连）有限公司 | 21 | 42648 |
| 185 | 33019560912074X | 杭州中策橡胶有限公司 | 33 | 42610 |
| 186 | 430103183792804 | 五凌电力有限公司 | 43 | 42572 |
| 187 | 310112607220034 | 中美上海施贵宝制药有限公司 | 31 | 42339 |
| 188 | 310112607328264 | 大金空调（上海）有限公司 | 31 | 42132 |
| 189 | 210213751588693 | 大连田村塑料有限公司 | 21 | 41785 |
| 190 | 520101761388505 | 中国移动通信集团贵州有限公司 | 52 | 41677 |
| 191 | 11011460001684X | 北京诺华制药有限公司 | 11 | 41641 |
| 192 | 371402167270774 | 华能国际电力股份有限公司德州电厂 | 37 | 41579 |
| 193 | 110116600088878 | 北京万置房地产开发有限公司 | 11 | 41019 |
| 194 | 320200607917966 | 博世汽车柴油系统股份有限公司 | 32 | 40761 |
| 195 | 440300X26002020 | 丹文能源中国有限公司 | 44 | 40692 |
| 196 | 110108710932929 | 五矿铝业有限公司 | 11 | 39965 |
| 197 | 120115600580459 | 天津三星光电子有限公司 | 12 | 39411 |
| 198 | 330195609132097 | 杭州默沙东制药有限公司 | 33 | 39136 |
| 199 | 440301710936938 | 深圳三星科健移动通信技术有限公司 | 44 | 38729 |
| 200 | 110105625911920 | 索尼（中国）有限公司 | 11 | 38245 |
| 201 | 310104607220405 | 3M 中国有限公司 | 31 | 37603 |
| 202 | 340104607382412 | 联合利华服务（合肥）有限公司 | 34 | 37587 |
| 203 | 31011571093983X | 上海松下等离子显示器有限公司 | 31 | 37466 |
| 204 | 321700608238156 | 伟创力电子（技术）苏州有限公司 | 32 | 37370 |
| 205 | 370202727813301 | 中国联合网络通信有限公司青岛市分公司 | 37 | 37251 |
| 206 | 31011260721286X | 上海吉田拉链有限公司 | 31 | 37164 |
| 207 | 120116700416373 | 永立建机（中国）有限公司 | 12 | 37161 |
| 208 | 420101717869088 | 东风汽车有限公司 | 42 | 37029 |
| 209 | 321700742473202 | 苏州三星电子电脑有限公司 | 32 | 36813 |
| 210 | 350204705446475 | 中国移动通信集团福建有限公司厦门分公司 | 35 | 36720 |
| 211 | 310115607306460 | 上海博世力士乐液压及自动化有限公司 | 31 | 36473 |
| 212 | 152302743874331 | 内蒙古鸿骏铝电有限责任公司 | 15 | 36452 |
| 213 | 650203X2600187X | HAFNIUM 有限公司 | 65 | 36394 |
| 214 | 440682768428450 | 中海地产（佛山）有限公司 | 44 | 36303 |
| 215 | 330422609457182 | 浙江壳牌化工石油有限公司 | 33 | 36053 |

续表

| 序号 | 企业代码 | 企业名称 | 地区 | 实纳税额 |
|---|---|---|---|---|
| 216 | 310043798981134 | 花旗银行（中国）有限公司 | 31 | 35972 |
| 217 | 310115740290058 | 三菱电机自动化（上海）有限公司 | 31 | 35745 |
| 218 | 310115717865933 | 上海盖海商贸有限公司 | 31 | 35594 |
| 219 | 440801X26002370 | 哈斯基石油中国有限公司 | 44 | 35506 |
| 220 | 110192600015927 | 资生堂丽源化妆品有限公司 | 11 | 35292 |
| 221 | 32040077543498X | 瓦卢瑞克曼内斯曼无缝钢管（常州）有限公司 | 32 | 34813 |
| 222 | 32040075324574X | 现代（江苏）工程机械有限公司 | 32 | 34629 |
| 223 | 451302619303021 | 广西来宾法资发电有限公司 | 45 | 34491 |
| 224 | 320200743925784 | 科特拉（无锡）汽车环保科技有限公司 | 32 | 34312 |
| 225 | 110105710920274 | 葛兰素史克（中国）投资有限公司 | 11 | 33946 |
| 226 | 120107600540000 | 壳牌（天津）石油化工有限公司 | 12 | 33927 |
| 227 | 320400608125290 | 小松（常州）工程机械有限公司 | 32 | 33859 |
| 228 | 120107600538170 | 埃克森美孚（天津）石油有限公司 | 12 | 33536 |
| 229 | 340104607408459 | 联合利华（中国）有限公司 | 34 | 33307 |
| 230 | 500102742895659 | 重庆新涪食品有限公司 | 50 | 33290 |
| 231 | 310115607381700 | 山特维克国际贸易（上海）有限公司 | 31 | 33156 |
| 232 | 12011060055017X | 中美天津史克制药有限公司 | 12 | 33101 |
| 233 | 210213604878746 | 大连东芝电视有限公司 | 21 | 33098 |
| 234 | 330421753019961 | 浙江昱辉阳光能源有限公司 | 33 | 32989 |
| 235 | 310105774770914 | 明基电通有限公司 | 31 | 32932 |
| 236 | 110108710933702 | 中国人民人寿保险股份有限公司 | 11 | 32913 |
| 237 | 321600750046091 | 双狮（张家港）精细化工有限公司 | 32 | 32901 |
| 238 | 610190294204008 | 比亚迪汽车有限公司 | 61 | 32463 |
| 239 | 441900618100230 | 东莞雀巢有限公司 | 44 | 32037 |
| 240 | 310112717860307 | 雅诗兰黛（上海）商贸有限公司 | 31 | 31987 |
| 241 | 320200717867939 | 阿斯利康（无锡）贸易有限公司 | 32 | 31958 |
| 242 | 310043607216756 | 法国巴黎银行（中国）有限公司 | 31 | 31907 |
| 243 | 330206610274332 | 宁波宝新不锈钢有限公司 | 33 | 31884 |
| 244 | 371002613752790 | 三星电子（山东）数码打印机有限公司 | 37 | 31852 |
| 245 | 321283608784747 | 新浦化学（泰兴）有限公司 | 32 | 31836 |
| 246 | 310115736650364 | 中银国际证券有限责任公司 | 31 | 31730 |
| 247 | 410122614712838 | 郑州日产汽车有限公司 | 41 | 31669 |
| 248 | 320106134796083 | 博西家用电器（中国）有限公司 | 32 | 31600 |
| 249 | 310115700218879 | 嘉实基金管理有限公司 | 31 | 31493 |
| 250 | 310115607206953 | 上海振华港口机械（集团）股份有限公司 | 31 | 31437 |
| 251 | 310114762242794 | 上海采埃孚变速器有限公司 | 31 | 31428 |
| 252 | 310046717851785 | 宝钢新日铁汽车板有限公司 | 31 | 31391 |

续表

| 序号 | 企业代码 | 企业名称 | 地区 | 实纳税额 |
|---|---|---|---|---|
| 253 | 511024727447487 | 威远钢铁有限公司 | 51 | 31129 |
| 254 | 110108600051290 | 太阳计算机系统（中国）有限公司 | 11 | 31066 |
| 255 | 220791710932072 | MI 能源公司 | 22 | 31015 |
| 256 | 310043798999780 | 东亚银行（中国）有限公司 | 31 | 30916 |
| 257 | 110227600037341 | 玛氏食品（中国）有限公司 | 11 | 30829 |
| 258 | 110222746101764 | 北京现代海斯克钢材有限公司 | 11 | 30521 |
| 259 | 110222710925403 | 北京首都国际机场股份有限公司 | 11 | 30493 |
| 260 | 33048373030919X | 巨石集团有限公司 | 33 | 30438 |
| 261 | 310115710921007 | 巴斯夫（中国）有限公司 | 31 | 30243 |
| 262 | 420301751003819 | 东风汽车有限公司东风商用车公司 | 42 | 30136 |
| 263 | 230198712017118 | 哈尔滨东安汽车发动机制造有限公司 | 23 | 30112 |
| 264 | 320601608317567 | 申华化学工业有限公司 | 32 | 30096 |
| 265 | 120115600500017 | 天津矢崎汽车配件有限公司 | 12 | 29991 |
| 266 | 110192741582503 | 诺基亚西门子通信网络科技服务有限公司 | 11 | 29939 |
| 267 | 360504775877086 | 江西赛维 LDK 太阳能高科技有限公司 | 36 | 29910 |
| 268 | 441900X17400174 | 广东广合电力有限公司沙角发电厂 C 厂 | 44 | 29865 |
| 269 | 330602766403612 | 浙江加多宝饮料有限公司 | 33 | 29737 |
| 270 | 31011560741770X | 美敦力医疗用品技术服务（上海）有限公司 | 31 | 29460 |
| 271 | 330000142942094 | 浙江沪杭甬高速公路股份有限公司 | 33 | 29451 |
| 272 | 450704753730999 | 钦州大洋粮油有限公司 | 45 | 29438 |
| 273 | 330206736999689 | 台塑工业（宁波）有限公司 | 33 | 29171 |
| 274 | 321700608243801 | 金华盛纸业（苏州工业园区）有限公司 | 32 | 29076 |
| 275 | 310115607384426 | 日立建机（上海）有限公司 | 31 | 29015 |
| 276 | 32058573782766X | 太仓港协鑫发电有限公司 | 32 | 28993 |
| 277 | 310046607204763 | 上海纳铁福传动轴有限公司 | 31 | 28855 |
| 278 | 450200198606509 | 东风柳州汽车有限公司 | 45 | 28743 |
| 279 | 110105600034888 | 北京握奇数据系统有限公司 | 11 | 28737 |
| 280 | 310101717854193 | 斯凯孚（中国）销售有限公司 | 31 | 28601 |
| 281 | 440101617425586 | 华南蓝天航空油料有限公司 | 44 | 28183 |
| 282 | 31011571785023X | 资生堂（中国）投资有限公司 | 31 | 28071 |
| 283 | 441900787988285 | 东莞卡尔吉蛋白饲料有限公司 | 44 | 27634 |
| 284 | 340104610306859 | 安徽佳通轮胎有限公司 | 34 | 27628 |
| 285 | 310115607376063 | 杰尼亚贸易（上海）有限公司 | 31 | 27433 |
| 286 | 440601617621448 | 利乐华新（佛山）包装有限公司 | 44 | 27417 |
| 287 | 460100710920952 | 中国移动通信集团海南有限公司 | 46 | 27345 |
| 288 | 37028472781753X | 圣元营养食品有限公司 | 37 | 27271 |
| 289 | 120117777336785 | 歌美飒风电（天津）有限公司 | 12 | 27239 |

续表

| 序号 | 企业代码 | 企业名称 | 地区 | 实纳税额 |
|---|---|---|---|---|
| 290 | 33019560916761X | 杭州顶益食品有限公司 | 33 | 27162 |
| 291 | 320581785580067 | 江苏波司登羽绒服装有限公司 | 32 | 26982 |
| 292 | 440501708028113 | 华能国际电力股份有限公司汕头电厂 | 44 | 26830 |
| 293 | 110192600063785 | 施耐德北京中压电器有限公司 | 11 | 26744 |
| 294 | 320200607912321 | 华瑞制药有限公司 | 32 | 26733 |
| 295 | 31011560721358X | 上海日立电器有限公司 | 31 | 26625 |
| 296 | 330621745083795 | 绍兴滨海石化集团有限公司 | 33 | 26553 |
| 297 | 130730601230127 | 中国长城葡萄酒有限公司 | 13 | 26521 |
| 298 | 330102609136119 | 杭州娃哈哈保健食品有限公司 | 33 | 26490 |
| 299 | 150105701465425 | 内蒙古蒙牛乳业（集团）股份有限公司 | 15 | 25981 |
| 300 | 150203701241480264 | 中国移动通信内蒙古有限公司包头分公司 | 15 | 25965 |
| 301 | 110108625903832 | 甲骨文（中国）软件系统有限公司 | 11 | 25942 |
| 302 | 440107190529430 | 广州钢铁企业集团金钧国际贸易有限公司 | 44 | 25901 |
| 303 | 510198720350287 | 中海兴业（成都）发展有限公司 | 51 | 25900 |
| 304 | 350698611451062 | 招商局漳州开发区有限公司 | 35 | 25677 |
| 305 | 310114607307316 | 德尔福派克电气系统有限公司 | 31 | 25563 |
| 306 | 510104621704027 | 成都神钢建设机械有限公司 | 51 | 25516 |
| 307 | 321281142650535 | 江苏兴达钢帘线股份有限公司 | 32 | 25494 |
| 308 | 310106609167206 | 玫琳凯（中国）化妆品有限公司上海分公司 | 31 | 25472 |
| 309 | 310107607320828 | 上海联家超市有限公司 | 31 | 25394 |
| 310 | 152706776105184 | 鄂尔多斯市西金矿冶有限责任公司 | 15 | 25352 |
| 311 | 130213601225619 | 唐山相林晓昌皮革有限公司 | 13 | 25162 |
| 312 | 310103X07256148 | 索尼（中国）有限公司上海分公司 | 31 | 25038 |
| 313 | 220105717850790 | 一汽丰田（长春）发动机有限公司 | 22 | 24959 |
| 314 | 320583608278094 | 四海电子（昆山）有限公司 | 32 | 24913 |
| 315 | 440105618413376 | 广州造纸股份有限公司 | 44 | 24890 |
| 316 | 310115607366949 | 上海国际商业机器工程技术有限公司 | 31 | 24852 |
| 317 | 142303743524059 | 山西东辉煤化工股份有限公司 | 14 | 24838 |
| 318 | 310115703098374 | 帝亚吉欧（上海）洋酒有限公司 | 31 | 24777 |
| 319 | 370882725421072 | 兖州天章纸业有限公司 | 37 | 24650 |
| 320 | 310226607359642 | 远纺工业（上海）有限公司 | 31 | 24647 |
| 321 | 441900618332373 | 东莞理文造纸厂有限公司 | 44 | 24550 |
| 322 | 310114607379993 | 上海太太乐食品有限公司 | 31 | 24523 |
| 323 | 140521734002216 | 沁和能源集团有限公司 | 14 | 24484 |
| 324 | 320106134789924 | 苏果超市有限公司 | 32 | 24442 |
| 325 | 31011560741105X | 汽巴精细化工（上海）有限公司 | 31 | 24408 |
| 326 | 340104610306381 | 合肥 ABB 变压器有限公司 | 34 | 24378 |

续表

| 序号 | 企业代码 | 企业名称 | 地区 | 实纳税额 |
|---|---|---|---|---|
| 327 | 110105625910602 | 卡特彼勒（中国）投资有限公司 | 11 | 24288 |
| 328 | 330195609167206 | 玫琳凯（中国）化妆品有限公司 | 33 | 24235 |
| 329 | 310112607286172 | 不凡帝凡梅勒糖果（中国）有限公司 | 31 | 24223 |
| 330 | 310104607316693 | 上海松下半导体有限公司 | 31 | 24006 |
| 331 | 130102718369616 | 中国移动通信集团河北公司石家庄分公司 | 13 | 24001 |
| 332 | 320508738299440 | 琳得科（苏州）科技有限公司 | 32 | 23926 |
| 333 | 310115710938597 | 上投摩根基金管理有限公司 | 31 | 23791 |
| 334 | 310109750565692 | 上海复地智宝房地产开发有限公司 | 31 | 23777 |
| 335 | 310225607332044 | 上海施耐德配电电器有限公司 | 31 | 23741 |
| 336 | 110105625911998 | 壳牌（中国）有限公司 | 11 | 23706 |
| 337 | 210114604623495 | 普利司通（沈阳）轮胎有限公司 | 21 | 23678 |
| 338 | 120110600896015 | 天津丰津汽车传动部件有限公司 | 12 | 23660 |
| 339 | 330621758060613 | 浙江南方石化工业有限公司 | 33 | 23646 |
| 340 | 110105710937463 | 赢创德固赛（中国）投资有限公司 | 11 | 23616 |
| 341 | 320901738291916 | 江苏摩比斯汽车零部件有限公司 | 32 | 23607 |
| 342 | 310227607433128 | 宜家采购（上海）有限公司 | 31 | 23570 |
| 343 | 440194743596407 | 广州华凯石油燃气有限公司 | 44 | 23530 |
| 344 | 441900707833575 | 东莞骏豪房地产开发有限公司 | 44 | 23513 |
| 345 | 310101607270998 | 德勤华永会计师事务所有限公司 | 31 | 23503 |
| 346 | 310225717859189 | 华谦商贸（上海）有限公司 | 31 | 23496 |
| 347 | 210804604112177 | 嘉里粮油（营口）有限公司 | 21 | 23469 |
| 348 | 330206750354043 | 宁波百丰选矿有限公司 | 33 | 23461 |
| 349 | 371311769712592 | 临沂烨华焦化有限公司 | 37 | 23459 |
| 350 | 320800608473885 | 江苏韩泰轮胎有限公司 | 32 | 23456 |
| 351 | 310106717852681 | 路易威登（中国）商业销售有限公司 | 31 | 23431 |
| 352 | 440183618402730 | 五羊－本田摩托（广州）有限公司 | 44 | 23335 |
| 353 | 321282141128948 | 江苏新世纪造船有限公司 | 32 | 23294 |
| 354 | 32110160883437X | 镇江国亨化学有限公司 | 32 | 23265 |
| 355 | 131081798418042 | 路易达孚（霸州）饲料蛋白有限公司 | 13 | 23180 |
| 356 | 310115703006839 | 上海德尔福排气控制有限公司 | 31 | 23176 |
| 357 | 500107621917575 | 重庆 ABB 变压器有限公司 | 50 | 23021 |
| 358 | 31011260729237X | 衣恋时装（上海）有限公司 | 31 | 22993 |
| 359 | 33019560913544X | 杭州肯德基有限公司 | 33 | 22970 |
| 360 | 330621742046841 | 绍兴怡华纺织有限公司 | 33 | 22917 |
| 361 | 330195609136821 | 杭州摩托罗拉移动通信设备有限公司 | 33 | 22899 |
| 362 | 110105625910856 | ABB（中国）有限公司 | 11 | 22875 |
| 363 | 320583750510755 | 浦项（苏州）汽车配件制造有限公司 | 32 | 22846 |

续表

| 序号 | 企业代码 | 企业名称 | 地区 | 实纳税额 |
|---|---|---|---|---|
| 364 | 330104609138624 | 西子奥的斯电梯有限公司 | 33 | 22784 |
| 365 | 440801730481301 | 湛江华农饲料蛋白开发有限公司 | 44 | 22767 |
| 366 | 32170060819777X | 中新苏州工业园区开发股份有限公司 | 32 | 22730 |
| 367 | 440194618789752 | 沙伯基础创新塑料（中国）有限公司 | 44 | 22720 |
| 368 | 420101616400352 | 长飞光纤光缆有限公司 | 42 | 22643 |
| 369 | 23019871093633X | 哈尔滨安博威飞机工业有限公司 | 23 | 22598 |
| 370 | 140507602003081 | 阳城国际发电有限责任公司 | 14 | 22484 |
| 371 | 440111771198203 | 霸王（广州）有限公司 | 44 | 22455 |
| 372 | 469007754363393 | 中海石油建滔化工有限公司 | 46 | 22433 |
| 373 | 110227618908360 | 红牛维他命饮料有限公司 | 11 | 22399 |
| 374 | 500902621909196 | 庆铃汽车股份有限公司 | 50 | 22358 |
| 375 | 110192625911509 | 中外运－敦豪国际航空快件有限公司 | 11 | 22357 |
| 376 | 350105733614544 | LG 麦可龙（福建）电子有限公司 | 35 | 22349 |
| 377 | 310108607211015 | 上海港沪房地产有限公司 | 31 | 22336 |
| 378 | 44018161878541X | 广州市番禺祈福新邨房地产有限公司 | 44 | 22336 |
| 379 | 320200607919515 | 无锡宝井钢材加工配送有限公司 | 32 | 22303 |
| 380 | 320281607984069 | 江阴苏龙发电有限公司 | 32 | 22299 |
| 381 | 620403624172476 | 靖远第二发电有限公司 | 62 | 22295 |
| 382 | 320200607915071 | 阿斯利康制药有限公司 | 32 | 22294 |
| 383 | 320105721756748 | 金鹰国际商贸集团（中国）有限公司 | 32 | 22273 |
| 384 | 310115607266120 | 普华永道中天会计师事务所有限公司 | 31 | 22141 |
| 385 | 330165704202620 | 杭州汽轮机股份有限公司 | 33 | 22136 |
| 386 | 330227610253873 | 宁波中华纸业有限公司 | 33 | 22097 |
| 387 | 320121671342351 | 上海大众汽车有限公司南京分公司 | 32 | 22088 |
| 388 | 31011560731230X | 丰田通商（上海）有限公司 | 31 | 21971 |
| 389 | 120115746699022 | 天津英泰汽车饰件有限公司 | 12 | 21935 |
| 390 | 130121X01701132 | 华能国际电力股份有限公司上安电厂 | 13 | 21925 |
| 391 | 340603744890974 | 安徽口子酒业有限责任公司 | 34 | 21923 |
| 392 | 150631701412139 | 鄂尔多斯移动通信分公司 | 15 | 21895 |
| 393 | 440301708467837 | 深圳迈瑞生物医疗电子股份有限公司 | 44 | 21872 |
| 394 | 440101618478401 | 安美特（中国）化学有限公司 | 44 | 21859 |
| 395 | 110105710929949 | 索尼爱立信移动通信产品（中国）有限公司 | 11 | 21847 |
| 396 | 310115607244183 | 迪堡金融设备有限公司 | 31 | 21827 |
| 397 | 440601722448755 | 佛山市海天调味食品有限公司 | 44 | 21738 |
| 398 | 210106604608201 | 华润雪花啤酒（辽宁）有限公司 | 21 | 21733 |
| 399 | 500902X21900091 | 华能重庆珞璜发电有限责任公司 | 50 | 21726 |
| 400 | 445121707825911 | 广东雅士利集团股份有限公司 | 44 | 21720 |

续表

| 序号 | 企业代码 | 企业名称 | 地区 | 实纳税额 |
|---|---|---|---|---|
| 401 | 310112710937906 | 先锋电子（中国）投资有限公司 | 31 | 21691 |
| 402 | 500902621910672 | 重庆康明斯发动机有限公司 | 50 | 21660 |
| 403 | 440300710939303 | 广东粤港供水有限公司 | 44 | 21632 |
| 404 | 110192600055056 | 博世力士乐（北京）液压有限公司 | 11 | 21626 |
| 405 | 110105625906195 | 中国国际贸易中心有限公司 | 11 | 21546 |
| 406 | 32020072416545X | 无锡市雪丰钢铁有限公司 | 32 | 21430 |
| 407 | 310115607375378 | 上海和联房产开发有限公司 | 31 | 21371 |
| 408 | 142327112521740 | 山西柳林寨崖底煤业有限公司 | 14 | 21316 |
| 409 | 330206742156629 | 台塑丙烯酸酯（宁波）有限公司 | 33 | 21289 |
| 410 | 44040461751487X | 珠海经济特区飞利浦家庭电器有限公司 | 44 | 21193 |
| 411 | 230182606410215 | 双城雀巢有限公司 | 23 | 21165 |
| 412 | 120115717854046 | 天津乐金渤海化学有限公司 | 12 | 21138 |
| 413 | 310115607385947 | 伊顿流体动力（上海）有限公司 | 31 | 21086 |
| 414 | 310115710936321 | 华宝兴业基金管理有限公司 | 31 | 20986 |
| 415 | 370602726718943 | 中国移动通信集团山东有限公司烟台分公司 | 37 | 20944 |
| 416 | 110105600041252 | 日立（中国）有限公司 | 11 | 20860 |
| 417 | 360107744264607 | 江西晨鸣纸业有限责任公司 | 36 | 20850 |
| 418 | 110108600040399 | 微软（中国）有限公司 | 11 | 20846 |
| 419 | 370281718016255 | 青岛现代机械有限公司 | 37 | 20835 |
| 420 | 440106618405114 | 雅芳（中国）有限公司 | 44 | 20831 |
| 421 | 310115607263292 | 立邦涂料（中国）有限公司 | 31 | 20784 |
| 422 | 110102600013542 | 百盛商业发展有限公司 | 11 | 20756 |
| 423 | 350105611447389 | 福建中日达金属有限公司 | 35 | 20651 |
| 424 | 44019161844173X | 高露洁棕榄（中国）有限公司 | 44 | 20648 |
| 425 | 130402718352355 | 中国移动通信集团河北有限公司邯郸分公司 | 13 | 20606 |
| 426 | 330195609138560 | 杭州东信移动电话有限公司 | 33 | 20588 |
| 427 | 310112607359597 | 贺德克液压技术（上海）有限公司 | 31 | 20518 |
| 428 | 371302756399007 | 鲁南贝特制药有限公司 | 37 | 20506 |
| 429 | 210202726011227 | 中国移动通信集团辽宁有限公司大连分公司 | 21 | 20444 |
| 430 | 110108784800267 | 华锐风电科技有限公司 | 11 | 20412 |
| 431 | 440114751995678 | 广州优尼冲压有限公司 | 44 | 20355 |
| 432 | 110101799001011 | 诺基亚西门子通信技术（北京）有限公司 | 11 | 20261 |
| 433 | 620102712780981 | 中国移动通信集团甘肃有限公司兰州分公司 | 62 | 20120 |
| 434 | 310043710936620 | 上海联恒异氰酸酯有限公司 | 31 | 20120 |
| 435 | 350102X11695282 | 中国移动通信集团福建有限公司福州分公司 | 35 | 20056 |
| 436 | 310115607431448 | 香奈儿（中国）贸易有限公司 | 31 | 20022 |
| 437 | 310229753825170 | 高田（上海）汽配制造有限公司 | 31 | 20000 |

续表

| 序号 | 企业代码 | 企业名称 | 地区 | 实纳税额 |
|---|---|---|---|---|
| 438 | 42010577456159X | 百威（中国）销售有限公司 | 42 | 19987 |
| 439 | 440194761942502 | 电装（广州南沙）有限公司 | 44 | 19945 |
| 440 | 310115607405565 | 奥林巴斯贸易（上海）有限公司 | 31 | 19941 |
| 441 | 37060261342085X | 烟台首钢电装有限公司 | 37 | 19940 |
| 442 | 310229607299782 | 妮维雅（上海）有限公司 | 31 | 19897 |
| 443 | 330181743489978 | 浙江荣翔化纤有限公司 | 33 | 19884 |
| 444 | 320200607915434 | 江苏统一马口铁有限公司 | 32 | 19876 |
| 445 | 110108625907462 | 通标标准技术服务有限公司 | 11 | 19857 |
| 446 | 440301618932432 | 记忆科技（深圳）有限公司 | 44 | 19841 |
| 447 | 120115727519516 | 爱信（天津）车身零部件有限公司 | 12 | 19836 |
| 448 | 110192717852462 | 铃木（中国）投资有限公司 | 11 | 19793 |
| 449 | 440181618437239 | 日立电梯（中国）有限公司 | 44 | 19743 |
| 450 | 142327112520609 | 山西柳林金家庄煤业有限公司 | 14 | 19743 |
| 451 | 310104747269438 | 三星（中国）投资有限公司上海分公司 | 31 | 19729 |
| 452 | 310115607413100 | 安迪苏生命科学制品（上海）有限公司 | 31 | 19668 |
| 453 | 350204612020862 | 林德（中国）叉车有限公司 | 35 | 19632 |
| 454 | 370602613421545 | 汉高乐泰（中国）有限公司 | 37 | 19605 |
| 455 | 210711603973637 | 华润电力（锦州）有限公司 | 21 | 19597 |
| 456 | 11019260002492X | SMC（中国）有限公司 | 11 | 19493 |
| 457 | 31022560738360X | 上海延锋江森座椅有限公司 | 31 | 19493 |
| 458 | 510104740325097 | 华润置地（成都）有限公司 | 51 | 19474 |
| 459 | 230111769212838 | 华电能源股份有限公司哈尔滨第三发电厂 | 23 | 19405 |
| 460 | 231282606108585 | 中粮生化能源（肇东）有限公司 | 23 | 19383 |
| 461 | 321700738299360 | 康美包（苏州）有限公司 | 32 | 19331 |
| 462 | 440606231927946 | 广东腾越建筑工程有限公司 | 44 | 19315 |
| 463 | 321700754637964 | 优美科汽车催化剂（苏州）有限公司 | 32 | 19287 |
| 464 | 320583608278641 | 正新橡胶（中国）有限公司 | 32 | 19252 |
| 465 | 210213604814160 | 大连日清制油有限公司 | 21 | 19219 |
| 466 | 44040174084951X | 珠海粤裕丰钢铁有限公司 | 44 | 19148 |
| 467 | 310115607383765 | 西门子国际贸易（上海）有限公司 | 31 | 19124 |
| 468 | 440101618402933 | 卜内门太古漆油（中国）有限公司 | 44 | 19088 |
| 469 | 110105625911621 | 北京飞机维修工程有限公司 | 11 | 19070 |
| 470 | 230190607170460 | 哈尔滨啤酒有限公司 | 23 | 19000 |
| 471 | 320113745391659 | 乐金电子（南京）等离子有限公司 | 32 | 18997 |
| 472 | 310108625910522 | 嘉吉投资（中国）有限公司 | 31 | 18987 |
| 473 | 440116618422272 | 仙妮蕾德（中国）有限公司 | 44 | 18977 |
| 474 | 130406601167076 | 河北邯峰发电有限责任公司 | 13 | 18968 |

续表

| 序号 | 企业代码 | 企业名称 | 地区 | 实纳税额 |
|---|---|---|---|---|
| 475 | 310227607317178 | 巴特勒（上海）有限公司 | 31 | 18967 |
| 476 | 320601608316572 | 华能国际电力股份有限公司南通电厂 | 32 | 18924 |
| 477 | 11010571786464X | 标致雪铁龙（中国）汽车贸易有限公司 | 11 | 18878 |
| 478 | 310115736227531 | 沃尔沃建筑设备（中国）有限公司 | 31 | 18873 |
| 479 | 370681757467200 | 龙口东海氧化铝有限公司 | 37 | 18869 |
| 480 | 441900736161990 | 东莞京滨汽车电喷装置有限公司 | 44 | 18861 |
| 481 | 440801618905012 | BP（中国）勘探及生产公司 | 44 | 18725 |
| 482 | 320583608278537 | 鸿准精密模具（昆山）有限公司 | 32 | 18687 |
| 483 | 321700724448871 | 天弘（苏州）科技有限公司 | 32 | 18646 |
| 484 | 330165768201424 | 杭州九阳小家电有限公司 | 33 | 18646 |
| 485 | 310105710938431 | 米其林（中国）投资有限公司 | 31 | 18620 |
| 486 | 44130261789506X | 惠州住润电装有限公司 | 44 | 18558 |
| 487 | 350203612017727 | 厦门国际银行 | 35 | 18554 |
| 488 | 130102601000356 | 河北维尔康制药有限公司 | 13 | 18552 |
| 489 | 320508745585592 | 苏州阿海珐高压电气开关有限公司 | 32 | 18551 |
| 490 | 341102705042956 | 博西华家用电器有限公司 | 34 | 18548 |
| 491 | 440606708165900 | 佛山市顺德区雅骏装饰设计工程有限公司 | 44 | 18522 |
| 492 | 310110X07226221 | 西门子（中国）有限公司上海分公司 | 31 | 18518 |
| 493 | 450901715156228 | 中国移动通信集团广西有限公司玉林分公司 | 45 | 18476 |
| 494 | 440183747595575 | 广州电装有限公司 | 44 | 18419 |
| 495 | 440114724840400 | 广州绿北洋皮革制品有限公司 | 44 | 18404 |
| 496 | 310106741167174 | 大金（中国）投资有限公司上海分公司 | 31 | 18374 |
| 497 | 410702614406101 | 河南新飞电器有限公司 | 41 | 18321 |
| 498 | 310105717854417 | 兄弟（中国）商业有限公司 | 31 | 18315 |
| 499 | 440191741887390 | 广州斯坦雷电气有限公司 | 44 | 18289 |
| 500 | 130212755495849 | 唐山佳华煤化工有限公司 | 13 | 18285 |

# 五、2008 年度分地区企业纳税百强排行榜

## 北京市企业纳税百强排行榜

单位：万元

| 序号 | 企业代码 | 企业名称 | 地区 | 实纳税额 |
|---|---|---|---|---|
| 1 | 110102100003962 | 中国工商银行股份有限公司 | 11 | 4229629 |
| 2 | 110108100005474 | 中国农业银行 | 11 | 2853104 |
| 3 | 110102100001342 | 中国银行股份有限公司 | 11 | 2209954 |
| 4 | 110102000018454 | 国家开发银行 | 11 | 1661641 |
| 5 | 11010571785912X | 梅赛德斯－奔驰（中国）汽车销售有限公司 | 11 | 1409985 |
| 6 | 110105717859867 | 宝马（中国）汽车贸易有限公司 | 11 | 1090082 |
| 7 | 110101710935038 | 中国投资有限责任公司 | 11 | 848547 |
| 8 | 110108000013477 | 中华人民共和国铁道部 | 11 | 746539 |
| 9 | 110105710938183 | 丰田汽车（中国）投资有限公司 | 11 | 702702 |
| 10 | 110192101783083 | 诺基亚（中国）投资有限公司 | 11 | 493614 |
| 11 | 110101710933024 | 中国神华能源股份有限公司 | 11 | 454768 |
| 12 | 110102100004447 | 中国建设银行股份有限公司 | 11 | 450200 |
| 13 | 110101100018988 | 中国民生银行股份有限公司 | 11 | 396622 |
| 14 | 11010271093123X | 国家电网公司 | 11 | 363318 |
| 15 | 11010271092841X | 中国人寿保险股份有限公司 | 11 | 337770 |
| 16 | 11010810169040X | 中国矿产有限责任公司 | 11 | 320517 |
| 17 | 110104101109822 | 华北电网有限公司 | 11 | 294187 |
| 18 | 110222710935986 | 北京现代汽车有限公司 | 11 | 285973 |
| 19 | 110102801365632 | 北京市电力公司 | 11 | 279416 |
| 20 | 110104101174712 | 北京银行股份有限公司 | 11 | 266673 |
| 21 | 110108100000059 | 中钢贸易有限公司 | 11 | 263067 |
| 22 | 110101710939135 | 中国联合网络通信有限公司 | 11 | 257853 |
| 23 | 110108700000458 | 联想（北京）有限公司 | 11 | 228348 |
| 24 | 110192600003205 | 北京奔驰－戴姆勒·克莱斯勒汽车有限公司 | 11 | 213920 |
| 25 | 110222717871006 | 中国国际航空股份有限公司 | 11 | 208709 |
| 26 | 110107101120028 | 中国首钢国际贸易工程公司 | 11 | 208391 |
| 27 | 110105746717497 | 瑞钢联集团有限公司 | 11 | 203137 |
| 28 | 110105101100414 | 中粮集团有限公司 | 11 | 202737 |
| 29 | 110101722611700 | 中国移动通信集团北京有限公司 | 11 | 182405 |

续表

| 序号 | 企业代码 | 企业名称 | 地区 | 实纳税额 |
| --- | --- | --- | --- | --- |
| 30 | 110112101100772 | 北京卷烟厂 | 11 | 163395 |
| 31 | 110191802763501 | 中国石油化工股份有限公司北京燕山分公司 | 11 | 154952 |
| 32 | 110105625912210 | 佳能（中国）有限公司 | 11 | 154137 |
| 33 | 110108102052389 | 中建材集团进出口公司 | 11 | 147753 |
| 34 | 110102801380971000 | 国家开发银行北京市分行 | 11 | 145820 |
| 35 | 110108710923766 | 朔黄铁路发展有限责任公司 | 11 | 144058 |
| 36 | 110105100007170 | 中信金属公司 | 11 | 137179 |
| 37 | 110101101690637 | 中国石化国际事业有限公司 | 11 | 136847 |
| 38 | 110102100003102 | 中国石化销售有限公司 | 11 | 136502 |
| 39 | 110101710929658 | 中纺粮油进出口有限责任公司 | 11 | 129181 |
| 40 | 110104100017336 | 大唐国际发电股份有限公司 | 11 | 119079 |
| 41 | 11010210112001X | 华夏银行股份有限公司 | 11 | 118400 |
| 42 | 110108710929236 | 五矿有色金属股份有限公司 | 11 | 116573 |
| 43 | 110192600087023 | 富士康精密组件（北京）有限公司 | 11 | 114464 |
| 44 | 11010571785226X | 现代汽车（中国）投资有限公司 | 11 | 110339 |
| 45 | 110105710934289 | 中国中煤能源股份有限公司 | 11 | 110154 |
| 46 | 110102710934537 | 中国银河证券股份有限公司 | 11 | 109719 |
| 47 | 110105717859138 | 克莱斯勒（中国）汽车销售有限公司 | 11 | 105859 |
| 48 | 110108100013669 | 北京 铁 路 局 | 11 | 104139 |
| 49 | 110102101135684 | 交通银行股份有限公司北京市分行 | 11 | 103505 |
| 50 | 110108801977962 | 中国民生银行股份有限公司总行营业部 | 11 | 100636 |
| 51 | 110108100008157 | 中钢炉料有限公司 | 11 | 99116 |
| 52 | 110104101609026 | 中国印钞造币总公司 | 11 | 94928 |
| 53 | 110107700234318 | 北京首钢股份有限公司 | 11 | 94034 |
| 54 | 110104710931483 | 中国人民财产保险股份有限公司 | 11 | 93533 |
| 55 | 110108100016448 | 中国进出口银行 | 11 | 92780 |
| 56 | 11010840001134X | 中国中央电视台 | 11 | 90650 |
| 57 | 110105101129938 | 中石油北京天然气管道有限公司 | 11 | 88529 |
| 58 | 110107101120001 | 首 钢 总 公 司 | 11 | 87586 |
| 59 | 110108717745042 | 神州数码（中国）有限公司 | 11 | 86484 |
| 60 | 110102100028625 | 华商储备商品管理中心 | 11 | 85561 |
| 61 | 11010271093465X | 中国邮政储蓄银行有限责任公司 | 11 | 85276 |
| 62 | 110102100017045 | 中国农业发展银行 | 11 | 84291 |
| 63 | 110192600035733 | 拜耳医药保健有限公司 | 11 | 80202 |
| 64 | 110105101730993 | 中信信托有限责任公司 | 11 | 79467 |
| 65 | 110105781703453 | 中信建投证券有限责任公司 | 11 | 79209 |
| 66 | 110102100006426 | 中国兵工物资总公司 | 11 | 78422 |

续表

| 序号 | 企业代码 | 企业名称 | 地区 | 实纳税额 |
|---|---|---|---|---|
| 67 | 110192749353393 | 北京京东方光电科技有限公司 | 11 | 78025 |
| 68 | 110105717850555 | 日产（中国）投资有限公司 | 11 | 77930 |
| 69 | 110102100018558 | 中油财务有限责任公司 | 11 | 75623 |
| 70 | 110102801124011 | 中信银行股份有限公司总行营业部 | 11 | 72321 |
| 71 | 110102100015525 | 中国电力财务有限公司 | 11 | 71797 |
| 72 | 110192742602094 | 利乐包装（北京）有限公司 | 11 | 71557 |
| 73 | 110108600006959 | 中国惠普有限公司 | 11 | 70953 |
| 74 | 110105625907585 | 西门子（中国）有限公司 | 11 | 69735 |
| 75 | 110109746132245 | 北京昊华能源股份有限公司 | 11 | 69001 |
| 76 | 110222743300346 | 北京现代摩比斯汽车零部件有限公司 | 11 | 67561 |
| 77 | 11010220283066X | 金融街控股股份有限公司 | 11 | 67273 |
| 78 | 110102101156864 | 中化化肥有限公司 | 11 | 63685 |
| 79 | 110102795951626 | 北京市燃气集团有限责任公司 | 11 | 61555 |
| 80 | 110105101692907 | 中国石化财务有限责任公司 | 11 | 59021 |
| 81 | 110102100023816 | 泰康人寿保险股份有限公司 | 11 | 58126 |
| 82 | 110102100012666 | 中国联合石油有限责任公司 | 11 | 57618 |
| 83 | 110105710934369 | 中国交通建设股份有限公司 | 11 | 56452 |
| 84 | 110105100000905 | 中国船舶燃料有限责任公司 | 11 | 56210 |
| 85 | 110108742623426 | 北京神州数码有限公司 | 11 | 55666 |
| 86 | 110105600039013 | 北京 ABB 电气传动系统有限公司 | 11 | 55062 |
| 87 | 110105710934860 | 中国石化集团石油商业储备有限公司 | 11 | 54765 |
| 88 | 110108710931838 | 一汽丰田汽车销售有限公司 | 11 | 52646 |
| 89 | 110114661596577 | 北京神华恒运能源科技有限公司 | 11 | 52643 |
| 90 | 110101710920506 | 北京东方广场有限公司 | 11 | 52467 |
| 91 | 110105625909986 | 中国国际金融有限公司 | 11 | 51862 |
| 92 | 110105100013431 | 中国国际石油化工联合有限责任公司 | 11 | 51288 |
| 93 | 110222633694065 | 华夏基金管理有限公司 | 11 | 51029 |
| 94 | 110105625910426 | 施耐德电气（中国）投资有限公司 | 11 | 48874 |
| 95 | 110104101625739 | 中国水利电力物资有限公司 | 11 | 48328 |
| 96 | 110105X00000801 | 摩托罗拉（中国）电子有限公司北京分公司 | 11 | 47695 |
| 97 | 110102710925032 | 中国移动通信集团公司 | 11 | 47181 |
| 98 | 110108102005179 | 中国进口汽车贸易有限公司 | 11 | 46920 |
| 99 | 110108600010704 | 北京发那科机电有限公司 | 11 | 46559 |
| 100 | 110103101506051 | 中国农业银行股份有限公司北京市分行 | 11 | 46152 |

# 天津市企业纳税百强排行榜

单位：万元

| 序号 | 企业代码 | 企业名称 | 地区 | 实纳税额 |
|---|---|---|---|---|
| 1 | 120118712824649 | 中海石油（中国）有限公司 | 12 | 1728116 |
| 2 | 120115710939151 | 天津一汽丰田汽车有限公司 | 12 | 675629 |
| 3 | 120114722958405 | 中国石油化工股份有限公司天津分公司 | 12 | 366373 |
| 4 | 120114718258908 | 中国石油股份有限公司大港油田分公司 | 12 | 330139 |
| 5 | 120118718249438 | 中海石油（中国）有限公司天津分公司 | 12 | 314442 |
| 6 | 120116101166595 | 中远散货运输有限公司 | 12 | 174790 |
| 7 | 120114104313327 | 天津钢管集团股份有限公司 | 12 | 160194 |
| 8 | 12011572574957X | 天津三星通信技术有限公司 | 12 | 139371 |
| 9 | 120115600899320 | 天津三星电子显示器有限公司 | 12 | 136459 |
| 10 | 120114749125091 | 中国石化销售有限公司华北分公司 | 12 | 121941 |
| 11 | 120114103061295 | 天津市电力公司 | 12 | 121158 |
| 12 | 120115600539026 | 天津俊安煤焦化工有限公司 | 12 | 102142 |
| 13 | 120115773646700 | 维斯塔斯风力技术（中国）有限公司 | 12 | 98506 |
| 14 | 120110767648013 | 上海烟草（集团）公司天津卷烟厂 | 12 | 92043 |
| 15 | 120114724495870 | 中石油天然气股份有限公司大港石化分公司 | 12 | 82915 |
| 16 | 120116722997404 | 中国移动通信集团天津有限公司 | 12 | 79455 |
| 17 | 120101103063434 | 天津市物资集团总公司 | 12 | 78121 |
| 18 | 120114724488101 | 天津钢铁有限公司 | 12 | 69292 |
| 19 | 120113103070984 | 中储发展股份有限公司 | 12 | 63425 |
| 20 | 120115600537733 | 诺和诺德（中国）制药有限公司 | 12 | 60293 |
| 21 | 120115600502506 | 摩托罗拉（中国）电子有限公司 | 12 | 54071 |
| 22 | 120115600911828 | 天津电装电子有限公司 | 12 | 50887 |
| 23 | 120117600587482 | 西门子电气传动有限公司 | 12 | 50239 |
| 24 | 120111600900467 | 天津一汽丰田发动机有限公司 | 12 | 48440 |
| 25 | 12011871092921X | 中海油田服务股份有限公司 | 12 | 42724 |
| 26 | 120101103065720 | 中国烟草总公司天津市公司 | 12 | 39586 |
| 27 | 120115600580459 | 天津三星光电子有限公司 | 12 | 39411 |
| 28 | 120116700416373 | 永立建机（中国）有限公司 | 12 | 37161 |
| 29 | 120222600907490 | 绫致时装（天津）有限公司 | 12 | 35907 |
| 30 | 120116761275199 | 九三集团天津大豆科技有限公司 | 12 | 34237 |
| 31 | 120107600540000 | 壳牌（天津）石油化工有限公司 | 12 | 33927 |
| 32 | 120107600538170 | 埃克森美孚（天津）石油有限公司 | 12 | 33536 |
| 33 | 12011060055017X | 中美天津史克制药有限公司 | 12 | 33101 |
| 34 | 120225712823929 | 天津国华盘山发电有限责任公司 | 12 | 32341 |

续表

| 序号 | 企业代码 | 企业名称 | 地区 | 实纳税额 |
|---|---|---|---|---|
| 35 | 120115600534129 | PPG 涂料（天津）有限公司 | 12 | 30681 |
| 36 | 120114803060859 | 国家开发银行天津市分行 | 12 | 30172 |
| 37 | 120113600550030 | 中法合营王朝葡萄酿酒有限公司 | 12 | 30052 |
| 38 | 120115600500017 | 天津矢崎汽车配件有限公司 | 12 | 29991 |
| 39 | 120107103607112 | 天津大沽化工股份有限公司 | 12 | 28904 |
| 40 | 120117777336785 | 歌美飒风电（天津）有限公司 | 12 | 27239 |
| 41 | 120116789363043 | 中冶天工建设有限公司 | 12 | 26471 |
| 42 | 120116103082483 | 天津大沽贸易有限公司 | 12 | 26055 |
| 43 | 12011472295069X | 中国石油化工股份有限公司天津石油分公司 | 12 | 25269 |
| 44 | 120118722950227 | 海洋石油工程股份有限公司 | 12 | 24564 |
| 45 | 120114103464633 | 中国农业银行天津新技术产业园区支行 | 12 | 24355 |
| 46 | 12011010375258X | 天津二十冶建设有限公司 | 12 | 23941 |
| 47 | 120118100023285 | 中国石油天然气勘探开发公司 | 12 | 23710 |
| 48 | 120110600896015 | 天津丰津汽车传动部件有限公司 | 12 | 23660 |
| 49 | 12011323944464X | 天津天士力制药股份有限公司 | 12 | 23307 |
| 50 | 12011210306009X09X | 中铁十八局集团有限公司 | 12 | 23245 |
| 51 | 120114700468296 | 天津钢管制铁有限公司 | 12 | 21944 |
| 52 | 120115746699022 | 天津英泰汽车饰件有限公司 | 12 | 21935 |
| 53 | 120115717854046 | 天津乐金渤海化学有限公司 | 12 | 21138 |
| 54 | 120114103060065 | 大港油田集团有限责任公司 | 12 | 21116 |
| 55 | 120114103071899 | 天津一汽夏利汽车股份有限公司 | 12 | 20666 |
| 56 | 120111103069465 | 天津华能杨柳青热电有限责任公司 | 12 | 20406 |
| 57 | 120107103622427 | 中交一航局第一工程有限公司 | 12 | 20405 |
| 58 | 120114103070298 | 天津银行股份有限公司 | 12 | 20141 |
| 59 | 120225700560092 | 天津大唐国际盘山发电有限责任公司 | 12 | 19836 |
| 60 | 120115727519516 | 爱信（天津）车身零部件有限公司 | 12 | 19836 |
| 61 | 120114103061834 | 交通银行股份有限公司天津市分行 | 12 | 19531 |
| 62 | 12011371824002X | 天津市聚龙贸易有限公司 | 12 | 19252 |
| 63 | 120115600501650 | 天津顶益国际食品有限公司 | 12 | 19137 |
| 64 | 120114710933956 | 渤海银行股份有限公司 | 12 | 18449 |
| 65 | 120111600899400 | 天津阿斯莫汽车微电机有限公司 | 12 | 17804 |
| 66 | 120113749105269 | 天津丰铁汽车部件有限公司 | 12 | 17703 |
| 67 | 120118101765977 | 中海油气开发利用公司 | 12 | 17683 |
| 68 | 120113600898141 | 西门子机械传动（天津）有限公司 | 12 | 17487 |
| 69 | 120115600901857 | 天津三星视界有限公司 | 12 | 17278 |
| 70 | 120222104086654 | 天津天狮生物工程有限公司 | 12 | 16742 |
| 71 | 120114600531542 | 天津肯德基有限公司 | 12 | 16605 |

续表

| 序号 | 企业代码 | 企业名称 | 地区 | 实纳税额 |
|---|---|---|---|---|
| 72 | 120116744013269 | 大众进口汽车销售有限公司 | 12 | 16525 |
| 73 | 120114803206483 | 中国银行股份有限公司天津河东支行 | 12 | 15957 |
| 74 | 120115718238042 | 施耐德电气低压（天津）有限公司 | 12 | 15930 |
| 75 | 120104767628434 | 天津富力城房地产开发有限公司 | 12 | 15723 |
| 76 | 12011060089591X | 天津电装电机有限公司 | 12 | 15189 |
| 77 | 120114103100506 | 天津信托投资有限责任公司 | 12 | 15027 |
| 78 | 12010774912956X | 天津市国泰实业发展有限公司 | 12 | 14748 |
| 79 | 120107730340795 | 天津塘沽贻成实业有限公司 | 12 | 14738 |
| 80 | 120113600588485 | 天津阿尔斯通水电设备有限公司 | 12 | 14581 |
| 81 | 120110783300412 | 天津军粮城发电有限公司 | 12 | 14548 |
| 82 | 120110103068219 | 天津天铁炼焦化工有限公司 | 12 | 14474 |
| 83 | 120115103068227 | 天津泰达建设集团有限公司 | 12 | 14073 |
| 84 | 120108600891791 | 天津日石润滑油脂有限公司 | 12 | 13846 |
| 85 | 120107103620456 | 中交一公局第六工程公司 | 12 | 13308 |
| 86 | 120114718272224 | 招商银行股份有限公司天津分行 | 12 | 13211 |
| 87 | 120110600895696 | 天津丰田合成有限公司 | 12 | 13093 |
| 88 | 12011575812535X | 天津艾达自动变速器有限公司 | 12 | 13006 |
| 89 | 120112758140656 | 天津中联进出口贸易有限公司 | 12 | 12830 |
| 90 | 120115600538920 | 诺维信（中国）生物技术有限公司 | 12 | 12724 |
| 91 | 120105744029762 | 中化物产股份有限公司天津分公司 | 12 | 12585 |
| 92 | 120117700435080 | 天津海泰控股集团有限公司 | 12 | 12584 |
| 93 | 120114668839025 | 天津滨海农村商业银行股份有限公司 | 12 | 12253 |
| 94 | 120115767607617 | 天津万通时尚置业有限责任公司 | 12 | 12070 |
| 95 | 120107103063602 | 中国建筑第六工程局有限公司 | 12 | 12067 |
| 96 | 120115761297398 | 现代高新电子（天津）有限公司 | 12 | 12009 |
| 97 | 120115600891804 | 普利司通（天津）轮胎有限公司 | 12 | 11929 |
| 98 | 120102103203185 | 中铁十六局集团第二工程有限公司 | 12 | 11823 |
| 99 | 120112770602841 | 天津荣程祥矿产有限公司 | 12 | 11626 |
| 100 | 120114712835946 | 天津市燃气集团有限公司 | 12 | 11461 |

# 河北省企业纳税百强排行榜

单位：万元

| 序号 | 企业代码 | 企业名称 | 地区 | 实纳税额 |
|---|---|---|---|---|
| 1 | 130982721634003 | 中国石油天然气股份有限公司华北油田分公司 | 13 | 417748 |
| 2 | 130702106158578 | 张家口卷烟厂有限责任公司 | 13 | 225938 |
| 3 | 130203104759628 | 唐山钢铁股份有限公司 | 13 | 183293 |
| 4 | 130106104321300 | 河北省电力公司 | 13 | 165147 |
| 5 | 130104784057215 | 河北白沙烟草有限责任公司 | 13 | 162096 |
| 6 | 130182670310403 | 中国石化石家庄炼油化工股份有限公司 | 13 | 153222 |
| 7 | 130503718311625 | 河北金牛能源股份有限公司 | 13 | 136757 |
| 8 | 130207601074048 | 唐山国丰钢铁有限公司 | 13 | 123018 |
| 9 | 130227721610976 | 河北津西钢铁股份有限公司 | 13 | 116083 |
| 10 | 130302723397611 | 秦皇岛金海粮油工业有限公司 | 13 | 114774 |
| 11 | 130203721614029 | 中国石油天然气股份有限公司冀东油田分公司 | 13 | 111629 |
| 12 | 130404700647251 | 邯郸钢铁股份有限公司 | 13 | 106681 |
| 13 | 130203757512841 | 华北电网有限公司唐山供电公司 | 13 | 92757 |
| 14 | 130302805260053 | 华北电网有限公司秦皇岛电力公司 | 13 | 89986 |
| 15 | 13040310552795X | 邯邢冶金矿山管理局 | 13 | 82249 |
| 16 | 130323746874054 | 秦皇岛首秦金属材料有限公司 | 13 | 81785 |
| 17 | 13028380511817X | 首钢矿业公司 | 13 | 80173 |
| 18 | 130705106181022 | 宣化钢铁集团有限责任公司 | 13 | 80095 |
| 19 | 130202104744522 | 开滦（集团）有限责任公司 | 13 | 75090 |
| 20 | 130982804322363 | 中国石油天然气股份有限公司华北石化分公司 | 13 | 74597 |
| 21 | 130604105947209 | 石家庄卷烟厂保定卷烟分厂 | 13 | 72494 |
| 22 | 130406105670924 | 冀中能源峰峰集团有限公司 | 13 | 65730 |
| 23 | 130202730266302 | 开滦能源化工股份有限公司 | 13 | 60071 |
| 24 | 130283746868009 | 河北省首钢迁安钢铁有限责任公司 | 13 | 57499 |
| 25 | 13048174540750X | 河北文丰钢铁有限公司 | 13 | 55620 |
| 26 | 130503105783910 | 邢台钢铁有限责任公司 | 13 | 53500 |
| 27 | 131082765175531 | 三河汇福粮油集团饲料蛋白有限公司 | 13 | 52271 |
| 28 | 130225766614559 | 唐山中厚板材有限公司 | 13 | 52252 |
| 29 | 130426107140396 | 天津铁厂 | 13 | 51857 |
| 30 | 130913723359121 | 中海石油中捷石化有限公司 | 13 | 51094 |
| 31 | 131011663670945 | 华为技术服务有限公司 | 13 | 46394 |
| 32 | 130521757518864 | 德龙钢铁有限公司 | 13 | 43812 |
| 33 | 130283740187835 | 唐山长城钢铁集团燕山钢铁有限公司 | 13 | 43026 |
| 34 | 130681710926983 | 中国石油集团东方地球物理勘探有限责任公司 | 13 | 41647 |

续表

| 序号 | 企业代码 | 企业名称 | 地区 | 实纳税额 |
|---|---|---|---|---|
| 35 | 130203789830991 | 唐山钢铁集团国际贸易有限公司 | 13 | 38776 |
| 36 | 130203730285511 | 中国移动通信集团河北有限公司唐山分公司 | 13 | 38709 |
| 37 | 130283752420382 | 迁安中化煤化工有限责任公司 | 13 | 38610 |
| 38 | 130902721677572 | 中国石油化工股份有限公司沧州分公司 | 13 | 37805 |
| 39 | 131082743400742 | 三河福成房地产开发有限公司 | 13 | 37172 |
| 40 | 130803106512303 | 承德新新钒钛股份有限公司 | 13 | 35180 |
| 41 | 130205804791805 | 大唐国际发电股份有限公司陡河发电厂 | 13 | 34032 |
| 42 | 130403805527774 | 邯郸供电公司 | 13 | 33977 |
| 43 | 130131734345104 | 河北敬业钢铁有限公司 | 13 | 33799 |
| 44 | 130481104365768 | 新兴铸管股份有限公司 | 13 | 33630 |
| 45 | 130281601250857 | 唐山建龙实业有限公司 | 13 | 33261 |
| 46 | 130982104322397 | 华北石油管理局 | 13 | 30817 |
| 47 | 130104601703131 | 河北冀星高速公路有限公司 | 13 | 30239 |
| 48 | 130421745448467 | 河北纵横钢铁集团有限公司 | 13 | 29648 |
| 49 | 130427107111157 | 河北省磁县申家庄煤矿 | 13 | 28628 |
| 50 | 130104104393865 | 河北省烟草公司石家庄市公司 | 13 | 28578 |
| 51 | 130208661055789 | 中冶京唐建设有限公司 | 13 | 28107 |
| 52 | 130403748493300 | 冀中能源邯郸矿业集团有限公司 | 13 | 27923 |
| 53 | 130106723388547 | 中国石油化工股份有限公司河北石油分公司 | 13 | 27609 |
| 54 | 130302673224391 | 秦皇岛港股份有限公司 | 13 | 27442 |
| 55 | 130213721620963 | 唐山三友化工股份有限公司 | 13 | 27197 |
| 56 | 130427700842284 | 河北省磁县六合工业有限公司 | 13 | 26810 |
| 57 | 130730601230127 | 中国长城葡萄酒有限公司 | 13 | 26521 |
| 58 | 130602105945019 | 保定钞票纸厂 | 13 | 26518 |
| 59 | 130207745420296 | 唐山瑞丰钢铁（集团）有限公司 | 13 | 26501 |
| 60 | 130281735602993 | 唐山港陆钢铁有限公司 | 13 | 26399 |
| 61 | 130102104365784 | 石家庄钢铁有限责任公司 | 13 | 26283 |
| 62 | 130213601225619 | 唐山相林晓昌皮革有限公司 | 13 | 25162 |
| 63 | 130204754036552 | 唐山不锈钢有限责任公司 | 13 | 24436 |
| 64 | 130102718369616 | 中国移动通信集团河北有限公司石家庄分公司 | 13 | 24001 |
| 65 | 130602805953589 | 保定供电公司 | 13 | 23237 |
| 66 | 130311741530404 | 秦皇岛太行贸易有限公司 | 13 | 23207 |
| 67 | 131081798418042 | 路易达孚（霸州）饲料蛋白有限公司 | 13 | 23180 |
| 68 | 130103104322848 | 国家开发银行河北省分行股份有限公司 | 13 | 23178 |
| 69 | 131082109315911 | 三河发电有限责任公司 | 13 | 23111 |
| 70 | 130603105941085 | 河北省烟草公司保定市公司 | 13 | 23065 |
| 71 | 131011236077725 | 荣盛房地产发展股份有限公司 | 13 | 22859 |

续表

| 序号 | 企业代码 | 企业名称 | 地区 | 实纳税额 |
|---|---|---|---|---|
| 72 | 130682755463660 | 河北旭阳焦化有限公司 | 13 | 22648 |
| 73 | 130203104744995 | 河北省烟草公司唐山市公司 | 13 | 22602 |
| 74 | 130203104792823 | 唐山钢铁集团有限责任公司 | 13 | 22565 |
| 75 | 131081737361353 | 河北前进钢铁集团有限公司 | 13 | 22275 |
| 76 | 130216780837126 | 首钢京唐钢铁联合有限责任公司 | 13 | 22220 |
| 77 | 130283741535782 | 唐山长城钢铁集团九江线材有限公司 | 13 | 22207 |
| 78 | 130321752404358 | 青龙满族自治县安胜矿业有限责任公司 | 13 | 21934 |
| 79 | 130121X01701132 | 华能国际电力股份有限公司上安电厂 | 13 | 21925 |
| 80 | 130132700702652 | 河北诚信有限责任公司 | 13 | 21835 |
| 81 | 130912735605449 | 河北国华沧东发电有限责任公司 | 13 | 21609 |
| 82 | 130481105744268 | 邯邢冶金矿山管理局北洺河铁矿 | 13 | 21353 |
| 83 | 130283601072333 | 迁安市隆宇工贸有限责任公司 | 13 | 21201 |
| 84 | 130682601110408 | 河北国华定洲发电有限责任公司 | 13 | 21163 |
| 85 | 130212784073944 | 河北大唐国际王滩发电有限责任公司 | 13 | 21110 |
| 86 | 130402718352355 | 中国移动通信集团河北有限公司邯郸分公司 | 13 | 20606 |
| 87 | 131003109261423 | 华北电网有限公司廊坊供电公司 | 13 | 20105 |
| 88 | 130825755471804 | 隆化县顺达矿业有限责任公司 | 13 | 19412 |
| 89 | 13101160134794X | 廊坊立邦涂料有限公司 | 13 | 19248 |
| 90 | 130406601167076 | 河北邯峰发电有限责任公司 | 13 | 18968 |
| 91 | 130481601165396 | 河北普阳钢铁有限公司 | 13 | 18909 |
| 92 | 130602718358175 | 保定天威保变电气股份有限公司 | 13 | 18722 |
| 93 | 13028310510149X | 唐山首钢马兰庄铁矿有限责任公司 | 13 | 18643 |
| 94 | 130102601000356 | 河北维尔康制药有限公司 | 13 | 18552 |
| 95 | 130212755495849 | 唐山佳华煤化工有限公司 | 13 | 18285 |
| 96 | 130302104324077 | 河北远洋运输集团股份有限公司 | 13 | 17940 |
| 97 | 131082769824527 | 阳光硅谷电子科技有限公司 | 13 | 17803 |
| 98 | 130104804321045 | 石家庄供电公司 | 13 | 17795 |
| 99 | 130302718368920 | 中国移动集团河北有限公司秦皇岛分公司 | 13 | 17701 |
| 100 | 130481805528793 | 邯邢冶金矿山管理局西石门铁矿 | 13 | 17642 |

# 山西省企业纳税百强排行榜

单位：万元

| 序号 | 企业代码 | 企业名称 | 地区 | 实纳税额 |
|---|---|---|---|---|
| 1 | 140213710932953 | 大秦铁路股份有限公司 | 14 | 296830 |
| 2 | 140213602161688 | 大同煤矿集团有限责任公司 | 14 | 279833 |
| 3 | 140116110050121 | 山西省电力公司 | 14 | 227203 |
| 4 | 140116701011888 | 山西太钢不锈钢股份有限公司 | 14 | 220413 |
| 5 | 140116713676510 | 山西西山煤电股份有限公司 | 14 | 202512 |
| 6 | 140405729666771 | 山西潞安环保能源开发股份有限公司 | 14 | 175083 |
| 7 | 14032371599263X | 山西国阳新能股份有限公司 | 14 | 134601 |
| 8 | 14060411141525X | 山西平朔安家岭露天煤炭有限公司 | 14 | 129114 |
| 9 | 140604811410505 | 平朔煤炭工业公司运销公司 | 14 | 124539 |
| 10 | 140115710937455 | 中国移动通信集团山西有限公司 | 14 | 118088 |
| 11 | 14011611007158X | 山西昆明烟草有限责任公司 | 14 | 106341 |
| 12 | 140511746034864 | 晋城无烟煤矿业集团有限责任公司寺河煤矿 | 14 | 92731 |
| 13 | 140604602460258 | 山西中煤平朔安太堡煤炭有限责任公司 | 14 | 90419 |
| 14 | 14032370107060X | 阳泉煤业（集团）有限责任公司 | 14 | 87612 |
| 15 | 140213729670025 | 大同煤业股份有限公司 | 14 | 84890 |
| 16 | 140211764654266 | 同煤大唐塔山煤矿有限公司 | 14 | 76099 |
| 17 | 142302741096548 | 山西太十河焦化有限责任公司 | 14 | 75337 |
| 18 | 140106810015183 | 中国建设银行股份有限公司山西省分行 | 14 | 73306 |
| 19 | 140507713630037 | 山西兰花科技创业股份有限公司 | 14 | 70571 |
| 20 | 142729715939089 | 山西海鑫国际钢铁有限公司 | 14 | 65939 |
| 21 | 142703113873561 | 山西阳光焦化集团股份有限公司 | 14 | 60761 |
| 22 | 140511734028598 | 晋城蓝焰煤业股份有限公司 | 14 | 60637 |
| 23 | 140116743547162 | 山西焦煤集团西山煤矿总公司 | 14 | 59392 |
| 24 | 141002113126734 | 临汾市尧都区屯里农村信用合作社 | 14 | 56433 |
| 25 | 142603113091746 | 霍州煤电集团有限责任公司 | 14 | 55657 |
| 26 | 141002741096177 | 中国移动通信集团山西有限公司临汾分公司 | 14 | 54999 |
| 27 | 140111110071184 | 中铁十二局集团有限公司 | 14 | 53993 |
| 28 | 140431111171187 | 山西沁新煤焦股份有限公司 | 14 | 53173 |
| 29 | 140116110014331 | 太原钢铁（集团）国际经济贸易有限公司 | 14 | 53029 |
| 30 | 140404810758921 | 山西三元煤业股份有限公司 | 14 | 52471 |
| 31 | 142334112359966 | 山西杏花村汾酒厂股份有限公司 | 14 | 46884 |
| 32 | 142334112310134 | 华晋焦煤有限责任公司 | 14 | 45718 |
| 33 | 142703736335903 | 中国铝业股份有限公司山西分公司 | 14 | 42607 |
| 34 | 142202746040199 | 山西鲁能晋北铝业有限责任公司 | 14 | 41429 |

续表

| 序号 | 企业代码 | 企业名称 | 地区 | 实纳税额 |
|---|---|---|---|---|
| 35 | 140121715902382 | 山西美锦煤炭气化股份有限公司 | 14 | 41045 |
| 36 | 140511746035410 | 晋城蓝焰煤业股份有限公司成庄矿 | 14 | 40662 |
| 37 | 140121701026537 | 太原市梗阳实业集团有限公司 | 14 | 39473 |
| 38 | 14232376248251X | 山西亚太焦化冶镁有限公司 | 14 | 38131 |
| 39 | 142402112731529 | 山西汾西矿业（集团）有限责任公司 | 14 | 37770 |
| 40 | 142631113450876 | 山西省乡宁县毛则渠煤炭有限公司 | 14 | 37752 |
| 41 | 142323812404692 | 山西华鑫煤焦化实业有限公司 | 14 | 37467 |
| 42 | 140111775152894 | 太原铁路局 | 14 | 35378 |
| 43 | 14262511327143X | 山西汾河焦煤股份有限公司 | 14 | 34970 |
| 44 | 140421794213875 | 山西潞安集团司马煤业有限公司 | 14 | 34647 |
| 45 | 140106810015810 | 中国工商银行股份有限公司山西省分行 | 14 | 34498 |
| 46 | 142232736333166 | 山西鲁能河曲发电有限公司 | 14 | 32337 |
| 47 | 140423110930719 | 山西省襄垣县地方国营襄垣煤矿 | 14 | 32196 |
| 48 | 142327701126618 | 山西省柳林同德焦煤有限公司 | 14 | 31063 |
| 49 | 140621729675037 | 山西金海洋能源集团有限公司 | 14 | 29812 |
| 50 | 140511111200363 | 山西省晋城无烟煤矿业集团有限责任公司 | 14 | 29219 |
| 51 | 140181739322980 | 山西金业煤焦化集团古交有限公司 | 14 | 28656 |
| 52 | 142623751530248 | 临汾万鑫达焦化有限责任公司 | 14 | 28355 |
| 53 | 140323798286043 | 阳泉煤业集团三矿煤业有限责任公司 | 14 | 27833 |
| 54 | 142625113273064 | 山西焦化股份有限公司 | 14 | 27641 |
| 55 | 140111110120089 | 山西省烟草公司太原市公司 | 14 | 27407 |
| 56 | 140116715997051 | 中国石油化工股份有限公司山西石油分公司 | 14 | 27127 |
| 57 | 140107724600378 | 山西三联正丰国际贸易有限公司 | 14 | 26390 |
| 58 | 142623719828247 | 山西光大焦化气源有限公司 | 14 | 26359 |
| 59 | 142703739336477 | 山西曙光煤焦集团有限公司 | 14 | 26266 |
| 60 | 140424668613704 | 山西潞安余吾煤业有限责任公司 | 14 | 25935 |
| 61 | 142303743524059 | 山西东辉煤化工股份有限公司 | 14 | 24838 |
| 62 | 140521734002216 | 沁和能源集团有限公司 | 14 | 24484 |
| 63 | 140581748587294 | 晋城市高平公路煤炭销售有限公司 | 14 | 24329 |
| 64 | 142323112400009 | 交城义望铁合金有限责任公司 | 14 | 24078 |
| 65 | 140114776713323 | 山西焦煤集团国际贸易有限责任公司 | 14 | 23798 |
| 66 | 140428748579358 | 长治市华晟荣矿业有限公司 | 14 | 23173 |
| 67 | 140507602003081 | 阳城国际发电有限责任公司 | 14 | 22484 |
| 68 | 140114701138010 | 太原煤气化股份有限公司 | 14 | 21954 |
| 69 | 140481110900130 | 天脊煤化工集团股份有限公司 | 14 | 21793 |
| 70 | 140114110104513 | 中铁三局集团有限公司 | 14 | 21745 |
| 71 | 142701813643345 | 山西省电力公司运城大用户营业所 | 14 | 21734 |

续表

| 序号 | 企业代码 | 企业名称 | 地区 | 实纳税额 |
|---|---|---|---|---|
| 72 | 140116110013910 | 山西省电力公司太原供电分公司 | 14 | 21593 |
| 73 | 142301725904621 | 山西楼东俊安煤气化有限公司 | 14 | 21561 |
| 74 | 140114701013306 | 太原重工股份有限公司 | 14 | 21442 |
| 75 | 142327112521740 | 山西柳林寨崖底煤业有限公司 | 14 | 21316 |
| 76 | 140507715995275 | 山西亚美大宁能源有限公司 | 14 | 21194 |
| 77 | 140411736307435 | 山西南耀集团小常矿业有限公司 | 14 | 20756 |
| 78 | 140114110070843 | 中铁十七局集团有限公司 | 14 | 20488 |
| 79 | 140121783266939 | 山西美锦焦化有限公司 | 14 | 20322 |
| 80 | 140106810041525 | 中国人民财产保险股份公司山西省分公司 | 14 | 20296 |
| 81 | 140116110054915 | 山西焦煤集团国际发展有限公司 | 14 | 20270 |
| 82 | 140107810016098 | 中国农业银行山西省分行 | 14 | 20125 |
| 83 | 14062178100621X | 山西观音堂煤炭运销有限公司 | 14 | 19968 |
| 84 | 142327112520609 | 山西柳林金家庄煤业有限公司 | 14 | 19743 |
| 85 | 140111110055125 | 山西明迈特实业贸易有限公司 | 14 | 19591 |
| 86 | 142402757279429 | 山西宏安焦化科技有限公司 | 14 | 19469 |
| 87 | 140421110870904 | 山西省长治经坊煤业有限公司 | 14 | 19338 |
| 88 | 140525746022871 | 山西天地王坡煤业有限公司 | 14 | 19024 |
| 89 | 142330764697338 | 霍州煤电集团吕梁山煤电有限公司 | 14 | 18914 |
| 90 | 140423792208351 | 山西大平煤业有限公司 | 14 | 18902 |
| 91 | 14011474855218X | 山西太钢不锈钢科技有限公司 | 14 | 18894 |
| 92 | 142601113103196 | 临汾四通焦化有限公司 | 14 | 18869 |
| 93 | 14260260281268X | 山西建邦集团有限公司 | 14 | 18859 |
| 94 | 140115728183970 | 中国联合网络通信有限公司山西省分公司 | 14 | 18604 |
| 95 | 140321713679818 | 山西阳光发电有限责任公司 | 14 | 18582 |
| 96 | 140323728164876 | 阳泉市南庄煤炭集团有限责任公司 | 14 | 18437 |
| 97 | 14021311040230X | 山西省烟草公司大同市公司 | 14 | 18365 |
| 98 | 140604715928128 | 山西大唐国际神头发电有限责任公司 | 14 | 18215 |
| 99 | 142733746008674 | 北方铜业股份有限公司 | 14 | 18013 |
| 100 | 142701113632995 | 山西省烟草公司运城市公司 | 14 | 17629 |

# 内蒙古自治区企业纳税百强排行榜

单位：万元

| 序号 | 企业代码 | 企业名称 | 地区 | 实纳税额 |
|---|---|---|---|---|
| 1 | 152701772221612 | 中国神华能源股份有限公司东胜结算部 | 15 | 359728 |
| 2 | 150230114392559 | 包头钢铁（集团）有限责任公司 | 15 | 345868 |
| 3 | 150230701464975 | 内蒙古包钢钢联股份有限公司 | 15 | 220097 |
| 4 | 150104114155211 | 内蒙古昆明卷烟有限责任公司 | 15 | 169406 |
| 5 | 152702626402490 | 内蒙古伊泰煤炭股份有限公司 | 15 | 109255 |
| 6 | 150105114111593 | 内蒙古电力（集团）有限责任公司 | 15 | 108375 |
| 7 | 15210276105971X | 满洲里中石油国际事业有限公司 | 15 | 92107 |
| 8 | 150122114179096 | 内蒙古大唐国际托克托发电有限责任公司 | 15 | 87107 |
| 9 | 15272170125242X | 神华准格尔能源有限责任公司 | 15 | 74366 |
| 10 | 150102756683040 | 中国移动通信集团内蒙古有限公司 | 15 | 69171 |
| 11 | 150501743892417 | 通辽市华泰房地产开发有限公司 | 15 | 67740 |
| 12 | 150102701467412 | 中国石油天然气股份公司内蒙古销售分公司 | 15 | 66582 |
| 13 | 152128115196461 | 华能伊敏煤电有限责任公司 | 15 | 64639 |
| 14 | 152201115611784 | 红云红河烟草（集团）有限责任公司乌兰浩特卷烟厂 | 15 | 54204 |
| 15 | 152530747941116 | 内蒙古上都发电有限责任公司 | 15 | 51333 |
| 16 | 152302733266340 | 内蒙古霍林河露天煤业股份有限公司 | 15 | 50430 |
| 17 | 152728772200483 | 中国神华能源股份有限公司万利分公司 | 15 | 49369 |
| 18 | 152502701479077 | 中国石油华北油田公司二连分公司 | 15 | 47694 |
| 19 | 150102701466583 | 国家开发银行股份有限公司内蒙古分行 | 15 | 46302 |
| 20 | 152101701354995 | 大庆油田有限责任公司呼伦贝尔分公司 | 15 | 45627 |
| 21 | 152528664091478 | 镶黄旗鑫垠能源技术开发有限公司 | 15 | 44838 |
| 22 | 152102720153822 | 满洲里中化国际贸易有限责任公司 | 15 | 42671 |
| 23 | 150304114671005 | 神华集团乌达矿业有限责任公司 | 15 | 40246 |
| 24 | 152723736122537 | 准格尔旗弓家塔宝平湾煤炭有限责任公司 | 15 | 39889 |
| 25 | 152302743874331 | 内蒙古鸿骏铝电有限责任公司 | 15 | 36452 |
| 26 | 150230772231677 | 包钢集团国际经济贸易有限公司 | 15 | 35947 |
| 27 | 150240740146937 | 东方希望包头稀土铝业有限公司 | 15 | 34179 |
| 28 | 152824701444800 | 内蒙古大中矿业有限责任公司 | 15 | 32827 |
| 29 | 152723603302227 | 内蒙古满世煤炭集团有限责任公司 | 15 | 30568 |
| 30 | 152721767895014 | 中国神华能源股份有限公司准格尔运销公司 | 15 | 30433 |
| 31 | 150104114154657 | 呼和浩特市烟草公司 | 15 | 29549 |
| 32 | 150102814110524 | 中国建设银行股份有限公司内蒙古分行 | 15 | 29433 |
| 33 | 152723701418813 | 内蒙古伊东煤炭集团有限责任公司 | 15 | 28830 |
| 34 | 15010362640500X | 中国工商银行股份有限公司内蒙古分行 | 15 | 28577 |

续表

| 序号 | 企业代码 | 企业名称 | 地区 | 实纳税额 |
|---|---|---|---|---|
| 35 | 152701797174533 | 中国神华能源股份有限公司金烽煤炭分公司 | 15 | 27735 |
| 36 | 150102626405317 | 呼和浩特铁路局 | 15 | 26820 |
| 37 | 150105701465425 | 内蒙古蒙牛乳业（集团）股份有限公司 | 15 | 25981 |
| 38 | 150203701241480264 | 中国移动通信内蒙古有限公司包头分公司 | 15 | 25965 |
| 39 | 152706776105184 | 鄂尔多斯市西金矿冶有限责任公司 | 15 | 25352 |
| 40 | 150302114670766 | 神华集团海勃湾矿业有限责任公司 | 15 | 25001 |
| 41 | 152301752570057 | 通辽梅花生物科技有限公司 | 15 | 24933 |
| 42 | 152629747939649 | 内蒙古岱海发电有限责任公司 | 15 | 24768 |
| 43 | 150403701280332 | 元宝山发电有限责任公司 | 15 | 24239 |
| 44 | 150102626405018 | 中国农业银行股份有限公司内蒙古自治区分行 | 15 | 23457 |
| 45 | 150105814190106 | 中国石油天然气股份呼和浩特石化分公司 | 15 | 23391 |
| 46 | 152102797185435 | 满洲里盛世华强贸易有限公司 | 15 | 22735 |
| 47 | 152728701427509 | 神东天隆集团有限责任公司煤炭运销分公司 | 15 | 22239 |
| 48 | 150631701412139 | 鄂尔多斯移动通信分公司 | 15 | 21895 |
| 49 | 150240114392532 | 内蒙古自治区烟草公司包头市公司 | 15 | 21487 |
| 50 | 152728701427103 | 内蒙古蒙发煤炭有限责任公司 | 15 | 21108 |
| 51 | 150590767871733 | 中国移动通信集团内蒙古有限公司通辽公司 | 15 | 19692 |
| 52 | 152722626590110 | 内蒙古蒙达发电有限责任公司 | 15 | 19575 |
| 53 | 150117114124263 | 内蒙古伊利实业集团股份有限公司 | 15 | 19103 |
| 54 | 152131743882403 | 神华宝日希勒能源有限公司 | 15 | 18716 |
| 55 | 152826787084841 | 巴彦淖尔西部铜业有限公司 | 15 | 18679 |
| 56 | 150240701463032 | 包商银行股份有限公司 | 15 | 18644 |
| 57 | 152721701419883 | 内蒙古国华准格尔发电有限责任公司 | 15 | 18007 |
| 58 | 152722772228160 | 北方联合电力有限责任公司鄂尔多斯发电厂 | 15 | 17758 |
| 59 | 152826720199783 | 内蒙古东升庙矿业有限责任公司 | 15 | 17076 |
| 60 | 150223116870008 | 包头市石宝铁矿集团有限责任公司 | 15 | 16805 |
| 61 | 150303767887997 | 神华乌海煤焦化有限责任公司 | 15 | 16587 |
| 62 | 152721667310795 | 神华哈尔乌素煤炭分公司 | 15 | 15955 |
| 63 | 152723787064322 | 伊泰煤炭股份有限公司纳林庙煤矿二号井 | 15 | 15954 |
| 64 | 150102814112044 | 中国银行股份有限公司内蒙古自治区分行 | 15 | 15932 |
| 65 | 152728117172420 | 鄂尔多斯市富安煤炭有限责任公司 | 15 | 15564 |
| 66 | 152303115792052 | 通辽发电总厂 | 15 | 15346 |
| 67 | 152701116961284 | 鄂尔多斯电业局 | 15 | 15329 |
| 68 | 150102752587860 | 上海三菱电梯有限公司内蒙古分公司 | 15 | 15306 |
| 69 | 150240701463622 | 内蒙古包钢稀土高科技股份有限公司 | 15 | 15263 |
| 70 | 150121701469493 | 内蒙古伊利实业集团股份有限公司奶粉事业部 | 15 | 15213 |
| 71 | 152706740133175 | 神华蒙西煤化股份有限公司 | 15 | 15187 |

续表

| 序号 | 企业代码 | 企业名称 | 地区 | 实纳税额 |
|---|---|---|---|---|
| 72 | 152826720188224 | 万城商务东升庙有限责任公司 | 15 | 14954 |
| 73 | 15272374790995X | 准格尔旗准联煤炭有限责任公司 | 15 | 14883 |
| 74 | 152601779485979 | 内蒙古东送电力管理所 | 15 | 14855 |
| 75 | 150303772232426 | 北方联合电力有限责任公司乌海发电厂 | 15 | 14764 |
| 76 | 152502756669249 | 神华北电胜利能源有限公司 | 15 | 14646 |
| 77 | 152723736119880 | 内蒙古伊泰煤炭股份有限公司宏景塔一矿 | 15 | 14465 |
| 78 | 152728764491321 | 伊金霍洛旗昊达煤炭有限责任公司 | 15 | 14099 |
| 79 | 152702116930146 | 内蒙古自治区烟草公司鄂尔多斯市公司 | 15 | 13451 |
| 80 | 150102814119203 | 中国农业发展银行内蒙古自治区分行 | 15 | 13422 |
| 81 | 150223764483604 | 包钢集团巴润矿业有限责任公司 | 15 | 12487 |
| 82 | 152102720169744 | 扎赉诺尔煤业有限责任公司 | 15 | 12196 |
| 83 | 150207752580140 | 内蒙古华电包头发电有限公司 | 15 | 11844 |
| 84 | 152301115790890 | 通辽电业局 | 15 | 11631 |
| 85 | 152903752597217 | 内蒙古太西煤集团乌斯太焦化有限责任公司 | 15 | 11581 |
| 86 | 150402114790151 | 内蒙古自治区烟草公司赤峰市公司 | 15 | 11525 |
| 87 | 152602701396626 | 蒙电华能热电股份有限公司丰镇发电厂 | 15 | 11395 |
| 88 | 15024075258087X | 包头华鼎铜业发展有限公司 | 15 | 11362 |
| 89 | 152706743893209 | 内蒙古利民煤焦有限责任公司 | 15 | 11337 |
| 90 | 150203X27041312 | 中国农业银行包头市分行 | 15 | 11304 |
| 91 | 152721767878388 | 内蒙古亚矿资源有限公司 | 15 | 11207 |
| 92 | 150102114123615 | 内蒙古蒙电华能热电股份有限公司 | 15 | 11057 |
| 93 | 15020762644034X | 包头华美稀土高科有限公司 | 15 | 11038 |
| 94 | 152327116033605 | 扎鲁特旗鲁霍煤炭有限责任公司 | 15 | 10855 |
| 95 | 150105772202948 | 创维电子（内蒙古）有限公司 | 15 | 10833 |
| 96 | 150221670671655 | 神华集团包头矿业有限责任公司运销集装站 | 15 | 10824 |
| 97 | 152826767866440 | 巴彦淖尔紫金有色金属有限公司 | 15 | 10816 |
| 98 | 15270675256620X | 内蒙古棋盘井矿业有限责任公司 | 15 | 10756 |
| 99 | 150104793609990 | 内蒙古能源发电投资有限公司 | 15 | 10712 |
| 100 | 150123790173212 | 内蒙古蒙牛高科乳业有限公司 | 15 | 10479 |

# 辽宁省企业纳税百强排行榜

单位：万元

| 序号 | 企业代码 | 企业名称 | 地区 | 实纳税额 |
|---|---|---|---|---|
| 1 | 210211716947734 | 中国石油天然气股份有限公司大连石化分公司 | 21 | 934397 |
| 2 | 210303242669479 | 鞍钢股份有限公司 | 21 | 735713 |
| 3 | 210213604821942 | 大连西太平洋石油化工有限公司 | 21 | 503123 |
| 4 | 211103716484362 | 中国石油辽河油田分公司 | 21 | 340174 |
| 5 | 210102701796881 | 辽宁省电力有限公司 | 21 | 278995 |
| 6 | 210104746494975 | 华晨宝马汽车有限公司 | 21 | 263537 |
| 7 | 210502242690243 | 本钢板材股份有限公司 | 21 | 199653 |
| 8 | 210101719646152 | 中国移动通信集团辽宁有限公司 | 21 | 192796 |
| 9 | 210302241423725 | 鞍钢集团国际经济贸易公司 | 21 | 154314 |
| 10 | 210102117601635 | 沈阳铁路局 | 21 | 132778 |
| 11 | 21030224150404X | 鞍钢集团矿业公司 | 21 | 132281 |
| 12 | 210702716459108 | 中国石油天然气股份有限公司锦州石化分公司 | 21 | 128981 |
| 13 | 210802121122004 | 红塔辽宁烟草有限责任公司营口卷烟厂 | 21 | 128271 |
| 14 | 21040271960098X | 中国石油天然气股份有限公司抚顺石化分公司 | 21 | 121815 |
| 15 | 211281123814696 | 铁法煤业（集团）有限责任公司 | 21 | 117472 |
| 16 | 210105716408175 | 中油辽宁销售分公司 | 21 | 116276 |
| 17 | 210104604606804 | 上海通用（沈阳）北盛汽车有限公司 | 21 | 116067 |
| 18 | 211401716427237 | 中国石油天然气股份有限公司锦西石化分公司 | 21 | 108022 |
| 19 | 210102755522149 | 红塔辽宁烟草有限责任公司沈阳卷烟厂 | 21 | 79194 |
| 20 | 211103122565835 | 辽河石油勘探局 | 21 | 78445 |
| 21 | 210303241420014 | 鞍山钢铁集团公司 | 21 | 78005 |
| 22 | 211005701709733 | 鞍钢集团矿业公司弓长岭矿业公司 | 21 | 74238 |
| 23 | 210404777794268 | 抚顺新钢铁有限责任公司 | 21 | 66126 |
| 24 | 211103729061625 | 中国石油天然气股份有限公司辽河石化公司 | 21 | 62166 |
| 25 | 210213736421537 | 大连尊荣汽车贸易有限公司 | 21 | 61903 |
| 26 | 210104604603259 | 沈阳华晨金杯汽车有限公司 | 21 | 56944 |
| 27 | 210111240817693 | 沈阳矿业有限责任公司林盛煤矿 | 21 | 53913 |
| 28 | 210502736737267 | 本溪北营钢铁（集团）股份有限公司 | 21 | 50609 |
| 29 | 210502701577726 | 本溪钢铁（集团）矿业有限责任公司 | 21 | 48391 |
| 30 | 210213604814718 | 辉瑞制药有限公司 | 21 | 46694 |
| 31 | 21031170152806X | 鞍山宝得钢铁有限公司 | 21 | 45554 |
| 32 | 211004701696207 | 中国石油股份有限公司辽阳石化分公司 | 21 | 44225 |
| 33 | 210711725673536 | 中信锦州铁合金股份有限公司 | 21 | 43822 |
| 34 | 21020211843754X | 辽宁省电力有限公司大连供电公司 | 21 | 43770 |

续表

| 序号 | 企业代码 | 企业名称 | 地区 | 实纳税额 |
|---|---|---|---|---|
| 35 | 210811121400684 | 五矿营口中板有限责任公司 | 21 | 42971 |
| 36 | 210213782460801 | 淡水河谷英可新型镍材料（大连）有限公司 | 21 | 42648 |
| 37 | 210213751588693 | 大连田村塑料有限公司 | 21 | 41785 |
| 38 | 210203118466391 | 中国烟草总公司大连市公司 | 21 | 40645 |
| 39 | 210102X04720187 | 辽宁省电力有限公司沈阳供电公司 | 21 | 39695 |
| 40 | 210202118417266 | 大连远洋运输公司 | 21 | 38397 |
| 41 | 211002122027391 | 中铁十九局集团有限公司 | 21 | 37917 |
| 42 | 210311768301505 | 鞍钢集团鞍千矿业有限责任公司 | 21 | 37857 |
| 43 | 211103X26002418 | BECKBURY 国际有限公司 | 21 | 35928 |
| 44 | 210203118475757 | 大连船用柴油机有限公司 | 21 | 34658 |
| 45 | 210103701935984 | 辽宁省烟草公司沈阳市公司 | 21 | 34624 |
| 46 | 210202716951354 | 中国石油天然气股份有限公司大连销售分公司 | 21 | 34353 |
| 47 | 21140112076702X | 葫芦岛锌业股份有限公司 | 21 | 33951 |
| 48 | 211103122433701 | 盘锦北方沥青股份有限公司 | 21 | 33311 |
| 49 | 210213604878746 | 大连东芝电视有限公司 | 21 | 33098 |
| 50 | 210213782451606 | 大连港股份有限公司 | 21 | 32317 |
| 51 | 210910121515860 | 阜新矿业（集团）有限责任公司 | 21 | 32106 |
| 52 | 210302241445529 | 辽宁省电力有限公司鞍山供电公司 | 21 | 31505 |
| 53 | 210102817561582 | 中国建设银行股份有限公司辽宁省分行 | 21 | 31275 |
| 54 | 210502744320795 | 本溪北方铁业有限公司 | 21 | 29863 |
| 55 | 210204717812540 | 大连商品交易所 | 21 | 29850 |
| 56 | 210103701796902 | 国家开发银行股份有限公司辽宁省分行 | 21 | 28446 |
| 57 | 210811670477983 | 营口嘉晨燃化有限公司 | 21 | 27625 |
| 58 | 210711242668214 | 锦州银行股份有限公司 | 21 | 27351 |
| 59 | 210302941291583 | 鞍钢建设集团有限公司 | 21 | 26297 |
| 60 | 210213773015060 | 第一汽车（大连保税区）口岸通商中心 | 21 | 25856 |
| 61 | 210402119215009 | 中国石油抚顺石油化工公司 | 21 | 25670 |
| 62 | 210502119726263 | 本溪钢铁（集团）有限责任公司 | 21 | 25627 |
| 63 | 21138212320998X | 凌源钢铁股份有限公司 | 21 | 25263 |
| 64 | 211421120771168 | 绥中发电有限责任公司 | 21 | 24570 |
| 65 | 210804604051941 | 华能国际电力股份有限公司营口电厂 | 21 | 24454 |
| 66 | 210114604623495 | 普利司通（沈阳）轮胎有限公司 | 21 | 23678 |
| 67 | 210804604112177 | 嘉里粮油（营口）有限公司 | 21 | 23469 |
| 68 | 21020424126711X | 大连新型房地产开发有限公司 | 21 | 22397 |
| 69 | 210211773046860 | 大连重起涂装防腐工程有限公司 | 21 | 21749 |
| 70 | 210106604608201 | 华润雪花啤酒（辽宁）有限公司 | 21 | 21733 |
| 71 | 21040470181332X | 抚顺特殊钢股份有限公司 | 21 | 21027 |

续表

| 序号 | 企业代码 | 企业名称 | 地区 | 实纳税额 |
|---|---|---|---|---|
| 72 | 210202726011227 | 中国移动通信集团辽宁有限公司大连分公司 | 21 | 20444 |
| 73 | 210711603973637 | 华润电力（锦州）有限公司 | 21 | 19597 |
| 74 | 210213604814160 | 大连日清制油有限公司 | 21 | 19219 |
| 75 | 21080212124284X | 辽宁省电力有限公司营口供电公司 | 21 | 18237 |
| 76 | 210910121562106 | 阜新发电有限责任公司 | 21 | 17843 |
| 77 | 210302765442193 | 中冶焦耐工程技术有限公司 | 21 | 17803 |
| 78 | 210211716973393 | 大连运腾房地产开发有限公司 | 21 | 17473 |
| 79 | 210114604613895 | 安斯泰来制药（中国）有限公司 | 21 | 17024 |
| 80 | 210502463564339 | 辽宁省电力有限公司本溪供电公司 | 21 | 17024 |
| 81 | 210211604856336 | 中国华录松下电子信息有限公司 | 21 | 16975 |
| 82 | 210522701589006 | 桓仁矿业有限公司 | 21 | 16916 |
| 83 | 210102817581401 | 招商银行股份有限公司沈阳分行 | 21 | 16764 |
| 84 | 210103715742139 | 中国石油东北销售分公司 | 21 | 16723 |
| 85 | 21020460485690X | 大连固特异轮胎有限公司 | 21 | 16671 |
| 86 | 210213740930369 | 大连东芝机车电气设备有限公司 | 21 | 16659 |
| 87 | 210211604854197 | 华能国际电力股份有限公司大连电厂 | 21 | 16416 |
| 88 | 211401123716682 | 中国石油锦西炼油化工总厂 | 21 | 16189 |
| 89 | 210423752758105 | 抚顺莱河矿业有限公司 | 21 | 15866 |
| 90 | 210402119312634 | 辽宁省电力有限公司抚顺供电公司 | 21 | 15522 |
| 91 | 210421119539281 | 抚顺罕王傲牛矿业股份有限公司 | 21 | 15500 |
| 92 | 21010260461103X | 百胜餐饮（沈阳）有限公司 | 21 | 15481 |
| 93 | 210302242667983 | 鞍山市商业银行股份有限公司 | 21 | 15385 |
| 94 | 210311119151260 | 后英集团鞍山活龙矿业有限公司 | 21 | 15290 |
| 95 | 21011474649430X | 沈阳李尔汽车座椅内饰系统有限公司 | 21 | 15263 |
| 96 | 210132774846229 | 通用电气能源（沈阳）有限公司 | 21 | 15220 |
| 97 | 210114117977093 | 东北制药总厂 | 21 | 14926 |
| 98 | 211202774629531 | 辽宁华电铁岭发电有限公司 | 21 | 14820 |
| 99 | 211011121997804 | 辽宁省电力有限公司辽阳供电公司 | 21 | 14813 |
| 100 | 210202118431447 | 中交一航局第三工程有限公司 | 21 | 14656 |

# 吉林省企业纳税百强排行榜

单位：万元

| 序号 | 企业代码 | 企业名称 | 地区 | 实纳税额 |
|---|---|---|---|---|
| 1 | 220104605120697 | 一汽－大众汽车有限公司 | 22 | 930128 |
| 2 | 22079171717338X | 中国石油天然气股份有限公司吉林油田分公司 | 22 | 546973 |
| 3 | 222401795219048 | 吉林烟草工业有限责任公司 | 22 | 318203 |
| 4 | 220104244976413 | 一汽轿车股份有限公司 | 22 | 158813 |
| 5 | 220203717174219 | 中国石油天然气股份公司吉林市石化分公司 | 22 | 88598 |
| 6 | 220503717104464 | 通化钢铁股份有限公司 | 22 | 78429 |
| 7 | 220104776551133 | 四川一汽丰田汽车有限公司长春丰越公司 | 22 | 76344 |
| 8 | 22010471785373X | 一汽马自达销售有限公司 | 22 | 46201 |
| 9 | 220106702570892 | 一汽－大众销售有限责任公司 | 22 | 46201 |
| 10 | 220105605917786 | 大陆汽车电子（长春）有限公司 | 22 | 43286 |
| 11 | 220104735902224 | 长春轨道客车股份有限公司 | 22 | 40520 |
| 12 | 220303753632424 | 湖南中烟工业有限责任公司四平卷烟厂 | 22 | 34100 |
| 13 | 220202702435463 | 中钢集团吉林铁合金股份有限公司 | 22 | 32472 |
| 14 | 220791710932072 | MI 能源公司 | 22 | 31015 |
| 15 | 220105124014834 | 吉林省烟草公司长春市公司 | 22 | 30600 |
| 16 | 22010412399835X | 吉林省电力有限公司长春供电公司 | 22 | 28932 |
| 17 | 220791244433152 | 吉林石油集团有限责任公司 | 22 | 25664 |
| 18 | 220204677314466 | 吉林省电力有限公司吉林供电公司 | 22 | 25211 |
| 19 | 220105717850790 | 一汽丰田（长春）发动机有限公司 | 22 | 24959 |
| 20 | 220104823941178 | 中国农业发展银行吉林省分行 | 22 | 24608 |
| 21 | 22010270255776X | 吉林银行股份有限公司 | 22 | 24409 |
| 22 | 220202759312050 | 吉林铁合金进出口有限责任公司 | 22 | 23715 |
| 23 | 220702717170197 | 中国石油前郭石化分公司 | 22 | 23401 |
| 24 | 220202729584186 | 吉林燃料乙醇有限责任公司 | 22 | 22560 |
| 25 | 220601825618411 | 通化钢铁集团板石矿业有限责任公司 | 22 | 21811 |
| 26 | 220104702333395 | 中国石油天然气股份有限公司吉林销售分公司 | 22 | 21612 |
| 27 | 220105715309167 | 吉林粮食集团进出口有限公司 | 22 | 20767 |
| 28 | 220106123998560 | 一汽财务有限公司 | 22 | 19969 |
| 29 | 220284726760930 | 通钢集团吉林钢铁有限责任公司 | 22 | 18553 |
| 30 | 220104664275090 | 东北证券股份有限公司 | 22 | 18354 |
| 31 | 220106715303515 | 长春汽车检测中心 | 22 | 18125 |
| 32 | 220203124475104 | 吉化集团公司 | 22 | 17281 |
| 33 | 222423753623720 | 延边天池工贸有限公司 | 22 | 16401 |
| 34 | 22010671785373X | 一汽马自达汽车销售有限公司 | 22 | 16167 |

续表

| 序号 | 企业代码 | 企业名称 | 地区 | 实纳税额 |
|---|---|---|---|---|
| 35 | 220105243846350 | 国电吉林龙华热电股份有限公司 | 22 | 16041 |
| 36 | 220282126923652 | 通化钢铁集团桦甸矿业有限责任公司 | 22 | 16011 |
| 37 | 220202100014493 | 中钢集团吉林炭素股份有限公司 | 22 | 15720 |
| 38 | 22028472673322X | 吉林吉恩镍业股份有限公司 | 22 | 15479 |
| 39 | 220106123911541 | 中国第一汽车集团进出口公司 | 22 | 15456 |
| 40 | 220702123980600 | 吉林石油天然气开发有限责任公司 | 22 | 15120 |
| 41 | 22240466427977X | 大唐珲春发电厂 | 22 | 15087 |
| 42 | 220211124472974 | 吉林省烟草公司吉林市公司 | 22 | 14297 |
| 43 | 220106702204948 | 一汽轿车销售有限公司 | 22 | 13652 |
| 44 | 220106743028725 | 一汽解放汽车有限公司 | 22 | 13594 |
| 45 | 220581737049044 | 梅河口市阜康酒精有限责任公司 | 22 | 13134 |
| 46 | 220302791137723 | 四平金士百啤酒股份有限公司 | 22 | 13104 |
| 47 | 220322125047988 | 吉林省新天龙酒业有限公司 | 22 | 12991 |
| 48 | 220105729555000 | 长春富维－江森自控汽车饰件系统有限公司 | 22 | 12502 |
| 49 | 220106123917070 | 一汽贸易总公司 | 22 | 11816 |
| 50 | 220104723137473 | 吉林省福达集团有限公司 | 22 | 11639 |
| 51 | 220104823939561 | 建设银行吉林省分行 | 22 | 11426 |
| 52 | 220581125151099 | 辽源矿业（集团）有限责任公司梅河煤矿 | 22 | 11272 |
| 53 | 220211723146169 | 松花江水力发电有限公司 | 22 | 11026 |
| 54 | 220382125115792 | 国电东北电力有限公司双辽发电厂 | 22 | 10938 |
| 55 | 222401126320309 | 吉林省烟草公司延边州公司 | 22 | 10933 |
| 56 | 220105727099566 | 长春热电发展有限公司 | 22 | 10860 |
| 57 | 220221768965424 | 吉林大黑山钼业有限公司 | 22 | 10743 |
| 58 | 220203702205174 | 华润雪花啤酒（吉林）有限公司 | 22 | 10622 |
| 59 | 220501125360368 | 吉林省电力有限公司通化供电公司 | 22 | 10515 |
| 60 | 220105732587222 | 伟巴斯特车顶系统（长春）有限公司 | 22 | 10291 |
| 61 | 220202124496079 | 吉林化纤股份有限公司 | 22 | 10099 |
| 62 | 220802605250117 | 德尔福派克电气系统有限公司白城分公司 | 22 | 9961 |
| 63 | 220503786802303 | 吉林通钢金属资源有限责任公司 | 22 | 9848 |
| 64 | 220203123918444 | 吉林化学工业进出口公司 | 22 | 9641 |
| 65 | 220203824519999 | 国电吉林龙华吉林热电厂 | 22 | 9578 |
| 66 | 220302124950307 | 四平红嘴钢铁有限公司 | 22 | 9432 |
| 67 | 220104702512027 | 长春现代电梯设备有限公司 | 22 | 9330 |
| 68 | 220112243844398 | 吉林亚泰水泥有限公司 | 22 | 9059 |
| 69 | 220382125122036 | 国电双辽发电有限公司 | 22 | 9055 |
| 70 | 220104823930188 | 中国银行股份有限公司吉林省分行 | 22 | 8919 |
| 71 | 220302723107370 | 吉林省电力有限公司四平供电公司 | 22 | 8889 |

续表

| 序号 | 企业代码 | 企业名称 | 地区 | 实纳税额 |
|---|---|---|---|---|
| 72 | 220104123998499 | 中国石油天然气股份有限公司吉林长春销售分公司 | 22 | 8711 |
| 73 | 220621702233095 | 松江河发电厂 | 22 | 8570 |
| 74 | 220303124905602 | 吉林省烟草公司四平市公司 | 22 | 8554 |
| 75 | 220104605905427 | 长春恩福油封有限公司 | 22 | 8460 |
| 76 | 220490726751460 | 吉林麦达斯铝业有限公司 | 22 | 8394 |
| 77 | 222403732565090 | 吉林敖东延边药业股份有限公司 | 22 | 8323 |
| 78 | 220502244585084 | 修正药业集团股份有限公司 | 22 | 8302 |
| 79 | 220284732559053 | 吉林亚泰明城水泥有限公司 | 22 | 8219 |
| 80 | 220721244431683 | 大唐长山热电厂 | 22 | 8177 |
| 81 | 220403125151099 | 辽源矿业（集团）有限责任公司 | 22 | 8107 |
| 82 | 220105723180180 | 福耀集团长春有限公司 | 22 | 8102 |
| 83 | 22020277872435X | 吉林晨鸣纸业有限责任公司 | 22 | 7874 |
| 84 | 220105735930540 | 吉林省吴太感康药业有限公司 | 22 | 7863 |
| 85 | 220204724872285 | 中石油有限公司东北销售吉林分公司 | 22 | 7863 |
| 86 | 220203724884972 | 中油吉林化建工程股份有限公司 | 22 | 7826 |
| 87 | 220105124019221 | 大唐长春第二热电有限责任公司 | 22 | 7792 |
| 88 | 220501125366022 | 吉林省烟草公司通化市公司 | 22 | 7651 |
| 89 | 22010678592275X | 长春高力投资集团有限公司 | 22 | 7504 |
| 90 | 220104605132110 | 长春佛吉亚排气系统有限公司 | 22 | 7431 |
| 91 | 220105764565001 | 采埃孚富奥底盘技术（长春）有限公司 | 22 | 7407 |
| 92 | 220104767191201 | 本特勒长瑞汽车系统（长春）有限公司 | 22 | 7299 |
| 93 | 220521244578300 | 通化东宝药业股份有限公司 | 22 | 7084 |
| 94 | 220102673315541 | 长春海华房地产开发有限公司 | 22 | 7045 |
| 95 | 22010477657241X | 长春市轻轨六合房地产开发有限公司 | 22 | 7045 |
| 96 | 220103748408882 | 长春建工集团有限公司 | 22 | 7005 |
| 97 | 220104756174684 | 佛吉亚（长春）汽车部件系统有限公司 | 22 | 7001 |
| 98 | 220602125610718 | 通化矿业（集团）有限责任公司 | 22 | 6946 |
| 99 | 220602702302177 | 吉林省天风制药有限责任公司 | 22 | 6934 |
| 100 | 222401126325636 | 吉林省电力有限公司延边供电公司 | 22 | 6825 |

# 黑龙江省企业纳税百强排行榜

单位：万元

| 序号 | 企业代码 | 企业名称 | 地区 | 实纳税额 |
|---|---|---|---|---|
| 1 | 230690716675409 | 大庆油田有限责任公司 | 23 | 4229138 |
| 2 | 230103127050339 | 黑龙江烟草工业有限责任公司 | 23 | 222906 |
| 3 | 230690129310130 | 大庆石油管理局 | 23 | 150193 |
| 4 | 230198126970993 | 黑龙江省电力有限公司 | 23 | 126311 |
| 5 | 230690X06584158 | 中国石油天然气股份有限公司大庆炼化分公司 | 23 | 81165 |
| 6 | 230190762734027 | 中国移动通信集团黑龙江有限公司 | 23 | 76789 |
| 7 | 230603716676129 | 中国石油天然气股份有限公司大庆石化分公司 | 23 | 72559 |
| 8 | 230402777880115 | 黑龙江龙煤矿业集团鹤岗分公司 | 23 | 67611 |
| 9 | 230903769249294 | 黑龙江龙煤矿业集团有限责任公司七台河分公司 | 23 | 60516 |
| 10 | 230198128175037 | 哈药集团股份公司 | 23 | 60123 |
| 11 | 230110127047965 | 哈尔滨电机厂有限责任公司 | 23 | 54518 |
| 12 | 230110128025389 | 哈尔滨锅炉厂有限责任公司 | 23 | 50909 |
| 13 | 230621733649747 | 大庆模范屯油田有限责任公司 | 23 | 50825 |
| 14 | 230590772600276 | 黑龙江龙煤集团有限责任公司双鸭山分公司 | 23 | 47520 |
| 15 | 230622126976818 | 大庆头台油田开发有限责任公司 | 23 | 45313 |
| 16 | 230102702852099 | 中国石油天然气股份有限公司黑龙江销售分公司 | 23 | 44666 |
| 17 | 230102127592111 | 哈尔滨银行股份有限公司 | 23 | 44386 |
| 18 | 23010471844994X | 中国石油天然气股份有限公司哈尔滨石化分公司 | 23 | 44230 |
| 19 | 230690129316372 | 大庆油田建设集团有限责任公司 | 23 | 43750 |
| 20 | 230302777869661 | 黑龙江龙煤矿业集团鸡西分公司 | 23 | 43227 |
| 21 | 230198127041096 | 黑龙江省烟草公司哈尔滨市公司 | 23 | 39236 |
| 22 | 231282126979349 | 大庆榆树林油田开发有限责任公司 | 23 | 38989 |
| 23 | 231281702811174 | 安达市庆新油田开发有限责任公司 | 23 | 35370 |
| 24 | 230604129311053 | 大庆电业局 | 23 | 32454 |
| 25 | 230603129320398 | 中国石油大庆石油化工总厂 | 23 | 31038 |
| 26 | 230921766048008 | 亿达信煤焦化能源有限公司 | 23 | 30561 |
| 27 | 230198712017118 | 哈尔滨东安汽车发动机制造有限公司 | 23 | 30112 |
| 28 | 230110128024925 | 哈尔滨汽轮机厂有限责任公司 | 23 | 29815 |
| 29 | 230705129540614 | 西林钢铁集团有限公司 | 23 | 27675 |
| 30 | 231281739693087 | 大庆油田有限责任公司安达分公司 | 23 | 26106 |
| 31 | 230624726898390 | 大庆杜尔伯特龙虎泡油田有限责任公司 | 23 | 25920 |
| 32 | 230102127048941 | 哈尔滨电业局 | 23 | 24016 |
| 33 | 230198769221128 | 黑龙江龙煤矿业集团有限责任公司 | 23 | 23678 |
| 34 | 230103828027713 | 哈药集团制药总厂 | 23 | 23461 |

续表

| 序号 | 企业代码 | 企业名称 | 地区 | 实纳税额 |
|---|---|---|---|---|
| 35 | 230590752363859 | 黑龙江建龙钢铁有限公司 | 23 | 22830 |
| 36 | 23019871093633X | 哈尔滨安博威飞机工业有限公司 | 23 | 22598 |
| 37 | 230698762728460 | 大庆油田化工有限公司 | 23 | 22456 |
| 38 | 230182606410215 | 双城雀巢有限公司 | 23 | 21165 |
| 39 | 230198128173269 | 哈药集团三精制药股份有限公司 | 23 | 21094 |
| 40 | 230206128512937 | 中国华电集团富拉尔基发电总厂 | 23 | 20801 |
| 41 | 230198127044967 | 哈药集团制药六厂 | 23 | 20755 |
| 42 | 230506702734180 | 国电双鸭山发电有限公司 | 23 | 19529 |
| 43 | 230111769212838 | 华电能源股份有限公司哈尔滨第三发电厂 | 23 | 19405 |
| 44 | 231282606108585 | 中粮生化能源（肇东）有限公司 | 23 | 19383 |
| 45 | 230204663857435 | 齐齐哈尔轨道交通装备有限责任公司 | 23 | 19347 |
| 46 | 230902749673100 | 七台河宝泰隆煤化工股份有限公司 | 23 | 19125 |
| 47 | 230190607170460 | 哈尔滨啤酒有限公司 | 23 | 19000 |
| 48 | 230302128930100 | 鸡西矿业（集团）有限责任公司 | 23 | 18660 |
| 49 | 230198127575573 | 哈尔滨动力设备股份有限公司 | 23 | 17232 |
| 50 | 230903130053522 | 大唐七台河发电有限责任公司 | 23 | 17071 |
| 51 | 230602129315695 | 黑龙江省烟草公司大庆市公司 | 23 | 16224 |
| 52 | 230903130053485 | 七台河矿业精煤（集团）有限责任公司 | 23 | 15831 |
| 53 | 23090375867800X | 七台河龙洋焦电有限责任公司 | 23 | 15568 |
| 54 | 230103126962731 | 黑龙江省烟草公司哈尔滨烟叶公司 | 23 | 15540 |
| 55 | 230490702710277 | 华能鹤岗发电有限公司 | 23 | 15305 |
| 56 | 230690731286049 | 大庆油田工程有限公司 | 23 | 14926 |
| 57 | 230190726908659 | 中国联通有限公司黑龙江分公司 | 23 | 12720 |
| 58 | 230206128512566 | 中国第一重型机械集团公司 | 23 | 12672 |
| 59 | 230698702877229 | 大庆恒新房地产开发有限公司 | 23 | 11737 |
| 60 | 230590752376705 | 黑龙江建龙化工有限公司 | 23 | 11552 |
| 61 | 230110127050910 | 哈尔滨热电有限责任公司 | 23 | 11504 |
| 62 | 230206739676439 | 中国第一重型机械（集团）有限责任公司 | 23 | 11370 |
| 63 | 230110826962994 | 中国人民财产保险股份有限公司黑龙江省分公司 | 23 | 11232 |
| 64 | 230690677465096 | 大庆钻探工程公司 | 23 | 11168 |
| 65 | 230112734591081 | 哈尔滨松江铝业有限公司 | 23 | 11109 |
| 66 | 230202128516022 | 黑龙江省烟草公司齐齐哈尔市公司 | 23 | 10775 |
| 67 | 230190702990002 | 哈尔滨光宇蓄电池股份有限公司 | 23 | 10737 |
| 68 | 230302702838852 | 黑龙江天源煤炭股份有限公司 | 23 | 10602 |
| 69 | 230206128511918 | 东北特钢集团北满特殊钢有限责任公司 | 23 | 10456 |
| 70 | 230590746996297 | 双鸭山市建龙矿业有限公司 | 23 | 10431 |
| 71 | 230102738618325 | 哈尔滨爱达投资置业有限公司 | 23 | 10401 |

续表

| 序号 | 企业代码 | 企业名称 | 地区 | 实纳税额 |
|---|---|---|---|---|
| 72 | 230198127046743 | 哈尔滨空调股份有限公司 | 23 | 10290 |
| 73 | 23019871201745X | 哈尔滨东安汽车动力股份有限公司 | 23 | 10205 |
| 74 | 230203755343116 | 黑龙江华电齐齐哈尔热电有限公司 | 23 | 9999 |
| 75 | 231090130212095 | 牡丹江电业局 | 23 | 9977 |
| 76 | 230202128517623 | 齐齐哈尔电业局 | 23 | 9878 |
| 77 | 231090130233769 | 牡丹江恒丰纸业股份有限公司 | 23 | 9831 |
| 78 | 230102665691264 | 哈尔滨上实置业有限公司 | 23 | 9780 |
| 79 | 230112723698000 | 西林钢铁集团阿城钢铁有限公司 | 23 | 9777 |
| 80 | 231081128155917 | 哈铁路局对外经济技术合作公司绥芬河公司 | 23 | 9696 |
| 81 | 231084733651951 | 黑龙江省烟草公司牡丹江烟叶公司 | 23 | 9692 |
| 82 | 230604772614141 | 大庆银亿房地产开发有限公司 | 23 | 9653 |
| 83 | 230125756309358 | 黑龙江省宾州水泥有限公司 | 23 | 9555 |
| 84 | 23019874441664X | 中油黑龙江农垦石油有限公司 | 23 | 9527 |
| 85 | 23059073364572X | 大唐双鸭山热电有限公司 | 23 | 9439 |
| 86 | 23010294592240X | 中国农业发展银行黑龙江省分行营业部 | 23 | 9332 |
| 87 | 230206702847417 | 黑龙江黑化股份有限公司 | 23 | 9258 |
| 88 | 231282766046352 | 大庆油田有限责任公司肇东分公司 | 23 | 8994 |
| 89 | 230890721361340 | 佳木斯电机股份有限公司 | 23 | 8898 |
| 90 | 230202711088838 | 齐齐哈尔二机床（集团）有限责任公司 | 23 | 8683 |
| 91 | 230198738613081 | 哈尔滨顶津食品有限公司 | 23 | 8561 |
| 92 | 230103606111426 | 黑龙江远大购物中心有限公司 | 23 | 8491 |
| 93 | 230110758691335 | 黑龙江立汇房地产开发有限公司 | 23 | 8485 |
| 94 | 230904762749202 | 七台河市吉伟煤焦有限公司 | 23 | 8387 |
| 95 | 230183727692976 | 华润雪花啤酒（哈尔滨）有限公司 | 23 | 8352 |
| 96 | 230902741847030 | 七台河市隆鹏煤炭发展有限责任公司 | 23 | 8254 |
| 97 | 230123129902320 | 黑龙江省依兰煤矿 | 23 | 8194 |
| 98 | 230705663870517 | 伊春市佳德金属料加工有限公司 | 23 | 8191 |
| 99 | 230621710931950 | 中亚石油有限公司 | 23 | 8117 |
| 100 | 230621710925462 | 大庆油田有限责任公司州十三合作区块管理部 | 23 | 7901 |

# 上海市企业纳税百强排行榜

单位：万元

| 序号 | 企业代码 | 企业名称 | 地区 | 实纳税额 |
|---|---|---|---|---|
| 1 | 310043132200434 | 上海烟草（集团）公司 | 31 | 2069451 |
| 2 | 310046631696382 | 宝山钢铁股份有限公司 | 31 | 1497363 |
| 3 | 310043132200581 | 上海证券交易所 | 31 | 767275 |
| 4 | 310046607371748 | 上海通用汽车有限公司 | 31 | 720529 |
| 5 | 310046607200463 | 上海大众汽车有限公司 | 31 | 571398 |
| 6 | 310043834486537 | 中国石油化工股份有限公司上海高桥分公司 | 31 | 486187 |
| 7 | 310043132212291 | 中国石化上海石油化工股份有限公司 | 31 | 444097 |
| 8 | 31004313221158X | 上海浦东发展银行股份有限公司 | 31 | 404583 |
| 9 | 310106100019382 | 光大证券股份有限公司 | 31 | 366188 |
| 10 | 310043744912184 | 中国石化销售有限公司华东分公司 | 31 | 340867 |
| 11 | 310046132200821 | 宝钢集团有限公司 | 31 | 310549 |
| 12 | 310046132224671 | 上海市电力公司 | 31 | 308448 |
| 13 | 31010663159284X | 国泰君安证券股份有限公司 | 31 | 281742 |
| 14 | 310043834480565 | 中石油华东销售分公司 | 31 | 263046 |
| 15 | 310046132149237 | 中国移动通信集团上海有限公司 | 31 | 209033 |
| 16 | 310043132257510 | 上海银行股份有限公司 | 31 | 193978 |
| 17 | 310115729446189 | 雅培贸易（上海）有限公司 | 31 | 154059 |
| 18 | 310112607417881 | 华硕电脑（上海）有限公司 | 31 | 142974 |
| 19 | 310103717853158 | 保乐力加（中国）贸易有限公司 | 31 | 136770 |
| 20 | 310046754780760 | 华东电网有限公司 | 31 | 134763 |
| 21 | 310046132212734 | 中海发展股份有限公司 | 31 | 131859 |
| 22 | 310046671143758 | 中国电信股份有限公司上海分公司 | 31 | 126356 |
| 23 | 310112607330647 | 可口可乐（中国）饮料有限公司 | 31 | 116216 |
| 24 | 310046132202309 | 上海汽车进出口有限公司 | 31 | 112701 |
| 25 | 310043703486764 | 中石油西气东输管道分公司 | 31 | 109300 |
| 26 | 310112717880375 | 上海电气电站设备有限公司 | 31 | 109007 |
| 27 | 310115607339756 | 上海索广映像有限公司 | 31 | 100093 |
| 28 | 310043132204400 | 中国建设银行股份有限公司上海市分行 | 31 | 97740 |
| 29 | 310115607425849 | 国际商业机器全球服务（中国）有限公司 | 31 | 94943 |
| 30 | 310226134527983 | 上海世贸汽车贸易有限公司 | 31 | 93471 |
| 31 | 310108101691285 | 飞利浦（中国）投资有限公司 | 31 | 91771 |
| 32 | 310043132202528 | 中国农业银行上海市分行 | 31 | 88419 |
| 33 | 310115775768541 | 上海中煤华东有限公司 | 31 | 85065 |
| 34 | 310227765970957 | 上海永裕医药有限公司 | 31 | 79974 |

续表

| 序号 | 企业代码 | 企业名称 | 地区 | 实纳税额 |
|---|---|---|---|---|
| 35 | 310115607339254 | 联合汽车电子有限公司 | 31 | 77271 |
| 36 | 310043132200426 | 上海烟草贸易中心有限公司 | 31 | 73888 |
| 37 | 310115607211699 | 上海贝尔股份有限公司 | 31 | 73399 |
| 38 | 31004313220454X | 中国银行股份有限公司上海市分行 | 31 | 72939 |
| 39 | 310105733386529 | 和记黄埔地产（上海）古北有限公司 | 31 | 72918 |
| 40 | 310112133385370 | 上海锅炉厂有限公司 | 31 | 70955 |
| 41 | 310046132207580 | 上海国际港务（集团）股份有限公司 | 31 | 70142 |
| 42 | 31011579144036X | 宝钢资源有限公司 | 31 | 68278 |
| 43 | 310106729388433 | 上海宾利汽车销售有限公司 | 31 | 67902 |
| 44 | 31004372935636X | 中国证券登记结算有限责任公司上海分公司 | 31 | 67773 |
| 45 | 310101717860470 | 宏碁电脑（上海）有限公司 | 31 | 67753 |
| 46 | 310110630473910 | 上海市烟草贸易中心卷烟经理部 | 31 | 66264 |
| 47 | 310115607231489 | 多美滋婴幼儿食品有限公司 | 31 | 65355 |
| 48 | 310115765998431 | 法拉利玛莎拉蒂汽车国际贸易（上海）有限公司 | 31 | 63108 |
| 49 | 310104132278661 | 申银万国证券股份有限公司 | 31 | 62038 |
| 50 | 310043832211775 | 招商银行股份有限公司上海分行 | 31 | 60081 |
| 51 | 310106710939418 | 欧莱雅（中国）有限公司 | 31 | 60017 |
| 52 | 310228132206027 | 中国金山联合贸易有限责任公司 | 31 | 59569 |
| 53 | 310115607382623 | 明尼苏达矿业制造（上海）国际贸易有限公司 | 31 | 58263 |
| 54 | 31011571093975X | 小松（中国）投资有限公司 | 31 | 57922 |
| 55 | 310115797084124 | 上海卡帕体育用品有限公司 | 31 | 57560 |
| 56 | 310112630415526 | 上海国利汽车真皮饰件有限公司 | 31 | 56691 |
| 57 | 310043710938474 | 上海赛科石油化工有限责任公司 | 31 | 56583 |
| 58 | 310101717854505 | 尼康映像仪器销售（中国）有限公司 | 31 | 56061 |
| 59 | 310115703465170 | 强生（上海）医疗器材有限公司 | 31 | 56042 |
| 60 | 310043798961993 | 渣打银行（中国）有限公司 | 31 | 55907 |
| 61 | 310115607229696 | 上海仁恒房地产有限公司 | 31 | 52694 |
| 62 | 310046759579978 | 中海集装箱运输股份有限公司 | 31 | 52049 |
| 63 | 310112607205141 | 上海三菱电梯有限公司 | 31 | 51918 |
| 64 | 310115607416379 | 瑞表国际贸易（上海）有限公司 | 31 | 51609 |
| 65 | 31010313220921X | 海通证券股份有限公司 | 31 | 50783 |
| 66 | 310115669401543 | 沪东重机有限公司 | 31 | 49912 |
| 67 | 310043664339541 | 三菱东京日联银行（中国）有限公司 | 31 | 49621 |
| 68 | 31004683221508X | 中国航空油料有限责任公司上海分公司 | 31 | 48536 |
| 69 | 310114789570966 | 舍弗勒贸易（上海）有限公司 | 31 | 48374 |
| 70 | 310046607419035 | 上海上汽大众汽车销售有限公司 | 31 | 47259 |
| 71 | 31011260727223X | 强生（中国）有限公司 | 31 | 47094 |

续表

| 序号 | 企业代码 | 企业名称 | 地区 | 实纳税额 |
|---|---|---|---|---|
| 72 | 310115703097064 | 上海嘉里食品工业有限公司 | 31 | 47063 |
| 73 | 310043710936612 | 上海巴斯夫聚氨酯有限公司 | 31 | 47033 |
| 74 | 310107X07249415 | 施耐德电气（中国）投资有限公司上海分公司 | 31 | 46520 |
| 75 | 310104132660027 | 中交第三航务工程局有限公司 | 31 | 46455 |
| 76 | 310043X07204428 | 汇丰银行（中国）有限公司上海分行 | 31 | 45942 |
| 77 | 310043734050744 | 上海期货交易所 | 31 | 45848 |
| 78 | 310115607297170 | 上海罗氏制药有限公司 | 31 | 44808 |
| 79 | 31011563126503X | 中国建筑第八工程局有限公司 | 31 | 44775 |
| 80 | 310115132214887 | 上海陆家嘴金融贸易区股份开发有限公司 | 31 | 44727 |
| 81 | 310043132207804 | 交通银行股份有限公司上海市分行 | 31 | 44501 |
| 82 | 310225132178740 | 上海美特斯邦威服饰股份有限公司 | 31 | 44474 |
| 83 | 310103740564418 | 上海天万仓进出口有限公司 | 31 | 44304 |
| 84 | 310113746502808 | 上海宝冶建设有限公司 | 31 | 43512 |
| 85 | 310112132284914 | 上海焦化有限公司 | 31 | 43202 |
| 86 | 310043834486035 | 中国石油化工股份有限公司上海石油分公司 | 31 | 42967 |
| 87 | 310112607220034 | 中美上海施贵宝制药有限公司 | 31 | 42339 |
| 88 | 310112607328264 | 大金空调（上海）有限公司 | 31 | 42132 |
| 89 | 310046132293327 | 中远集装箱运输有限公司 | 31 | 39628 |
| 90 | 310113777139247 | 宝矿国际贸易有限公司 | 31 | 38727 |
| 91 | 310104607220405 | 3M 中国有限公司 | 31 | 37603 |
| 92 | 31011571093983X | 上海松下等离子显示器有限公司 | 31 | 37466 |
| 93 | 31011260721286X | 上海吉田拉链有限公司 | 31 | 37164 |
| 94 | 310101132294776 | 东方证券股份有限公司 | 31 | 36925 |
| 95 | 310115607306460 | 上海博世力士乐液压及自动化有限公司 | 31 | 36473 |
| 96 | 310043798981134 | 花旗银行（中国）有限公司 | 31 | 35972 |
| 97 | 310115607395993 | 泰科电子（上海）有限公司 | 31 | 35849 |
| 98 | 310115740290058 | 三菱电机自动化（上海）有限公司 | 31 | 35745 |
| 99 | 310115717865933 | 上海益海商贸有限公司 | 31 | 35594 |
| 100 | 310115734060694 | 明朗国际贸易（上海）有限公司 | 31 | 34369 |

# 江苏省企业纳税百强排行榜

单位：万元

| 序号 | 企业代码 | 企业名称 | 地区 | 实纳税额 |
|---|---|---|---|---|
| 1 | 320102134876825 | 江苏中烟工业公司南京卷烟厂 | 32 | 646814 |
| 2 | 320300136388104 | 江苏中烟工业公司徐州卷烟厂 | 32 | 630149 |
| 3 | 320800139434583 | 江苏中烟工业公司淮阴卷烟厂 | 32 | 370766 |
| 4 | 32000670404188X | 中国移动通信集团江苏有限公司 | 32 | 326963 |
| 5 | 32058571785883X | 耐克体育（中国）有限公司 | 32 | 193023 |
| 6 | 32100172059808X | 中国石油化工股份有限公司江苏油田分公司 | 32 | 157184 |
| 7 | 320102134764540 | 江苏中烟工业公司 | 32 | 146924 |
| 8 | 320102721730177 | 中国石油化工股份有限公司金陵分公司 | 32 | 142866 |
| 9 | 321700660088829 | 阿迪达斯体育（中国）有限公司 | 32 | 130284 |
| 10 | 320901608606625 | 东风悦达起亚汽车有限公司 | 32 | 117963 |
| 11 | 320704755871517 | 益海（连云港）油化工业有限公司 | 32 | 114407 |
| 12 | 320704723527279 | 益海（连云港）粮油工业有限公司 | 32 | 109858 |
| 13 | 320106743917098 | 中国电信股份有限公司江苏分公司 | 32 | 103227 |
| 14 | 320300134750616 | 徐州矿务集团有限公司 | 32 | 97680 |
| 15 | 320112714085405 | 南京钢铁股份有限公司 | 32 | 96461 |
| 16 | 321081625908297 | 中国石化仪征化纤股份有限公司 | 32 | 95824 |
| 17 | 320582739421700 | 联峰钢铁（张家港）有限公司 | 32 | 87517 |
| 18 | 320200791954918 | 尚能太阳能电力有限公司 | 32 | 86822 |
| 19 | 320582608257189 | 张家港浦项不锈钢有限公司 | 32 | 86610 |
| 20 | 321101608835858 | 金东纸业（江苏）股份有限公司 | 32 | 86349 |
| 21 | 320112748204660 | 南京钢铁联合有限公司 | 32 | 84034 |
| 22 | 321101608834353 | 镇江奇美化工有限公司 | 32 | 82043 |
| 23 | 321600608258317 | 中粮东海粮油工业（张家港）有限公司 | 32 | 81317 |
| 24 | 320111797106047 | 中国石化扬子石油化工有限公司 | 32 | 79730 |
| 25 | 320601765860600 | 嘉吉粮油（南通）有限公司 | 32 | 79102 |
| 26 | 320113608943998 | 南京夏普电子有限公司 | 32 | 78397 |
| 27 | 320502137690890 | 江苏省烟草公司苏州市公司 | 32 | 77289 |
| 28 | 320300608002178 | 卡特彼勒（徐州）有限公司 | 32 | 76335 |
| 29 | 320114134872859 | 上海梅山钢铁股份有限公司 | 32 | 74998 |
| 30 | 320281607984202 | 江阴兴澄特种钢铁有限公司 | 32 | 72990 |
| 31 | 321201726639030 | 中海沥青（泰州）有限责任公司 | 32 | 69921 |
| 32 | 320582728722524 | 张家港宏发炼钢有限公司 | 32 | 69563 |
| 33 | 32010672057933X | 中国石油化工股份有限公司江苏石油分公司 | 32 | 66340 |
| 34 | 320106134766570 | 江苏省电力公司 | 32 | 64312 |

续表

| 序号 | 企业代码 | 企业名称 | 地区 | 实纳税额 |
|---|---|---|---|---|
| 35 | 321200728698763 | 扬子江药业集团有限公司 | 32 | 61398 |
| 36 | 320112710939573 | 扬子石化—巴斯夫有限责任公司 | 32 | 61312 |
| 37 | 320200834754255 | 江苏省电力公司无锡供电公司 | 32 | 60781 |
| 38 | 320113608967965 | 南京 LG 新港显示有限公司 | 32 | 59658 |
| 39 | 320582739403799 | 张家港宏昌钢板有限公司 | 32 | 56674 |
| 40 | 320601608309823 | 南通醋酸纤维有限公司 | 32 | 55746 |
| 41 | 320006134754246 | 华泰证券股份有限公司 | 32 | 55191 |
| 42 | 321200746841914 | 中海油气（泰州）石化有限公司 | 32 | 55168 |
| 43 | 321700753217722 | 欧莱雅（中国）有限公司苏州分公司 | 32 | 54378 |
| 44 | 320106608950987 | 苏宁电器股份有限公司 | 32 | 53690 |
| 45 | 320003134762764 | 江苏宁沪高速公路股份有限公司 | 32 | 53566 |
| 46 | 320703138970480 | 江苏核电有限公司 | 32 | 53556 |
| 47 | 320585739426077 | 玖龙纸业（太仓）有限公司 | 32 | 53519 |
| 48 | 320300136442270 | 徐州重型机械有限公司 | 32 | 52230 |
| 49 | 320102134923126 | 江苏省烟草公司南京市公司 | 32 | 51751 |
| 50 | 320583608279441 | 利乐包装（昆山）有限公司 | 32 | 51451 |
| 51 | 320585746212173 | 江苏申久化纤有限公司 | 32 | 51405 |
| 52 | 32058173784235X | 江苏理文造纸有限公司 | 32 | 50352 |
| 53 | 320103249682756 | 南京银行股份有限公司 | 32 | 49694 |
| 54 | 320322720579102 | 上海大屯能源股份有限公司江苏分公司 | 32 | 48669 |
| 55 | 320281762410268 | 江阴贝卡尔特合金材料有限公司 | 32 | 47410 |
| 56 | 320200135906010 | 江苏省烟草公司无锡市公司 | 32 | 47262 |
| 57 | 32000570404938X | 江苏京沪高速公路有限公司 | 32 | 46864 |
| 58 | 320601138315283 | 江苏省烟草公司南通市公司 | 32 | 46810 |
| 59 | 320581608248696 | 芬欧汇川（常熟）纸业有限公司 | 32 | 46638 |
| 60 | 320584744810452 | 江苏盛虹化纤有限公司 | 32 | 46122 |
| 61 | 320300784997610 | 江苏中能硅业科技发展有限公司 | 32 | 44374 |
| 62 | 321700716805103 | 博世汽车部件（苏州）有限公司 | 32 | 43780 |
| 63 | 32070570404786X | 江苏恒瑞医药股份有限公司 | 32 | 43574 |
| 64 | 320102608942178 | 南京依维柯汽车有限公司 | 32 | 43335 |
| 65 | 321001140861574 | 扬州第二发电有限责任公司 | 32 | 42352 |
| 66 | 320800753219058 | 江苏淮澳钢铁有限公司 | 32 | 41332 |
| 67 | 320503834754538 | 江苏省电力公司苏州供电公司 | 32 | 40893 |
| 68 | 320200607917966 | 博世汽车柴油系统股份有限公司 | 32 | 40761 |
| 69 | 321700762449875 | 中海发展（苏州）有限公司 | 32 | 39815 |
| 70 | 320006834791179 | 招商银行股份有限公司南京分行 | 32 | 38603 |
| 71 | 321700608238156 | 伟创力电子（技术）苏州有限公司 | 32 | 37370 |

续表

| 序号 | 企业代码 | 企业名称 | 地区 | 实纳税额 |
|---|---|---|---|---|
| 72 | 320800139452917 | 江苏沙钢集团淮钢特钢有限公司 | 32 | 37087 |
| 73 | 320601138290856 | 南通化工轻工股份有限公司 | 32 | 36951 |
| 74 | 321700742473202 | 苏州三星电子电脑有限公司 | 32 | 36813 |
| 75 | 320582751423362 | 张家港沙景宽厚板有限公司 | 32 | 36728 |
| 76 | 320400834754220 | 江苏省电力公司常州供电公司 | 32 | 36196 |
| 77 | 320508608199126 | 苏州冠捷科技有限公司 | 32 | 35769 |
| 78 | 32040077543498X | 瓦卢瑞克曼内斯曼无缝钢管（常州）有限公司 | 32 | 34813 |
| 79 | 32040075324574X | 现代（江苏）工程机械有限公司 | 32 | 34629 |
| 80 | 320200743925784 | 科特拉（无锡）汽车环保科技有限公司 | 32 | 34312 |
| 81 | 32040013720360X | 江苏省烟草公司常州市公司 | 32 | 34087 |
| 82 | 320400608125290 | 小松（常州）工程机械有限公司 | 32 | 33859 |
| 83 | 320106733144888 | 江苏省电力公司南京供电公司 | 32 | 33829 |
| 84 | 320105834753463 | 中信银行股份有限公司南京分行 | 32 | 33799 |
| 85 | 321300779664758 | 江苏洋河包装有限公司 | 32 | 33724 |
| 86 | 321001140715905 | 江苏省烟草公司扬州市公司 | 32 | 33552 |
| 87 | 320800139450989 | 淮安清江石油化工有限责任公司 | 32 | 33125 |
| 88 | 321600750046091 | 双狮（张家港）精细化工有限公司 | 32 | 32901 |
| 89 | 320107134872875 | 南京汽轮电机（集团）有限责任公司 | 32 | 32895 |
| 90 | 320901140132929 | 江苏省烟草公司盐城市公司 | 32 | 32895 |
| 91 | 321201141855483 | 江苏省烟草公司泰州市公司 | 32 | 32709 |
| 92 | 32058577051178X | 国华太仓发电有限公司 | 32 | 32183 |
| 93 | 320200717867939 | 阿斯利康（无锡）贸易有限公司 | 32 | 31958 |
| 94 | 321121608836068 | 江苏镇江发电有限公司 | 32 | 31951 |
| 95 | 321283608784747 | 新浦化学（泰兴）有限公司 | 32 | 31836 |
| 96 | 320106134796083 | 博西家用电器（中国）有限公司 | 32 | 31600 |
| 97 | 320582842111495 | 中国农业银行张家港市支行 | 32 | 30242 |
| 98 | 320601608317567 | 申华化学工业有限公司 | 32 | 30096 |
| 99 | 320584718615098 | 中达电子（江苏）有限公司 | 32 | 29680 |
| 100 | 320681138835764 | 东盛科技启东盖天力制药股份有限公司 | 32 | 29239 |

# 浙江省企业纳税百强排行榜

单位：万元

| 序号 | 企业代码 | 企业名称 | 地区 | 实纳税额 |
|---|---|---|---|---|
| 1 | 330201793017426 | 中国石油化工股份有限公司镇海炼化分公司 | 33 | 1679786 |
| 2 | 330194142916794 | 浙江中烟工业有限责任公司 | 33 | 1445180 |
| 3 | 330000142911635 | 浙江省电力公司 | 33 | 376784 |
| 4 | 330165704200297 | 中国移动通信集团浙江有限公司 | 33 | 295328 |
| 5 | 330621747727910 | 绍兴远东石化有限公司 | 33 | 140212 |
| 6 | 330206734245293 | 中海石油宁波大榭石化有限公司 | 33 | 134526 |
| 7 | 330000720083254 | 中国石油化工股份有限公司浙江石油分公司 | 33 | 114578 |
| 8 | 330206744973411 | 浙江逸盛石化有限公司 | 33 | 97270 |
| 9 | 330424142941885 | 秦山第三核电有限公司 | 33 | 88114 |
| 10 | 33022777824281X | 浙江华茂国际贸易 | 33 | 76769 |
| 11 | 330201741035171 | 浙江国华浙能发电有限公司 | 33 | 76120 |
| 12 | 330165142910640 | 浙江物产金属集团有限公司 | 33 | 72400 |
| 13 | 330165712558221 | 浙江物产国际贸易有限公司 | 33 | 70647 |
| 14 | 330424100008392 | 核电秦山联营有限公司 | 33 | 70233 |
| 15 | 33020314405899X | 宁波电业局 | 33 | 69860 |
| 16 | 330165704200860 | 杭州钢铁股份有限公司 | 33 | 65803 |
| 17 | 330195609136127 | 杭州赛诺菲安万特民生制药有限公司 | 33 | 60818 |
| 18 | 330204725131657 | 宁波神化化学品经营有限责任公司 | 33 | 60577 |
| 19 | 330206732116324 | 台化塑胶（宁波）有限公司 | 33 | 59807 |
| 20 | 330194253924826 | 杭州银行股份有限公司 | 33 | 55259 |
| 21 | 330201744976137 | 宁波钢铁有限公司 | 33 | 55082 |
| 22 | 331021744117463 | 华能国际电力股份有限公司浙江分公司 | 33 | 54193 |
| 23 | 330211610278712 | 宁波乐金甬兴化工有限公司 | 33 | 53649 |
| 24 | 330783147520019 | 中天建设集团有限公司 | 33 | 51476 |
| 25 | 330206610262876 | 金光食品（宁波）有限公司 | 33 | 49731 |
| 26 | 330206756285499 | 台塑聚丙烯（宁波）有限公司 | 33 | 45541 |
| 27 | 330194143058496 | 浙江省烟草公司杭州市公司 | 33 | 43543 |
| 28 | 331004720043340 | 台州齐合天地金属有限公司 | 33 | 43295 |
| 29 | 330191143042160 | 杭州石化有限责任公司 | 33 | 42986 |
| 30 | 33019560912074X | 杭州中策橡胶有限公司 | 33 | 42610 |
| 31 | 330165142911117 | 浙江物产元通机电（集团）有限公司 | 33 | 42215 |
| 32 | 330000143048685 | 杭州市电力局 | 33 | 41926 |
| 33 | 330103744141180 | 中国电信股份有限公司浙江分公司 | 33 | 41905 |
| 34 | 33078175492287X | 浙江浙能兰溪发电有限责任公司 | 33 | 41418 |

续表

| 序号 | 企业代码 | 企业名称 | 地区 | 实纳税额 |
|---|---|---|---|---|
| 35 | 330165716105852 | 阿里巴巴（中国）网络技术有限公司 | 33 | 41021 |
| 36 | 330602738400537 | 绍兴纵横聚酯有限公司 | 33 | 40284 |
| 37 | 330195609132097 | 杭州默沙东制药有限公司 | 33 | 39136 |
| 38 | 330206784327748 | 宁波万华聚氨酯有限公司 | 33 | 38018 |
| 39 | 330800749819608 | 衢州元立金属制品有限公司 | 33 | 37688 |
| 40 | 330000730318598 | 浙江嘉华发电有限责任公司 | 33 | 37315 |
| 41 | 330000142943450 | 浙江东南发电股份有限公司 | 33 | 36961 |
| 42 | 330165704218753 | 杭州杭钢对外经济贸易有限公司 | 33 | 36418 |
| 43 | 330422609457182 | 浙江壳牌化工石油有限公司 | 33 | 36053 |
| 44 | 330181724528388 | 浙江恒逸聚合物有限公司 | 33 | 35298 |
| 45 | 330000143563345 | 萧山供电局 | 33 | 35153 |
| 46 | 330227610259941 | 雅戈尔置业有限公司 | 33 | 34039 |
| 47 | 330000842910094 | 中国银行股份有限公司浙江省分行 | 33 | 33550 |
| 48 | 330421753019961 | 浙江昱辉阳光能源有限公司 | 33 | 32989 |
| 49 | 330205144229592 | 宁波金田铜业（集团）股份有限公司 | 33 | 32815 |
| 50 | 330206610274332 | 宁波宝新不锈钢有限公司 | 33 | 31884 |
| 51 | 330000142942853 | 浙江浙能北仑发电有限公司 | 33 | 30991 |
| 52 | 33048373030919X | 巨石集团有限公司 | 33 | 30438 |
| 53 | 330201753286162 | 浙江大唐乌沙山发电有限责任公司 | 33 | 30022 |
| 54 | 330602766403612 | 浙江加多宝饮料有限公司 | 33 | 29737 |
| 55 | 330000142942094 | 浙江沪杭甬高速公路股份有限公司 | 33 | 29451 |
| 56 | 330621753954933 | 浙江欧亚薄膜材料有限公司 | 33 | 29401 |
| 57 | 330181143460645 | 杭州翔盛纺织有限公司 | 33 | 29362 |
| 58 | 330000720083393 | 国电浙江北仑第一发电有限公司 | 33 | 29284 |
| 59 | 330206736999689 | 台塑工业（宁波）有限公司 | 33 | 29171 |
| 60 | 330300145049294 | 温州电力局 | 33 | 27889 |
| 61 | 330725147641689 | 浙江中国小商品城集团股份有限公司 | 33 | 27561 |
| 62 | 330382142944445 | 浙江正泰电器股份有限公司 | 33 | 27486 |
| 63 | 33019560916761X | 杭州顶益食品有限公司 | 33 | 27162 |
| 64 | 331004736863773 | 台州市商业银行股份有限公司 | 33 | 26797 |
| 65 | 330621745083795 | 绍兴滨海石化集团有限公司 | 33 | 26553 |
| 66 | 330102609136119 | 杭州娃哈哈保健食品有限公司 | 33 | 26490 |
| 67 | 330702147301940 | 金华电业局 | 33 | 25685 |
| 68 | 330501722762533 | 永兴特种不锈钢股份有限公司 | 33 | 25613 |
| 69 | 330621726624293 | 浙江宝业建设集团有限公司 | 33 | 25460 |
| 70 | 330381773121154 | 浙江瑞安农村合作银行 | 33 | 25432 |
| 71 | 330206764503935 | 浙江浙能富兴燃料有限公司 | 33 | 25402 |

续表

| 序号 | 企业代码 | 企业名称 | 地区 | 实纳税额 |
|---|---|---|---|---|
| 72 | 330107754408889 | 杭州华三通信技术有限公司 | 33 | 25134 |
| 73 | 330000842910326 | 国家开发银行股份有限公司浙江省分行 | 33 | 24599 |
| 74 | 331100148425937 | 浙江纳爱斯化工股份有限公司 | 33 | 24504 |
| 75 | 330195609167206 | 玫琳凯（中国）化妆品有限公司 | 33 | 24235 |
| 76 | 330201778213728 | 浙江前程石化股份有限公司 | 33 | 24215 |
| 77 | 330000143049514 | 杭州华电半山发电有限公司 | 33 | 23756 |
| 78 | 330621758060613 | 浙江南方石化工业有限公司 | 33 | 23646 |
| 79 | 330100773585469 | 杭州联合农村合作银行 | 33 | 23608 |
| 80 | 330903780494629 | 和润集团有限公司 | 33 | 23551 |
| 81 | 330195609122737 | 杭州大厦有限公司 | 33 | 23547 |
| 82 | 330206750354043 | 宁波百丰选矿有限公司 | 33 | 23461 |
| 83 | 330300712559654 | 温州银行股份有限公司 | 33 | 23449 |
| 84 | 330401146478349 | 嘉兴电力局 | 33 | 23312 |
| 85 | 33019560913544X | 杭州肯德基有限公司 | 33 | 22970 |
| 86 | 330621742046841 | 绍兴怡华纺织有限公司 | 33 | 22917 |
| 87 | 330195609136821 | 杭州摩托罗拉移动通信设备有限公司 | 33 | 22899 |
| 88 | 330104609138624 | 西子奥的斯电梯有限公司 | 33 | 22784 |
| 89 | 33010077661873X | 杭州名城房地产开发有限公司 | 33 | 22653 |
| 90 | 330165704202620 | 杭州汽轮机股份有限公司 | 33 | 22136 |
| 91 | 330227610253873 | 宁波中华纸业有限公司 | 33 | 22097 |
| 92 | 330206742156629 | 台塑丙烯酸酯（宁波）有限公司 | 33 | 21289 |
| 93 | 330182142919274 | 浙江新安化工集团股份有限公司 | 33 | 21168 |
| 94 | 330205720401806 | 宁波金田冶炼有限公司 | 33 | 20717 |
| 95 | 330195609138560 | 杭州东信移动电话有限公司 | 33 | 20588 |
| 96 | 330523710959988 | 华东天荒坪抽水蓄能有限责任公司 | 33 | 20535 |
| 97 | 330181143568234 | 浙江萧山农村合作银行 | 33 | 20386 |
| 98 | 330181751734136 | 和合科技集团有限公司 | 33 | 20000 |
| 99 | 330602704204888 | 绍兴市商业银行股份有限公司 | 33 | 19898 |
| 100 | 330181743489978 | 浙江荣翔化纤有限公司 | 33 | 19884 |

# 安徽省企业纳税百强排行榜

单位：万元

| 序号 | 企业代码 | 企业名称 | 地区 | 实纳税额 |
|---|---|---|---|---|
| 1 | 340104148944251 | 安徽中烟工业公司 | 34 | 925712 |
| 2 | 340504610400837 | 马鞍山钢铁股份有限公司 | 34 | 394073 |
| 3 | 340603733033942 | 淮北矿业集团煤业有限责任公司 | 34 | 118915 |
| 4 | 340402150230004 | 淮南矿业（集团）有限责任公司 | 34 | 109606 |
| 5 | 340104610308512 | 日立建机（中国）有限公司 | 34 | 100628 |
| 6 | 340103148974661 | 徽商银行股份有限公司 | 34 | 92286 |
| 7 | 340700148973642 | 铜陵有色金属集团股份有限公司 | 34 | 90646 |
| 8 | 34011114894004X | 安徽省电力公司 | 34 | 85745 |
| 9 | 340803713982868 | 中国石油化工股份有限公司安庆分公司 | 34 | 79568 |
| 10 | 340700151105774 | 铜陵有色金属集团控股有限公司 | 34 | 75399 |
| 11 | 340202849394328 | 安徽省电力公司芜湖供电公司 | 34 | 67619 |
| 12 | 340700610436303 | 金隆铜业有限公司 | 34 | 60769 |
| 13 | 340123733037089 | 安徽江淮汽车股份有限公司商务车分公司 | 34 | 55269 |
| 14 | 340103848942433 | 中国银行股份有限公司安徽省分行 | 34 | 49825 |
| 15 | 340203748920392 | 芜湖新兴铸管有限责任公司 | 34 | 48678 |
| 16 | 341226756841125 | 安徽国投新集刘庄矿业有限公司 | 34 | 48531 |
| 17 | 340421710923520 | 国投新集能源股份有限公司 | 34 | 46484 |
| 18 | 340111149185525 | 中铁四局集团有限公司 | 34 | 40179 |
| 19 | 340421705068830 | 淮南矿业（集团）有限责任公司张集煤矿 | 34 | 38513 |
| 20 | 340104607382412 | 联合利华服务（合肥）有限公司 | 34 | 37587 |
| 21 | 340402777374271 | 淮浙煤电有限责任公司 | 34 | 35957 |
| 22 | 340111711777123 | 中国石油化工股份有限公司安徽石油分公司 | 34 | 33757 |
| 23 | 340104607408459 | 联合利华（中国）有限公司 | 34 | 33307 |
| 24 | 340700151118225 | 安徽铜陵海螺水泥有限公司 | 34 | 32157 |
| 25 | 340421667942004 | 淮南矿业（集团）有限责任公司张集选煤厂 | 34 | 31283 |
| 26 | 34020214949036X | 安徽海螺水泥股份有限公司 | 34 | 29833 |
| 27 | 340421788558906 | 淮南矿业（集团）有限责任公司顾桥煤矿 | 34 | 29604 |
| 28 | 340603150825112 | 安徽省电力公司淮北供电公司 | 34 | 28881 |
| 29 | 340104610306859 | 安徽佳通轮胎有限公司 | 34 | 27628 |
| 30 | 340402769047502 | 淮沪煤电有限公司 | 34 | 26878 |
| 31 | 342900725538799 | 安徽池州海螺水泥股份有限公司 | 34 | 25659 |
| 32 | 340104783099130 | 安徽省烟草公司合肥市公司 | 34 | 25359 |
| 33 | 340402733034777 | 安徽淮南洛能发电有限责任公司 | 34 | 24444 |
| 34 | 340104610306381 | 合肥 ABB 变压器有限公司 | 34 | 24378 |

续表

| 序号 | 企业代码 | 企业名称 | 地区 | 实纳税额 |
|---|---|---|---|---|
| 35 | 340104148973087 | 安徽皖通高速公路股份有限公司 | 34 | 23897 |
| 36 | 340802151302495 | 安徽省烟草公司安庆市公司 | 34 | 23580 |
| 37 | 341226852221284 | 淮南矿业（集团）有限责任公司谢桥煤矿 | 34 | 23397 |
| 38 | 340823704941730 | 安徽枞阳海螺水泥股份有限公司 | 34 | 22500 |
| 39 | 342622733037134 | 安徽省庐江龙桥矿业有限公司 | 34 | 22323 |
| 40 | 340603744890974 | 安徽口子酒业有限责任公司 | 34 | 21923 |
| 41 | 340102788567175 | 马钢（合肥）钢铁有限责任公司 | 34 | 20399 |
| 42 | 340406754894610 | 淮南平圩第二发电有限责任公司 | 34 | 20333 |
| 43 | 342400152943614 | 安徽省烟草公司六安市公司 | 34 | 20006 |
| 44 | 340104848940358 | 中国农业发展银行安徽省分行 | 34 | 18748 |
| 45 | 341102705042956 | 博西华家用电器有限公司 | 34 | 18548 |
| 46 | 340222713906670 | 安徽荻港海螺水泥股份有限公司 | 34 | 18501 |
| 47 | 340504150509144 | 马钢（集团）控股有限公司 | 34 | 18438 |
| 48 | 34022276686286X | 芜湖海螺水泥有限公司 | 34 | 18335 |
| 49 | 342600153581109 | 安徽省烟草公司巢湖市公司 | 34 | 17966 |
| 50 | 340506711783996 | 中国移动通信安徽有限公司马鞍山分公司 | 34 | 17823 |
| 51 | 340406850220739 | 安徽淮南平圩发电有限责任公司 | 34 | 17636 |
| 52 | 341600151940008 | 安徽古井贡酒股份有限公司 | 34 | 17452 |
| 53 | 340111849021476 | 安徽省电力公司合肥供电公司 | 34 | 17308 |
| 54 | 340521719934293 | 安徽长江钢铁股份有限公司 | 34 | 17202 |
| 55 | 341201717869870 | 阜阳华润电力有限公司 | 34 | 16617 |
| 56 | 341203719905855 | 安徽省烟草公司阜阳市公司 | 34 | 16272 |
| 57 | 341102713937725 | 安徽省烟草公司滁州市公司 | 34 | 16259 |
| 58 | 340602737317432 | 安徽省皖北煤电集团有限责任公司任楼煤矿 | 34 | 16241 |
| 59 | 340122704901747 | 安徽省合肥联合发电有限公司 | 34 | 16227 |
| 60 | 34250115326332X | 安徽省烟草公司宣城市公司 | 34 | 15440 |
| 61 | 340822744882317 | 安徽怀宁海螺水泥有限公司 | 34 | 14570 |
| 62 | 340207610330453 | 大陆汽车电子（芜湖）有限公司 | 34 | 14113 |
| 63 | 342200752997210 | 安徽华电宿州发电有限公司 | 34 | 14105 |
| 64 | 340502150523317 | 安徽山鹰纸业股份有限公司 | 34 | 13701 |
| 65 | 340503850501848 | 安徽省电力公司马鞍山供电公司 | 34 | 13439 |
| 66 | 340603726325699 | 安徽恒源煤电股份有限公司 | 34 | 13339 |
| 67 | 340103711759128 | 中国工商银行股份有限公司合肥四牌楼支行 | 34 | 13304 |
| 68 | 342623153720033 | 安徽华菱电缆集团有限公司 | 34 | 13047 |
| 69 | 34060366794902X | 安徽口子酒营销有限公司 | 34 | 12950 |
| 70 | 342524669461239 | 安徽海螺水泥股份有限公司宁国水泥厂 | 34 | 12854 |
| 71 | 340104711770706 | 安徽电力股份有限公司 | 34 | 12778 |

续表

| 序号 | 企业代码 | 企业名称 | 地区 | 实纳税额 |
|---|---|---|---|---|
| 72 | 340203719930292 | 安徽省烟草公司芜湖市公司 | 34 | 12644 |
| 73 | 340502850507377 | 安徽马鞍山万能达发电有限责任公司 | 34 | 12338 |
| 74 | 342900854224972 | 安徽省电力公司池州供电公司 | 34 | 12199 |
| 75 | 341622705095492 | 淮北矿业（集团）有限责任公司许疃煤矿 | 34 | 12122 |
| 76 | 342201152341154 | 安徽省烟草公司宿州市公司 | 34 | 11958 |
| 77 | 342427756807242 | 安徽迎驾贡酒有限公司 | 34 | 11949 |
| 78 | 340403150232595 | 安徽省烟草公司淮南市公司 | 34 | 11921 |
| 79 | 340506713957793 | 安徽星马汽车股份有限公司 | 34 | 11888 |
| 80 | 342423793598099 | 安徽大昌矿业集团阳光矿业有限公司 | 34 | 11739 |
| 81 | 340207149395434 | 中铁四局集团第六工程有限公司 | 34 | 10984 |
| 82 | 340604610420256 | 淮北国安电力有限公司 | 34 | 10874 |
| 83 | 34010271175903X | 中国工商银行股份有限公司合肥长江东路支行 | 34 | 10775 |
| 84 | 340207704908535 | 广东美的集团芜湖制冷设备有限公司 | 34 | 10755 |
| 85 | 34020379641542X | 安徽海螺川崎工程有限公司 | 34 | 10424 |
| 86 | 34072185111206X | 铜陵化工集团新桥矿业有限公司 | 34 | 10347 |
| 87 | 340802610452776 | 安庆帝伯格茨活塞环有限公司 | 34 | 10203 |
| 88 | 34122666794398X | 淮南矿业（集团）有限责任公司谢桥选煤厂 | 34 | 10034 |
| 89 | 342201850890265 | 淮北矿业集团煤业有限责任公司芦岭煤矿 | 34 | 9911 |
| 90 | 340603774975581 | 临涣焦化股份有限公司 | 34 | 9885 |
| 91 | 340103149140650 | 交通银行股份有限公司安徽省分行 | 34 | 9856 |
| 92 | 340104756813650 | 中国电信股份有限公司合肥分公司 | 34 | 9767 |
| 93 | 340504850509487 | 马钢集团南山矿业有限责任公司 | 34 | 9645 |
| 94 | 340811711015962 | 安徽安庆皖江发电有限责任公司 | 34 | 9598 |
| 95 | 340111148946361 | 安徽省高速公路总公司 | 34 | 9545 |
| 96 | 342423760845495 | 安徽金安矿业有限公司 | 34 | 9503 |
| 97 | 340207719962016 | 芜湖海螺型材科技股份有限公司 | 34 | 9471 |
| 98 | 342500259222497 | 安徽中鼎密封件股份有限公司 | 34 | 9428 |
| 99 | 340402850224721 | 安徽电力股份有限公司淮南田家庵发电厂 | 34 | 9419 |
| 100 | 342900153820595 | 安徽省烟草公司池州市公司 | 34 | 9255 |

# 福建省企业纳税百强排行榜

单位：万元

| 序号 | 企业代码 | 企业名称 | 地区 | 实纳税额 |
|---|---|---|---|---|
| 1 | 350802157821405 | 龙岩烟草工业有限责任公司 | 35 | 469912 |
| 2 | 350100158142711 | 兴业银行股份有限公司 | 35 | 459351 |
| 3 | 350204155016357 | 厦门烟草工业有限责任公司 | 35 | 352922 |
| 4 | 350102710920936 | 中国移动通信集团福建有限公司 | 35 | 196569 |
| 5 | 350102858144646 | 中国农业银行福建省分行 | 35 | 150970 |
| 6 | 350100717868448 | 中石化森美（福建）石油有限公司 | 35 | 94247 |
| 7 | 350505735651410 | 泉州福海粮油工业有限公司 | 35 | 62086 |
| 8 | 350681611470087 | 华阳电业有限公司 | 35 | 61283 |
| 9 | 350103158142631 | 福建省电力有限公司 | 35 | 60129 |
| 10 | 350121611007201 | 东南（福建）汽车工业有限公司 | 35 | 59768 |
| 11 | 350402733617489 | 福建三钢闽光股份有限公司 | 35 | 59518 |
| 12 | 350503156100796 | 福建省烟草公司泉州市公司 | 35 | 57419 |
| 13 | 350206612020483 | 戴尔（中国）有限公司 | 35 | 55013 |
| 14 | 35030373565446X | 英博雪津啤酒有限公司 | 35 | 50396 |
| 15 | 35010572793981X | 日立数字映像（中国）有限公司 | 35 | 48504 |
| 16 | 350206612012766 | 厦门 ABB 开关有限公司 | 35 | 47785 |
| 17 | 350590856105555 | 中国建设银行股份有限公司泉州分行 | 35 | 47055 |
| 18 | 35020615499233X | 厦门航空有限公司 | 35 | 46518 |
| 19 | 35020626015919X | 厦门象屿集团有限公司 | 35 | 42098 |
| 20 | 350102705101397 | 国家开发银行股份有限公司福建省分行 | 35 | 41479 |
| 21 | 350505717868421 | 福建联合石油化工有限公司 | 35 | 39189 |
| 22 | 350204705446475 | 中国移动通信集团福建有限公司厦门分公司 | 35 | 36720 |
| 23 | 350205612004387 | 厦门正新橡胶工业有限公司 | 35 | 36585 |
| 24 | 350103154381352 | 福建省烟草公司福州市公司 | 35 | 36526 |
| 25 | 350124724218232 | 福建水口发电有限公司 | 35 | 34705 |
| 26 | 350100158159898 | 兴业证券股份有限公司 | 35 | 33975 |
| 27 | 350590856105440 | 中国工商银行股份有限公司泉州分行 | 35 | 31803 |
| 28 | 35040215558109X | 福建省烟草公司三明分公司 | 35 | 30519 |
| 29 | 350602156507027 | 福建省烟草公司漳州市公司 | 35 | 30136 |
| 30 | 350203761706155 | 福建三钢国贸有限公司 | 35 | 29830 |
| 31 | 350702705273092 | 福建省烟草公司南平市公司 | 35 | 29137 |
| 32 | 350103154392836 | 福建省福州电业局 | 35 | 28157 |
| 33 | 350102731886116 | 福建省福泉高速公路有限公司 | 35 | 27527 |
| 34 | 350698611451062 | 招商局漳州开发区有限公司 | 35 | 25677 |

续表

| 序号 | 企业代码 | 企业名称 | 地区 | 实纳税额 |
|---|---|---|---|---|
| 35 | 350203854989713 | 中国工商银行股份有限公司厦门市分行 | 35 | 24885 |
| 36 | 350205612024484 | 厦门华夏国际电力发展有限公司 | 35 | 24231 |
| 37 | 350205791277160 | 锐珂（厦门）医疗器材有限公司 | 35 | 23189 |
| 38 | 350102611009960 | 融侨集团股份有限公司 | 35 | 22508 |
| 39 | 350105733614544 | LG 麦可龙（福建）电子有限公司 | 35 | 22349 |
| 40 | 350204854991426 | 中国建设银行股份有限公司厦门市分行 | 35 | 22327 |
| 41 | 350503733612960 | 特步（中国）有限公司 | 35 | 22019 |
| 42 | 350221737866423 | 厦门中禾实业有限公司 | 35 | 22008 |
| 43 | 35068161151799X | 福建统一马口铁有限公司 | 35 | 21803 |
| 44 | 350204155014220 | 福建省厦门电业局 | 35 | 21080 |
| 45 | 350105611447389 | 福建中日达金属有限公司 | 35 | 20651 |
| 46 | 350702611055115 | 福建南平南孚电池有限公司 | 35 | 20331 |
| 47 | 350211705444744 | 厦门骏泰通用机械有限公司 | 35 | 20228 |
| 48 | 350823157987632 | 紫金矿业集团股份有限公司紫金山金铜矿 | 35 | 20144 |
| 49 | 350102X11695282 | 中国移动通信集团福建有限公司福州分公司 | 35 | 20056 |
| 50 | 350205612044901 | 厦门正新海燕轮胎有限公司 | 35 | 19951 |
| 51 | 350402158143618 | 福建省三钢（集团）有限责任公司 | 35 | 19926 |
| 52 | 350182X11041238 | 华能国际电力股份有限公司福州电厂 | 35 | 19720 |
| 53 | 350204612020862 | 林德（中国）叉车有限公司 | 35 | 19632 |
| 54 | 35012275314528X | 福建华电可门发电有限公司 | 35 | 19155 |
| 55 | 350203612017727 | 厦门国际银行 | 35 | 18554 |
| 56 | 350521158164558 | 福建省燕京惠泉啤酒股份有限公司 | 35 | 18077 |
| 57 | 350582660383609 | 福建省晋江市电力有限责任公司 | 35 | 17883 |
| 58 | 35068175736376X | 鸿一粮油资源股份有限公司 | 35 | 17557 |
| 59 | 35020661200343X | 厦门厦顺铝箔有限公司 | 35 | 17502 |
| 60 | 350102858145104 | 中国农业发展银行福建省分行 | 35 | 17343 |
| 61 | 350582717357365 | 安踏（中国）有限公司 | 35 | 17050 |
| 62 | 350206612002576 | 罗克韦尔自动化（厦门）有限公司 | 35 | 16952 |
| 63 | 350581779632289 | 福建加多宝饮料有限公司 | 35 | 16905 |
| 64 | 350100158143546 | 广发华福证券有限责任公司 | 35 | 16697 |
| 65 | 350181759386148 | 国电福州发电有限公司 | 35 | 16222 |
| 66 | 350204612034658 | 柯达（中国）股份有限公司厦门分公司 | 35 | 16091 |
| 67 | 350981754997337 | 福建大唐国际宁德发电有限责任公司 | 35 | 16065 |
| 68 | 350206612023932 | 厦门 ABB 低压电器设备有限公司 | 35 | 15968 |
| 69 | 350681733614763 | 漳州百佳实业有限公司 | 35 | 15890 |
| 70 | 35030461100481X | 永恩投资（集团）有限公司 | 35 | 15720 |
| 71 | 350206705499032 | 联想移动通信科技有限公司 | 35 | 15514 |

续表

| 序号 | 企业代码 | 企业名称 | 地区 | 实纳税额 |
|---|---|---|---|---|
| 72 | 350206154989149 | 厦门华特集团有限公司 | 35 | 15416 |
| 73 | 350206155013367 | 厦门钨业股份有限公司 | 35 | 15334 |
| 74 | 350205769266406 | 捷太格特转向系统（厦门）有限公司 | 35 | 15213 |
| 75 | 350590856105408 | 中国农业银行泉州市分行 | 35 | 14935 |
| 76 | 350902157420249 | 福建省烟草公司宁德市公司 | 35 | 14770 |
| 77 | 350204154989739 | 厦门市土地开发总公司 | 35 | 14672 |
| 78 | 35020561200482X | 厦门翔鹭化纤股份有限公司 | 35 | 14644 |
| 79 | 35020661201872X | 厦门松下电子信息有限公司 | 35 | 14581 |
| 80 | 350302155340800 | 福建省烟草公司莆田市公司 | 35 | 14525 |
| 81 | 350182754974821 | 福建省金纶高纤股份有限公司 | 35 | 14455 |
| 82 | 350204854990423 | 中国银行股份有限公司厦门市分行 | 35 | 14373 |
| 83 | 350594775353434 | 福建中体房地产发展有限公司 | 35 | 14147 |
| 84 | 350822158162202 | 福建棉花滩水电开发有限公司 | 35 | 13830 |
| 85 | 350105759373734 | 名城地产（福建）有限公司 | 35 | 13794 |
| 86 | 350591705388519 | 中国移动通信集团福建有限公司泉州分公司 | 35 | 13559 |
| 87 | 350204854990757 | 中国农业银行厦门市分行 | 35 | 13547 |
| 88 | 350102705102437 | 福建发展高速公路股份有限公司 | 35 | 13279 |
| 89 | 350583259855585 | 中宇建材集团有限公司 | 35 | 13108 |
| 90 | 350105724223816 | 福州开发区钜联鞋业有限公司 | 35 | 12905 |
| 91 | 350524731869447 | 福建三安钢铁有限公司 | 35 | 12822 |
| 92 | 350212791295852 | 厦门安踏贸易有限公司 | 35 | 12682 |
| 93 | 35059075736499X | 中国电信股份有限公司泉州分公司 | 35 | 12451 |
| 94 | 350205612045955 | 腾龙特种树脂（厦门）有限公司 | 35 | 12122 |
| 95 | 35021178415228X | 世纪宝姿服装（厦门）有限公司 | 35 | 11891 |
| 96 | 35020515505760X | 厦门海投房地产有限公司 | 35 | 11798 |
| 97 | 350206612038886 | 厦门 ABB 华电高压开关有限公司 | 35 | 11731 |
| 98 | 350221612040126 | 厦门银鹭食品有限公司 | 35 | 11479 |
| 99 | 350206154996787 | 厦门信达股份有限公司 | 35 | 11370 |
| 100 | 350102154381424 | 中建七局第三建筑有限公司 | 35 | 11227 |

# 江西省企业纳税百强排行榜

单位：万元

| 序号 | 企业代码 | 企业名称 | 地区 | 实纳税额 |
|---|---|---|---|---|
| 1 | 360101767016649 | 江西中烟工业公司 | 36 | 420332 |
| 2 | 360501158308443 | 新余钢铁股份有限公司 | 36 | 108235 |
| 3 | 360108612446943 | 江铃汽车股份有限公司 | 36 | 66286 |
| 4 | 360101014504031 | 南昌铁路局 | 36 | 61882 |
| 5 | 360401716522330 | 中国石油化工股份有限责任公司九江分公司 | 36 | 61775 |
| 6 | 361181X12425989 | 江西铜业股份有限公司德兴铜矿 | 36 | 61480 |
| 7 | 360106705514271 | 南昌长力钢铁股份有限公司 | 36 | 50701 |
| 8 | 360101014504082 | 江西省电力公司 | 36 | 36892 |
| 9 | 361122796959291 | 江西中烟工业公司广丰卷烟厂 | 36 | 34261 |
| 10 | 360301159066415 | 萍乡钢铁有限责任公司 | 36 | 33349 |
| 11 | 360504775877086 | 江西赛维 LDK 太阳能高科技有限公司 | 36 | 29910 |
| 12 | 360101705500988 | 南昌银行股份有限公司 | 36 | 28061 |
| 13 | 360301754207243 | 萍乡安源钢铁有限责任公司 | 36 | 27419 |
| 14 | 361101705558047 | 中国石油化工股份有限公司江西上饶石油分公司 | 36 | 25648 |
| 15 | 360701160237197 | 江西省烟草公司赣州市公司 | 36 | 24498 |
| 16 | 360101158376593 | 江西省烟草公司南昌市公司 | 36 | 22750 |
| 17 | 360107744264607 | 江西晨鸣纸业有限责任公司 | 36 | 20830 |
| 18 | 360982775881405 | 四特酒有限责任公司 | 36 | 20477 |
| 19 | 360981794754903 | 江西赣能股份有限公司丰城二期发电厂 | 36 | 20252 |
| 20 | 36110116144311X | 江西省烟草公司上饶市公司 | 36 | 19633 |
| 21 | 360403159304292 | 江西省烟草公司九江市公司 | 36 | 19330 |
| 22 | 361001162581645 | 江西省烟草公司抚州市公司 | 36 | 18575 |
| 23 | 361101161445000 | 江西上饶供电公司 | 36 | 18160 |
| 24 | 36020161271096X | 江西昌河铃木汽车有限责任公司 | 36 | 17825 |
| 25 | 360101705516816 | 中国石油化工股份有限公司江西石油分公司 | 36 | 17689 |
| 26 | 360101158363485 | 江西南昌供电公司 | 36 | 16621 |
| 27 | 360429778802637 | 江西九江钢厂有限公司 | 36 | 16223 |
| 28 | 360902705516349 | 江西济民可信医药有限公司 | 36 | 16032 |
| 29 | 360101733916729 | 国家开发银行股份有限公司江西省分行 | 36 | 15766 |
| 30 | 360801161978595 | 江西省烟草公司吉安市公司 | 36 | 15540 |
| 31 | 360101158266212 | 南昌印钞厂 | 36 | 15528 |
| 32 | 36090116096014X | 江西省烟草公司宜春市公司 | 36 | 15334 |
| 33 | 360702723944371 | 赣州逸豪优美科实业有限公司 | 36 | 15031 |
| 34 | 360981158295873 | 江西丰城发电有限责任公司 | 36 | 15020 |

续表

| 序号 | 企业代码 | 企业名称 | 地区 | 实纳税额 |
|---|---|---|---|---|
| 35 | 360501159860053 | 新余钢铁有限责任公司 | 36 | 14318 |
| 36 | 360982778817599 | 江西四特酒营销有限责任公司 | 36 | 13354 |
| 37 | 360605799168017 | 江西金田铜业有限公司 | 36 | 13066 |
| 38 | 360501159881508 | 江西赣西供电公司 | 36 | 12451 |
| 39 | 361103794799028 | 晶科能源有限公司 | 36 | 12158 |
| 40 | 360824796951812 | 江西金龙铜业有限公司 | 36 | 11962 |
| 41 | 360403741989637 | 中国移动通信集团江西有限公司九江分公司 | 36 | 11502 |
| 42 | 360401705506933 | 国电九江发电有限公司 | 36 | 11140 |
| 43 | 361124X12425970 | 江西铜业股份有限公司永平铜矿 | 36 | 10931 |
| 44 | 360108612411441 | 江铃五十铃汽车有限公司 | 36 | 10884 |
| 45 | 360723772369617 | 大余华润铜材厂 | 36 | 10655 |
| 46 | 360425705653896 | 蓝星新材料股份有限公司江西星火有机硅厂 | 36 | 10581 |
| 47 | 360725160482766 | 崇义章源钨业股份有限公司 | 36 | 10435 |
| 48 | 360733705697426 | 江西省会昌金龙锡业有限公司 | 36 | 10109 |
| 49 | 36010861244928X | 南昌亚洲啤酒有限公司 | 36 | 10071 |
| 50 | 360122100017678 | 中国东方航空股份有限公司江西分公司 | 36 | 9788 |
| 51 | 36070116019078X | 江西赣州供电公司 | 36 | 9564 |
| 52 | 361127759969546 | 国电黄金埠发电有限公司 | 36 | 9422 |
| 53 | 360401159303695 | 江西九江供电公司 | 36 | 9242 |
| 54 | 360481756766209 | 江西亚东水泥有限公司瑞昌分公司 | 36 | 8916 |
| 55 | 360101772354650 | 江西稀有稀土金属钨业集团进出口有限公司 | 36 | 8813 |
| 56 | 360424748528796 | 江西省修水香炉山钨业有限责任公司 | 36 | 8452 |
| 57 | 360109736382603 | 南昌万达房地产开发有限公司 | 36 | 8359 |
| 58 | 360201158784247 | 江西省烟草公司景德镇市公司 | 36 | 8074 |
| 59 | 360101158277691 | 江西公路开发总公司 | 36 | 7816 |
| 60 | 36040315930345X | 中铁大桥局集团第五工程有限公司 | 36 | 7671 |
| 61 | 360701705714329 | 中国石油化工股份有限公司江西赣州石油分公司 | 36 | 7662 |
| 62 | 36030170563939X | 萍乡市恒盛白云矿业有限公司 | 36 | 7579 |
| 63 | 360701962499818 | 江西章贡酒业有限责任公司 | 36 | 7493 |
| 64 | 360801763385260 | 华能国际电力股份有限公司井冈山电厂 | 36 | 7306 |
| 65 | 360982716535529 | 江西仁和药业有限公司 | 36 | 7279 |
| 66 | 360201716583766 | 景德镇开门子陶瓷化工集团有限公司 | 36 | 6934 |
| 67 | 361130756795982 | 婺源武口电业发展有限责任公司 | 36 | 6917 |
| 68 | 360728772375283 | 定南大华新材料资源有限公司 | 36 | 6808 |
| 69 | 360981769751444 | 江西坪湖煤业有限责任公司 | 36 | 6685 |
| 70 | 361002792833974 | 江西金弘实业有限公司 | 36 | 6678 |
| 71 | 360301159064188 | 江西省烟草公司萍乡市公司 | 36 | 6566 |

续表

| 序号 | 企业代码 | 企业名称 | 地区 | 实纳税额 |
|---|---|---|---|---|
| 72 | 360605799473019 | 鹰潭市金涛铜业有限公司 | 36 | 6521 |
| 73 | 360821739150795 | 吉安县油盘铁矿漳安峥嵘选厂 | 36 | 6486 |
| 74 | 360102741966830 | 中国移动通信集团江西有限公司南昌分公司 | 36 | 6448 |
| 75 | 360981741956966 | 丰城曲江煤矿开发有限责任公司 | 36 | 6398 |
| 76 | 36010661244784X | 江西济民可信金水宝制药有限公司 | 36 | 6388 |
| 77 | 36078272393339X | 南康市汇丰矿业有限公司 | 36 | 6277 |
| 78 | 360782705709802 | 南康市众鑫矿业有限公司 | 36 | 6151 |
| 79 | 360106612440197 | 捷德（中国）信息科技有限公司 | 36 | 5982 |
| 80 | 36070116019027X | 中国银行股份有限公司赣州市分行 | 36 | 5940 |
| 81 | 360521727779270 | 分宜海螺水泥有限责任公司 | 36 | 5922 |
| 82 | 360681751126536 | 江西铜材有限公司 | 36 | 5886 |
| 83 | 36040115930206X | 中国国电集团公司九江发电厂 | 36 | 5832 |
| 84 | 36040170552834X | 九江银行股份有限公司 | 36 | 5808 |
| 85 | 360107705521076 | 江西变压器科技股份有限公司 | 36 | 5785 |
| 86 | 360702767001754 | 赣州华劲纸业有限公司 | 36 | 5765 |
| 87 | 360105705515119 | 江西江中医药贸易有限责任公司 | 36 | 5707 |
| 88 | 360101858376631 | 中国建设银行股份有限公司南昌洪都支行 | 36 | 5699 |
| 89 | 360481733912285 | 江西铜业股份有限公司武山铜矿 | 36 | 5693 |
| 90 | 360101158375646 | 南昌市市政工程开发有限公司 | 36 | 5571 |
| 91 | 360101756770814 | 中国电信股份有限公司南昌分公司 | 36 | 5545 |
| 92 | 360728751115773 | 定南县南方稀土有限责任公司 | 36 | 5535 |
| 93 | 360828705761811 | 中国国电集团公司万安水力发电厂 | 36 | 5502 |
| 94 | 360301159066677 | 江西萍乡供电公司 | 36 | 5489 |
| 95 | 360681759954395 | 贵溪发电有限责任公司 | 36 | 5454 |
| 96 | 360925733930491 | 江西省金发铜业有限公司 | 36 | 5377 |
| 97 | 360101705561465 | 招商银行股份有限公司南昌分行 | 36 | 5376 |
| 98 | 36098375997103X | 高安红狮水泥有限公司 | 36 | 5352 |
| 99 | 360301744268851 | 中国移动通信集团江西有限公司萍乡分公司 | 36 | 5169 |
| 100 | 360111769780974 | 英博雪津（南昌）啤酒有限公司 | 36 | 5156 |

# 山东省企业纳税百强排行榜

单位：万元

| 序号 | 企业代码 | 企业名称 | 地区 | 实纳税额 |
|---|---|---|---|---|
| 1 | 370502723856718 | 中国石油化工股份有限公司胜利油田分公司 | 37 | 2691386 |
| 2 | 370112759162101 | 山东中烟工业公司 | 37 | 840090 |
| 3 | 370883166122374 | 兖州煤业股份有限公司 | 37 | 513023 |
| 4 | 37010372495538X | 中国移动通信集团山东有限公司 | 37 | 387978 |
| 5 | 370212794031617 | 山东中烟工业公司青岛卷烟厂 | 37 | 326551 |
| 6 | 37010316304901X | 山东电力集团公司 | 37 | 311788 |
| 7 | 371203267179433 | 莱芜钢铁股份有限公司 | 37 | 266906 |
| 8 | 371102747809801 | 日照钢铁有限公司 | 37 | 214478 |
| 9 | 370112726230489 | 济南钢铁股份有限公司 | 37 | 197617 |
| 10 | 372330167206000 | 山东魏桥创业集团有限公司 | 37 | 181259 |
| 11 | 370211747204554 | 青岛益佳海业贸易有限公司 | 37 | 166690 |
| 12 | 372301706208970 | 中海沥青股份有限公司 | 37 | 159999 |
| 13 | 370502164721269 | 中国石化集团胜利石油管理局 | 37 | 144246 |
| 14 | 370781795333617 | 山东中烟工业公司青州卷烟厂 | 37 | 133968 |
| 15 | 37021126462882X | 青岛海信电器股份有限公司 | 37 | 127940 |
| 16 | 370602613422169 | 斗山工程机械（中国）有限公司 | 37 | 105092 |
| 17 | 371203757493927 | 莱芜钢铁集团银山型钢有限公司 | 37 | 104018 |
| 18 | 370305723267788 | 中国石油化工股份有限公司齐鲁分公司 | 37 | 98301 |
| 19 | 370403164446404 | 枣庄矿业（集团）有限责任公司 | 37 | 96939 |
| 20 | 370705745676590 | 潍柴动力股份有限公司 | 37 | 92837 |
| 21 | 370202163615667 | 青岛啤酒股份有限公司 | 37 | 86029 |
| 22 | 370502706242888 | 东营方圆有色金属有限公司 | 37 | 80554 |
| 23 | 372524769712461 | 茌平信发华宇氧化铝有限公司 | 37 | 78765 |
| 24 | 372522769728295 | 阳谷祥光铜业有限公司 | 37 | 77549 |
| 25 | 370102863047816 | 国家开发银行山东省分行 | 37 | 75713 |
| 26 | 370212706414694 | 青岛海尔国际贸易有限公司 | 37 | 75125 |
| 27 | 371102791528521 | 日照钢铁轧钢有限公司 | 37 | 72899 |
| 28 | 370202264583609 | 青岛钢铁进出口公司 | 37 | 71936 |
| 29 | 37233074568737X | 山东魏桥铝电有限公司 | 37 | 70783 |
| 30 | 370211753752987 | 青岛丽东化工有限公司 | 37 | 68802 |
| 31 | 370802613590592 | 小松山推工程机械有限公司 | 37 | 67117 |
| 32 | 370602710936591 | 上海通用东岳汽车有限公司 | 37 | 65079 |
| 33 | 370522771049849 | 山东国能石化进出口有限公司 | 37 | 65039 |
| 34 | 370481169896877 | 山东中烟工业公司滕州卷烟厂 | 37 | 62706 |

续表

| 序号 | 企业代码 | 企业名称 | 地区 | 实纳税额 |
| --- | --- | --- | --- | --- |
| 35 | 370783613588986 | 山东晨鸣纸业集团股份有限公司 | 37 | 60217 |
| 36 | 371202169533590 | 山东泰山钢铁集团有限公司 | 37 | 59695 |
| 37 | 370212763639291 | 青岛渤海农业发展有限公司 | 37 | 56987 |
| 38 | 370102706312970 | 中国石油化工股份有限公司济南分公司 | 37 | 56251 |
| 39 | 370105163070951 | 济南铁路局 | 37 | 55210 |
| 40 | 370102863134717 | 山东高速公路股份有限公司 | 37 | 54561 |
| 41 | 370211766720175 | 中国石化青岛炼油化工有限责任公司 | 37 | 53158 |
| 42 | 370103729246347 | 齐鲁证券有限公司 | 37 | 52503 |
| 43 | 370882744526179 | 山东东山古城煤矿有限公司 | 37 | 52030 |
| 44 | 372330720714466 | 魏桥纺织股份有限公司 | 37 | 50501 |
| 45 | 370203713700736 | 山东青岛烟草有限公司 | 37 | 50462 |
| 46 | 370202163585613 | 山东电力集团公司青岛供电公司 | 37 | 50225 |
| 47 | 370983726242893 | 山东石横特钢集团有限公司 | 37 | 46498 |
| 48 | 370602724987453 | 益海（烟台）粮油工业有限公司 | 37 | 44465 |
| 49 | 371103613800596 | 中粮黄海粮油工业（山东）有限公司 | 37 | 43991 |
| 50 | 372523873954006 | 中石化中原油田分公司采油三厂 | 37 | 42893 |
| 51 | 371302727541078 | 中国移动通信集团山东有限公司临沂分公司 | 37 | 41870 |
| 52 | 370883866156823 | 华电国际电力股份有限公司邹县发电厂 | 37 | 41688 |
| 53 | 371402167270774 | 华能国际电力股份有限公司德州电厂 | 37 | 41579 |
| 54 | 370829779717557 | 肥城矿业集团梁宝寺能源有限责任公司 | 37 | 41452 |
| 55 | 370303164105335 | 山东电力集团公司淄博供电公司 | 37 | 39656 |
| 56 | 37112272071954X | 山东晨曦集团有限公司 | 37 | 39164 |
| 57 | 370705723278313 | 山东潍坊烟草有限公司 | 37 | 38050 |
| 58 | 370502164721189 | 山东电力集团公司东营供电公司 | 37 | 37716 |
| 59 | 370202727813301 | 中国联合网络通信有限公司青岛市分公司 | 37 | 37251 |
| 60 | 371302724990871 | 山东临沂烟草有限公司 | 37 | 37122 |
| 61 | 370681740215103 | 龙口煤电有限公司 | 37 | 36495 |
| 62 | 370705165557771 | 潍坊钢铁集团有限公司 | 37 | 36291 |
| 63 | 370206163576944 | 中国石化集团青岛石油化工有限责任公司 | 37 | 36261 |
| 64 | 370305725442578 | 南金兆集团有限公司 | 37 | 36054 |
| 65 | 371302168320518 | 山东三维油脂集团股份有限公司 | 37 | 35996 |
| 66 | 370112163148157 | 济钢集团有限公司 | 37 | 35976 |
| 67 | 370602165047704 | 山东烟台烟草有限公司 | 37 | 35188 |
| 68 | 370826864444856 | 枣庄矿业（集团）有限责任公司高庄煤矿 | 37 | 34505 |
| 69 | 370202264610857 | 青岛远洋运输有限公司 | 37 | 34360 |
| 70 | 37030373817367X | 中国铝业股份有限公司山东分公司 | 37 | 33826 |
| 71 | 370830791531544 | 山东济矿鲁能煤电有限公司阳城煤矿 | 37 | 33430 |

# CBPM 中国印钞造币总公司

中国印钞造币总公司下属21家企业，1个国家级技术中心。图为中国印钞造币总公司总部。

中国印钞造币总公司是中国人民银行直属法定从事人民币印制业务的大型国有企业。公司前身为中国人民银行印制管理局，为适应国家经济社会发展需要，经国务院批准，1980年改制为中国人民银行印制总公司，1992年更名为中国印钞造币总公司。2005年公司实施现代企业制度改革，建立了现代公司治理结构，为公司的持续健康发展注入了新的活力。

中国印钞造币总公司广泛开展国际技术交流和合作，图为2008年钞票设计和防伪技术现状及发展趋势国际研讨会现场。

2005年，印钞造币行业启动现代企业制度改革，图为中国印钞造币总公司改革动员会现场。

# CHINA BANKNOTE PRINTING AND MINTING CORPORATION

多年来，中国印钞造币总公司始终秉承为央行履行职责服务的行业使命和“优质安全保发行、科学管理增效益”的行业宗旨，忠诚印制，追求第一，努力提高人民币防伪技术水平、印制质量和管理水平，全力打造共和国精美“名片”，确保国家货币发行需要，有力维护了国家金融和经济秩序的稳定。经过几代印制人的艰苦奋斗，公司现已发展成为综合实力雄厚、门类配套齐全、装备水平先进、工艺技术独特的现代化大型企业集团，形成印钞、造币、钞票纸、金银提炼加工、专用机械制造、信用卡、增值税发票印制、安全印务和银行机具8大专业门类。公司下辖21家直属企业和1个国家级技术中心，员工近3万人，净资产总额300多亿元。

“十一五”以来，随着现代企业制度改革的逐步深入,为行业发展带来了崭新的理念、注入了新的生机和活力，公司的经营管理水平有了质的飞跃。公司坚持以内涵为主、适度外延的发展战略，大力提升生产能力，完善产品结构和区域布局，加强自主创新能力建设，集中精力打造核心竞争力。在人民银行和国家有关部委的领导和关心支持下，通过一系列决策部署的实施，公司产能大幅提升，发展格局日趋完善，产品结构更加合理，科研开发能力进一步增强，一大批具有自主知识产权、国际领先的科技成果成功转化应用，人民币产品的印制质量和防伪科技水平不断提高，满足货币发行需要以及应对各种不确定性因素的能力和水平显著提升。

在确保主营业务、保障货币发行的基础上，公司还积极利用自身在防伪科技、管理等方面的优

公司成立以来，在中国人民银行的领导下，得到社会各界的支持和关心。图为2009年12月，中国人民银行行长周小川同志视察。

南京造币有限公司举办《铸造品牌，超越梦想》大型文艺晚会。

中国印钞造币总公司注重技术创新和传统工艺相结合，图为手工雕刻现场。

# 中国印钞造币总公司

中国印钞造币总公司积极落实国家环保政策，图为所属保定钞票纸业公司污水处理场。

势，积极开拓安全印务、银行机具、信用卡、贵金属提炼加工等人民币上下游相关市场业务，为社会提供丰富多样的优质产品和服务。2009年，公司市场经营业务营业收入103亿元，利润总额5.3亿元，在公司总体业务中地位显著提高且占比呈逐年递增态势。

安全印务是公司市场经营的核心业务之一，主要包括邮资品、有价证券、包装商标，以及出国护照、结婚证、记者证等各类高级防伪证书的印制业务，其优良的印制和防伪科技水平一直在业界享有盛誉；银行机具是公司为

中国印钞造币总公司积极承担社会责任，图为总公司援建四川灾区希望小学落成典礼。

配合商业银行清分、营造健康流通环境而推出的战略性产业，旗下的中钞长城金融设备控股有限公司秉承“以市场需求为导向，把握核心技术”的发展理念，致力于银行机具业务拓展应用，形成了纸币机具、硬币机具和银行自主设备三大产品系列，是国内多家商业银行的设备和服务提供商；信用卡是公司为适应现代电子支付手段的发展而积极扶持的新兴产业，所属中钞信用卡产业发展有限公司以新技术、新产品为生产导向，逐步形成了拥有国际先进水平的电子货币开发和生产能力，是VISA和 MASTERCARD信用卡国际组织的指定生产商之一；贵金属提炼加工是公司的传统强势业务，下属的长城金银精炼厂生产的各类工业金银材产品在我国的国防工业和电工行业发挥着不可替代的重要作用；中钞国鼎投资有限公司作为总公司旗下唯一从事印钞造币衍生产品研发、制造和销售的公司，遵循完全市场化的经营理念和发展模式，在衍生品市场和钱币收藏界具有较高的知名度和市场占有率。

在新的历史时期，中国印钞造币总公司将继续以“高起点、高质量、高效率、出精品”为目标，坚持自主创新，着力提高公司核心竞争力，在致力于由印制大国向印制强国转变的发展征程中，加强与世界各国同行、国内有关机构的广泛合作，共求发展，为中国乃至世界的货币印制和钱币文化发展做出新的贡献！

中国印钞造币总公司积极参与社会活动，图为行业员工参加迎奥运活动。

举办中国印钞造币总公司劳模表彰大会。

# 中国印钞造币总公司

图为中国印钞造币总公司所属上海印钞有限公司（夜景）

图为中国印钞造币总公司所属中钞油墨有限公司

# CHINA BANKNOTE PRINTING AND MINTING CORPORATION

图为高级防伪印务产品系列

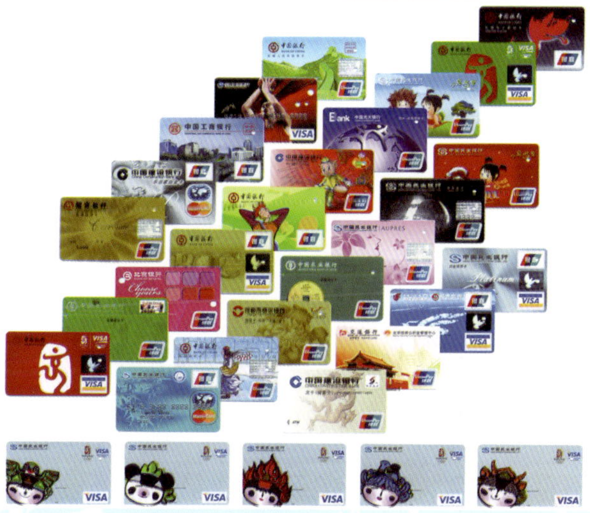

图为信用卡产品

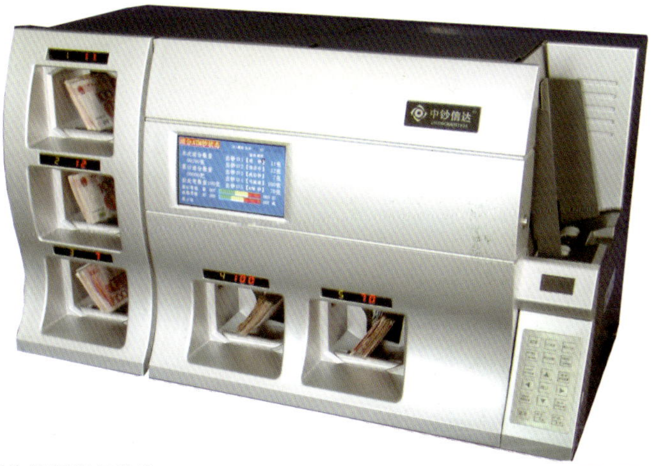

图为银行机具设备

中国印钞造币总公司在确保满足人民币发行需要的前提下，积极拓展市场业务，图为贵金属产品系列。

图为高级防伪印务产品

# 内蒙古伊利实业集团股份有限公司

**中国乳业领军者** 内蒙古伊利实业集团股份有限公司是一家极具创新精神和社会责任感的乳品企业，是唯一一家符合奥运标准、为奥运会提供乳制品的中国企业。

伊利集团由液态奶、冷饮、奶粉、酸奶和原奶五大事业部组成，所属企业130多个，旗下拥有雪糕、冰淇淋、奶粉、奶茶粉、无菌奶、酸奶、奶酪等1000多个产品品种。在近50年的发展过程中， 伊利始终致力于生产100%安全、100%健康的乳制品，输出最适合中国人体质的营养和健康理念，并以世界最高的生产标准为消费者追求健康体魄和幸福生活服务。

作为行业领军者，伊利以振兴中国乳业为己任，在率先完成产业升级之后，正致力于推动乳业发展从“又快又好”向“又好又快”转型。

最新的权威机构调查数据表明，奥运企业伊利集团的品牌价值由2008年的201.35亿升至2009年的205.45亿，稳步上升4.1亿元，以绝对优势第6次蝉联乳品行业首位。这意味着伊利在经济影响力、技术影响力、文化影响力、社会影响力等方面全面展示了行业领导者的绝对优势。

## 发展态势稳健可持续

从2003年至今，伊利集团始终以强劲的实力领跑中国乳业，并以极其稳健的增长态势成为了持续发展的行业代表。

如今，伊利雪糕、冰淇淋产销量已连续15年居全国第一，伊利超高温灭菌奶产销量连续多年在全国遥遥领先，伊利奶粉、奶茶粉产销量自2005年起即跃居全国第一位。

2009年上半年，伊利实现主营业务收入122.17亿元，同比增长6.69%，同时实现净利润2.54亿元，较去年同期增长117.57%，在竞争白热化的乳业第一集团军中占得先机，更进一步拉大了伊利与追随者的差距。

伊利与奥运同行

2009年前三季度，伊利累计实现主营业务收入192.22亿，同比增长1.03%，同时前三季度累计实现净利润5.51亿元，较去年同期增长636.66%，再度摘得行业桂冠，继续以稳健的发展态势引领中国乳业健康发展。

## 秉承奥运品质

2005年11月，伊利通过了全球最高标准的检验,成为中国有史以来第一家、也是唯一一家符合奥运标准,为奥运会提供乳制品的企业。目前，伊利已拥有中国规模最大的优质奶源基地，优质牧场近800个，由此进一步保证了高品质原奶的稳定供应。

伊利率先在行业内创造了全过程、全方位、全员的“三全”质量管理体系，对生产过程实施严格的技术监控，并在生产过程中率先采用国际上最先进的超高温灭菌技术、无菌灌装技术，充分保证产品的安全、健康。

与此同时，伊利不断通过技术创新提升品质标准。目前，伊利拥有中国唯一的乳业研究院，中国唯一的乳业专利信息平台，每年研发新品数百种。

# 内蒙古伊利实业集团股份有限公司

亚洲最大的乳品生产车间

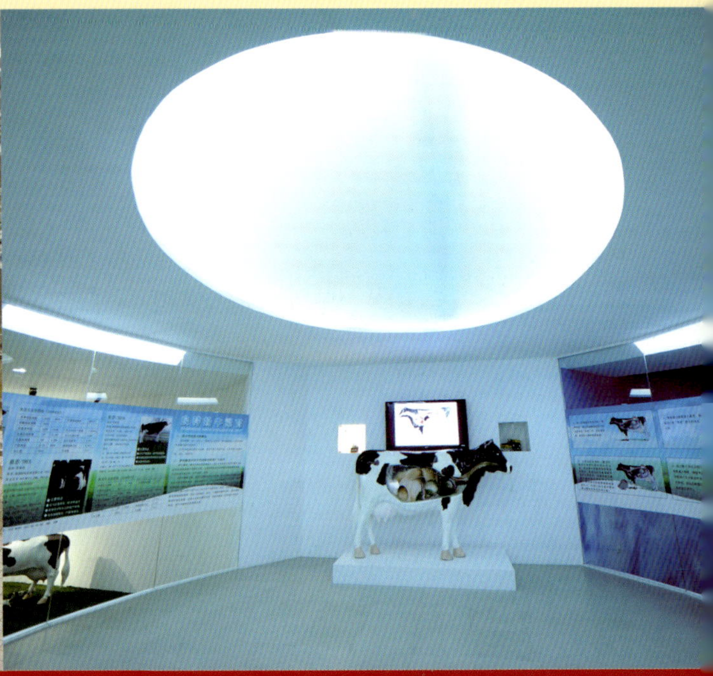

乳都科技示范园

**激情牵手世博** 2009年5月25日，伊利凭借过硬的产品品质、完善的网络渠道、出色的科技创新、良好的社会责任形象等强大的综合实力，成功牵手2010年世博会，成为唯一一家符合世博标准、为上海世博会提供乳制品的企业。

在2010年世博会上，伊利集团旗下全系列产品，包括液态奶、乳饮料、酸奶、冰激凌、奶粉等，都为世博专供产品。同时，伊利集团已经在全公司上下推行“世博标准”工程，通过世博会，实现产品品质与服务的全面升级，实现标准的固定化，持续化，系统化，并将这一标准用于全公司，全环节和全产品，向每一位消费者提供“世博标准”的产品与服务。

**卓越的企业公民** 伊利承诺成为一名负责任的企业公民。在近50年的发展中，伊利始终将承担社会责任作为立身之本，秉承“厚度优于速度、行业繁荣胜于个体辉煌、社会价值大于商业财富”的发展观，以自身的良好经营、与环境的和谐共处、与社会的多方共赢带动了企业公民理念在中国商界的普及。及至2007年末，伊利连续三次荣膺“最佳企业公民”称号，从而为中国商界树立了新的责任标杆。

截至2008年，伊利集团累计纳税近80亿元，同时先后发起了“阳光爱心，情满西藏”、“爱心照亮回家路”、“伊利母婴关爱行动”、“健康中国—阳光社区公益梦想”等多项大型公益活动，累计为公益事业投入6亿元。此外，还为养奶牛户累计发放奶款500多亿元，以滚动的方式累计向农户发放购牛款近20亿元，带动500万奶农走上了脱贫致富的道路。

伊利优质奶牛

优质新西兰荷斯坦奶牛

在2008年5月12日四川汶川大地震发生后，伊利通过各种渠道向灾区捐款捐物1300万元，并积极参与灾后重建工作。伊利一直持续的“健康中国”计划，长期致力于推动“社区、青少年、环境”三大核心目标的健康发展，实现健康文化与健康生活的和谐共融。

**“中国制造”放眼全球** 面对全球经济一体化的挑战，伊利提出了“用全球的资源，做中国的市场”的远大战略，和打造世界品牌的发展愿景——

2010年，在国内乳品行业品牌知名度、美誉度、忠诚度最高；全面推进国际化经营战略，进入世界乳业20强，成为中国最有竞争力的企业之一。

# 蒙牛乳业集团

## ——中国乳都核心区的缔造者

**1999年8月，内蒙古蒙牛乳业（集团）股份有限公司（简称蒙牛乳业集团）成立，总部设在中国乳都核心区——内蒙古和林格尔经济开发区，拥有总资产100多亿元，职工近3万人，乳制品年生产能力达600万吨。**

**到目前为止**，包括和林基地在内，蒙牛乳业集团已经在全国16个省区市建立生产基地20多个，拥有液态奶、酸奶、冰淇淋、奶品、奶酪五大系列400多个品项，产品以其优良的品质覆盖国内市场，并出口到美国、加拿大、蒙古、东南亚及港澳等多个国家和地区。

**本着"致力于人类健康的牛奶制造服务商"的企业定位**，蒙牛乳业集团在短短十年中，创造出了举世瞩目的"蒙牛速度"和"蒙牛奇迹"。从创业初"零"的开始，至2008年底，主营业务收入实现239亿元，年均递增104%，是全国首家收入过200亿元的乳品企业。主要产品的市场占有率超过35%；UHT牛奶销量全球第一，液体奶、冰淇淋和酸奶销量居全国第一；乳制品出口量、出口的国家和地区居全国第一。

**据2006年9月国家统计局发布的"中国大企业集团首届竞争力500强"**，蒙牛乳业集团位居第11位，名列全国同行业之首；在2006年首届"亚洲品牌500强排行榜"中，蒙牛乳业集团位居亚洲乳制品企业第3位（前两名为日本企业）。另据权威机构公布数据显示，蒙牛乳业集团跻身2009年全国大企业集团500强第241位，2009年全球乳业20强第19位，居全国同行业之首。蒙牛股票被国际著名金融服务公司摩根士丹利评选为至2012年全球50只最优质股票之一。

**作为农业产业化国家重点龙头企业**，蒙牛乳业集团已在全国各生产基地的周边地区建立奶站共计3000多个，联系奶农达百万户，累计收购鲜奶超过1500万吨，累计为农牧民发放奶款超过400亿元，累计创造产值超过1000亿元，累计缴纳税款超过40亿元，累计创造就业机会超过30万个，被社会形象地誉为我国西部大开发以来"最大的造饭碗企业"。

**为了适应蒙牛现代化生产技术的需求和满足高端乳制品生产的需要**，蒙牛乳业集团加强奶源建设，积极与现代牧业公司合作，在全国先后建成了11个万头以上现代牧场。目前，来自现代牧场的奶源已经占到了蒙牛总奶源的60%以上。今后，围绕全国重点工厂将以同样的方式组织建设20多个万头以上超大型现代牧场。

**十年来**，按照"立足自主开发，强化联合作业，培育核心产品，抢占技术高端"的工作思路，蒙牛乳业集团累计投入科研资金上亿元，走出了一条独特的自主创新之路。在国内外申请商标注册430件，申请国家专利847件（其中发明专利166件，实用新型专利14件，外观设计专利667件），先后建成我国第一个乳业生物技术平台，推出极品纯牛奶"奶爵6特乳"和"特仑苏纯牛奶"，突破世界乳业3项技术难题完成了乳品新秀——蒙牛真果粒的研发与上市；合作研制出符合国人体质的LABS益生菌群和高档婴幼儿配方奶粉；创建了国际领先的乳制品研发中心；掌握了具有完全自主知识产权、世界一流的奶牛性别控制技术，性控准确率达93%以上，对我国奶牛品种结构优化升级将起到决定性推动作用。

**2006年3月份**，蒙牛乳业集团获得"最具创造力的中国企业"称号，这也是我国唯一获此殊荣的食品制造企业。就在当年10月份举行第27届世界乳业大会上，蒙牛乳业集团高端产品"特仑苏"从技术、品牌、品质、工艺等各方面特别是创新性上远远超越了其他竞争对手，最终捧回了"IDF产品开发奖"，实现了中国在世界乳业史上金牌"零的突破"，为我们的国家和民族争了光，为"中国乳都"添了彩。

**在企业快速发展的同时，蒙牛乳业集团积极致力于社会公益事业**：2003年率先捐款、捐奶1200万 元抗击非典；2004年为全国教师捐奶3000多万元；2005年出资1000万元参与呼和浩特市奶牛风险基金的设立； 2006年积极响应温家宝总理号召，率先向全国贫困地区500所小学捐赠牛奶一年，受益小学生达到6万多人，总价值达1.1亿元。2007年，蒙牛乳业集团再度选择500所小学，继续开展免费送奶活动。2008年，率先向遭遇严重雨雪冰冻灾害的南方地区捐助1000万元，向遭受重大地震灾害的四川地区捐赠超过1200万元。十年来，蒙牛乳业集团累计投入各种公益事业资金超过5亿元，原董事长牛根生更是捐出全部个人股份设立"老牛专项基金"，用于开展各类公益事业。此外，蒙牛乳业集团还与中国奶业协会、中国教育发展基金会、国家学生奶办公室、国家公众营养与发展中心、人民日报经济部等7家单位，联合启动了以"每天一斤奶，强壮中国人"为主题的"中国饮奶运动"，并会同国家体育总局训练局、NBA关怀行动、联想、微软、新浪、华润万家、家乐福、利乐中国公司等联合发起了"中国牛奶爱心行动"，为促进国人饮奶观念的树立，提升国人身体素质做着自己的贡献。

**与此同时**，蒙牛乳业集团积极致力于环境保护和循环经济实践。累计投入环保资金超过4亿元，全部生产性污水处理均达到了国家综合排放一级标准，年总处理污水量达1500万多吨，年消减化学需氧量约3.8万多吨，所产生中水也全部得到重复利用。在大型牧场建设中，蒙牛乳业集团引入循环经济理念，通过建设沼气发电项目，有效地解决了奶牛养殖中大量排泄物对环境的污染，不仅取得了良好社会效益和经济效益，也为中国大型牧场建设起到了积极的示范、引导作用。

**"建设世界乳都，打造国际品牌"**是蒙牛乳业集团始终不渝的奋斗目标。2007年以来，蒙牛乳业集团先后在和林基地建成了国内乃至世界上最先进的智能化工厂和高科技乳品研究院，119项技术创新被成功运用其中；在乳都呼和浩特市隆重举办了内蒙古首届国际乳业节，吸引了国内外各界人士对内蒙古乳业发展的高度关注；与中央电视台联合举办的"赢在中国"节目，为全国的创业者提供了一个展示自我的平台；与中央电视台联合举办的"城市之间"活动，掀起了趣味运动全民健身的热潮……这些卓越的工作有效地提升了蒙牛品牌的美誉度和世界乳都的影响力。

**目前**，蒙牛乳业集团正按照确保在2011年跻身"世界乳业15强"的既定目标，为中国乳业的发展，为国人体魄的强健，为内蒙经济的腾飞做着自己不懈的努力。

蒙牛
MENGNIU
每一天 为明天
中国生态草原
生态草原自然纯
蒙牛
纯牛奶
净含量:1L
蒙牛阿拉
金装佳智
幼儿配方奶粉
双Q配方
冠益乳
酸牛奶

# 纳税大户是国家的

# 脊梁！

中华人民共和国财政部税政司
中国财政经济出版社
《中国纳税百强年鉴》编辑部

中国烟草
CHINA TOBACCO

# 国家利

# 消费者

至上

益至上

国家烟草专卖局
中国烟草总公司

# 2009年，全国烟草行业

实现工商税利5131.1亿元，
同比增加559.3亿元，
增长12.2%；
其中实现税费（含国有资本经营收入）4163.4亿元，
同比增加864.6亿元，
增长26.2%，
为保证国家财政收入做出了积极贡献。

中华人民共和国财政部税政司
中国财政经济出版社
《中国纳税百强年鉴》编辑部

# 浙江省烟草专卖局（公司）

【概　况】　浙江省地处中国东南沿海，长江三角洲南翼，陆域面积10.18万平方公里，2008年全省常住人口5120万人。2008年，全省实现地区生产总值（GDP）21486.92亿元。

浙江省烟草专卖局、中国烟草总公司浙江省公司组建于1984年，下辖11个地市级烟草专卖局（公司），65个县级烟草专卖局（分公司），以及浙江烟草进出口有限公司、浙江烟草投资管理有限责任公司。企业拥有总资产315.88亿元，其中，固定资产32.68亿元、流动资产260.72亿元，资产负债率79.9%，三项费用率5.95%。全省烟草商业系统共有从业人员11727人，其中聘用员工7234人。

2008年，省局（公司）被中央精神文明建设指导委员会授予“全国精神文明建设工作先进单位”称号，被浙江省委宣传部命名为首批百家“浙江省文化建设示范点”。

浙江省局(公司)领导班子成员

【机构设置】 省局（公司）机关设办公室（外事办公室）、综合计划处（经济运行处）、专卖监督管理处、销售管理处、法规处、财务管理处、审计处、科技处、安全保卫处、人事劳资处、监察处（与党组纪检组合署办公）、思想政治工作处（机关党委）等12个部门，浙江烟草进出口有限公司、浙江烟草投资管理有限责任公司2个全资子公司，信息中心、烟草质量监督检测站（与科技处合署办公）、机关服务中心、烟草专卖稽查总队、浙江省烟草拍卖行、烟草学会秘书处等7个专业部门。

【经济效益】 2008年，全省烟草商业系统销售卷烟1219.8亿支（243.96万箱），同比增长3.14%，其中，销售一类烟243.9亿支（48.78万箱），同比增长16.73%；二类烟200.7亿支（40.14万箱），同比增长51.3%；三类烟341.1亿支（68.22万箱），同比增长1.96%；四类烟280.6亿支（56.12万箱），同比下降15.56%；五类烟153.55亿支(30.71万箱)，同比下降12.06%。全省卷烟销量居前三位的品牌为"雄狮"、"利群"、"红双喜"（上海），其中，"雄狮"销量为223.05亿支(44.61万箱)，同比增长16.19%；"利群"销量为200.6亿支(40.12万箱)，同比增长16.82%；"红双喜"（上海）销量为70.45亿支(14.09万箱)，同比增长17.65%。

全年种植烟叶1.93万亩，收购烟叶0.20万吨（4.09万担）。

全年实现卷烟销售收入573.4亿元，同比增长30.05%。实现"两烟"税利152.6亿元，同比增长15.78%，其中，实现"两烟"利润123.7亿元，同比增长16.70%。

【专卖管理】 **卷烟打假打私。**全省各级烟草专卖管理部门坚持"主动寻找战场、主动联合出击、主动跨区协作"的工作理念，突出卡口建设，形成以甬台温、杭金衢、杭宁、沪杭甬等4大省际卡口为主、区域性卡口为辅的大稽查格局。加强省际间卷烟打假合作方面，初步建立以"联通信息、联合行动、联动惩处"为主要内容的华东六省、市卷烟打假联合机制。浙沪"6•6"系列运销假烟网络案查获假烟8000余万支，涉案金额上亿元，抓获犯罪嫌疑人56人。

2008年，全省共查处各类涉烟违法案件2.3万起。查获非法卷烟7.79亿支，其中，假冒卷烟6.16亿支。破获符合国家局标准的网络案件52起，其中，被公安部和国家局列为部级督办案

2007年12月27日，国家局副局长张保振一行视察浙江省烟草专卖商业系统企业文化建设成果展

2008年2月，国家局副局长张保振充分肯定浙江省烟草专卖商业企业文化工作

1月24日至25日，2008年全省烟草专卖、商业工作会议在杭州召开。金德水副省长专程到会并作重要讲话。

浙江省局（公司）召开全省管理体系工作会议

浙江省局（公司）召开商业系统三项检查情况汇报会

件3起。移送公安、司法机关判决涉烟案件211起，刑事拘留、逮捕566人，判刑317人。全省卷烟零售市场净化率达96%以上。

**内部专卖管理监督。**2008年，全省各级烟草专卖局全部成立内管办，283名内管专职人员中87.2%为大专以上学历。省局开发内管软件，实时监管发现问题、实地核查核实问题、实施追究处理问题，形成日常监管的闭环，解决日常监督“如何开展”的问题。以“异常订单、异常品牌、异常客户”为突破口，增强监管的针对性，解决日常监督的问题。全省制定各类内管内控制度1225个，修改内控制度176个，初步形成用制度管权、管事、管人的良性机制。上半年检查发现9个方面问题，涉及卷烟1227.9万支；下半年仅检查出3个方面问题，涉及卷烟266.6万支，分别减少66.6%和78.3%。

**专卖基层建设。**2008年，开展以“岗位达标”为载体的岗位练兵活动，提高专卖人员的岗位技能。组织针对内管人员的内管实务、信息工具使用的培训。在国家局组织的专卖人员岗位技能鉴定中，全省参加鉴定的135名专卖人员平均通过率达96%。

**【体制改革】** 2007年9月，国家局下发《关于中国烟草总公司浙江省公司建立母子公司体制改革的批复》（国烟法[2007] 404号），同意浙江省公司投资设立13个全资子公司，同时取消全省62家县级烟草公司法人资格，并将其全部资产、负债、所有者权益无偿划转到隶属的市级烟草公司，由市级公司统一经营管理。省公司按照国家局的有关精神，开展母子公司体制改革工作，截至2008年底，全省11家市级公司全部完成本级和所属县级单位工商注册变更登记，正式确立“三级法人、二级管理、一级营销”母子公司管理模式。市级公司的名称由“浙江省烟草公司**分公司”变更为“浙江省烟草公司**市公司”，是中国烟草总公司浙江省公司的全资子公司。原县级公司取消法人资格后，作为市级公司的营销分支机构，不具有独立企业法人资格，对外统一称“**市烟草公司**分公司”。省公司制定下发《取消县级公司法人资格后有关财务管理与会计核算的暂行规定》、《浙江省烟草商业企业银行账户管理办法》和《县级局(分公司)银行资金存款额度管理的指导意见》等文件，对县级公司法人资格取消后的会计核算形式、银行账户管理、资金筹集和使用管理、卷烟购销存、利润税金核算管理等内容做出明确规定。

【卷烟销售与网建】 **推进网建提升。**省公司制订《浙江烟草商业营销服务工作标准》，在全省范围内开展“服务规范推广月”活动。加强配送中心标准化建设，全省基本实现以一级配、一级送为主，一级配、二级送为辅的卷烟配送模式。在解决“农网盲点”方面，新增农村零售客户3785户，全省常住人口300人以上无证零售自然村由903个减少到86个。全省农村零售客户电话订货率达100%，电子结算率达到93.91%，同比提高13.15个百分点。

**“突出服务”工作。**省公司制订《浙江烟草开展服务品牌建设活动月实施意见》，在全省开展以“确保价值服务、实现服务承诺、增添服务特色、打造服务品牌”为主要内容，以“浙烟服务在身边”为主题的系列活动。确定把“八大服务承诺”和“‘四个务必’与‘四个禁止’”作为省烟草商业企业向全国烟草工业企业、零售客户“公示服务承诺”活动中的基本服务承诺。2008年，全国烟草行业各工业企业对浙江省烟草商业企业的满意度评分，上半年为95.01分，下半年为93.16分。全年零售客户综合满意度得分为99.03分。完善投诉服务系统，全省“二级投诉、全网互动、快速响应、流程跟踪”的新投诉中心系统投入使用。

【企业管理】 **“六有”管理体系建设。**2008年，省局（公司）推进“人人有责任、事事有程序、干事有标准、过程有痕迹、绩效有考核、改进有保障的“六有”管理体系建设和运行，11个市级局（公司）和64个县级局（分公司）全面构建完成“六有”管理体系。

**资金管理。**2008年，省局（公司）与省工商银行签订《银企互联服务合作协议》，组织开发财务信息系统的“资金监控”模块，把工商银行网上银行系统与财会管理信息系统实行对接，对所属单位工商银行账户资金的变动及资金流向情况进行实时监控。建立全省银行账户信息库，实行动态管理，从源头上防止违规行为。

**审计监督。**自7月6日起，全省烟草商业系统31名内部审计人员分5组，以交叉审计的方式对全省64个县级局（分公司）的主要负责人进行经济责任审计。开展对部分多元化经营企业的综合审计。

第三届全省烟草专卖管理“双能”（岗位技术能手）竞赛现场

2008年，浙江省局（公司）举办了两期全省新进大学生和军转干部入职培训，来自全省十一个地区136人参加培训。

浙江省烟草公司杭州市公司新体制运行揭牌仪式

浙江省烟草专卖商业系统管理技能、企业文化知识竞赛现场

【人力资源管理】 **领导班子建设。**2008年，省局(公司)制订《浙江省烟草专卖、商业系统领导班子和领导干部考核评价办法》，从4月开始，分别对全省10个地区的领导班子和41名领导干部进行履职考核。共发放民主测评表447份，组织谈话456人，形成考核考察材料70份，考察确认市局（公司）后备干部5人，对7个市局（公司）领导干部进行调整充实。

**收入分配制度改革。**省、市两级烟草专卖局（公司）分别制订了所属市、县两级局（公司）领导薪酬管理办法，领导干部薪酬管理已覆盖至省、市、县三级局（公司）领导班子成员。省局（公司）机关率先进行收入分配制度改革，完成岗位和绩效工资套改。截至2008年底，全省完成绍兴、金华、衢州、台州、舟山等5个市局（公司）的收入分配制度改革。

**教育培训与技能鉴定。**组织全省烟草商业系统63名40岁左右员工参加浙江大学工商管理硕士研究生报考；按照“凡进必考 原则，全年共招聘大学毕业生117人。组织开展对全省文秘人员专业培训；对全省卷烟商品营销员、专卖管理员等行业特有工种岗位的1281名员工，实施5个等级、12个批次的职业技能培训和鉴定；开展业务技能培训班1139期，参加培训3.66万人次。经国家局评审，全省烟草商业系统共有11人获高级专业技术资格。

浙江省局（公司）参加全国烟草行业第四届文艺汇演

**【思想政治工作】** 组织全体干部职工学习党的十七大精神，各级党组结合实际开展形式多样的学习宣传活动。省局（公司）在机关开展“转变职能、转变作风，提高工作水平、提高办事效率”的“两转变、两提高”学习教育活动。在负责人事劳资、思想政治工作的干部中开展“讲党性、重品性、作表率”实践活动，引导广大党员干部强化党员先进性意识，率先转变作风、转变职能。

**【企业文化】** 2008年是浙江烟草企业文化建设的“宣传贯彻年”。省局（公司）组织编写《服务品牌经典案例集》，并以此为教材，在全省烟草商业系统开展“精实”文化巡回宣传贯彻活动。10月，全省烟草商业系统组织开展“精实”文化知识全员测试，优秀率达91.3%。12月，组织开展由11个市局（公司）组队参加的企业文化现场知识竞赛。确定《点燃芬芳》为举办行业大型会议、活动的背景音乐，为基层单位统一制作浙江烟草企业文化宣传片、企业文化之歌MTV，文艺汇演等音像资料，加强企业内部员工的文化熏陶。逐步在对外窗口、配送车辆上实施统一的VI视觉识别系统，展示规范统一的浙江烟草企业形象。

浙江省局（公司）举办新春联欢会，全体干部员工们欢聚一堂，载歌载舞，喜迎新春。

续表

| 序号 | 企业代码 | 企业名称 | 地区 | 实纳税额 |
|---|---|---|---|---|
| 72 | 37012561322877X | 济阳县济北石化有限责任公司 | 37 | 33240 |
| 73 | 370702865450879 | 山东电力集团公司潍坊供电公司 | 37 | 32981 |
| 74 | 370103163154485 | 山东电力集团公司济南供电公司 | 37 | 32775 |
| 75 | 372308167154095 | 山东京博石油化工有限公司 | 37 | 31925 |
| 76 | 371002613752790 | 三星电子（山东）数码打印机有限公司 | 37 | 31852 |
| 77 | 37110275351089X | 山东万宝贸易有限公司 | 37 | 31762 |
| 78 | 370883669307768 | 华电邹县发电有限公司 | 37 | 30781 |
| 79 | 370883166120002 | 兖矿集团有限公司 | 37 | 30167 |
| 80 | 370826706106333 | 枣庄矿业（集团）付村煤业有限公司 | 37 | 28303 |
| 81 | 37110274988627X | 山东新良油脂有限公司 | 37 | 28245 |
| 82 | 371102746591847 | 日照中瑞物产有限公司 | 37 | 27819 |
| 83 | 370103706266513 | 中国重汽集团济南卡车股份有限公司 | 37 | 27805 |
| 84 | 370826737211224 | 枣庄矿业（集团）有限责任公司新安煤矿 | 37 | 27525 |
| 85 | 37028472781753X | 圣元营养食品有限公司 | 37 | 27271 |
| 86 | 371102747837503 | 日照型钢有限公司 | 37 | 27202 |
| 87 | 371082724251075 | 荣成华泰汽车有限公司 | 37 | 26576 |
| 88 | 370103264352296 | 济南市商业银行股份有限公司 | 37 | 26430 |
| 89 | 370602673171832 | 烟台张裕葡萄酿酒销售有限公司白兰地销售部 | 37 | 26412 |
| 90 | 371425740210513 | 山东莱钢永锋钢铁有限公司 | 37 | 26302 |
| 91 | 370112720721201 | 山东航空股份有限公司 | 37 | 26110 |
| 92 | 372308727568369 | 山东口福粮油有限公司 | 37 | 26035 |
| 93 | 370783706206553 | 山东海化股份有限公司 | 37 | 25894 |
| 94 | 370521164735433 | 胜利油田鲁胜石油开发有限责任公司 | 37 | 25278 |
| 95 | 370802706116873 | 山东济宁烟草有限公司 | 37 | 25053 |
| 96 | 371302168251348 | 山东电力集团公司临沂供电公司 | 37 | 25048 |
| 97 | 371002726700647 | 三角轮胎股份有限公司 | 37 | 24860 |
| 98 | 370882725421072 | 兖州天章纸业有限公司 | 37 | 24650 |
| 99 | 370321706397513 | 山东博汇纸业股份有限公司 | 37 | 24265 |
| 100 | 370303164100307 | 山东金岭矿业股份有限公司 | 37 | 24250 |

# 河南省企业纳税百强排行榜

单位：万元

| 序号 | 企业代码 | 企业名称 | 地区 | 实纳税额 |
|---|---|---|---|---|
| 1 | 41010575714492X | 河南中烟工业公司 | 41 | 1115979 |
| 2 | 410402727034084 | 平顶山天安煤业股份有限公司 | 41 | 244727 |
| 3 | 410902719176285 | 中国石油化工股份有限公司中原油田分公司 | 41 | 232501 |
| 4 | 410103169951151 | 河南省电力公司 | 41 | 223709 |
| 5 | 410303171076587 | 河南省电力公司洛阳供电公司 | 41 | 192191 |
| 6 | 410504719173420 | 安阳钢铁股份有限公司 | 41 | 183158 |
| 7 | 411300719176832 | 中国石油化工股份有限公司河南油田分公司 | 41 | 139582 |
| 8 | 410103169994215 | 郑州铁路局 | 41 | 125854 |
| 9 | 410324171080594 | 洛阳栾川钼业集团股份有限公司 | 41 | 124458 |
| 10 | 410500172267086 | 安钢集团国际贸易有限责任公司 | 41 | 117853 |
| 11 | 411481749235557 | 河南省正龙煤业有限公司 | 41 | 90272 |
| 12 | 410481706575279 | 舞阳钢铁有限责任公司 | 41 | 88039 |
| 13 | 410902169954862 | 中国石化集团中原石油勘探局（中原油田） | 41 | 86975 |
| 14 | 411221753877093 | 东方希望（三门峡）铝业有限公司 | 41 | 68141 |
| 15 | 411481753858386 | 河南龙宇能源股份有限公司 | 41 | 67748 |
| 16 | 411481706784652 | 河南神火煤电股份有限公司 | 41 | 62122 |
| 17 | 410306721836588 | 中国石油化工股份有限公司洛阳分公司 | 41 | 57050 |
| 18 | 41110070678701X | 河南双汇投资发展股份有限公司 | 41 | 48954 |
| 19 | 410381681797923 | 洛阳中硅高科技有限公司二分公司 | 41 | 45133 |
| 20 | 410105869971268 | 中国农业发展银行河南省分行 | 41 | 43777 |
| 21 | 410104971859950 | 交通银行股份有限公司河南省分行 | 41 | 41753 |
| 22 | 410106737441935 | 中国铝业股份有限公司河南分公司 | 41 | 40777 |
| 23 | 411200750704816 | 开曼铝业（三门峡）有限公司 | 41 | 40502 |
| 24 | 410800712634853 | 风神轮胎股份有限公司 | 41 | 39989 |
| 25 | 410102170032734 | 河南省电力公司郑州供电公司 | 41 | 38992 |
| 26 | 410804737427535 | 中国铝业股份有限公司中州分公司 | 41 | 37537 |
| 27 | 411481170010463 | 永煤集团股份有限公司 | 41 | 37195 |
| 28 | 41088171917196X | 河南豫光金铅股份有限公司 | 41 | 37093 |
| 29 | 410881177470403 | 河南济源钢铁（集团）有限公司 | 41 | 37000 |
| 30 | 410102170030528 | 河南省烟草公司郑州市公司 | 41 | 36792 |
| 31 | 41032317147426X | 河南万基铝业股份有限公司 | 41 | 34682 |
| 32 | 410800173471038 | 焦作煤业（集团）有限责任公司 | 41 | 34545 |
| 33 | 410303171075680 | 中铁隧道集团有限公司 | 41 | 33981 |
| 34 | 410104170001401 | 郑州宇通客车股份有限公司 | 41 | 33548 |

续表

| 序号 | 企业代码 | 企业名称 | 地区 | 实纳税额 |
|---|---|---|---|---|
| 35 | 410105769480453 | 河南阳光国际贸易有限公司 | 41 | 33351 |
| 36 | 410122614712838 | 郑州日产汽车有限公司 | 41 | 31669 |
| 37 | 411081177555730 | 河南省许昌新龙矿业有限责任公司 | 41 | 31364 |
| 38 | 410600725831549 | 鹤壁煤电股份有限公司 | 41 | 30918 |
| 39 | 413001176882967 | 河南省电力公司信阳供电公司 | 41 | 29841 |
| 40 | 41048178221474X | 舞阳新宽厚钢板有限责任公司 | 41 | 29334 |
| 41 | 410800173525171 | 焦作万方铝业股份有限公司 | 41 | 28700 |
| 42 | 410183169991110 | 郑州煤炭工业（集团）有限责任公司 | 41 | 26854 |
| 43 | 411281706779589 | 义马煤业（集团）有限责任公司 | 41 | 25852 |
| 44 | 410881750738573 | 济源市金马焦化有限公司 | 41 | 24306 |
| 45 | 410181170002324 | 河南中孚实业股份有限公司 | 41 | 23176 |
| 46 | 410305716778897 | 中国移动通信集团河南有限公司洛阳分公司 | 41 | 23105 |
| 47 | 410183170011386 | 郑州煤电股份有限公司 | 41 | 22969 |
| 48 | 410102790639588 | 郑州煤电长城房产开发投资有限公司 | 41 | 22788 |
| 49 | 410103719181797 | 河南高速公路发展有限责任公司 | 41 | 22630 |
| 50 | 411403175000969 | 河南省烟草公司商丘市公司 | 41 | 21140 |
| 51 | 411000174272612 | 河南省烟草公司许昌市公司 | 41 | 20557 |
| 52 | 410324753895494 | 洛阳富川矿业有限公司 | 41 | 20461 |
| 53 | 410881735514918 | 华能沁北发电有限责任公司 | 41 | 20334 |
| 54 | 413001176883054 | 河南省烟草公司信阳市公司 | 41 | 20248 |
| 55 | 410500172196054 | 河南省电力公司安阳供电公司 | 41 | 19723 |
| 56 | 410118794254765 | 郑州百斯特矿机有限公司 | 41 | 19437 |
| 57 | 410481871956956 | 河南安钢集团舞阳矿业有限责任公司 | 41 | 18771 |
| 58 | 411300176350776 | 河南省电力公司南阳供电公司 | 41 | 18736 |
| 59 | 410105614717452 | 郑州丹尼斯百货有限公司 | 41 | 18694 |
| 60 | 410105745761285 | 招商银行股份有限公司郑州分行 | 41 | 18683 |
| 61 | 410105719178475 | 中国石油化工股份有限公司河南石油分公司 | 41 | 18677 |
| 62 | 412800175860627 | 河南省烟草公司驻马店市公司 | 41 | 18480 |
| 63 | 410702614406101 | 河南新飞电器有限公司 | 41 | 18321 |
| 64 | 410321171086961 | 大唐洛阳首阳山发电厂 | 41 | 17353 |
| 65 | 41060078054434X | 河南省电力公司鹤壁供电公司 | 41 | 17335 |
| 66 | 412700175410685 | 河南省烟草公司周口市公司 | 41 | 16741 |
| 67 | 411323757107387 | 南阳汉冶特钢有限公司 | 41 | 16715 |
| 68 | 410102170033534 | 郑州煤矿机械集团股份有限公司 | 41 | 16492 |
| 69 | 410324614837059 | 栾川县大东坡钨钼矿业有限公司 | 41 | 16343 |
| 70 | 410323772170771 | 洛阳香江万基铝业有限公司 | 41 | 16338 |
| 71 | 410402171753218 | 河南省烟草公司平顶山市公司 | 41 | 16301 |

续表

| 序号 | 企业代码 | 企业名称 | 地区 | 实纳税额 |
|---|---|---|---|---|
| 72 | 411481789181717 | 河南神火铝业股份有限公司 | 41 | 16226 |
| 73 | 410105415807279 | 郑州商品交易所 | 41 | 16177 |
| 74 | 411300176310571 | 河南省烟草公司南阳市公司 | 41 | 15911 |
| 75 | 411221874842137 | 义马煤业（集团）有限责任公司耿村煤矿 | 41 | 15820 |
| 76 | 410106670064070 | 中铝矿业有限公司郑州分公司 | 41 | 15753 |
| 77 | 41040071918260X | 河南平高东芝高压开关有限公司 | 41 | 15657 |
| 78 | 410800782243807 | 河南省电力公司焦作供电公司 | 41 | 15580 |
| 79 | 41031117108195X | 中国石油天然气第一建设公司 | 41 | 15570 |
| 80 | 410881752283795 | 济源市金利冶炼有限责任公司 | 41 | 15471 |
| 81 | 41031117107918X | 中国石化集团洛阳石油化工工程公司 | 41 | 14825 |
| 82 | 410324171510355 | 栾川县三强钼钨有限公司 | 41 | 14770 |
| 83 | 410105169999577 | 郑州市商业银行股份有限公司 | 41 | 14769 |
| 84 | 410183783431543 | 郑州煤炭工业（集团）杨河煤业有限公司 | 41 | 14502 |
| 85 | 411282742545894 | 灵宝黄金股份有限公司 | 41 | 14475 |
| 86 | 410103725823522 | 河南中原高速公路股份有限公司 | 41 | 14374 |
| 87 | 410305171073415 | 河南省烟草公司洛阳市公司 | 41 | 14355 |
| 88 | 410329757127564 | 洛阳豫港龙泉铝业有限公司 | 41 | 14307 |
| 89 | 410411171758000 | 河南省电力公司平顶山供电公司 | 41 | 14143 |
| 90 | 411200174725490 | 河南省电力公司三门峡供电公司 | 41 | 13896 |
| 91 | 411300169951928 | 中国石化集团河南石油勘探局 | 41 | 13801 |
| 92 | 410329731334063 | 河南豫港龙泉铝业有限公司 | 41 | 13748 |
| 93 | 410703172920663 | 河南省电力公司新乡供电公司 | 41 | 13592 |
| 94 | 410702172920655 | 河南省烟草公司新乡市公司 | 41 | 13547 |
| 95 | 410381717852892 | 河南华润电力首阳山有限公司 | 41 | 13444 |
| 96 | 410881169950968 | 黄河水利水电开发总公司 | 41 | 13389 |
| 97 | 410522744051070 | 安钢集团永通球墨铸铁管有限责任公司 | 41 | 13330 |
| 98 | 410104614404704 | 河南银基房地产开发有限公司 | 41 | 13298 |
| 99 | 410811728676927 | 昊华宇航化工有限责任公司 | 41 | 13228 |
| 100 | 411025169991946 | 平顶山天安煤业股份有限公司十三矿 | 41 | 13098 |

# 湖北省企业纳税百强排行榜

单位：万元

| 序号 | 企业代码 | 企业名称 | 地区 | 实纳税额 |
|---|---|---|---|---|
| 1 | 420104757009410 | 湖北中烟工业有限责任公司 | 42 | 1312584 |
| 2 | 420107300247654 | 武汉钢铁股份有限公司 | 42 | 576463 |
| 3 | 420101616401865 | 东风本田汽车有限公司 | 42 | 471415 |
| 4 | 420501100015058 | 中国长江三峡工程开发总公司 | 42 | 271046 |
| 5 | 420106177589391 | 湖北省电力公司 | 42 | 255324 |
| 6 | 420101616412935 | 神龙汽车有限公司 | 42 | 211110 |
| 7 | 420501710930405 | 中国长江电力股份有限公司 | 42 | 208045 |
| 8 | 420103744618954 | 中国石化销售有限公司华中分公司 | 42 | 137095 |
| 9 | 420101710937412 | 中国移动通信集团湖北有限公司 | 42 | 135214 |
| 10 | 429005735209235 | 中国石油化工股份有限公司江汉油田公司 | 42 | 88771 |
| 11 | 420106877596808 | 国家开发银行湖北省分行 | 42 | 86284 |
| 12 | 420601735211503 | 风神襄樊汽车有限公司 | 42 | 74187 |
| 13 | 420106615401409 | 武汉铁路局 | 42 | 72357 |
| 14 | 420801714644238 | 中国石油化工股份有限公司荆门分公司 | 42 | 61519 |
| 15 | 420107711992632 | 武汉钢铁集团矿业有限责任公司 | 42 | 61098 |
| 16 | 42070170691922X | 武汉钢铁集团鄂城钢铁有限责任公司 | 42 | 59842 |
| 17 | 420601615406672 | 东风康明斯发动机有限公司 | 42 | 59742 |
| 18 | 420501177591096 | 湖北清江水电开发有限责任公司 | 42 | 59565 |
| 19 | 420112751810979 | 湖北省烟草公司武汉市公司 | 42 | 57755 |
| 20 | 420103877715264 | 中国工商银行股份有限公司湖北分行营业部 | 42 | 54243 |
| 21 | 420107717996183 | 中国石油化工股份有限公司武汉分公司 | 42 | 48163 |
| 22 | 420103177568750 | 长江证券股份有限公司 | 42 | 46444 |
| 23 | 420107711961422 | 武汉平煤武钢联合焦化有限责任公司 | 42 | 43178 |
| 24 | 420106931251983 | 中国农业银行湖北省分行 | 42 | 41761 |
| 25 | 420103714672941 | 中国建设银行股份有限公司湖北省分行 | 42 | 41495 |
| 26 | 420105717947410 | 武汉钢铁股份有限公司棒材厂 | 42 | 41089 |
| 27 | 420103877585797 | 招商银行股份有限公司武汉分行 | 42 | 40677 |
| 28 | 420102755111139 | 湖北省电力公司武汉供电公司 | 42 | 40420 |
| 29 | 420203770785545 | 大冶有色金属有限公司 | 42 | 38429 |
| 30 | 420104722002083 | 中国石油化工股份有限公司湖北石油分公司 | 42 | 38331 |
| 31 | 420101717869088 | 东风汽车有限公司 | 42 | 37029 |
| 32 | 422801883014237 | 湖北省烟草公司恩施州公司 | 42 | 36675 |
| 33 | 420301751003819 | 东风汽车有限公司东风商用车公司 | 42 | 30136 |
| 34 | 420203757045833 | 湖北新冶钢有限公司 | 42 | 29471 |

续表

| 序号 | 企业代码 | 企业名称 | 地区 | 实纳税额 |
|---|---|---|---|---|
| 35 | 420101616400141 | 百威（武汉）国际啤酒有限公司 | 42 | 29260 |
| 36 | 420106300260453 | 华中电网有限公司 | 42 | 27723 |
| 37 | 420101757013137 | 中建三局建设工程股份有限公司 | 42 | 27654 |
| 38 | 420107300022236 | 武钢集团国际经济贸易总公司 | 42 | 26938 |
| 39 | 42011174460435X | 中国石油天然气股份有限公司湖北销售分公司 | 42 | 26198 |
| 40 | 420302178782345 | 湖北省电力公司十堰供电公司 | 42 | 25544 |
| 41 | 420111760686164 | 中国石油天然气股份有限公司华中销售分公司 | 42 | 25468 |
| 42 | 420102177685391 | 中交第二航务工程局有限公司 | 42 | 25314 |
| 43 | 420104615571010 | 中国葛洲坝集团股份有限公司 | 42 | 24595 |
| 44 | 42020327175201X | 大冶特殊钢股份有限公司 | 42 | 23811 |
| 45 | 42011730024252X | 华能武汉发电有限责任公司 | 42 | 23575 |
| 46 | 420101737546008 | 武汉地产开发投资集团有限公司 | 42 | 23312 |
| 47 | 420101616400352 | 长飞光纤光缆有限公司 | 42 | 22643 |
| 48 | 421001178968502 | 湖北省烟草公司荆州市公司 | 42 | 21625 |
| 49 | 420102877603844 | 中国民生银行股份有限公司武汉分行 | 42 | 21102 |
| 50 | 42010175817731X | 中冶南方工程技术有限公司 | 42 | 20168 |
| 51 | 42010577456159X | 百威（中国）销售有限公司 | 42 | 19987 |
| 52 | 420501722096227 | 湖北省烟草公司宜昌市公司 | 42 | 19548 |
| 53 | 42128171463630X | 华润电力湖北有限公司 | 42 | 18719 |
| 54 | 420606179319125 | 湖北省烟草公司襄樊市公司 | 42 | 17559 |
| 55 | 420103300248067 | 汉口银行股份有限公司 | 42 | 16927 |
| 56 | 420101748318019 | 武汉东风汽车进出口有限公司 | 42 | 16909 |
| 57 | 429005177564194 | 中国石化集团江汉石油管理局 | 42 | 16887 |
| 58 | 420901180813243 | 湖北省烟草公司孝感市公司 | 42 | 16808 |
| 59 | 420526271750612 | 湖北兴发化工集团股份有限公司 | 42 | 16579 |
| 60 | 42060670689187X | 东风汽车股份有限公司 | 42 | 16287 |
| 61 | 420112616432207 | 华润雪花啤酒（武汉）有限公司 | 42 | 16072 |
| 62 | 420111177693041 | 中建三局第三建设工程有限责任公司 | 42 | 15464 |
| 63 | 420107177685180 | 武汉重工铸锻有限责任公司 | 42 | 15379 |
| 64 | 420111755110937 | 金地集团武汉房地产开发有限公司 | 42 | 14848 |
| 65 | 420107177727555 | 中国第一冶金建设有限责任公司 | 42 | 14607 |
| 66 | 420281728309035 | 湖北劲牌酒业有限公司 | 42 | 14360 |
| 67 | 420601744611656 | 东风德纳车桥有限公司 | 42 | 14173 |
| 68 | 420801760665777 | 国电长源荆门发电有限公司 | 42 | 13981 |
| 69 | 420112616404134 | 武汉统一企业食品有限公司 | 42 | 13978 |
| 70 | 420107177681913 | 武汉钢铁（集团）公司 | 42 | 13863 |
| 71 | 420107300271101 | 武汉钢铁集团财务有限责任公司 | 42 | 13583 |

续表

| 序号 | 企业代码 | 企业名称 | 地区 | 实纳税额 |
|---|---|---|---|---|
| 72 | 420203177573461 | 中国十五冶金建设有限公司 | 42 | 13292 |
| 73 | 420281744603429 | 湖北劲牌保健酒业有限公司 | 42 | 13259 |
| 74 | 420000931155553 | 交通银行股份有限公司湖北省分行 | 42 | 13089 |
| 75 | 420101768096011 | 武汉市利嘉置业有限公司 | 42 | 13084 |
| 76 | 420101271892354 | 武汉晨鸣汉阳纸业股份有限公司 | 42 | 13074 |
| 77 | 420105774560917 | 武汉世茂锦绣长江房地产开发有限公司 | 42 | 13059 |
| 78 | 420107711928198 | 武汉钢铁集团氧气有限责任公司 | 42 | 12912 |
| 79 | 421200777575989 | 红牛维他命饮料（湖北）有限公司 | 42 | 12398 |
| 80 | 420103717918134 | 中国移动通信集团湖北有限公司武汉分公司 | 42 | 12389 |
| 81 | 421001615405514 | 法雷奥汽车空调湖北有限公司 | 42 | 12290 |
| 82 | 420101616404089 | 武汉广场管理有限公司 | 42 | 12285 |
| 83 | 420105722084584 | 湖北楚天高速公路股份有限公司 | 42 | 12163 |
| 84 | 420102100024632 | 中石化长江燃料有限公司 | 42 | 12125 |
| 85 | 420703615789116 | 湖北能源集团鄂州发电有限公司 | 42 | 12080 |
| 86 | 420101725751485 | 武汉统建城市开发有限责任公司 | 42 | 11678 |
| 87 | 420106761217466 | 中国电信股份有限公司武汉分公司 | 42 | 11600 |
| 88 | 420203722041605 | 湖北西塞山发电有限公司 | 42 | 11486 |
| 89 | 420205878422703 | 武汉钢铁集团矿业有限责任公司大冶铁矿 | 42 | 11384 |
| 90 | 420102177733437 | 中国长江航运（集团）总公司 | 42 | 11339 |
| 91 | 421101180314436 | 湖北省烟草公司黄冈市公司 | 42 | 11266 |
| 92 | 420703615788180 | 波尔亚太（湖北）金属容器有限公司 | 42 | 11047 |
| 93 | 42011110000894X | 中国长江动力公司（集团） | 42 | 11006 |
| 94 | 420984707096907 | 国电长源汉川第一发电有限公司 | 42 | 10766 |
| 95 | 422826747660576 | 恩施州鑫鑫麻织品有限责任公司 | 42 | 10761 |
| 96 | 429004757003107 | 湖北丝宝日化有限公司 | 42 | 10603 |
| 97 | 420107758151128 | 武汉船用机械有限责任公司 | 42 | 10516 |
| 98 | 420583182668932 | 枝江酒类销售有限责任公司 | 42 | 10484 |
| 99 | 429004011378252 | 湖北省电力公司仙桃市供电公司 | 42 | 10478 |
| 100 | 420203788177222 | 湖北中特新化能科技有限公司 | 42 | 10475 |

# 湖南省企业纳税百强排行榜

单位：万元

| 序号 | 企业代码 | 企业名称 | 地区 | 实纳税额 |
|---|---|---|---|---|
| 1 | 430102740640740 | 湖南中烟工业有限责任公司 | 43 | 2533453 |
| 2 | 430111183770576 | 湖南省电力公司 | 43 | 182137 |
| 3 | 430603661699146 | 中国石化集团资产经营管理有限公司巴陵石化分公司 | 43 | 156534 |
| 4 | 430304770052915 | 湖南华菱湘潭钢铁有限公司 | 43 | 132844 |
| 5 | 430103710937420 | 中国移动通信集团湖南有限公司 | 43 | 116787 |
| 6 | 430102883761611 | 中国工商银行股份有限公司湖南省分行 | 43 | 93331 |
| 7 | 430104712194405 | 长沙中联重工科技发展股份有限公司 | 43 | 79607 |
| 8 | 430102142927995 | 方正证券有限责任公司 | 43 | 68807 |
| 9 | 431302776753288 | 湖南华菱涟源钢铁有限公司 | 43 | 65081 |
| 10 | 430121183802099 | 湖南长丰汽车制造股份有限公司 | 43 | 61377 |
| 11 | 430603717052342 | 中国石油化工股份有限公司长岭分公司 | 43 | 58714 |
| 12 | 430211616777117 | 株洲冶炼集团股份有限公司 | 43 | 57917 |
| 13 | 430104743157383 | 湖南中联国际贸易有限责任公司 | 43 | 53345 |
| 14 | 431381748373560 | 冷水江钢铁有限责任公司 | 43 | 52056 |
| 15 | 430111183855596 | 湖南省烟草公司长沙市公司 | 43 | 46778 |
| 16 | 430103183792804 | 五凌电力有限公司 | 43 | 42572 |
| 17 | 430103740648021 | 财富证券有限责任公司 | 43 | 39743 |
| 18 | 431103768004930 | 湖南长丰汽车制造股份有限公司永州分公司 | 43 | 34482 |
| 19 | 430102883842091 | 中国工商银行股份有限公司湖南省分行营业部 | 43 | 32165 |
| 20 | 431103188320144 | 湖南省烟草公司永州市公司 | 43 | 29846 |
| 21 | 430702186482860 | 湖南省烟草公司常德市公司 | 43 | 27503 |
| 22 | 430121616800612 | 三一重工股份有限公司 | 43 | 27371 |
| 23 | 430121799122817 | 中联重科底盘分公司 | 43 | 24669 |
| 24 | 430204779031096 | 南车株洲电力机车有限公司 | 43 | 23564 |
| 25 | 430102183778498 | 现代投资股份有限公司 | 43 | 22820 |
| 26 | 431302734741190 | 湖南华菱涟钢薄板有限公司 | 43 | 22677 |
| 27 | 430602722587712 | 岳阳纸业股份有限公司 | 43 | 20446 |
| 28 | 430602186085953 | 湖南省烟草公司岳阳市公司 | 43 | 20320 |
| 29 | 431381763251190 | 大唐华银电力股份有限公司金竹山火力发电分公司 | 43 | 19708 |
| 30 | 433101727985859 | 湘西自治州五矿进出口有限公司 | 43 | 19388 |
| 31 | 431003717861553 | 华润电力湖南有限公司 | 43 | 18320 |
| 32 | 430305184734649 | 大唐湘潭发电有限责任公司 | 43 | 18042 |
| 33 | 430725730538873 | 湖南创元铝业有限公司 | 43 | 17959 |
| 34 | 430105717050312 | 中国石油化工股份有限公司湖南石油分公司 | 43 | 17802 |

续表

| 序号 | 企业代码 | 企业名称 | 地区 | 实纳税额 |
|---|---|---|---|---|
| 35 | 430103183859714 | 湖南省电力公司长沙电业局 | 43 | 16776 |
| 36 | 431202707458736 | 中国工商银行股份有限公司怀化分行 | 43 | 16582 |
| 37 | 430111183761776 | 中国水利水电第八工程局有限公司 | 43 | 16508 |
| 38 | 430903187081751 | 湖南省烟草公司益阳市公司 | 43 | 16483 |
| 39 | 430121768019104 | 博世汽车部件（长沙）有限公司 | 43 | 16458 |
| 40 | 430602616650239 | 华能湖南岳阳发电有限责任公司 | 43 | 16455 |
| 41 | 430105183807033 | 长沙银行股份有限公司 | 43 | 16326 |
| 42 | 430482185440001 | 水口山有色金属有限责任公司 | 43 | 15846 |
| 43 | 430102183766817 | 湖南湘投控股集团有限公司 | 43 | 15559 |
| 44 | 43040618500797X | 特变电工衡阳变压器有限公司 | 43 | 15469 |
| 45 | 430102X16772187 | 招商银行股份有限公司长沙分行 | 43 | 15375 |
| 46 | 430702616660314 | 常德金鹏印务有限公司 | 43 | 15159 |
| 47 | 430304184682551 | 湘潭钢铁集团有限公司 | 43 | 14789 |
| 48 | 430503185525611 | 湖南省烟草公司邵阳市公司 | 43 | 14363 |
| 49 | 430304184686085 | 湖南省烟草公司湘潭市公司 | 43 | 14195 |
| 50 | 430702707354777 | 中国移动通信集团湖南有限公司常德分公司 | 43 | 13974 |
| 51 | 430481190080303 | 大唐耒阳发电厂 | 43 | 13647 |
| 52 | 431002187760818 | 湖南省烟草公司郴州市公司 | 43 | 13510 |
| 53 | 430702186481219 | 湖南省电力公司常德电业局 | 43 | 13485 |
| 54 | 430203184283331 | 湖南省烟草公司株洲市公司 | 43 | 13359 |
| 55 | 430102763258296 | 家润多商业股份有限公司 | 43 | 12494 |
| 56 | 430103712198481 | 中国移动通信集团湖南有限公司长沙分公司 | 43 | 12480 |
| 57 | 431302187403271 | 涟源钢铁集团有限公司 | 43 | 12443 |
| 58 | 43100318796225X | 湖南柿竹园有色金属有限责任公司 | 43 | 12171 |
| 59 | 430204727988822 | 湖南株冶火炬金属进出口有限公司 | 43 | 11990 |
| 60 | 430702186481585 | 常德烟草机械有限责任公司 | 43 | 11919 |
| 61 | 430408185036252 | 湖南水口山国际贸易有限公司 | 43 | 11695 |
| 62 | 430202184282929 | 湖南省电力公司株洲电业局 | 43 | 11227 |
| 63 | 430802186880113 | 湖南省烟草公司张家界市公司 | 43 | 11214 |
| 64 | 430105743171505 | 中国石油天然气股份有限公司湖南销售分公司 | 43 | 11188 |
| 65 | 431381776763777 | 冷水江博强铆螺钢有限公司 | 43 | 11108 |
| 66 | 430102883761646 | 中国银行股份有限公司湖南分行 | 43 | 10954 |
| 67 | 430204780850865 | 株洲南车时代电气股份有限公司 | 43 | 10527 |
| 68 | 430603186201870 | 岳阳兴长石化股份有限公司 | 43 | 10461 |
| 69 | 430111707218505 | 长沙市城市建设投资开发有限责任公司 | 43 | 10334 |
| 70 | 430211184357388 | 大唐华银株洲发电有限公司 | 43 | 10010 |
| 71 | 431081743163222 | 湖南华润电力鲤鱼江有限公司 | 43 | 9755 |

续表

| 序号 | 企业代码 | 企业名称 | 地区 | 实纳税额 |
|---|---|---|---|---|
| 72 | 43010318376036X | 湖南省建筑工程集团总公司 | 43 | 9719 |
| 73 | 430102183850517 | 交通银行股份有限公司湖南省分行 | 43 | 9391 |
| 74 | 431321745915985 | 双峰海螺水泥有限公司 | 43 | 9171 |
| 75 | 430105740624150 | 湖南国合兴业经贸发展有限公司 | 43 | 9149 |
| 76 | 43012275580332X | 湖南华电长沙发电有限公司 | 43 | 9104 |
| 77 | 430202666300456 | 南车长江车辆有限公司株洲分公司 | 43 | 9057 |
| 78 | 430102780872888 | 长沙凯通置业有限公司 | 43 | 9000 |
| 79 | 433101189481425 | 湖南省烟草公司湘西自治州公司 | 43 | 8935 |
| 80 | 430211738979657 | 株洲钻石切削刀具股份有限公司 | 43 | 8886 |
| 81 | 430203884288598 | 中国建设银行股份有限公司株洲分行 | 43 | 8834 |
| 82 | 430603770069696 | 中石化股份有限公司催化剂长岭分公司 | 43 | 8831 |
| 83 | 430903187092899 | 国电益阳发电有限公司 | 43 | 8825 |
| 84 | 430103183761848 | 湖南省第六工程有限公司 | 43 | 8803 |
| 85 | 430202184298947 | 株洲千金药业股份有限公司 | 43 | 8676 |
| 86 | 433101183806380 | 酒鬼酒股份有限公司 | 43 | 8655 |
| 87 | 431302187401110 | 湖南省烟草公司娄底市公司 | 43 | 8646 |
| 88 | 430105712191079 | 九芝堂股份有限公司 | 43 | 8485 |
| 89 | 430111444885356 | 中国水电顾问集团中南勘测设计研究院 | 43 | 8473 |
| 90 | 430111183853582 | 中建五局第三建设有限公司 | 43 | 8383 |
| 91 | 430103183760239 | 湖南省送变电建设公司 | 43 | 8218 |
| 92 | 430103616774151 | 湖南平和堂实业有限公司 | 43 | 8129 |
| 93 | 430181790331137 | 湖南省烟草公司长沙市公司浏阳市分公司 | 43 | 7945 |
| 94 | 431381187524110 | 锡矿山闪星锑业有限责任公司 | 43 | 7935 |
| 95 | 430105712106217 | 湖南电广传媒股份有限公司 | 43 | 7904 |
| 96 | 430105782875193 | 快乐购物有限责任公司 | 43 | 7850 |
| 97 | 430305738955399 | 湖南省湘潭电业局直属分局 | 43 | 7616 |
| 98 | 43072672798395X | 大唐石门发电有限责任公司 | 43 | 7343 |
| 99 | 431202188882040 | 湖南省烟草公司怀化市公司 | 43 | 7275 |
| 100 | 430104717071420 | 威胜集团有限公司 | 43 | 7191 |

# 广东省企业纳税百强排行榜

单位：万元

| 序号 | 企业代码 | 企业名称 | 地区 | 实纳税额 |
|---|---|---|---|---|
| 1 | 440901722484553 | 中国石油化工股份有限公司茂名分公司 | 44 | 1197013 |
| 2 | 44030110001686X | 招商银行股份有限公司 | 44 | 972803 |
| 3 | 440100707653099 | 中国移动通信集团广东有限公司 | 44 | 685230 |
| 4 | 440103190329746 | 广东中烟工业有限责任公司 | 44 | 662894 |
| 5 | 440106734916755 | 广东电网公司广州供电局 | 44 | 552993 |
| 6 | 440194717852200 | 广州丰田汽车有限公司 | 44 | 513123 |
| 7 | 440112708263885 | 广州本田汽车有限公司 | 44 | 498305 |
| 8 | 440102730486030 | 广东电网公司 | 44 | 486278 |
| 9 | 440114749934315 | 东风汽车有限公司东风日产乘用车公司 | 44 | 395501 |
| 10 | 440101618404218 | 广州宝洁有限公司 | 44 | 389537 |
| 11 | 440801617797099 | 中国石化湛江东兴石油化工有限公司 | 44 | 387494 |
| 12 | 440401105377277 | 中油燃料油股份有限公司 | 44 | 385074 |
| 13 | 440100717859912 | 保时捷（中国）汽车销售有限公司 | 44 | 363161 |
| 14 | 440100795524886 | 中国石化销售有限公司华南分公司 | 44 | 342437 |
| 15 | 441401196271995 | 广东中烟工业有限责任公司梅州卷烟厂 | 44 | 337185 |
| 16 | 440301710930739 | 中国平安人寿保险股份有限公司 | 44 | 305480 |
| 17 | 440101618419487 | 安利（中国）日用品有限公司 | 44 | 301402 |
| 18 | 441301710939725 | 中海壳牌石油化工有限公司 | 44 | 239424 |
| 19 | 440301192185379 | 深圳发展银行 | 44 | 237558 |
| 20 | 440300455744938 | 中国工商银行股份有限公司深圳市分行 | 44 | 200265 |
| 21 | 440300101781440 | 中信证券股份有限公司 | 44 | 199583 |
| 22 | 441900712250622 | 中国移动通信集团广东有限公司东莞分公司 | 44 | 196741 |
| 23 | 440101100017600 | 中国南方航空股份有限公司 | 44 | 186879 |
| 24 | 440203191526821 | 广东中烟工业有限责任公司韶关卷烟厂 | 44 | 177814 |
| 25 | 440301708594625 | 中海石油（中国）有限公司深圳分公司 | 44 | 177714 |
| 26 | 440301279285671 | 深圳市中兴康讯电子有限公司 | 44 | 167542 |
| 27 | 440301192199332 | 深圳烟草工业有限责任公司 | 44 | 154683 |
| 28 | 440301710930720 | 中国平安财产保险股份有限公司 | 44 | 150643 |
| 29 | 440114732987664 | 广州风神汽车有限公司 | 44 | 144341 |
| 30 | 440301729872524 | 深圳市东方嘉盛商贸物流有限公司 | 44 | 137189 |
| 31 | 440205231129346 | 广东韶钢松山股份有限公司 | 44 | 135614 |
| 32 | 440112708263519 | 东风本田发动机有限公司 | 44 | 134664 |
| 33 | 44030127926896X | 深圳市中汽南华汽车有限公司 | 44 | 133477 |
| 34 | 440307100018216 | 岭澳核电有限公司 | 44 | 123414 |

续表

| 序号 | 企业代码 | 企业名称 | 地区 | 实纳税额 |
|---|---|---|---|---|
| 35 | 440112721928327 | 中国石油化工股份有限公司广州分公司 | 44 | 121548 |
| 36 | 440301726186393 | 深圳市九立商贸有限公司 | 44 | 117666 |
| 37 | 440401617436816 | 广发证券股份有限公司 | 44 | 117634 |
| 38 | 440106729911247 | 广东烟草广州市有限公司 | 44 | 115880 |
| 39 | 440301618815578 | 康佳集团股份有限公司 | 44 | 111110 |
| 40 | 440106748017099 | 中国电信股份有限公司广州分公司 | 44 | 110746 |
| 41 | 441900738593308 | 广东电网公司东莞供电局 | 44 | 107695 |
| 42 | 440307755675030 | 深圳华为通信技术有限公司 | 44 | 107455 |
| 43 | 440401192548256 | 珠海格力电器股份有限公司 | 44 | 106698 |
| 44 | 440781727840297 | 广东国华粤电台山发电有限公司 | 44 | 104537 |
| 45 | 440106719289001 | 中国南方电网有限责任公司超高压输电公司 | 44 | 102756 |
| 46 | 440304708542518 | 中国移动通信集团广东有限公司深圳分公司 | 44 | 98453 |
| 47 | 440801707913938 | 中海石油（中国）有限公司湛江分公司 | 44 | 98397 |
| 48 | 440101190336428 | 广东省发展银行股份有限公司 | 44 | 94190 |
| 49 | 440300192278444 | 国信证券有限责任公司 | 44 | 93188 |
| 50 | 440301619290822 | 广东电网公司深圳供电局 | 44 | 88823 |
| 51 | 440682738591185 | 广东省石油企业集团南方石油化工有限公司 | 44 | 85837 |
| 52 | 440101734930290 | 联众（广州）不锈钢有限公司 | 44 | 84773 |
| 53 | 440103722457168 | 中国石油化工股份有限公司广东石油分公司 | 44 | 80664 |
| 54 | 440601708178082 | 中国移动通信集团广东有限公司佛山分公司 | 44 | 80200 |
| 55 | 442000617592341 | 完美（中国）日用品有限公司 | 44 | 76821 |
| 56 | 440306738817535 | 深圳富泰宏精密工业有限公司 | 44 | 72825 |
| 57 | 440705617733669 | ABB 新会低压开关有限公司 | 44 | 72444 |
| 58 | 440306763491848 | 新百丽鞋业（深圳）有限公司 | 44 | 72001 |
| 59 | 440301729878010 | 深圳市华富洋进出口有限公司 | 44 | 71929 |
| 60 | 44010676384341X | 中国南方电网有限责任公司 | 44 | 71526 |
| 61 | 440191618416948 | 箭牌糖果（中国）有限公司 | 44 | 69106 |
| 62 | 440301618817282 | 南海油脂工业（赤湾）有限公司 | 44 | 68566 |
| 63 | 440401632847138 | 珠海碧辟化工有限公司 | 44 | 66225 |
| 64 | 440300192365580 | 平安银行股份有限公司（平安银行） | 44 | 65723 |
| 65 | 440801770180773 | 广东中烟工业有限责任公司湛江卷烟厂 | 44 | 65501 |
| 66 | 440307618830559 | 广东核电合营有限公司 | 44 | 63233 |
| 67 | 440301192238549 | 招商证券股份有限公司 | 44 | 60408 |
| 68 | 440301455766379 | 中国建设银行股份有限公司深圳市分行 | 44 | 60085 |
| 69 | 440300445769023 | 中国银行股份有限公司深圳市分行 | 44 | 60076 |
| 70 | 440306761967961 | 群康科技（深圳）有限公司 | 44 | 59929 |
| 71 | 440703712362560 | 江门市大长江集团有限公司 | 44 | 59916 |

续表

| 序号 | 企业代码 | 企业名称 | 地区 | 实纳税额 |
|---|---|---|---|---|
| 72 | 440100890328787 | 中国银行股份有限公司广东省分行 | 44 | 58891 |
| 73 | 440104190348824 | 广州铁路（集团）公司 | 44 | 58784 |
| 74 | 440106762916947 | 中国石油天然气股份有限公司华南销售分公司 | 44 | 58737 |
| 75 | 440401618390629 | 广东省珠海发电厂有限公司 | 44 | 57657 |
| 76 | 440307715281416 | 艾默生网络能源有限公司 | 44 | 57186 |
| 77 | 440301279398406 | 深圳市怡亚通供应链股份有限公司 | 44 | 55781 |
| 78 | 441623707674375 | 广东大顶铁矿股份有限公司 | 44 | 55684 |
| 79 | 441788796213641 | 嘉吉粮油（阳江）有限公司 | 44 | 55123 |
| 80 | 440300192411663 | 广深铁路股份有限公司 | 44 | 54635 |
| 81 | 440102231228758 | 广州市华泰兴石油化工有限公司 | 44 | 53998 |
| 82 | 440101617405702 | 广东南华石油有限公司 | 44 | 53577 |
| 83 | 440191618419751 | 美赞臣营养品（中国）有限公司 | 44 | 51703 |
| 84 | 440307767580418 | 深圳市海思半导体有限公司 | 44 | 51121 |
| 85 | 440106190548279 | 广州富力地产股份有限公司 | 44 | 51018 |
| 86 | 440301192179593 | 中国烟草总公司深圳市公司 | 44 | 50031 |
| 87 | 440306192211290 | 深圳航空有限责任公司 | 44 | 49917 |
| 88 | 440300618884266 | 深圳远洋运输股份有限公司 | 44 | 48883 |
| 89 | 440101617406684 | 百事（中国）有限公司 | 44 | 48732 |
| 90 | 441900732186197 | 统一嘉吉（东莞）饲料蛋白科技有限公司 | 44 | 48626 |
| 91 | 44190073145791X | 广东烟草东莞市有限公司 | 44 | 48275 |
| 92 | 440101745962482 | 广州珠江啤酒股份有限公司 | 44 | 47593 |
| 93 | 440300455769852 | 交通银行股份有限公司深圳分行 | 44 | 47536 |
| 94 | 440104455352838 | 广州市房屋调换总站 | 44 | 47490 |
| 95 | 440194708346859 | 中海发展股份有限公司货轮公司 | 44 | 47267 |
| 96 | 440104190346511 | 中国对外贸易中心（集团） | 44 | 46964 |
| 97 | 440300733079852 | 深圳荣盛创新贸易有限公司 | 44 | 46918 |
| 98 | 440301618816706 | 深圳妈湾电力有限公司 | 44 | 42610 |
| 99 | 440102194945722 | 东凌集团有限公司 | 44 | 42530 |
| 100 | 440300192227030 | 深圳农村商业银行股份有限公司（深圳农村商业银行） | 44 | 42082 |

# 广西壮族自治区企业纳税百强排行榜

单位：万元

| 序号 | 企业代码 | 企业名称 | 地区 | 实纳税额 |
|---|---|---|---|---|
| 1 | 450100198222644 | 广西中烟工业有限责任公司 | 45 | 461420 |
| 2 | 450205715187622 | 柳州钢铁股份有限公司 | 45 | 193497 |
| 3 | 450200708731386 | 上汽通用五菱汽车股份有限公司 | 45 | 125234 |
| 4 | 450600715191891 | 大海粮油工业（防城港）有限公司 | 45 | 117627 |
| 5 | 450100718890786 | 中国移动通信集团广西有限公司 | 45 | 106615 |
| 6 | 451222715180527 | 龙滩水电开发有限公司 | 45 | 68249 |
| 7 | 451023737615325 | 中国铝业股份有限公司广西分公司 | 45 | 58743 |
| 8 | 450100711428783 | 国家开发银行广西壮族自治区分行 | 45 | 55126 |
| 9 | 451302199882548 | 广西八一铁合金（集团）有限责任公司 | 45 | 50530 |
| 10 | 450704739966997 | 广西东油沥青有限公司 | 45 | 47506 |
| 11 | 450991619723149 | 广西玉柴机器股份有限公司 | 45 | 46447 |
| 12 | 450100198222855 | 广西电网公司 | 45 | 37794 |
| 13 | 451302619303021 | 广西来宾法资发电有限公司 | 45 | 34491 |
| 14 | 450100898221888 | 广西电网公司南宁供电局 | 45 | 32570 |
| 15 | 450502199305695 | 中国石油化工股份有限公司北海分公司 | 45 | 30808 |
| 16 | 450300198857017 | 燕京啤酒（桂林漓泉）股份有限公司 | 45 | 29874 |
| 17 | 450681667025839 | 东兴市金源百和贸易有限公司 | 45 | 29749 |
| 18 | 450704753730999 | 钦州大洋粮油有限公司 | 45 | 29438 |
| 19 | 450200198606509 | 东风柳州汽车有限公司 | 45 | 28743 |
| 20 | 450100898222573 | 中国建设银行股份有限公司广西区分行 | 45 | 28161 |
| 21 | 450323742076047 | 桂林康密劳铁合金有限公司 | 45 | 23494 |
| 22 | 450100198320391 | 南宁糖业股份有限公司 | 45 | 22375 |
| 23 | 450201198585373 | 广西柳州钢铁（集团）公司 | 45 | 21060 |
| 24 | 45010089828087X | 中国工商银行股份有限公司广西壮族自治区分行营业部 | 45 | 20526 |
| 25 | 450901715156228 | 中国移动通信集团广西有限公司玉林分公司 | 45 | 18476 |
| 26 | 450100198228800 | 广西壮族自治区烟草公司南宁市公司 | 45 | 17517 |
| 27 | 450300198888809 | 桂林三金药业股份有限公司 | 45 | 17049 |
| 28 | 450100898230186 | 中国建设银行股份有限公司广西区分行营业部 | 45 | 17039 |
| 29 | 451229201093549 | 大唐岩滩水力发电有限责任公司 | 45 | 16131 |
| 30 | 451200718852210 | 河池市南方有色冶炼有限责任公司 | 45 | 16125 |
| 31 | 450300198229766 | 广西壮族自治区烟草公司桂林市公司 | 45 | 15957 |
| 32 | 450300619386429 | 桂林 NEC 无线通信有限公司 | 45 | 15937 |
| 33 | 451002198229635 | 广西壮族自治区烟草公司百色市公司 | 45 | 14851 |
| 34 | 451321718828392 | 广西桂冠开投电力有限责任公司 | 45 | 14216 |

续表

| 序号 | 企业代码 | 企业名称 | 地区 | 实纳税额 |
|---|---|---|---|---|
| 35 | 450704727674532 | 东方资源（钦州）有限公司 | 45 | 13924 |
| 36 | 451424785208134 | 中信大锰矿业有限责任公司大新分公司 | 45 | 13792 |
| 37 | 450600763079159 | 中电广西防城港电力有限公司 | 45 | 13578 |
| 38 | 450221785204483 | 柳州柳工挖掘机有限公司 | 45 | 13299 |
| 39 | 450991708650252 | 中国工商银行股份有限公司玉林分行 | 45 | 13289 |
| 40 | 450100198223268 | 国海证券有限责任公司 | 45 | 12867 |
| 41 | 450901200444546 | 广西正地建设发展有限公司 | 45 | 12656 |
| 42 | 450400753737824 | 广西长洲水电开发有限责任公司 | 45 | 12525 |
| 43 | 450100711494908 | 中国石油天然气股份有限公司广西销售分公司 | 45 | 12431 |
| 44 | 450100198223719 | 中房集团南宁房地产开发公司 | 45 | 12339 |
| 45 | 451421729776620 | 广西东门南华糖业有限责任公司 | 45 | 12070 |
| 46 | 450202198614605 | 广西建工集团第五建筑工程有限责任公司 | 45 | 11533 |
| 47 | 450821753728303 | 华润水泥（平南）有限公司 | 45 | 11467 |
| 48 | 450704756530407 | 国投钦州发电有限公司 | 45 | 11404 |
| 49 | 450800745137255 | 华润水泥（贵港）有限公司 | 45 | 11004 |
| 50 | 451229715159402 | 广西桂冠电力股份有限公司大化水力发电厂 | 45 | 10944 |
| 51 | 450100898229310 | 中国光大银行南宁分行 | 45 | 10653 |
| 52 | 450721796843299 | 灵山供电有限公司 | 45 | 10458 |
| 53 | 451200200898812 | 广西成源矿冶有限公司 | 45 | 10348 |
| 54 | 450991200422830 | 广西壮族自治区烟草公司玉林市公司 | 45 | 10179 |
| 55 | 450891198227509 | 广西贵糖（集团）股份有限公司 | 45 | 9740 |
| 56 | 450200735141808 | 柳州五菱汽车联合发展有限公司 | 45 | 9604 |
| 57 | 450300198874423 | 广西电网公司桂林供电局 | 45 | 9549 |
| 58 | 451221198230791 | 广西高峰矿业有限责任公司 | 45 | 9298 |
| 59 | 451221751239581 | 南丹县南方有色冶炼有限责任公司 | 45 | 9125 |
| 60 | 451423729744426 | 龙州南华糖业有限责任公司 | 45 | 9053 |
| 61 | 450202198229176 | 广西壮族自治区烟草公司柳州市公司 | 45 | 8839 |
| 62 | 451022200660775 | 中油广西田东石油化工总厂有限公司 | 45 | 8769 |
| 63 | 450300982686936 | 中国工商银行桂林分行 | 45 | 8666 |
| 64 | 450205723064200 | 柳州化工股份有限公司 | 45 | 8361 |
| 65 | 450800747964887 | 广西贵港钢铁集团有限公司 | 45 | 8189 |
| 66 | 451025796831773 | 广西信发铝电有限公司 | 45 | 8115 |
| 67 | 450222735157172 | 广西凤糖生化股份有限公司 | 45 | 8113 |
| 68 | 45080076308234X | 广西电网公司贵港供电局 | 45 | 7901 |
| 69 | 451302708678511 | 广西华锡集团股份有限公司来宾冶炼厂 | 45 | 7875 |
| 70 | 450991900442242 | 广西电网公司玉林供电局 | 45 | 7844 |
| 71 | 450100198376184 | 广西北部湾银行股份有限公司 | 45 | 7827 |

续表

| 序号 | 企业代码 | 企业名称 | 地区 | 实纳税额 |
|---|---|---|---|---|
| 72 | 450100779146731 | 上海浦东发展银行股份有限公司南宁分行 | 45 | 7822 |
| 73 | 450100708731343 | 南宁化工股份有限公司 | 45 | 7821 |
| 74 | 45103177595781X | 广西平班水电开发有限公司隆林分公司 | 45 | 7636 |
| 75 | 451421619523032 | 广西扶南东亚糖业有限公司 | 45 | 7576 |
| 76 | 450300198230636 | 桂林三花股份有限公司 | 45 | 7566 |
| 77 | 451302199881203 | 广西来宾东糖迁江有限公司 | 45 | 7427 |
| 78 | 450800200451711 | 广西壮族自治区烟草公司贵港市公司 | 45 | 7380 |
| 79 | 451281619302053 | 广西博庆食品有限公司 | 45 | 7296 |
| 80 | 450991768941051 | 燕京啤酒（玉林）有限公司 | 45 | 7200 |
| 81 | 45010077599109X | 广西永凯糖业有限责任公司 | 45 | 7099 |
| 82 | 451024759788489 | 广西华银铝业有限公司 | 45 | 7088 |
| 83 | 451025727650864 | 广西斯达特锰材料有限公司 | 45 | 7070 |
| 84 | 451102200340069 | 广西壮族自治区烟草公司贺州市公司 | 45 | 6950 |
| 85 | 450800675029186 | 贵港市祥云贸易有限公司 | 45 | 6929 |
| 86 | 451200708717437 | 广西电网公司河池供电局 | 45 | 6901 |
| 87 | 450100739954566 | 广西嘉和置业集团有限公司 | 45 | 6834 |
| 88 | 450400765810179 | 梧州神冠蛋白肠衣有限公司 | 45 | 6818 |
| 89 | 45060075122294X | 广西盛隆冶金有限公司 | 45 | 6734 |
| 90 | 450100718881425 | 中石化股份有限公司广西南宁石油分公司 | 45 | 6720 |
| 91 | 451421773883482 | 扶绥新宁海螺水泥有限责任公司 | 45 | 6702 |
| 92 | 451400619528079 | 广西崇左东亚糖业有限公司 | 45 | 6688 |
| 93 | 45020270875596X | 广西金嗓子有限责任公司 | 45 | 6654 |
| 94 | 450400199121458 | 广西壮族自治区烟草公司梧州市公司 | 45 | 6621 |
| 95 | 451002779109797 | 广西右江水利开发有限责任公司百色分公司 | 45 | 6535 |
| 96 | 451029718861977 | 广西劲达兴纸业有限公司 | 45 | 6521 |
| 97 | 451400619528044 | 广西驮卢东亚糖业有限公司 | 45 | 6474 |
| 98 | 450325779114043 | 兴安海螺水泥有限责任公司 | 45 | 6469 |
| 99 | 450800753742391 | 中国华电集团贵港发电有限公司 | 45 | 6432 |
| 100 | 451221900971849 | 广西华锡集团股份有限公司铜坑矿 | 45 | 6402 |

# 海南省企业纳税百强排行榜

单位：万元

| 序号 | 企业代码 | 企业名称 | 地区 | 实纳税额 |
|---|---|---|---|---|
| 1 | 469040754358922 | 中国石化海南炼油化工有限公司 | 46 | 110391 |
| 2 | 469026665111397 | 海南矿业联合有限公司 | 46 | 61022 |
| 3 | 469040620050666 | 海南金海浆纸业有限公司 | 46 | 56424 |
| 4 | 460100735841214 | 海南红塔卷烟有限责任公司 | 46 | 49277 |
| 5 | 460201201350496 | 三亚亚龙湾开发股份有限公司 | 46 | 42482 |
| 6 | 460100760375980 | 一汽海马汽车有限公司 | 46 | 32752 |
| 7 | 460100710920952 | 中国移动通信集团海南有限公司 | 46 | 27345 |
| 8 | 469007754363393 | 中海石油建滔化工有限公司 | 46 | 22433 |
| 9 | 469003774259016 | 儋州永航不锈钢有限公司 | 46 | 21766 |
| 10 | 469007721234704 | 中海石油化学股份有限公司 | 46 | 21035 |
| 11 | 460100901253195 | 国家开发银行海南分行 | 46 | 19108 |
| 12 | 460100201242022 | 中国烟草总公司海南省公司 | 46 | 18676 |
| 13 | 460108620025161 | 海南航空股份有限公司 | 46 | 18576 |
| 14 | 46902372129781X | 海南福山油田勘探开发有限责任公司 | 46 | 16343 |
| 15 | 469023793114699 | 华能海南发电股份有限公司海口电厂 | 46 | 12483 |
| 16 | 469023708838618 | 海南中海油气有限公司 | 46 | 11524 |
| 17 | 469007730086213 | 海洋石油富岛有限公司 | 46 | 11200 |
| 18 | 469040293807683 | 先锋医药股份有限公司 | 46 | 10884 |
| 19 | 460100708853578 | 椰树集团海南椰汁饮料有限公司 | 46 | 10815 |
| 20 | 460100201245514 | 海南电网海口供应公司 | 46 | 10410 |
| 21 | 460000747752876 | 海南鸿洲置业集团股份有限公司 | 46 | 10291 |
| 22 | 46010062000810X | 海南亚洲太平洋酿酒有限公司 | 46 | 9932 |
| 23 | 460100284013566 | 中信医药实业有限公司 | 46 | 9657 |
| 24 | 460100713864511 | 中国石油化工股份有限公司海南石油分公司 | 46 | 9010 |
| 25 | 460201620110673 | 三亚鹿回头旅游区开发有限公司 | 46 | 8600 |
| 26 | 469040620015983 | 海南洋浦发展有限公司 | 46 | 8105 |
| 27 | 460200786618733 | 三亚安国海岸建设投资有限公司 | 46 | 7955 |
| 28 | 469040721285763 | 海南四环医药有限公司 | 46 | 7925 |
| 29 | 460000747783517 | 三亚国光投资置业有限公司 | 46 | 7918 |
| 30 | 460031735804448 | 昌江中稷大地矿业有限公司 | 46 | 7852 |
| 31 | 460100754396339 | 海南盛之业高新技术有限公司 | 46 | 7814 |
| 32 | 460100721225584 | 海南中通化工进出口有限公司 | 46 | 7770 |
| 33 | 460100201357380 | 先声药业有限公司 | 46 | 7504 |
| 34 | 469040721281869 | 中海海南发电有限公司 | 46 | 7387 |

续表

| 序号 | 企业代码 | 企业名称 | 地区 | 实纳税额 |
| --- | --- | --- | --- | --- |
| 35 | 460100713806039 | 海南电网公司 | 46 | 7018 |
| 36 | 469005708854191 | 海南白马广告媒体投资有限公司 | 46 | 7015 |
| 37 | 460100201295861 | 海南省烟草公司海口公司 | 46 | 6655 |
| 38 | 46904079872498X | 神威药业（海南）有限公司 | 46 | 6460 |
| 39 | 46010071381539X | 海南养生堂保健品有限公司 | 46 | 6301 |
| 40 | 460100767460977 | 海南华巍医药有限公司 | 46 | 6250 |
| 41 | 469028786644843 | 海南雅居乐房地产开发有限公司 | 46 | 6237 |
| 42 | 469040742563275 | 洋浦南华糖业销售有限公司 | 46 | 6233 |
| 43 | 460100747776106 | 海口市城市建设投资有限公司 | 46 | 5804 |
| 44 | 460100793119924 | 中国电信股份有限公司海口分公司 | 46 | 5565 |
| 45 | 460100901242509 | 中国建设银行股份有限公司海南省分行 | 46 | 5382 |
| 46 | 460031294123400 | 国投海南水泥有限责任公司 | 46 | 5365 |
| 47 | 460100767471932 | 海南康联药业有限公司 | 46 | 5079 |
| 48 | 460100284077535 | 中海（海南）海盛船务股份有限公司 | 46 | 5066 |
| 49 | 46010062000933X | 海南惠普森医药生物技术有限公司 | 46 | 4932 |
| 50 | 460100201290016 | 椰树集团海口罐头厂有限公司 | 46 | 4463 |
| 51 | 460200742554539 | 海南南山文化旅游开发有限公司 | 46 | 4460 |
| 52 | 46902376745477X | 澄迈华盛天涯水泥有限公司 | 46 | 4378 |
| 53 | 469040713802337 | 海南洋浦森茂石化进出口有限公司 | 46 | 4345 |
| 54 | 460100767457225 | 海南　汽海马汽车销售有限公司 | 46 | 4299 |
| 55 | 460100742589256 | 海南海峡航运股份有限公司 | 46 | 4219 |
| 56 | 460108201266454 | 中国南方航空股份有限公司海南分公司 | 46 | 4180 |
| 57 | 460100294122950 | 粤海铁路有限责任公司 | 46 | 3965 |
| 58 | 46010090125258X | 中国银行股份有限公司海南省分行 | 46 | 3922 |
| 59 | 460100293732896 | 海南美亚实业有限公司 | 46 | 3772 |
| 60 | 460027754388662 | 澄迈赞华货运有限公司 | 46 | 3742 |
| 61 | 460100201246306 | 海南省第二建筑工程公司 | 46 | 3685 |
| 62 | 469040774286524 | 海南金红叶纸业有限公司 | 46 | 3670 |
| 63 | 46010062006446X | 海南金盘电气有限公司 | 46 | 3637 |
| 64 | 469040665121106 | 海南省洋浦开发建设控股有限公司 | 46 | 3537 |
| 65 | 460100767488603 | 海南凯健医药有限公司 | 46 | 3535 |
| 66 | 469040747753051 | 海南亚洲太平洋酿酒有限公司洋浦分公司 | 46 | 3508 |
| 67 | 460100742550597 | 金元证券股份有限公司 | 46 | 3451 |
| 68 | 460200754399353 | 三亚东锣岛地产有限公司 | 46 | 3396 |
| 69 | 460100620006083 | 海南海宇锡板工业有限公司 | 46 | 3383 |
| 70 | 460000620110710 | 三亚天域实业有限公司 | 46 | 3354 |
| 71 | 460200754371334 | 三亚（首都机场）投资开发有限公司 | 46 | 3353 |

续表

| 序号 | 企业代码 | 企业名称 | 地区 | 实纳税额 |
|---|---|---|---|---|
| 72 | 460100284077383 | 海南椰岛（集团）股份有限公司 | 46 | 3233 |
| 73 | 460201735825273 | 海南瑞泽新型建材股份有限公司 | 46 | 3204 |
| 74 | 469026201244001 | 海南钢铁公司 | 46 | 3185 |
| 75 | 460040713800761 | 国投远东航运有限公司 | 46 | 3140 |
| 76 | 460100620312099 | 海南养生堂药业有限公司 | 46 | 3128 |
| 77 | 46900720164497X | 国电海南大广坝发电有限公司 | 46 | 3105 |
| 78 | 469026754398027 | 昌江华盛天涯水泥有限公司 | 46 | 3089 |
| 79 | 460100786600912 | 海口老虎高尔夫用品有限公司 | 46 | 3061 |
| 80 | 46010074776472X | 海南建桥置业有限公司 | 46 | 2931 |
| 81 | 460100730051264 | 海南通用三洋药业有限公司 | 46 | 2926 |
| 82 | 460100742560664 | 海南快克药业有限公司 | 46 | 2842 |
| 83 | 460100665146725 | 海南海控燃料化学股份有限公司 | 46 | 2842 |
| 84 | 469040760384633 | 洋浦浙海海运股份有限公司 | 46 | 2792 |
| 85 | 46904073006847X | 海南洋浦海悦药业有限公司 | 46 | 2767 |
| 86 | 460200901341822 | 中国建设银行有限公司三亚分行 | 46 | 2741 |
| 87 | 469005793118884 | 海南三佳润业贸易有限公司 | 46 | 2729 |
| 88 | 460100201246891 | 海南省第一建筑工程公司 | 46 | 2707 |
| 89 | 460100620013400 | 海南优美内衣有限公司 | 46 | 2668 |
| 90 | 460100201244781 | 海南省第五建筑工程公司 | 46 | 2665 |
| 91 | 460100284031692 | 海南碧凯药业有限公司 | 46 | 2639 |
| 92 | 46020177426531X | 中国南方航空股份有限公司三亚分公司 | 46 | 2559 |
| 93 | 460201742596018 | 三亚海韵实业发展有限公司 | 46 | 2559 |
| 94 | 460006767462956 | 海南金溪物业服务有限公司万宁分公司 | 46 | 2512 |
| 95 | 460100708873536 | 海南康芝药业有限公司 | 46 | 2460 |
| 96 | 460100730059864 | 中国联合网络通信有限公司海南省分公司 | 46 | 2423 |
| 97 | 460108735835535 | 海南英大房地产开发有限公司 | 46 | 2420 |
| 98 | 46010029412581X | 海南椰树制罐工业有限公司 | 46 | 2395 |
| 99 | 460108201306436 | 海口海甸岛房地产开发总公司 | 46 | 2335 |
| 100 | 460100735835092 | 海南瑞利工业有限公司 | 46 | 2328 |

# 重庆市企业纳税百强排行榜

单位：万元

| 序号 | 企业代码 | 企业名称 | 地区 | 实纳税额 |
|---|---|---|---|---|
| 1 | 500904709375109 | 长安福特马自达汽车有限公司 | 50 | 393980 |
| 2 | 500107902846275 | 重庆市电力公司杨家坪供电局 | 50 | 212981 |
| 3 | 500102711619686 | 重庆烟草工业有限责任公司涪陵卷烟厂 | 50 | 117360 |
| 4 | 500114711640768 | 重庆烟草工业有限责任公司黔江分厂 | 50 | 109707 |
| 5 | 500108203155686 | 重庆烟草工业有限责任公司重庆卷烟厂 | 50 | 101502 |
| 6 | 500902202856659 | 重庆市电力公司 | 50 | 98758 |
| 7 | 500904902887456001 | 中国工商银行重庆市分行 | 50 | 97055 |
| 8 | 500104202852965 | 重庆钢铁股份有限公司 | 50 | 88797 |
| 9 | 500902621900167 | 重庆长安铃木汽车有限公司 | 50 | 75423 |
| 10 | 5009053736550152 | 中国移动通信集团重庆有限公司 | 50 | 62996 |
| 11 | 500904902887456 | 中国工商银行股份有限公司重庆市分行 | 50 | 57439 |
| 12 | 500902202831558 | 重庆高速公路发展有限公司 | 50 | 50134 |
| 13 | 50010520286320X | 重庆长安汽车股份有限公司 | 50 | 49032 |
| 14 | 500105202804090 | 中国烟草总公司重庆市公司 | 50 | 40845 |
| 15 | 500102742895659 | 重庆新涪食品有限公司 | 50 | 33290 |
| 16 | 500103902819736 | 中国建设银行股份有限公司重庆市分行 | 50 | 32589 |
| 17 | 500115202803768 | 中国石化集团四川维尼纶厂 | 50 | 28254 |
| 18 | 500103902855550 | 中国农业银行重庆市分行 | 50 | 26838 |
| 19 | 500103902800832 | 中国石油天然气股份有限公司重庆销售分公司 | 50 | 26168 |
| 20 | 500107621917575 | 重庆 ABB 变压器有限公司 | 50 | 23021 |
| 21 | 500902621909196 | 庆铃汽车股份有限公司 | 50 | 22357 |
| 22 | 500902X21900091 | 华能重庆珞璜发电有限责任公司 | 50 | 21725 |
| 23 | 500902621910672 | 重庆康明斯发动机有限公司 | 50 | 21660 |
| 24 | 500103902820921 | 国家开发银行重庆市分行 | 50 | 20958 |
| 25 | 500905202823566 | 重庆啤酒股份有限公司 | 50 | 20366 |
| 26 | 500112202806301 | 重庆鲁能开发（集团）有限公司 | 50 | 17382 |
| 27 | 500103202805720000 | 重庆国际信托有限公司 | 50 | 17234 |
| 28 | 500115621912213 | 扬子江乙酰化工有限公司 | 50 | 16571 |
| 29 | 500243753067066 | 重庆大唐国际彭水水电开发有限公司 | 50 | 15383 |
| 30 | 500105795882579 | 重庆海尔家电销售有限公司 | 50 | 14689 |
| 31 | 500903709410891 | 格力电器（重庆）有限公司 | 50 | 14282 |
| 32 | 500383709321338 | 重庆紫光化工股份有限公司 | 50 | 14259 |
| 33 | 500903203115190 | 重庆华宇物业（集团）有限公司 | 50 | 13844 |
| 34 | 500103747472233 | 中冶赛迪工程技术股份有限公司 | 50 | 13698 |

续表

| 序号 | 企业代码 | 企业名称 | 地区 | 实纳税额 |
|---|---|---|---|---|
| 35 | 500110756210702 | 重庆南桐矿业有限责任公司 | 50 | 13438 |
| 36 | 500105784203710 | 重庆富力城房地产开发有限公司 | 50 | 12994 |
| 37 | 50090479352898X | 保利（重庆）投资实业有限公司高尔夫花园分公司 | 50 | 12985 |
| 38 | 500905774893738 | 重庆兴龙湖置地发展有限公司 | 50 | 12814 |
| 39 | 500103902879755 | 中国银行股份有限公司重庆市分行 | 50 | 12773 |
| 40 | 500105902856078 | 中国烟草总公司重庆市公司销售分公司 | 50 | 12572 |
| 41 | 500104621900765 | 重庆国际复合材料有限公司 | 50 | 12297 |
| 42 | 500222747473375 | 重庆松藻煤电有限责任公司 | 50 | 12204 |
| 43 | 500111745344545 | 上汽依维柯红岩商用车有限公司 | 50 | 11587 |
| 44 | 500112202833449 | 重庆龙湖地产发展有限公司 | 50 | 11427 |
| 45 | 500904621911253 | 重庆顶益食品有限公司 | 50 | 10944 |
| 46 | 500902621900263 | 重庆建设·雅马哈摩托车有限公司 | 50 | 10626 |
| 47 | 500102208500610 | 太极集团重庆涪陵制药厂有限公司 | 50 | 9619 |
| 48 | 500105203296729 | 重庆市中基进出口有限公司 | 50 | 9564 |
| 49 | 50010420280308X | 重庆长征重工有限责任公司 | 50 | 9558 |
| 50 | 500105709386748 | 兴业银行股份有限公司重庆分行 | 50 | 9133 |
| 51 | 500101711693974 | 重庆三峡银行股份有限公司 | 50 | 9062 |
| 52 | 500103774879442 | 华夏银行股份有限公司重庆大坪支行 | 50 | 9016 |
| 53 | 500904747497473 | 重庆奥林匹克花园置业有限公司 | 50 | 9001 |
| 54 | 50038462125509X | 重庆市博赛矿业（集团）股份有限公司 | 50 | 8814 |
| 55 | 500902203290298 | 重庆成渝高速公路有限公司 | 50 | 8736 |
| 56 | 500103902819752 | 中国建设银行重庆市分行营业部 | 50 | 8502 |
| 57 | 500103500902203291 | 西南证券股份有限公司 | 50 | 8195 |
| 58 | 500102711656065 | 中化重庆涪陵化工有限公司 | 50 | 7739 |
| 59 | 500230793542319 | 重庆紫光天然气化工有限公司 | 50 | 7737 |
| 60 | 500103709375352 | 中国联合网络通信有限公司重庆市分公司 | 50 | 7628 |
| 61 | 500230908750709 | 中国人寿保险有限公司丰都县支公司 | 50 | 7603 |
| 62 | 500112753087972 | 中国国际航空股份有限公司重庆分公司 | 50 | 7579 |
| 63 | 500234621193896 | 重庆白鹤电力有限责任公司 | 50 | 7316 |
| 64 | 50011370943915X | 重庆大江信达车辆股份有限公司 | 50 | 7041 |
| 65 | 500105203049808 | 重庆智飞生物制品有限公司 | 50 | 7003 |
| 66 | 500229668914080 | 重庆泰正矿产资源开发有限公司 | 50 | 6972 |
| 67 | 500902621908775 | 重庆海德世拉索系统（集团）有限公司 | 50 | 6970 |
| 68 | 500902795878318 | 川渝中烟工业公司重庆卷烟营销分部 | 50 | 6950 |
| 69 | 500107203134500 | 国网能源开发有限公司重庆发电厂 | 50 | 6922 |
| 70 | 50011375006381X | 重庆宗申发动机制造有限公司 | 50 | 6894 |
| 71 | 500102203296251 | 重庆建峰工业集团有限公司 | 50 | 6885 |

续表

| 序号 | 企业代码 | 企业名称 | 地区 | 实纳税额 |
|---|---|---|---|---|
| 72 | 500105745331031 | 金融街重庆置业有限公司 | 50 | 6741 |
| 73 | 500108750072249 | 重庆拉法基水泥有限公司 | 50 | 6602 |
| 74 | 500103202800743 | 重庆市公路运输（集团）公司 | 50 | 6528 |
| 75 | 500107736554903 | 重庆市佳乐九龙房地产开发有限公司 | 50 | 6521 |
| 76 | 50010390285585X | 华夏银行股份有限公司重庆分行 | 50 | 6475 |
| 77 | 500107202802925 | 西南铝业（集团）有限责任公司 | 50 | 6434 |
| 78 | 500106765904087 | 重庆畅达交通基础设施发展有限公司 | 50 | 6407 |
| 79 | 500384742891535 | 重庆市南川区先锋氧化铝有限公司 | 50 | 6386 |
| 80 | 500103902869178－10 | 中国农业银行重庆市渝中支行 | 50 | 6279 |
| 81 | 500112756209971 | 重庆机场集团有限公司 | 50 | 6244 |
| 82 | 500108903162406 | 中国工商银行股份有限公司重庆南岸支行 | 50 | 6218 |
| 83 | 500103450395679 | 重庆市城市建设投资公司 | 50 | 6198 |
| 84 | 500115781577477 | 重庆国际复合材料有限公司长寿分公司 | 50 | 6093 |
| 85 | 500108903192998 | 中国农业银行重庆市南岸支行 | 50 | 6082 |
| 86 | 500115762697238 | 建滔天然气化工（重庆）有限公司 | 50 | 6052 |
| 87 | 500106202809772 | 西南药业股份有限公司 | 50 | 6050 |
| 88 | 50090320288617X | 重庆渝高科技产业（集团）股份有限公司 | 50 | 6037 |
| 89 | 500112902856916 | 重庆市电力公司江北供电局 | 50 | 6011 |
| 90 | 500113739821587 | 重庆航天巴山摩托车制造有限公司 | 50 | 5989 |
| 91 | 500105621979944 | 重庆市金科实业（集团）有限公司 | 50 | 5959 |
| 92 | 500109745323074 | 重庆海宇置业（集团）有限公司 | 50 | 5924 |
| 93 | 500107202815072 | 广厦重庆第一建筑（集团）有限公司 | 50 | 5909 |
| 94 | 500905202884326 | 重庆华邦制药股份有限公司 | 50 | 5906 |
| 95 | 500106902846347 | 重庆市电力公司沙坪坝供电局 | 50 | 5883 |
| 96 | 500101793519258 | 重庆宜化化工有限公司 | 50 | 5882 |
| 97 | 500114781599019 | 重庆乌江电力有限公司 | 50 | 5842 |
| 98 | 500106450402728 | 煤炭科学研究总院重庆研究院 | 50 | 5797 |
| 99 | 500381750095061 | 潍柴动力股份有限公司重庆分公司 | 50 | 5774 |
| 100 | 50090290290739X | 中国农业发展银行重庆市分行 | 50 | 5723 |

# 四川省企业纳税百强排行榜

单位：万元

| 序号 | 企业代码 | 企业名称 | 地区 | 实纳税额 |
|---|---|---|---|---|
| 1 | 510112793957784 | 四川烟草工业有限责任公司 | 51 | 532347 |
| 2 | 510108713006509 | 四川一汽丰田汽车有限公司 | 51 | 358864 |
| 3 | 510104621601108 | 四川省电力公司 | 51 | 257094 |
| 4 | 510122772989760 | 中国国际航空股份有限公司西南分公司 | 51 | 255773 |
| 5 | 511502208852472 | 四川省宜宾五粮液供销有限公司 | 51 | 126644 |
| 6 | 510198735866286 | 中国移动通信集团四川有限公司 | 51 | 113148 |
| 7 | 510402204360956 | 攀枝花新钢钒股份有限公司 | 51 | 108954 |
| 8 | 510108675795796 | 中国石油集团川庆钻探工程有限公司 | 51 | 84692 |
| 9 | 510105201911513 | 四川省烟草公司成都市公司 | 51 | 80454 |
| 10 | 511502744682825 | 四川省宜宾五粮液酒厂有限公司 | 51 | 74169 |
| 11 | 510104901861983 | 中国人寿保险股份有限公司四川省分公司 | 51 | 67895 |
| 12 | 510108711890652 | 中国石油股份有限公司西南油气田分公司 | 51 | 62322 |
| 13 | 510700205412308 | 四川长虹电器股份有限公司 | 51 | 61905 |
| 14 | 510105711890927 | 中国石油天然气股份有限公司四川销售分公司 | 51 | 59993 |
| 15 | 51040272322100X | 攀枝花钢铁有限责任公司 | 51 | 53877 |
| 16 | 510500904713417 | 泸州老窖股份有限公司销售公司 | 51 | 51570 |
| 17 | 510112752323857 | 川渝中烟工业公司 | 51 | 49196 |
| 18 | 510402201808348 | 二滩水电开发有限责任公司 | 51 | 45350 |
| 19 | 510198755974671 | 成都世纪城新国际会展中心有限公司 | 51 | 44259 |
| 20 | 510105990720292 | 国家开发银行股份有限公司四川省分行 | 51 | 42169 |
| 21 | 511102720850126 | 四川新光硅业科技有限责任公司 | 51 | 37886 |
| 22 | 51150270916714X | 四川省宜宾五粮液集团进出口有限公司 | 51 | 37689 |
| 23 | 510402204359621 | 攀钢集团矿业有限公司 | 51 | 36463 |
| 24 | 510500204755181 | 泸州老窖酿酒有限责任公司 | 51 | 34168 |
| 25 | 511024727447487 | 威远钢铁有限公司 | 51 | 31129 |
| 26 | 510105633142770 | 成都银行股份有限公司 | 51 | 30474 |
| 27 | 513401213000370 | 四川省烟草公司凉山分公司 | 51 | 30398 |
| 28 | 510109742262413 | 四川航空股份有限公司 | 51 | 30325 |
| 29 | 510302620729185 | 东方锅炉（集团）股份有限公司 | 51 | 28410 |
| 30 | 510198720350287 | 中海兴业（成都）发展有限公司 | 51 | 25900 |
| 31 | 510104621704027 | 成都神钢建设机械有限公司 | 51 | 25516 |
| 32 | 510198762277030 | 成都人居置业有限公司 | 51 | 25075 |
| 33 | 511502709066285 | 四川省宜宾普什集团有限公司 | 51 | 24628 |
| 34 | 51170021015119X | 达州电业局 | 51 | 23541 |

续表

| 序号 | 企业代码 | 企业名称 | 地区 | 实纳税额 |
|---|---|---|---|---|
| 35 | 510115202456540 | 成都印钞公司 | 51 | 22929 |
| 36 | 51150220885067X | 宜宾天原集团股份有限公司 | 51 | 22878 |
| 37 | 510108765397812 | 四川石油管理局川西钻探公司 | 51 | 22426 |
| 38 | 510403204354847 | 攀枝花煤业（集团）有限责任公司 | 51 | 22274 |
| 39 | 511600289562433 | 四川广安发电有限责任公司 | 51 | 22103 |
| 40 | 510124765364121 | 成都聚锦商贸有限公司 | 51 | 22080 |
| 41 | 510105201811328 | 华西证券有限责任公司 | 51 | 21871 |
| 42 | 513423213150192 | 四川省盐源县平川铁矿 | 51 | 21712 |
| 43 | 510601735892505 | 二重集团（德阳）重型装备股份有限公司 | 51 | 21412 |
| 44 | 510104740325097 | 华润置地（成都）有限公司 | 51 | 19474 |
| 45 | 510601671415848 | 东方电气集团东方电机有限公司 | 51 | 18815 |
| 46 | 51010770928264X | 四川蓝光和骏实业股份有限公司 | 51 | 18276 |
| 47 | 510500754707221 | 中海沥青（四川）有限公司 | 51 | 17409 |
| 48 | 510112749729549 | 成都神钢工程机械（集团）有限公司 | 51 | 17240 |
| 49 | 510198737710541 | 成都高新置业有限公司 | 51 | 16753 |
| 50 | 519000901804241 | 中国建设银行股份有限公司成都新华支行 | 51 | 16615 |
| 51 | 510304744678172 | 四川汇维仕化纤有限公司 | 51 | 16284 |
| 52 | 519000765055994 | 中国移动通信集团四川有限公司成都分公司 | 51 | 16188 |
| 53 | 511111206953042 | 国电大渡河流域水电开发有限公司龚嘴水力发电总厂 | 51 | 15931 |
| 54 | 511301714426775 | 中国石油西南油气田分公司南充炼油化工总厂 | 51 | 15779 |
| 55 | 511790210253460 | 四川省达州钢铁集团有限责任公司 | 51 | 15773 |
| 56 | 511700210150744 | 四川达竹煤电（集团）有限责任公司 | 51 | 15467 |
| 57 | 510500204709783 | 四川省烟草公司泸州市公司 | 51 | 15284 |
| 58 | 510500204706718 | 泸州老窖股份有限公司 | 51 | 15224 |
| 59 | 510122672154010 | 中国电信股份有限公司双流分公司 | 51 | 15119 |
| 60 | 511181207451765 | 四川峨胜水泥股份有限公司 | 51 | 15078 |
| 61 | 510402793968264 | 中冶实久建设有限公司 | 51 | 14681 |
| 62 | 513425733390640 | 凉山矿业股份有限公司 | 51 | 14559 |
| 63 | 519000711886821 | 四川蜀渝石油建筑安装工程有限责任公司 | 51 | 14449 |
| 64 | 510198901995412 | 成都电业局高新供电局 | 51 | 14247 |
| 65 | 519000901843478 | 中国农业发展银行四川省分行 | 51 | 14188 |
| 66 | 511111207106953 | 四川德胜集团钢铁有限公司 | 51 | 14173 |
| 67 | 510402204352390 | 攀钢集团钢城企业总公司 | 51 | 13981 |
| 68 | 519000X21601534 | 中国建设银行股份有限公司成都岷江支行 | 51 | 13946 |
| 69 | 510683205258558 | 四川绵竹剑南春酒厂有限公司 | 51 | 13723 |
| 70 | 513426213300787 | 四川省烟草公司凉山州公司会东营销部 | 51 | 13675 |
| 71 | 510683205250521 | 东方电气集团东方汽轮机有限公司 | 51 | 13634 |

续表

| 序号 | 企业代码 | 企业名称 | 地区 | 实纳税额 |
|---|---|---|---|---|
| 72 | 510700205400956 | 四川省烟草公司绵阳市分公司 | 51 | 13439 |
| 73 | 51010720189926X | 四川成渝高速公路股份有限公司 | 51 | 13284 |
| 74 | 513401729807108 | 攀钢集团西昌新钢业有限公司 | 51 | 12800 |
| 75 | 510106201821446 | 攀钢集团国际经济贸易有限公司 | 51 | 12770 |
| 76 | 510107762322348 | 中国航空集团建设开发有限公司西南分公司 | 51 | 12747 |
| 77 | 510104X21607362 | 中信银行股份有限公司成都分行 | 51 | 12447 |
| 78 | 51010672341539X | 四川水井坊股份有限公司 | 51 | 12414 |
| 79 | 510121782660010 | 国电成都金堂发电有限公司 | 51 | 12337 |
| 80 | 510105201961940 | 国金证券股份有限公司 | 51 | 12084 |
| 81 | 510602205119929 | 四川省烟草公司德阳市公司 | 51 | 12044 |
| 82 | 510121723425766 | 成都野生世界有限公司 | 51 | 11982 |
| 83 | 511600709134794 | 广安电业局 | 51 | 11887 |
| 84 | 51180021090215X | 四川华能宝兴河电力股份有限公司 | 51 | 11825 |
| 85 | 510802205817698 | 华电四川发电有限公司宝珠寺水力发电厂 | 51 | 11759 |
| 86 | 513401213001015 | 重庆钢铁集团矿业有限公司太和铁矿 | 51 | 11596 |
| 87 | 519000709151842 | 中国光大银行股份有限公司成都分行 | 51 | 11556 |
| 88 | 510113202285163 | 川化股份有限公司 | 51 | 11536 |
| 89 | 510106730207126 | 中铁二院工程集团有限责任公司 | 51 | 11446 |
| 90 | 510104201930562 | 成都王府井百货有限公司 | 51 | 11173 |
| 91 | 510500746920743 | 四川泸天化绿源醇业有限责任公司 | 51 | 11145 |
| 92 | 51011420260067X | 四川科伦药业股份有限公司 | 51 | 11056 |
| 93 | 510107784700688 | 四川新辰实业有限公司 | 51 | 10982 |
| 94 | 510402204367525 | 攀枝花市商业银行股份有限公司 | 51 | 10951 |
| 95 | 510107201937211 | 成都城市燃气有限责任公司 | 51 | 10920 |
| 96 | 513324720857088 | 四川里伍铜业股份有限公司 | 51 | 10829 |
| 97 | 51130120945007X | 四川省烟草公司南充市公司 | 51 | 10438 |
| 98 | 51179076505975X | 四川达兴能源股份有限公司 | 51 | 10427 |
| 99 | 510411752326927 | 攀枝花市恒鼎煤焦化有限公司 | 51 | 10338 |
| 100 | 510115620854656 | 四川维奥制药有限公司 | 51 | 10198 |

# 贵州省企业纳税百强排行榜

单位：万元

| 序号 | 企业代码 | 企业名称 | 地区 | 实纳税额 |
|---|---|---|---|---|
| 1 | 520100214412588 | 贵州中烟工业有限责任公司 | 52 | 907971 |
| 2 | 520382755389528 | 贵州茅台酒销售有限公司 | 52 | 240776 |
| 3 | 52038271430580X | 贵州茅台酒股份有限公司 | 52 | 107924 |
| 4 | 520103750174528 | 瓮福国际贸易股份有限公司 | 52 | 92697 |
| 5 | 520302214760830 | 贵州省烟草公司遵义市公司 | 52 | 66138 |
| 6 | 522401215471045 | 贵州省烟草公司毕节地区公司 | 52 | 62248 |
| 7 | 520100214406188 | 贵州乌江水电开发有限责任公司 | 52 | 53053 |
| 8 | 520101761388505 | 中国移动通信集团贵州有限公司 | 52 | 41677 |
| 9 | 520113736615163 | 中国铝业股份有限公司贵州分公司 | 52 | 34824 |
| 10 | 520100709611191 | 贵州省烟草公司贵阳市公司 | 52 | 27611 |
| 11 | 522330009600299 | 贵州省烟草公司黔西南州公司 | 52 | 27542 |
| 12 | 52010121449398X | 贵阳市商业银行 | 52 | 26163 |
| 13 | 520100722102973 | 贵州西电电力股份有限公司 | 52 | 25116 |
| 14 | 522330215280564 | 中国南方电网有限责任公司调峰调频发电公司天生桥水力发电总厂 | 52 | 23770 |
| 15 | 520202662952035 | 贵州松河新成煤业复采有限责任公司 | 52 | 22431 |
| 16 | 522701216252186 | 贵州省烟草公司黔南州公司 | 52 | 21569 |
| 17 | 520100214402515 | 贵州电网公司 | 52 | 21565 |
| 18 | 522201215051390 | 贵州省烟草公司铜仁地区公司 | 52 | 21559 |
| 19 | 520202745718447 | 贵州粤黔电力有限责任公司 | 52 | 20320 |
| 20 | 520201214651669 | 贵州省烟草公司六盘水市公司 | 52 | 16274 |
| 21 | 522423750195142 | 贵州黔西中水发电有限公司 | 52 | 16219 |
| 22 | 520103214433290 | 贵州益佰制药股份有限公司 | 52 | 15999 |
| 23 | 522330730960791 | 天生桥一级水电开发有限责任公司水力发电厂 | 52 | 15466 |
| 24 | 520122750193745 | 贵阳中化开磷化肥有限公司 | 52 | 15455 |
| 25 | 520100766061456 | 贵州开磷化肥有限责任公司 | 52 | 15189 |
| 26 | 520101795274186 | 贵阳世纪金源房地产开发有限公司 | 52 | 13047 |
| 27 | 522702214419966 | 瓮福（集团）有限责任公司 | 52 | 12482 |
| 28 | 520102622230513 | 贵阳南明老干妈风味食品有限责任公司 | 52 | 12256 |
| 29 | 520202736611728 | 盘县天能焦化有限公司 | 52 | 12202 |
| 30 | 520202622211451 | 贵州黔桂发电有限责任公司 | 52 | 12005 |
| 31 | 522422750183651 | 贵州大方发电有限公司 | 52 | 11297 |
| 32 | 520321770563563 | 贵州鸭溪发电有限公司 | 52 | 11116 |
| 33 | 520402215650158 | 贵州省烟草公司安顺市公司 | 52 | 11070 |
| 34 | 520100714307389 | 中国石油化工股份有限公司贵州石油分公司 | 52 | 11070 |

续表

| 序号 | 企业代码 | 企业名称 | 地区 | 实纳税额 |
|---|---|---|---|---|
| 35 | 522628766092105 | 贵州清水江水电有限公司 | 52 | 9981 |
| 36 | 520302214763476 | 遵义供电局 | 52 | 9568 |
| 37 | 522601214402531 | 贵州凯里供电局 | 52 | 9172 |
| 38 | 520100766084623 | 永贵能源开发有限责任公司 | 52 | 8967 |
| 39 | 522601709568576 | 贵州省烟草公司黔东南州公司 | 52 | 8819 |
| 40 | 522297755364662 | 贵州华电大龙发电有限公司 | 52 | 8557 |
| 41 | 520202750176419 | 贵州盘南煤炭开发有限责任公司 | 52 | 8546 |
| 42 | 520422215652284 | 国电安顺发电有限公司 | 52 | 7482 |
| 43 | 520402214402515 | 安顺市供电局 | 52 | 7361 |
| 44 | 520181755364566 | 贵州华能焦华制气股份有限公司 | 52 | 7155 |
| 45 | 520102714302561 | 贵州宏立城房地产开发有限公司 | 52 | 7088 |
| 46 | 52010121441265X | 贵州省桥梁工程总公司 | 52 | 7009 |
| 47 | 520330215030207 | 贵州省习水县习酒销售公司 | 52 | 6931 |
| 48 | 520303214852153 | 贵州海尔电器有限公司 | 52 | 6860 |
| 49 | 522325730977278 | 贵州紫金矿业股份有限公司 | 52 | 6843 |
| 50 | 520497215650676 | 贵州百灵企业集团制药股份有限公司 | 52 | 6806 |
| 51 | 520101214466447 | 中天城投集团股份有限公司 | 52 | 6481 |
| 52 | 520114775310290 | 贵州同济堂制药有限公司 | 52 | 6414 |
| 53 | 520101214415201 | 贵州省公路工程集团总公司 | 52 | 6354 |
| 54 | 520101730989690 | 中国移动通信集团贵州有限公司贵阳分公司 | 52 | 6318 |
| 55 | 520301722143732 | 遵义市商业银行股份有限公司 | 52 | 6212 |
| 56 | 520201761398754 | 贵州水矿西洋焦化有限公司 | 52 | 6196 |
| 57 | 520101214481647 | 中国工商银行股份有限公司贵阳南明支行 | 52 | 6059 |
| 58 | 520181214402590 | 贵州华电清镇发电有限公司 | 52 | 6026 |
| 59 | 520100741116035 | 贵州中电电力有限责任公司 | 52 | 5999 |
| 60 | 522427722197845 | 威宁县二塘福利铁业有限公司 | 52 | 5980 |
| 61 | 520100761353863 | 贵州北盘江电力股份有限公司 | 52 | 5878 |
| 62 | 520330215032800 | 贵州茅台酒厂（集团）习酒有限责任公司 | 52 | 5718 |
| 63 | 522330215281110 | 兴义供电局 | 52 | 5717 |
| 64 | 520202750194713 | 六盘水市盘县淤泥乡湾田煤矿 | 52 | 5485 |
| 65 | 520301214780129 | 中建四局第三建筑工程有限公司 | 52 | 5471 |
| 66 | 52030273095894X | 遵义钛业股份有限公司 | 52 | 5464 |
| 67 | 520101914452505 | 中国建设银行股份有限公司贵阳河滨支行 | 52 | 5427 |
| 68 | 520100722105429 | 中石油天然气股份有限公司贵州销售分公司 | 52 | 5397 |
| 69 | 522601215900380 | 中国国电集团公司凯里发电厂 | 52 | 5381 |
| 70 | 520103214435085 | 贵州永吉印务股份有限公司 | 52 | 5247 |
| 71 | 522322662964052 | 兴仁县下山镇远程煤矿 | 52 | 5160 |

续表

| 序号 | 企业代码 | 企业名称 | 地区 | 实纳税额 |
|---|---|---|---|---|
| 72 | 520121789776825 | 贵州开磷集团矿肥有限责任公司 | 52 | 5154 |
| 73 | 520302214789203 | 贵州钢绳股份有限公司 | 52 | 5006 |
| 74 | 520101770590342 | 贵州金元发电运营有限公司 | 52 | 4733 |
| 75 | 520100770561779 | 贵州前进轮胎销售有限公司 | 52 | 4698 |
| 76 | 520103662955703 | 贵阳云岩华星电器有限责任公司 | 52 | 4628 |
| 77 | 520113214411665 | 中国铝业公司贵州铝厂 | 52 | 4612 |
| 78 | 520424780183652 | 贵州永诚铁合金冶炼有限公司 | 52 | 4391 |
| 79 | 520302666991867 | 遵义氯碱股份有限公司 | 52 | 4366 |
| 80 | 520221775337143 | 大唐贵州发耳发电有限公司 | 52 | 4330 |
| 81 | 520121722102025 | 贵州黔能天和磷业有限公司 | 52 | 4282 |
| 82 | 520101914401695 | 中国银行股份有限公司贵州省分行 | 52 | 4271 |
| 83 | 520302214402603 | 贵州华电遵义发电有限公司 | 52 | 4263 |
| 84 | 520100914400748 | 中国国电集团公司贵阳发电厂 | 52 | 4257 |
| 85 | 520423714303759 | 贵州红星发展股份有限公司 | 52 | 4209 |
| 86 | 520101709675355 | 中国农业银行贵阳市新华支行 | 52 | 4058 |
| 87 | 520100214493242 | 贵阳海信电子有限公司 | 52 | 3974 |
| 88 | 520101709667064 | 贵州航空有限公司 | 52 | 3973 |
| 89 | 522730709595865 | 贵州亚冶铁合金有限责任公司 | 52 | 3896 |
| 90 | 52038170960790X | 贵州赤天化股份有限公司 | 52 | 3881 |
| 91 | 52270275538003X | 邦泰（贵州）铁合金有限公司 | 52 | 3851 |
| 92 | 520303714342598 | 中国移动通信集团贵州有限公司遵义分公司 | 52 | 3850 |
| 93 | 520202722193596 | 盘县红果镇红果煤矿 | 52 | 3819 |
| 94 | 522325736637485 | 贵州锦丰矿业有限公司 | 52 | 3800 |
| 95 | 520100214400501 | 贵州化肥工业公司 | 52 | 3747 |
| 96 | 522301215280484 | 中国建设银行股份有限公司黔西南州分行 | 52 | 3733 |
| 97 | 52038121440027X | 贵州赤天化集团有限责任公司 | 52 | 3605 |
| 98 | 520321755350172 | 老干妈风味食品有限责任公司遵义分公司 | 52 | 3558 |
| 99 | 520101761364669 | 中国电信股份有限公司贵阳分公司 | 52 | 3547 |
| 100 | 520181214402662 | 中国国电集团公司红枫水力发电厂 | 52 | 3539 |

# 云南省企业纳税百强排行榜

单位：万元

| 序号 | 企业代码 | 企业名称 | 地区 | 实纳税额 |
|---|---|---|---|---|
| 1 | 53040121766326X | 红塔烟草（集团）有限责任公司 | 53 | 2040335 |
| 2 | 530102781651462 | 红云烟草（集团）有限责任公司 | 53 | 1891234 |
| 3 | 532526217870138 | 红河烟草（集团）有限责任公司 | 53 | 564970 |
| 4 | 530601216970591 | 红河烟草（集团）有限责任公司昭通卷烟厂 | 53 | 244189 |
| 5 | 530103713405825 | 云南电网公司 | 53 | 152829 |
| 6 | 530301217222042 | 云南省烟草公司曲靖市公司 | 53 | 139269 |
| 7 | 530111760417482 | 中国移动通信集团云南有限公司 | 53 | 126533 |
| 8 | 53011221655183X | 云南云天化国际化工股份有限公司 | 53 | 123624 |
| 9 | 530103216593597 | 云南省烟草公司昆明市公司 | 53 | 96338 |
| 10 | 530111291981370 | 云南省卷烟烤烟交易市场 | 53 | 92379 |
| 11 | 532301217430343 | 云南省烟草公司楚雄州公司 | 53 | 82626 |
| 12 | 530401217660501 | 云南省烟草公司玉溪市公司 | 53 | 79990 |
| 13 | 532901218651543 | 云南省烟草公司大理州公司 | 53 | 75423 |
| 14 | 532526218032822 | 云南省烟草公司红河州公司 | 53 | 67564 |
| 15 | 530103216568762 | 云南铜业（集团）有限公司 | 53 | 63276 |
| 16 | 530181757160292 | 武钢集团昆明钢铁股份有限公司 | 53 | 57932 |
| 17 | 530112709705745 | 云南铜业股份有限公司 | 53 | 46400 |
| 18 | 530103622600772 | 中国农业银行云南省分行 | 53 | 45843 |
| 19 | 530301713464526 | 云南驰宏锌锗股份有限公司 | 53 | 45235 |
| 20 | 530601216970583 | 云南省烟草公司昭通市公司 | 53 | 40484 |
| 21 | 530103734296728 | 云南南磷集团进出口有限公司 | 53 | 39389 |
| 22 | 530103719449490 | 华能澜沧江水电有限公司 | 53 | 39303 |
| 23 | 532621218170205 | 云南省烟草公司文山州公司 | 53 | 38816 |
| 24 | 530502218920651 | 云南省烟草公司保山市公司 | 53 | 38624 |
| 25 | 530103719408277 | 中国石油化工股份有限公司云南石油分公司 | 53 | 37893 |
| 26 | 53010391652092X | 云南电网公司昆明供电局 | 53 | 37748 |
| 27 | 530181719479411 | 云南昆钢国际贸易有限公司 | 53 | 33616 |
| 28 | 530102622600270 | 中国工商银行股份有限公司云南省分行 | 53 | 33299 |
| 29 | 530111216586610 | 昆明中铁大型养路机械集团有限公司 | 53 | 30603 |
| 30 | 53012121658149X | 云南铝业股份有限公司 | 53 | 30205 |
| 31 | 530102216558329 | 国投云南大朝山水电有限公司 | 53 | 29484 |
| 32 | 53011121653292X | 云南省烟草烟叶公司 | 53 | 28311 |
| 33 | 530421709812276 | 云南江磷集团股份有限公司 | 53 | 28086 |
| 34 | 53010271348608X | 国家开发银行股份有限公司云南省分行 | 53 | 26703 |

续表

| 序号 | 企业代码 | 企业名称 | 地区 | 实纳税额 |
|---|---|---|---|---|
| 35 | 532331738073484 | 云南德胜钢铁有限公司 | 53 | 25753 |
| 36 | 53010221652214X | 云南白药集团股份有限公司 | 53 | 25606 |
| 37 | 530112745278904 | 云南明晨进出口有限公司 | 53 | 25502 |
| 38 | 530427757184315 | 玉溪大红山矿业有限公司 | 53 | 24992 |
| 39 | 533325713401912 | 云南金鼎锌业有限公司 | 53 | 24787 |
| 40 | 530325748281375 | 云南滇东能源有限责任公司 | 53 | 24746 |
| 41 | 530103734309760 | 红塔证券股份有限公司 | 53 | 24591 |
| 42 | 532501917903260 | 云南锡业股份有限公司冶炼分公司 | 53 | 24006 |
| 43 | 53011162260081X | 昆明铁路局 | 53 | 22360 |
| 44 | 53010321654957X | 云南兴化经贸有限责任公司 | 53 | 22077 |
| 45 | 530381738062005 | 国电宣威发电有限责任公司 | 53 | 22042 |
| 46 | 530328781658066 | 云南大为制焦有限公司 | 53 | 19650 |
| 47 | 530122216524401 | 云南磷化集团有限公司 | 53 | 18995 |
| 48 | 532522217954016 | 蒙自矿冶有限责任公司 | 53 | 18668 |
| 49 | 53080221835117X | 云南省烟草公司普洱市公司 | 53 | 18645 |
| 50 | 530381797240748 | 曲靖市烟草公司宣威分公司 | 53 | 18615 |
| 51 | 53230171949315X | 云南楚雄矿冶股份有限公司 | 53 | 18020 |
| 52 | 530922219540992 | 华能漫湾水电厂 | 53 | 16488 |
| 53 | 530112216529085 | 昆明城建房地产开发股份有限公司 | 53 | 16241 |
| 54 | 530113772668027 | 昆明金水铜冶炼有限公司 | 53 | 15567 |
| 55 | 530181753552053 | 昆明万辉房地产开发有限公司 | 53 | 15301 |
| 56 | 530301217220565 | 云南电网公司曲靖供电局 | 53 | 14494 |
| 57 | 530111292109664 | 富滇银行股份有限公司 | 53 | 14347 |
| 58 | 530902753581559 | 临沧南华晶莹糖业有限公司 | 53 | 14005 |
| 59 | 53040275718303X | 玉溪新兴钢铁有限公司 | 53 | 13898 |
| 60 | 530630291993726 | 云南云天化股份有限公司 | 53 | 13828 |
| 61 | 530427217790744 | 玉溪矿业有限公司 | 53 | 13746 |
| 62 | 532823750684544 | 勐腊县新山矿业开发有限责任公司 | 53 | 13154 |
| 63 | 530402217660202 | 云南电网公司玉溪供电局 | 53 | 13089 |
| 64 | 530103216529149 | 云南中烟物资（集团）有限责任公司 | 53 | 12986 |
| 65 | 532502917940440 | 云南省小龙潭矿务局布沼坝露天矿 | 53 | 12961 |
| 66 | 532522917888419 | 云南电网公司红河供电局 | 53 | 12772 |
| 67 | 530111778579826 | 中国东方航空股份有限公司云南分公司 | 53 | 12756 |
| 68 | 530181719402000 | 昆明钢铁集团有限责任公司 | 53 | 12482 |
| 69 | 532621709829203 | 云南文山电力股份有限公司 | 53 | 12140 |
| 70 | 530111622603252 | 昆明酸醋纤维有限公司 | 53 | 12050 |
| 71 | 530181741452231 | 安宁市永昌钢铁有限公司 | 53 | 11831 |

续表

| 序号 | 企业代码 | 企业名称 | 地区 | 实纳税额 |
|---|---|---|---|---|
| 72 | 530112734302489 | 昆明伟建彩印有限公司 | 53 | 11059 |
| 73 | 530102709711504 | 云南国际信托有限公司 | 53 | 10873 |
| 74 | 530502713406801 | 云南保山电力股份有限公司 | 53 | 10830 |
| 75 | 532625218270644 | 云南华联锌股份有限公司 | 53 | 10820 |
| 76 | 532522757180699 | 红河钢铁有限公司 | 53 | 10682 |
| 77 | 530112741474211 | 昆明万达房地产有限公司 | 53 | 10568 |
| 78 | 530111622602196 | 沈机集团昆明机床股份有限公司 | 53 | 10491 |
| 79 | 530103731230416 | 招商银行昆明分行 | 53 | 10327 |
| 80 | 530101719406626 | 中国移动通信集团云南有限公司昆明分公司 | 53 | 10286 |
| 81 | 530328767086188 | 曲靖大为焦化制供气有限公司 | 53 | 10231 |
| 82 | 530902219480037 | 云南省烟草公司临沧市公司 | 53 | 10001 |
| 83 | 530112753568995 | 云南东源煤业集团有限公司 | 53 | 9966 |
| 84 | 533102750696414 | 云南德宏英茂糖业有限公司 | 53 | 9903 |
| 85 | 532923709844016 | 云南祥云飞龙有色金属股份有限公司 | 53 | 9608 |
| 86 | 530103916530378 | 中国银行股份有限公司云南省分行 | 53 | 9263 |
| 87 | 532526218030069 | 红河州烟草公司弥勒分公司 | 53 | 9092 |
| 88 | 532901770477235 | 中国移动通信集团云南有限公司大理分公司 | 53 | 8985 |
| 89 | 530102727294134 | 中信银行股份有限公司昆明分行 | 53 | 8976 |
| 90 | 530111916567074 | 昆明焦化制气厂 | 53 | 8847 |
| 91 | 532331767066259 | 楚雄德胜煤化工有限公司 | 53 | 8796 |
| 92 | 530125216875172 | 国电阳宗海发电有限公司 | 53 | 8720 |
| 93 | 530181763885871 | 云南天宁矿业有限公司 | 53 | 8572 |
| 94 | 530328753553128 | 国投曲靖发电有限公司 | 53 | 8431 |
| 95 | 530301748289238 | 云南曲靖华福钢铁有限公司 | 53 | 8384 |
| 96 | 53250273431106X | 云南解化集团有限公司 | 53 | 8349 |
| 97 | 53080278168458X | 云南思茅山水铜业有限公司 | 53 | 8344 |
| 98 | 532326772658734 | 云南楚雄矿冶股份有限公司六苴经营部 | 53 | 8326 |
| 99 | 530103431363209 | 昆明市建筑设计研究院有限责任公司 | 53 | 8296 |
| 100 | 53230170980273X | 云南电网公司楚雄供电局 | 53 | 8286 |

# 陕西省企业纳税百强排行榜

单位：万元

| 序号 | 企业代码 | 企业名称 | 地区 | 实纳税额 |
|---|---|---|---|---|
| 1 | 619000713594558 | 中国石油天然气股份有限公司长庆油田分公司 | 61 | 935801 |
| 2 | 610690220568570 | 陕西延长石油（集团）有限责任公司 | 61 | 594977 |
| 3 | 610198220562750 | 陕西中烟工业公司 | 61 | 469906 |
| 4 | 610890770043971 | 中国神华能源有限责任公司神东煤炭分公司 | 61 | 305862 |
| 5 | 610802016082725 | 中国农业银行榆林分行 | 61 | 210332 |
| 6 | 610521664102114 | 金堆城钼业股份有限公司矿冶分公司 | 61 | 140341 |
| 7 | 619000710072607 | 陕西省电力公司 | 61 | 124044 |
| 8 | 610824783669017 | 延长石油（集团）榆林核算部 | 61 | 122073 |
| 9 | 610690783684735 | 延长油田股份有限公司 | 61 | 115775 |
| 10 | 610190735354889 | 中国移动通信集团陕西有限公司 | 61 | 103414 |
| 11 | 610190623100825 | 西安杨森制药有限公司 | 61 | 77140 |
| 12 | 610626223720646 | 延长油田股份有限公司吴起采油厂 | 61 | 69772 |
| 13 | 610498727375006 | 中石油天然气公司长庆石化分公司 | 61 | 58101 |
| 14 | 610625223690125 | 延长油田股份有限公司永宁采油厂 | 61 | 57155 |
| 15 | 61900071009796X | 长庆石油勘探局 | 61 | 50406 |
| 16 | 610104709902132 | 金堆城钼业股份有限公司销售分公司 | 61 | 49679 |
| 17 | 610103220522345 | 中铁一局集团有限公司 | 61 | 47531 |
| 18 | 610632296129953 | 黄陵矿业集团有限责任公司 | 61 | 40984 |
| 19 | 610190220600163 | 陕西省烟草公司西安市公司 | 61 | 37840 |
| 20 | 610825224120933 | 陕西延长油田股份有限公司定边采油厂 | 61 | 37719 |
| 21 | 619000755219369 | 西北电网有限公司 | 61 | 35447 |
| 22 | 610602223531132 | 延长油田股份有限公司南泥湾采油厂 | 61 | 34391 |
| 23 | 61009092052005X | 中国工商银行股份有限公司陕西省分行 | 61 | 33172 |
| 24 | 610190294204008 | 比亚迪汽车有限公司 | 61 | 32463 |
| 25 | 610090294468046 | 西安市商业银行股份有限公司 | 61 | 32199 |
| 26 | 610198713595630 | 中国石油天然气股份有限公司陕西销售分公司 | 61 | 31614 |
| 27 | 610190100023824 | 永安财产保险股份有限公司 | 61 | 29816 |
| 28 | 610427222010829 | 彬县煤炭有限责任公司 | 61 | 28334 |
| 29 | 610624223660380 | 延长油田股份有限公司杏子川钻采公司 | 61 | 27846 |
| 30 | 610103920523699 | 中国建设银行股份有限公司陕西省分行 | 61 | 27749 |
| 31 | 610581661193700 | 陕西龙门钢铁有限责任公司 | 61 | 27572 |
| 32 | 610115628001738 | 西安陕鼓动力股份有限公司 | 61 | 26864 |
| 33 | 619000220526151 | 陕西地方电力（集团）公司 | 61 | 26363 |
| 34 | 610824748626505 | 延长油田股份有限公司靖边采油厂 | 61 | 25736 |

续表

| 序号 | 企业代码 | 企业名称 | 地区 | 实纳税额 |
|---|---|---|---|---|
| 35 | 610821755247976 | 陕西国华锦界能源有限责任公司 | 61 | 25642 |
| 36 | 610090920520148 | 国家开发银行陕西省分行 | 61 | 25042 |
| 37 | 610103920524878 | 中国农业银行陕西省分行 | 61 | 24228 |
| 38 | 610490623747768 | 陕西渭河发电有限公司 | 61 | 24018 |
| 39 | 610104726284858 | 西安西开高压电气股份有限公司 | 61 | 23486 |
| 40 | 610821223959550 | 神东天隆集团有限责任公司煤炭运销分公司 | 61 | 21090 |
| 41 | 610104730431187 | 陕西法士特齿轮有限责任公司 | 61 | 20848 |
| 42 | 610521220532244 | 金堆城钼业集团有限公司 | 61 | 19840 |
| 43 | 610112294463050 | 青岛啤酒西安汉斯集团有限公司 | 61 | 19241 |
| 44 | 610322220592466 | 陕西宝鸡第二发电有限责任公司 | 61 | 19213 |
| 45 | 610190220530206 | 西安印钞厂 | 61 | 18943 |
| 46 | 610090712576923 | 中国光大银行西安分行 | 61 | 18932 |
| 47 | 610581222160683 | 陕西韩城矿务局 | 61 | 18906 |
| 48 | 61020292114093X | 铜川矿务局煤炭运输销售公司 | 61 | 18037 |
| 49 | 610632770040586 | 陕西黄陵二号煤矿有限公司 | 61 | 17991 |
| 50 | 619000742815049 | 中国石油集团测井有限公司 | 61 | 17626 |
| 51 | 610090719782242 | 西部证券股份有限公司 | 61 | 17580 |
| 52 | 610198220611778 | 西安西电国际工程有限责任公司 | 61 | 17562 |
| 53 | 610104220601553 | 西安西电变压器有限责任公司 | 61 | 17479 |
| 54 | 610428741280695 | 陕西长武亭南煤业有限责任公司 | 61 | 16454 |
| 55 | 610103623110601 | 西安铁路局 | 61 | 16303 |
| 56 | 610891770025546 | 中国神华能源股份有限公司神朔铁路分公司 | 61 | 16232 |
| 57 | 610802223937204 | 陕西榆林天然气化工有限责任公司 | 61 | 15764 |
| 58 | 610821671527778 | 陕西煤化工集团孙家岔龙华矿业有限公司 | 61 | 15428 |
| 59 | 610623223630755 | 延长油田股份有限公司瓦窑堡采油厂 | 61 | 15344 |
| 60 | 610526222160878 | 陕西省蒲白矿务局 | 61 | 15258 |
| 61 | 619000741280740 | 中国石化销售有限公司西北分公司 | 61 | 15201 |
| 62 | 610304732645971 | 宝鸡法士特齿轮有限责任公司 | 61 | 14688 |
| 63 | 610197220594875 | 陕西省天然气股份有限公司 | 61 | 14326 |
| 64 | 610112220602871 | 中国石油化工股份有限公司西安石化分公司 | 61 | 14298 |
| 65 | 610498221703834 | 陕西省烟草公司咸阳市公司 | 61 | 14077 |
| 66 | 610627223750490 | 延长油矿股份有限公司下寺湾采油厂 | 61 | 13861 |
| 67 | 610526294207807 | 陕西华电蒲城发电有限责任公司 | 61 | 13732 |
| 68 | 610902222910202 | 陕西省烟草公司安康市公司 | 61 | 13638 |
| 69 | 610103920520236 | 中国银行股份有限公司陕西省分行 | 61 | 13418 |
| 70 | 610890671529239 | 榆林神华能源有限责任公司 | 61 | 13418 |
| 71 | 610103742801536 | 西安开元商城有限公司 | 61 | 13360 |

续表

| 序号 | 企业代码 | 企业名称 | 地区 | 实纳税额 |
|---|---|---|---|---|
| 72 | 610390221308949 | 陕西省烟草公司宝鸡市公司 | 61 | 13307 |
| 73 | 610725727334028 | 陕西汉中钢铁集团有限公司 | 61 | 13121 |
| 74 | 610104100005183 | 中国东方航空股份有限公司西北分公司 | 61 | 13067 |
| 75 | 610398719757362 | 宝鸡石油钢管有限责任公司 | 61 | 12919 |
| 76 | 610581794142536 | 陕西黄河矿业（集团）有限责任公司 | 61 | 12800 |
| 77 | 61009092055556X | 招商银行股份有限公司西安分行 | 61 | 12792 |
| 78 | 610581294206660 | 大唐韩城第二发电有限责任公司 | 61 | 12729 |
| 79 | 610398727357545 | 中铁宝桥集团有限公司 | 61 | 12631 |
| 80 | 610090920607171 | 交通银行股份有限公司陕西省分行 | 61 | 12501 |
| 81 | 610322794115730 | 陕西东岭冶炼有限公司 | 61 | 12343 |
| 82 | 610427661156301 | 陕西彬长大佛寺矿业有限公司 | 61 | 12325 |
| 83 | 610581735356729 | 陕西海燕焦化（集团）有限责任公司 | 61 | 12280 |
| 84 | 61042976630960X | 陕西省旬邑县旬东煤业有限责任公司 | 61 | 12257 |
| 85 | 610427755244003 | 陕西火石咀煤矿有限责任公司 | 61 | 12248 |
| 86 | 610897223930184 | 陕西省烟草公司榆林市公司 | 61 | 12186 |
| 87 | 610197741272070 | 陕西重型汽车有限公司 | 61 | 11968 |
| 88 | 61082171005277X | 陕西省陕北矿业管理局韩家湾煤矿 | 61 | 11792 |
| 89 | 610621223570297 | 延长油田股份有限公司王家川采油厂 | 61 | 11743 |
| 90 | 610702295446631 | 陕西省烟草公司汉中市公司 | 61 | 11397 |
| 91 | 610590222161301 | 陕西省烟草公司渭南市公司 | 61 | 11339 |
| 92 | 610104220601000 | 西安西电电力整流器有限责任公司 | 61 | 11268 |
| 93 | 61010271019417X | 西安爱家商贸有限公司 | 61 | 11017 |
| 94 | 610481294207364 | 陕西兴化化学股份有限公司 | 61 | 10990 |
| 95 | 610582709974718 | 华能陕西秦岭发电有限公司 | 61 | 10921 |
| 96 | 610191775941850 | 中海兴业（西安）有限公司 | 61 | 10880 |
| 97 | 610303741294552 | 宝鸡石油机械有限责任公司 | 61 | 10697 |
| 98 | 610322713576579 | 陕西西凤酒集团股份有限公司 | 61 | 10573 |
| 99 | 610090920527091 | 中国人民财产保险股份有限公司陕西省分公司 | 61 | 10486 |
| 100 | 610490623231518 | 咸阳步长制药有限公司 | 61 | 10346 |

# 甘肃省企业纳税百强排行榜

单位：万元

| 序号 | 企业代码 | 企业名称 | 地区 | 实纳税额 |
|---|---|---|---|---|
| 1 | 620301224690952 | 金川集团有限公司 | 62 | 504677 |
| 2 | 620101224434895 | 甘肃烟草工业有限责任公司 | 62 | 292052 |
| 3 | 620200224641202 | 酒泉钢铁（集团）有限责任公司 | 62 | 140013 |
| 4 | 620101224335387 | 甘肃省电力公司 | 62 | 129932 |
| 5 | 620200710375659 | 甘肃酒钢集团宏兴钢铁股份有限公司 | 62 | 81785 |
| 6 | 622725739632348 | 甘肃华亭煤电股份有限公司 | 62 | 37629 |
| 7 | 622101712722124 | 中国石油玉门油田分公司 | 62 | 37075 |
| 8 | 620403224761810 | 靖远煤业集团有限责任公司 | 62 | 36153 |
| 9 | 620200739646707 | 嘉峪关宏晟电热有限责任公司 | 62 | 22937 |
| 10 | 620403624172476 | 靖远第二发电有限公司 | 62 | 22295 |
| 11 | 620101660036287 | 中国铝业股份有限公司兰州分公司 | 62 | 21010 |
| 12 | 620102712757642 | 中国石油天然气股份有限公司甘肃分公司 | 62 | 20648 |
| 13 | 620102712780981 | 中国移动通信集团甘肃有限公司兰州分公司 | 62 | 20120 |
| 14 | 620123745891055 | 酒钢集团榆中钢铁有限责任公司 | 62 | 19274 |
| 15 | 620102224332944 | 甘肃省烟草公司兰州市公司 | 62 | 19083 |
| 16 | 622624925730961 | 白银有色集团股份有限公司厂坝铅锌矿 | 62 | 18922 |
| 17 | 622821224371097 | 中国石油庆阳石化分公司 | 62 | 18410 |
| 18 | 620121681502232 | 中国铝业股份有限公司连城分公司 | 62 | 17018 |
| 19 | 622725225872264 | 华亭煤业集团有限责任公司 | 62 | 16473 |
| 20 | 622701224369878 | 华能平凉发电有限责任公司 | 62 | 16453 |
| 21 | 620402660043444 | 白银有色集团股份有限公司 | 62 | 16249 |
| 22 | 620101773428201 | 中国石油兰州石油化工公司 | 62 | 15647 |
| 23 | 620101712757386 | 国家开发银行股份有限公司甘肃省分行 | 62 | 14867 |
| 24 | 62040222476160X | 甘肃省电力公司白银供电公司 | 62 | 14411 |
| 25 | 620111224552058 | 窑街煤电集团有限公司 | 62 | 13262 |
| 26 | 620111710375560 | 方大炭素新材料科技股份有限公司 | 62 | 11044 |
| 27 | 620502224892730 | 甘肃省电力公司天水供电公司 | 62 | 11020 |
| 28 | 620101224348348 | 兰州生物制品研究所 | 62 | 10348 |
| 29 | 622201745886635 | 甘肃电投张掖发电有限责任公司 | 62 | 9481 |
| 30 | 620402224788917 | 国投甘肃小三峡发电有限公司大峡水电站 | 62 | 9460 |
| 31 | 620101712797011 | 兰州西固热电有限责任公司 | 62 | 9224 |
| 32 | 620403710375413 | 国电靖远发电有限公司 | 62 | 9187 |
| 33 | 620102924384016 | 中国工商银行股份有限公司兰州金城支行 | 62 | 9118 |
| 34 | 620103924330763 | 中国建设银行股份有限公司兰州电力支行 | 62 | 8842 |

续表

| 序号 | 企业代码 | 企业名称 | 地区 | 实纳税额 |
|---|---|---|---|---|
| 35 | 622923226320592 | 中国工商银行股份有限公司永靖支行 | 62 | 8832 |
| 36 | 620402789615925 | 甘肃华鹭铝业有限公司 | 62 | 8790 |
| 37 | 620101719034551 | 中国石油天然气股份有限公司西北销售兰州分公司 | 62 | 8612 |
| 38 | 620403224344785 | 甘肃靖远煤电股份有限公司 | 62 | 8216 |
| 39 | 620103762398326 | 兰州黄河嘉酿啤酒有限公司 | 62 | 8024 |
| 40 | 622101719037517 | 中石油有限公司西北销售玉门分公司 | 62 | 7919 |
| 41 | 620503739643151 | 天水星火机床有限责任公司 | 62 | 7243 |
| 42 | 622821710301270 | 甘肃长庆长建建设工程有限公司 | 62 | 7050 |
| 43 | 62262122567011X | 甘肃省烟草公司陇南分公司 | 62 | 6996 |
| 44 | 620121720274835 | 甘肃大唐国际连城发电有限责任公司 | 62 | 6962 |
| 45 | 620104720270893 | 中国石油管道涩宁兰销售分公司 | 62 | 6897 |
| 46 | 620502224891228 | 甘肃省烟草公司天水市公司 | 62 | 6893 |
| 47 | 620302224740665 | 甘肃省电力公司金昌供电公司 | 62 | 6816 |
| 48 | 622801226040726 | 甘肃省烟草公司庆阳市公司 | 62 | 6528 |
| 49 | 62030172024664X | 金川集团工程建设有限公司 | 62 | 6286 |
| 50 | 620301296790522 | 镍都实业公司 | 62 | 6257 |
| 51 | 622624710284140 | 甘肃小厂坝铅锌开发有限责任公司 | 62 | 6125 |
| 52 | 622724745868939 | 华亭煤业集团新柏煤矿有限责任公司 | 62 | 5801 |
| 53 | 620121750914434 | 腾达西北铁合金有限责任公司 | 62 | 5661 |
| 54 | 620502756558610 | 天水华天科技股份有限公司 | 62 | 5597 |
| 55 | 620302739622350 | 八冶建设集团有限公司 | 62 | 5356 |
| 56 | 620122762391730 | 国投甘肃小三峡发电有限公司小峡水电站 | 62 | 5312 |
| 57 | 623025710327542 | 甘肃玛曲格萨尔黄金实业股份有限公司 | 62 | 5277 |
| 58 | 620524750909985 | 天水祁连山水泥有限公司 | 62 | 5210 |
| 59 | 620102719069244 | 兰州强生医药有限责任公司 | 62 | 5190 |
| 60 | 620421750915111 | 甘肃稀土新材料股份有限公司 | 62 | 4943 |
| 61 | 620200756567509 | 甘肃省中宇国际贸易有限公司 | 62 | 4938 |
| 62 | 620200767726691 | 甘肃新精诚实业发展有限公司 | 62 | 4938 |
| 63 | 62032122474077X | 金昌铁业（集团）有限责任公司 | 62 | 4891 |
| 64 | 620123767715028 | 兰州金川金属材料技术有限公司 | 62 | 4850 |
| 65 | 620105784000788 | 甘肃国美物流有限公司 | 62 | 4840 |
| 66 | 620102778885380 | 兰州顶津食品有限公司 | 62 | 4765 |
| 67 | 620502712740680 | 中国移动通信集团甘肃有限公司天水分公司 | 62 | 4746 |
| 68 | 622923226320250 | 甘肃省电力公司刘家峡水电厂 | 62 | 4681 |
| 69 | 622301225400179 | 甘肃省电力公司武威供电公司 | 62 | 4681 |
| 70 | 622724225964556 | 华亭煤业集团新窑煤矿有限责任公司 | 62 | 4594 |
| 71 | 62010574586169X | 兰州黄河永通房地产开发有限公司 | 62 | 4590 |

续表

| 序号 | 企业代码 | 企业名称 | 地区 | 实纳税额 |
|---|---|---|---|---|
| 72 | 620702225250473 | 甘肃省电力公司张掖供电公司 | 62 | 4458 |
| 73 | 622625720251588 | 甘肃独一味生物制药股份有限公司 | 62 | 4420 |
| 74 | 620104720254041 | 中国石油西北润滑油销售分公司 | 62 | 4369 |
| 75 | 620402762380521 | 甘肃银光化学工业集团有限公司 | 62 | 4357 |
| 76 | 620102224421541 | 兰州燃气化工集团有限公司 | 62 | 4334 |
| 77 | 62040222476195X | 甘肃省烟草公司白银市公司 | 62 | 4261 |
| 78 | 622421225570688 | 甘肃省烟草公司定西市公司 | 62 | 4259 |
| 79 | 620523225000554 | 大唐甘谷发电厂 | 62 | 4232 |
| 80 | 620101720257525 | 兰州兰石机械设备有限责任公司 | 62 | 4184 |
| 81 | 62040277340885X | 白银有色金属（集团）有限责任公司 | 62 | 4143 |
| 82 | 620321710228851 | 金昌水泥（集团）有限责任公司 | 62 | 3981 |
| 83 | 620121720211551 | 中国航空西北地区空中交通管理局甘肃分局 | 62 | 3977 |
| 84 | 622923226321034 | 中国农业银行永靖县支行 | 62 | 3930 |
| 85 | 622701225870525 | 甘肃省烟草公司平凉市公司 | 62 | 3815 |
| 86 | 622923226320349 | 黄河上游水电开发有限责任公司陇电分公司 | 62 | 3698 |
| 87 | 620801767715095 | 中国移动通信集团甘肃有限公司平凉分公司 | 62 | 3627 |
| 88 | 622124767718392 | 肃北县鱼儿红乡牧工商有限公司 | 62 | 3618 |
| 89 | 620102224333402 | 甘肃省信托有限责任公司 | 62 | 3598 |
| 90 | 620402712736403 | 白银鑫源铁合金有限责任公司 | 62 | 3544 |
| 91 | 62010462417392X | 兰州路博润兰炼添加剂有限公司 | 62 | 3529 |
| 92 | 620401712736518 | 中国移动通信集团甘肃有限公司白银分公司 | 62 | 3496 |
| 93 | 620402762364417 | 甘肃银达化工有限公司 | 62 | 3427 |
| 94 | 620101224439397 | 国电兰州热电有限责任公司 | 62 | 3416 |
| 95 | 622624710284634 | 甘肃省成县天成工贸有限责任公司 | 62 | 3382 |
| 96 | 620200720294035 | 嘉峪关华峰建筑安装工程有限公司 | 62 | 3365 |
| 97 | 622301225401294 | 甘肃省烟草公司武威市公司 | 62 | 3323 |
| 98 | 62020077886597X | 嘉峪关汇丰工业制品有限责任公司 | 62 | 3319 |
| 99 | 622626225771076 | 大唐碧口水力发电厂 | 62 | 3261 |
| 100 | 620105224529093 | 甘肃蓝科石化高新装备股份有限公司 | 62 | 3259 |

# 青海省企业纳税百强排行榜

单位：万元

| 序号 | 企业代码 | 企业名称 | 地区 | 实纳税额 |
|---|---|---|---|---|
| 1 | 632820710925462 | 中油天然气股份有限公司青海油田分公司 | 63 | 188523 |
| 2 | 63280171055952X | 青海盐湖发展有限公司 | 63 | 67346 |
| 3 | 630104226581557 | 青海省电力公司 | 63 | 52857 |
| 4 | 630121710495888 | 青海桥头铝电有限公司 | 63 | 50537 |
| 5 | 632823710539334 | 青海庆华矿冶煤化集团有限公司 | 63 | 37262 |
| 6 | 632873710449283 | 西部矿业股份有限公司 | 63 | 30465 |
| 7 | 630121710494041 | 中国铝业股份有限公司青海分公司 | 63 | 24056 |
| 8 | 630105661936228 | 青海黄河上游水电开发有限责任公司 | 63 | 23774 |
| 9 | 630105226593945 | 西宁特殊钢股份有限公司 | 63 | 18175 |
| 10 | 630104226580888 | 中国烟草总公司青海省公司 | 63 | 17167 |
| 11 | 632823710541223 | 义马煤业集团青海省义海能源有限责任公司 | 63 | 17159 |
| 12 | 630105226631876 | 西宁供电公司 | 63 | 16490 |
| 13 | 632802710543421 | 青海碱业有限公司 | 63 | 15203 |
| 14 | 630104710412982 | 中石油天然气股份有限公司青海销售分公司 | 63 | 12525 |
| 15 | 630104710557161 | 国家开发银行股份有限公司青海省分行 | 63 | 11943 |
| 16 | 630103710561689 | 中国移动通信集团青海有限公司 | 63 | 10975 |
| 17 | 632801757449686 | 青海盐湖元通钾肥有限公司 | 63 | 10882 |
| 18 | 632801710529777 | 青海中信国安科技发展有限公司 | 63 | 10308 |
| 19 | 63280171059531X | 格尔木藏格钾肥有限公司 | 63 | 9809 |
| 20 | 632224710542912912 | 青海省奥凯煤业集团有限责任公司 | 63 | 8099 |
| 21 | 630121710545857 | 青海华电大通发电有限公司 | 63 | 7641 |
| 22 | 632621710525653 | 青海威斯特铜业有限责任公司 | 63 | 7281 |
| 23 | 630105757401789 | 青海矿冶科技有限责任公司 | 63 | 6852 |
| 24 | 630102710401554 | 青海银行股份有限公司 | 63 | 6414 |
| 25 | 630105713577934 | 黄河上游水电开发有限责任公司 | 63 | 6111 |
| 26 | 632801226593742 | 青海盐湖钾肥股份有限公司 | 63 | 5491 |
| 27 | 63320122659012X | 青海物通（集团）实业有限公司 | 63 | 5435 |
| 28 | 632871710531914 | 青海省茫崖康泰钾肥开发有限责任公司 | 63 | 5336 |
| 29 | 63282178140236X | 青海庆华煤化有限责任公司 | 63 | 5210 |
| 30 | 630104926581048 | 中国工商银行股份有限公司青海省分行 | 63 | 5066 |
| 31 | 63287371040064X | 青海大柴旦矿业有限公司 | 63 | 4583 |
| 32 | 632801226589938 | 青海盐湖工业集团股份有限公司 | 63 | 4431 |
| 33 | 630104926582171 | 中国农业银行青海省分行 | 63 | 4364 |
| 34 | 630104781416884 | 西宁国美电器有限公司 | 63 | 4223 |

续表

| 序号 | 企业代码 | 企业名称 | 地区 | 实纳税额 |
|---|---|---|---|---|
| 35 | 632821710405600 | 青海省盐业股份有限公司 | 63 | 3706 |
| 36 | 632801226592723 | 青海盐湖三元钾肥股份有限公司 | 63 | 3615 |
| 37 | 632801661908411 | 青海柴达木盐湖化工有限公司 | 63 | 3561 |
| 38 | 630121226580757 | 青海煤业集团有限责任公司 | 63 | 3550 |
| 39 | 632871710584565 | 茫崖兴元钾肥有限责任公司 | 63 | 3491 |
| 40 | 63010471040697X | 西宁中油燃气有限责任公司 | 63 | 3455 |
| 41 | 630103226597081 | 中国农业发展银行青海省分行 | 63 | 3441 |
| 42 | 632224710542912 | 青海省奥凯煤业发展集团有限责任公司 | 63 | 3405 |
| 43 | 632126757421245 | 青海互助青稞酒有限公司 | 63 | 3274 |
| 44 | 632801757426871 | 地矿集团格尔木盐湖资源开发有限公司 | 63 | 3021 |
| 45 | 633201661900014 | 青海黄河水电铝业经贸有限公司 | 63 | 2992 |
| 46 | 632223781415662 | 海晏瑞丰铁合金有限责任公司 | 63 | 2959 |
| 47 | 630103926580870 | 中国建设银行青海省分行营业部 | 63 | 2952 |
| 48 | 633201710522452 | 青海桥铝物贸有限责任公司 | 63 | 2948 |
| 49 | 630104710492820 | 青海路桥建设股份有限公司 | 63 | 2927 |
| 50 | 632224710538008 | 青海省西海煤炭开发有限责任公司 | 63 | 2883 |
| 51 | 632801227595790 | 青海东方优质氯化钾工业实验厂 | 63 | 2857 |
| 52 | 632823710564732 | 青海江仓能源发展有限公司 | 63 | 2824 |
| 53 | 632822710446015 | 青海西旺矿业开发有限公司 | 63 | 2806 |
| 54 | 632801227580097 | 青海瀚海集团有限公司 | 63 | 2800 |
| 55 | 633201226884195 | 青海西部矿业百河铝业有限责任公司 | 63 | 2795 |
| 56 | 633201781434898 | 青海珠峰锌业有限公司 | 63 | 2748 |
| 57 | 633201757409342 | 青海黄河嘉酿啤酒有限公司 | 63 | 2716 |
| 58 | 630123710547318 | 青海华新冶炼有限责任公司 | 63 | 2609 |
| 59 | 632801227595344 | 青海盐湖科技开发有限公司 | 63 | 2592 |
| 60 | 630105226580626 | 青海制药厂有限公司 | 63 | 2572 |
| 61 | 632121226800035 | 海东供电公司 | 63 | 2548 |
| 62 | 633201710542971 | 西宁伟业房地产开发有限公司 | 63 | 2540 |
| 63 | 632801710575730 | 中国移动通信集团青海有限公司格尔木分公司 | 63 | 2515 |
| 64 | 632823781432841 | 青海兴青集团天峻能源有限公司 | 63 | 2509 |
| 65 | 630121710411891 | 青海华鼎重型机床有限责任公司 | 63 | 2395 |
| 66 | 632322781407523 | 青海西部水电有限公司康扬分公司 | 63 | 2384 |
| 67 | 632801710402995 | 青海晶达科技股份有限公司 | 63 | 2371 |
| 68 | 630121710404560 | 青海水泥股份有限公司 | 63 | 2353 |
| 69 | 63010422658191X | 青海送变电工程公司 | 63 | 2342 |
| 70 | 630104926593786 | 中石油天然气股份公司青海西宁销售分公司 | 63 | 2289 |
| 71 | 630102710417417 | 青海省烟草公司西宁市公司 | 63 | 2261 |

续表

| 序号 | 企业代码 | 企业名称 | 地区 | 实纳税额 |
|---|---|---|---|---|
| 72 | 632523757419858 | 青海省贵强碳化硅集团有限责任公司 | 63 | 2214 |
| 73 | 632322710938829 | 青海大唐国际直岗拉卡水电开发有限公司 | 63 | 2200 |
| 74 | 632801781419559 | 青海柴达木地矿化工有限公司 | 63 | 2156 |
| 75 | 630102710511489 | 中铁二十一局集团第四工程有限公司 | 63 | 2114 |
| 76 | 632524710536547 | 青海赛什塘铜业有限责任公司 | 63 | 2069 |
| 77 | 632801781425350 | 格尔木川蓝钾肥有限公司 | 63 | 2064 |
| 78 | 630102710593322 | 青海省中房银川房地产开发有限责任公司 | 63 | 2049 |
| 79 | 630102926580715 | 中国银行股份有限公司青海省分行 | 63 | 2033 |
| 80 | 632801710593517 | 海西供电公司 | 63 | 1956 |
| 81 | 633201781421229 | 青海百通高纯材料开发有限公司 | 63 | 1941 |
| 82 | 632801927582384 | 中国银行股份有限公司格尔木分行 | 63 | 1896 |
| 83 | 633201757420533 | 黄河电力检修工程有限公司 | 63 | 1895 |
| 84 | 630104781446135 | 中国工商银行西宁中心广场支行 | 63 | 1791 |
| 85 | 630104926585217 | 青海第三路桥建设有限公司 | 63 | 1770 |
| 86 | 632322624860017 | 黄化供电公司 | 63 | 1765 |
| 87 | 632127710500333 | 化隆县先奇铝业有限公司 | 63 | 1636 |
| 88 | 630105226743552 | 青海洁神装备制造集团有限公司 | 63 | 1620 |
| 89 | 632822227640328 | 都兰县多金属矿业有限责任公司 | 63 | 1593 |
| 90 | 633201710503913 | 青海互助青稞酒销售有限公司 | 63 | 1556 |
| 91 | 632873927577307 | 中冶集团华冶资源开发有限公司锡铁山二矿 | 63 | 1528 |
| 92 | 63320171056701X | 西部矿业股份有限公司锌业分公司 | 63 | 1508 |
| 93 | 632873710541223 | 义海能源有限责任公司大煤沟矿 | 63 | 1437 |
| 94 | 633201710552205 | 中铝青海西部国际贸易有限公司 | 63 | 1386 |
| 95 | 630105757419620 | 黄河电力测试科技工程有限公司 | 63 | 1337 |
| 96 | 633201710564460 | 中国电信股份有限公司青海分公司 | 63 | 1313 |
| 97 | 633201757443110 | 青海宝龙祥煤炭经销有限公司 | 63 | 1303 |
| 98 | 632873227577090 | 青海省格尔木马海农工商有限公司 | 63 | 1296 |
| 99 | 63320178141781X | 青海维德铜业有限公司 | 63 | 1281 |
| 100 | 630103781439787 | 中国银河证券股份有限公司西宁湟光营业部 | 63 | 1261 |

# 宁夏回族自治区企业纳税百强排行榜

单位：万元

| 序号 | 企业代码 | 企业名称 | 地区 | 实纳税额 |
|---|---|---|---|---|
| 1 | 649602735972927 | 神华宁夏煤业集团有限责任公司 | 64 | 114640 |
| 2 | 640104227680151 | 宁夏电力公司 | 64 | 32592 |
| 3 | 640105227682712 | 中石油股份公司宁夏炼化公司 | 64 | 26542 |
| 4 | 640205710627078 | 国电宁夏石嘴山发电有限责任公司 | 64 | 21358 |
| 5 | 640104227695521 | 宁夏银行股份有限公司 | 64 | 17985 |
| 6 | 640181774928697 | 华电宁夏灵武发电有限公司 | 64 | 17658 |
| 7 | 64038171509328X | 青铜峡铝业股份有限公司 | 64 | 17283 |
| 8 | 640205750802109 | 宁夏西部聚氯乙烯有限公司 | 64 | 15812 |
| 9 | 640381227693892 | 宁夏大坝发电有限责任公司 | 64 | 15695 |
| 10 | 640104710665816 | 中国石油天然气股份有限公司宁夏分公司 | 64 | 14557 |
| 11 | 649702715050837 | 银川佳通长城轮胎有限公司 | 64 | 13132 |
| 12 | 640302228281814 | 湖南中烟工业有限责任工业公司吴忠卷烟厂 | 64 | 12176 |
| 13 | 649602763215181 | 宁夏宁鲁煤电有限责任公司 | 64 | 11616 |
| 14 | 640381750840439 | 宁夏加宁铝业有限公司 | 64 | 11028 |
| 15 | 640106710610559 | 宁夏回族自治区烟草公司银川市公司 | 64 | 10259 |
| 16 | 640381928313696 | 青铜峡市供电局 | 64 | 10194 |
| 17 | 649602763203586 | 宁夏发电集团有限责公司马莲台发电厂 | 64 | 9525 |
| 18 | 640205788223911 | 国电石嘴山第一发电有限公司 | 64 | 9445 |
| 19 | 640106715099497 | 国家开发银行股份有限公司宁夏分行 | 64 | 9303 |
| 20 | 649702710605290 | 宁夏小巨人机床有限公司 | 64 | 9294 |
| 21 | 649702715050829 | 银川佳通轮胎有限公司 | 64 | 8949 |
| 22 | 640202710682798 | 宁夏天地奔牛实业集团有限公司 | 64 | 8449 |
| 23 | 640381228314719 | 宁夏金昱元化工集团有限公司 | 64 | 8018 |
| 24 | 640521735970542 | 宁夏中宁发电有限责任公司 | 64 | 8013 |
| 25 | 649702715051821 | 恩德（银川）风电设备制造有限公司 | 64 | 7978 |
| 26 | 640502227695003 | 宁夏美利纸业股份有限公司 | 64 | 7703 |
| 27 | 640104227693286 | 银川新华百货商店股份有限公司 | 64 | 7342 |
| 28 | 64020571063346X | 宁夏惠冶镁业集团有限公司 | 64 | 7248 |
| 29 | 640205927993618 | 惠农区供电局 | 64 | 7116 |
| 30 | 640202227993289 | 中国国电集团公司大武口发电厂 | 64 | 6782 |
| 31 | 649702715076412 | 宁夏明迈特科工贸有限公司 | 64 | 6574 |
| 32 | 640205227693163 | 宁夏英力特化工股份有限公司 | 64 | 6017 |
| 33 | 640205774928275 | 宁夏电投钢铁有限公司 | 64 | 5971 |
| 34 | 640221928161442 | 石嘴山供电局平罗县供电局 | 64 | 5787 |

续表

| 序号 | 企业代码 | 企业名称 | 地区 | 实纳税额 |
|---|---|---|---|---|
| 35 | 640106227681832 | 宁夏电力公司银川供电局 | 64 | 5264 |
| 36 | 640502763207173 | 宁夏电力公司中卫供电局 | 64 | 5264 |
| 37 | 640121750810280 | 宁夏伊品生物工程股份有限公司 | 64 | 4902 |
| 38 | 640302228280643 | 宁夏回族自治区烟草公司吴忠市公司 | 64 | 4754 |
| 39 | 640381715099833 | 宁夏青铜峡水泥股份有限公司 | 64 | 4658 |
| 40 | 640104927846060 | 中国建设银行股份有限公司银川西城支行 | 64 | 4626 |
| 41 | 64020271502310X | 宁夏红梁煤业有限责任公司 | 64 | 4502 |
| 42 | 649702227689420 | 宁夏有色金属进出口有限公司 | 64 | 4499 |
| 43 | 640104454001235 | 宁夏路桥工程股份有限公司 | 64 | 4443 |
| 44 | 640121710656629 | 宁夏紫荆花纸业有限公司 | 64 | 4398 |
| 45 | 640105227700642 | 西北轴承股份有限公司 | 64 | 4332 |
| 46 | 64970273597229X | 银川市长陇石化实业有限公司 | 64 | 4201 |
| 47 | 640122715051952 | 宁夏西夏嘉酿啤酒有限公司 | 64 | 4150 |
| 48 | 640425227682333 | 宁夏王洼煤业有限公司 | 64 | 4071 |
| 49 | 640106715050749 | 拉普斯置业有限公司 | 64 | 4018 |
| 50 | 640104227700001 | 中房集团银川房地产开发有限责任公司 | 64 | 3951 |
| 51 | 640205227693649 | 宁夏金旌矿冶有限公司 | 64 | 3860 |
| 52 | 640121774913356 | 宁夏伊品味精有限公司 | 64 | 3769 |
| 53 | 640205750813561 | 宁夏金盛炼铁有限公司 | 64 | 3544 |
| 54 | 640106927682262 | 中国工商银行宁夏回族自治区分行 | 64 | 3403 |
| 55 | 640205735962024 | 宁夏英力特河滨冶金有限公司 | 64 | 3296 |
| 56 | 640181774916987 | 宁夏石沟驿煤业有限责任公司 | 64 | 3275 |
| 57 | 640381X25085223 | 中国建设银行股份有限公司青铜峡支行 | 64 | 3210 |
| 58 | 640381710638850 | 青铜峡市青鑫炭素有限责任公司 | 64 | 3187 |
| 59 | 649702715013278 | 宁夏英力特房地产开发有限公司 | 64 | 3121 |
| 60 | 640202227991371 | 宁夏回族自治区烟草公司石嘴山市公司 | 64 | 2980 |
| 61 | 640221735975204 | 宁夏大地冶金化工有限公司 | 64 | 2932 |
| 62 | 640181228381276 | 中国建设银行股份有限公司灵武支行 | 64 | 2908 |
| 63 | 640104715083794 | 宁夏亘元房地产开发有限公司 | 64 | 2902 |
| 64 | 640104227762050 | 银川新华百货老大楼有限公司 | 64 | 2855 |
| 65 | 640202228070689 | 石嘴山银行有限公司 | 64 | 2812 |
| 66 | 640205774902446 | 石嘴山市天地泰工贸有限公司 | 64 | 2764 |
| 67 | 640205227993254 | 中国国电集团石嘴山发电厂 | 64 | 2723 |
| 68 | 640221228168950 | 宁夏兴平精细化工股份有限公司 | 64 | 2686 |
| 69 | 640302228281734 | 宁夏银星能源股份有限公司 | 64 | 2575 |
| 70 | 64022173595215X | 宁夏晟晏煤制品有限公司 | 64 | 2573 |
| 71 | 640502227686131 | 宁夏沙坡头水利枢纽有限责任公司 | 64 | 2535 |

续表

| 序号 | 企业代码 | 企业名称 | 地区 | 实纳税额 |
|---|---|---|---|---|
| 72 | 640104227795629 | 宁夏宝塔石化集团有限公司 | 64 | 2485 |
| 73 | 640323750838208 | 宁夏宁鲁石化有限公司 | 64 | 2462 |
| 74 | 640104927682887 | 中国银行股份有限公司宁夏分行 | 64 | 2441 |
| 75 | 649702710604239 | 宁夏民生房地产开发有限公司 | 64 | 2435 |
| 76 | 640501239654706 | 中国移动通信集团宁夏有限公司中卫分公司 | 64 | 2411 |
| 77 | 640106227794300 | 银川市白云房地产开发有限公司 | 64 | 2404 |
| 78 | 640502750828632 | 宁夏明巨电石有限公司 | 64 | 2400 |
| 79 | 640205715091241 | 宁夏日盛实业有限公司 | 64 | 2360 |
| 80 | 649702799927543 | 宁夏东煌经贸有限公司 | 64 | 2325 |
| 81 | 640205227694836 | 宁夏恒力钢丝绳股份有限公司 | 64 | 2313 |
| 82 | 640104227681234 | 宁夏荣恒房地产集团有限责任公司 | 64 | 2241 |
| 83 | 640104227776380 | 银川新华百货购物中心有限公司 | 64 | 2212 |
| 84 | 640104710659985 | 中国移动通信集团宁夏有限公司银川分公司 | 64 | 2209 |
| 85 | 640104227763141 | 银川众一集团房地产开发有限公司 | 64 | 2143 |
| 86 | 640302228283035 | 宁夏电力公司吴忠供电局 | 64 | 2132 |
| 87 | 640205710683870 | 宁夏博宇特钢集团有限公司 | 64 | 2130 |
| 88 | 640104227692152 | 宁夏商业对外贸易有限公司 | 64 | 2125 |
| 89 | 64970271505052X | 舍弗勒（宁夏）有限公司 | 64 | 2063 |
| 90 | 640104927691935 | 中国农业发展银行宁夏回族自治区分行 | 64 | 2040 |
| 91 | 640106227695054 | 宁夏正丰房地产开发有限公司 | 64 | 2039 |
| 92 | 640106227694166 | 宁夏回族自治区银川热电有限责任公司 | 64 | 2027 |
| 93 | 640323X25125109 | 宁夏旭源煤炭公司冯记沟煤矿分公司 | 64 | 1981 |
| 94 | 64050222834239X | 宁夏回族自治区烟草公司中卫市公司 | 64 | 1978 |
| 95 | 640202927992818 | 石嘴山供电局大武口区供电局 | 64 | 1964 |
| 96 | 64020222799189X | 宁夏三一西北骏马电机制造股份有限公司 | 64 | 1948 |
| 97 | 640202927992869 | 宁夏金贺兰煤业有限责任公司 | 64 | 1946 |
| 98 | 640181750808877 | 西安长庆钻宇实业集团有限公司钻前分公司 | 64 | 1943 |
| 99 | 640521763202372 | 宁夏中宁赛马水泥有限公司 | 64 | 1877 |
| 100 | 640521710681170 | 中央储备粮中宁直属库 | 64 | 1877 |

# 新疆维吾尔自治区企业纳税百强排行榜

单位：万元

| 序号 | 企业代码 | 企业名称 | 地区 | 实纳税额 |
|---|---|---|---|---|
| 1 | 650200715597998 | 中国石油天然气股份有限公司新疆油田分公司 | 65 | 1188673 |
| 2 | 65280071554911X | 中国石油天然气股份有限公司塔里木油田分公司 | 65 | 1015703 |
| 3 | 650104228931952 | 新疆西北中石油国际事业有限公司 | 65 | 532788 |
| 4 | 652800742248144 | 中国石油化工股份有限公司西北油田分公司 | 65 | 467371 |
| 5 | 652100718901908 | 中国石油天然气股份有限公司吐哈油田分公司 | 65 | 225534 |
| 6 | 650203726984969 | 中国石油天然气股份有限公司克拉玛依石化分公司 | 65 | 102369 |
| 7 | 654003230490439 | 红云红河烟草集团有限责任公司新疆卷烟厂 | 65 | 81108 |
| 8 | 650109718902097 | 中国石油天然气股份有限公司乌石化分公司 | 65 | 78165 |
| 9 | 650106228601101 | 宝钢集团新疆八一钢铁有限公司 | 65 | 65426 |
| 10 | 650104712965011 | 中国石油天然气股份有限公司西北销售新疆分公司 | 65 | 60420 |
| 11 | 650202712998841 | 中国石油天然气股份有限公司独山子石化分公司 | 65 | 56586 |
| 12 | 650102228601208 | 新疆电力公司 | 65 | 53884 |
| 13 | 650106722318862 | 新疆八一钢铁股份有限公司 | 65 | 53231 |
| 14 | 650200228900005 | 新疆维吾尔自治区石油管理局 | 65 | 45012 |
| 15 | 650104228577OX7 | 乌鲁木齐铁路局 | 65 | 40485 |
| 16 | 654023710851117 | 霍尔果斯中石油国际事业有限公司 | 65 | 39833 |
| 17 | 650104299937622 | 新疆金风科技股份有限公司 | 65 | 38842 |
| 18 | 652701787637477 | 阿拉山口中石油国际事业有限公司 | 65 | 38796 |
| 19 | 650103228581569 | 新疆维吾尔自治区烟草公司 | 65 | 38572 |
| 20 | 650203X2600187X | HAFNIUM 有限公司 | 65 | 36394 |
| 21 | 650102928598388 | 中国农业发展银行新疆维吾尔自治区分行 | 65 | 35412 |
| 22 | 650200676327257 | 中国石油集团西部钻探工程有限公司 | 65 | 32604 |
| 23 | 654025710858538 | 新疆伊犁钢铁有限责任公司 | 65 | 32008 |
| 24 | 65010271890202X | 中国石油天然气股份有限公司新疆销售分公司 | 65 | 27314 |
| 25 | 650104228660427 | 新疆电力公司乌鲁木齐电业局 | 65 | 26454 |
| 26 | 654322710872604 | 富蕴蒙库铁矿有限责任公司 | 65 | 21280 |
| 27 | 65432471296908X | 新疆阿舍勒铜业股份有限公司 | 65 | 19319 |
| 28 | 650102718901684 | 国家开发银行股份有限公司新疆分行 | 65 | 18385 |
| 29 | 650104766815094 | 中国石油集团西部管道有限责任公司 | 65 | 18275 |
| 30 | 654322745206919 | 新疆金宝矿业有限责任公司 | 65 | 17200 |
| 31 | 652100228599064 | 吐哈石油勘探开发指挥部 | 65 | 16944 |
| 32 | 652701742210760 | 新疆阿拉山口口岸工贸股份有限公司 | 65 | 16862 |
| 33 | 652923229751611 | 中国石油化工股份有限公司塔河分公司 | 65 | 16398 |
| 34 | 650102228593068 | 宏源证券股份有限公司 | 65 | 15873 |

续表

| 序号 | 企业代码 | 企业名称 | 地区 | 实纳税额 |
|---|---|---|---|---|
| 35 | 650200722354900 | 新疆石油工程建设有限责任公司 | 65 | 15396 |
| 36 | 652800929478337 | 塔里木石油勘探开发指挥部第二勘探公司 | 65 | 14779 |
| 37 | 650102228728567 | 新疆华电红雁池发电有限责任公司 | 65 | 14149 |
| 38 | 650109228860955 | 神华新疆能源有限责任公司 | 65 | 13866 |
| 39 | 652324229282202 | 新疆天山电力股份有限公司玛电分公司 | 65 | 13713 |
| 40 | 650200928904664 | 新疆独山子石油化工总厂 | 65 | 12751 |
| 41 | 650102625554732 | 新疆广汇房地产开发有限公司 | 65 | 12715 |
| 42 | 650107298980370 | 新疆焦煤（集团）有限责任公司 | 65 | 12556 |
| 43 | 650109757660799 | 新疆华泰重化工有限责任公司 | 65 | 12302 |
| 44 | 652827754585658 | 新疆金特钢铁股份有限公司 | 65 | 11889 |
| 45 | 652701715541310 | 阿拉山口欣克有限责任公司 | 65 | 11779 |
| 46 | 650102928585392 | 建行股份有限公司新疆分行营业部 | 65 | 11701 |
| 47 | 650103731836311 | 新疆中泰化学股份有限公司 | 65 | 10710 |
| 48 | 652122734457616 | 新疆宝地矿业有限责任公司鄯善分公司 | 65 | 10456 |
| 49 | 650102745204008 | 新疆农垦宏业棉花有限责任公司 | 65 | 10286 |
| 50 | 652200299190100 | 潞安新疆煤化工（集团）有限公司 | 65 | 10118 |
| 51 | 654025710892189 | 新疆伊力特实业股份有限公司 | 65 | 9576 |
| 52 | 654322710872049 | 新疆新鑫矿业股份有限公司喀拉通克铜镍矿 | 65 | 9442 |
| 53 | 652926751673660 | 新疆国际煤焦化有限责任公司 | 65 | 9400 |
| 54 | 652801712989339 | 新疆巴州电力有限责任公司 | 65 | 8868 |
| 55 | 659001660622390 | 石河子开发区天业化工有限责任公司 | 65 | 8792 |
| 56 | 652301715530865 | 中国移动通信集团新疆有限公司昌吉分公司 | 65 | 8710 |
| 57 | 650109228601304 | 中国石油乌鲁木齐石油化工总厂 | 65 | 8518 |
| 58 | 652800929471020 | 塔里木石油勘探开发指挥部第四勘探公司 | 65 | 8431 |
| 59 | 65010477605353X | 南方航空股份有限公司新疆分公司 | 65 | 8312 |
| 60 | 652800929470079 | 塔里木石油勘探开发指挥部运输公司 | 65 | 8296 |
| 61 | 659001770391220 | 石河子开发区天业热电有限责任公司 | 65 | 8167 |
| 62 | 659001798177840 | 天辰化工有限公司 | 65 | 8039 |
| 63 | 650104228601291 | 新疆众和股份有限公司 | 65 | 7906 |
| 64 | 652302929326720 | 新疆石油管理局准东勘探开发公司 | 65 | 7726 |
| 65 | 650102928723492 | 交通银行股份有限公司新疆区分行 | 65 | 7715 |
| 66 | 652302784662597 | 新疆大黄山鸿基焦化有限责任公司阜康焦化分公司 | 65 | 7571 |
| 67 | 652801718901860 | 新疆博湖苇业股份有限公司 | 65 | 7400 |
| 68 | 650200228957036 | 新疆油田黑油山有限责任公司 | 65 | 7358 |
| 69 | 652201726950988 | 新疆华电哈密发电有限责任公司 | 65 | 7199 |
| 70 | 659001718900147 | 新疆天富热电股份有限公司 | 65 | 7051 |
| 71 | 650103228584428 | 新疆友好（集团）股份有限公司 | 65 | 6839 |

续表

| 序号 | 企业代码 | 企业名称 | 地区 | 实纳税额 |
|---|---|---|---|---|
| 72 | 650102228736014 | 乌鲁木齐市商业银行股份有限公司 | 65 | 6750 |
| 73 | 650102228601080 | 国电新疆红雁池发电有限公司 | 65 | 6580 |
| 74 | 653124729185548 | 中国石油天然气股份公司塔里木油田公司塔西南勘探开发公司 | 65 | 6533 |
| 75 | 652800929470175 | 塔里木石油勘探开发指挥部第一勘探公司 | 65 | 6505 |
| 76 | 650202712998630 | 新疆独山子天利高新技术股份有限公司 | 65 | 6426 |
| 77 | 652122754592022 | 新疆广汇液化天然气鄯善分公司 | 65 | 6258 |
| 78 | 652201229134365 | 新疆大明矿业集团股份有限公司 | 65 | 5677 |
| 79 | 653101230001041 | 新疆疆南电力有限责任公司喀什供电分公司 | 65 | 5607 |
| 80 | 654322230962475 | 富蕴县宏泰选冶有限责任公司 | 65 | 5532 |
| 81 | 650103228734617 | 新疆华源实业（集团）有限公司 | 65 | 5523 |
| 82 | 650104228665922 | 中铁二十一局集团第一工程有限公司 | 65 | 5483 |
| 83 | 650104745229766 | 新疆南方航空进出口贸易有限责任公司 | 65 | 5470 |
| 84 | 650105228597579 | 新疆城建（集团）股份有限公司 | 65 | 5448 |
| 85 | 650109722394320 | 新疆青松水泥有限责任公司 | 65 | 5410 |
| 86 | 650104722378224 | 新疆乌苏啤酒有限责任公司 | 65 | 5358 |
| 87 | 650104722324023 | 新疆亚中物流商务网络有限责任公司 | 65 | 5347 |
| 88 | 652800663616789 | 中国石化集团石油工程西南有限公司巴州分公司 | 65 | 5342 |
| 89 | 650104745243699 | 新疆广汇液化天然气发展有限责任公司 | 65 | 5306 |
| 90 | 654028778990471 | 国电新疆吉林台水电开发有限公司吉林台一级水电站分公司 | 65 | 5297 |
| 91 | 652302229321734 | 新疆大黄山豫新煤业有限责任公司 | 65 | 5222 |
| 92 | 650105761141545 | 中国电信股份有限公司乌鲁木齐分公司 | 65 | 5203 |
| 93 | 652201710767345 | 新疆钢铁雅满苏矿业有限责任公司 | 65 | 5200 |
| 94 | 650203228970337 | 新疆金塔投资（集团）有限公司 | 65 | 5168 |
| 95 | 650102228666685 | 新疆维吾尔自治区烟草公司乌鲁木齐市公司 | 65 | 5057 |
| 96 | 652801722329078 | 国投新疆罗布泊钾盐有限责任公司 | 65 | 5006 |
| 97 | 65015274524208X | 新疆亚中物流商务网络有限责任公司广汇美居物流园 | 65 | 4980 |
| 98 | 650102928594459 | 中国银行股份有限公司新疆分行 | 65 | 4944 |
| 99 | 650203710890730 | 永升建设集团有限公司 | 65 | 4725 |
| 100 | 652301998974860 | 特变电工股份有限公司新疆变压器厂 | 65 | 4707 |

# 西藏自治区企业纳税百强排行榜

单位：万元

| 序号 | 企业代码 | 企业名称 | 地区 | 实纳税额 |
|---|---|---|---|---|
| 1 | 540100219673218 | 西藏自治区烟草公司 | 54 | 10210 |
| 2 | 540100710909227 | 中国石油天然气股份有限公司西藏销售公司 | 54 | 6431 |
| 3 | 542200710911722 | 西藏山南江南矿业有限责任公司 | 54 | 5622 |
| 4 | 540100219673330 | 西藏电力有限公司 | 54 | 4774 |
| 5 | 542600710910578 | 西藏奇正藏药股份有限公司 | 54 | 3490 |
| 6 | 540100919673446 | 中国建设银行股份有限公司西藏自治区分行 | 54 | 3479 |
| 7 | 542900783508205 | 西藏继善中和矿业有限公司 | 54 | 3454 |
| 8 | 542200741928586 | 西藏康欣药业有限公司 | 54 | 3413 |
| 9 | 540100710916128 | 西藏高争建材股份有限公司 | 54 | 3368 |
| 10 | 542200919674115 | 西藏矿业发展股份有限公司山南分公司 | 54 | 3093 |
| 11 | 542900783504853 | 拉萨爱施德通信有限公司 | 54 | 2922 |
| 12 | 542224741911020 | 华新水泥（西藏）有限公司 | 54 | 2712 |
| 13 | 540100741911266 | 西藏拉萨啤酒有限公司 | 54 | 2604 |
| 14 | 542328783504116 | 西藏日喀则地区泰盛矿业有限责任公司 | 54 | 2506 |
| 15 | 542328783517355 | 西藏宝翔矿业开发有限公司日喀则分公司 | 54 | 2387 |
| 16 | 540100219672637 | 西藏矿业发展股份有限公司 | 54 | 2117 |
| 17 | 540127724901357 | 西藏中凯矿业股份有限公司 | 54 | 1805 |
| 18 | 540100219666974 | 西藏自治区电力建设总公司 | 54 | 1763 |
| 19 | 540100219672901 | 西藏奇正藏药营销有限公司 | 54 | 1731 |
| 20 | 54010071091267X | 中国移动通信集团西藏有限公司 | 54 | 1718 |
| 21 | 542200710911212 | 西藏诺迪康医药有限公司 | 54 | 1699 |
| 22 | 540100710908435 | 西藏自治区拉萨电业局 | 54 | 1675 |
| 23 | 542200783509785 | 山南地区鹏程科贸有限公司 | 54 | 1615 |
| 24 | 540100710905111 | 西藏天路股份有限公司 | 54 | 1600 |
| 25 | 542422783508483483 | 西藏中凯矿业股份有限公司那曲嘉黎县分公司 | 54 | 1524 |
| 26 | 542621710902877 | 西藏林芝地区更岗森工联合总厂 | 54 | 1385 |
| 27 | 540100219667467 | 中国石油天然气股份有限公司西藏拉萨销售分公司 | 54 | 1379 |
| 28 | 542100741919153 | 西藏昌都惠恒发展有限公司 | 54 | 1293 |
| 29 | 540100219670519 | 西藏拉萨汽车运输总公司 | 54 | 1235 |
| 30 | 540122741934986 | 西藏冰川矿泉水有限公司 | 54 | 1225 |
| 31 | 542300219672354 | 西藏电力有限公司日喀则公司 | 54 | 1136 |
| 32 | 542900783516344 | 西藏神威药业有限公司 | 54 | 1118 |
| 33 | 54010091966526X | 中国银行股份有限公司西藏自治区分行 | 54 | 1024 |
| 34 | 542129783512044 | 西藏芒康宏达发展有限责任公司 | 54 | 1017 |

续表

| 序号 | 企业代码 | 企业名称 | 地区 | 实纳税额 |
|---|---|---|---|---|
| 35 | 542100741918329 | 华润雪花啤酒（西藏）有限公司 | 54 | 1015 |
| 36 | 54260021966432X | 林芝地区东久林场 | 54 | 983 |
| 37 | 540100710919783 | 西藏藏药集团股份有限公司 | 54 | 967 |
| 38 | 540127710913381 | 西藏宝明工贸有限公司 | 54 | 905 |
| 39 | 540100219661815 | 西藏自治区信托投资公司 | 54 | 882 |
| 40 | 542300219666261 | 西藏日喀则地区雪莲工业贸易公司 | 54 | 851 |
| 41 | 542625919672064 | 西藏林芝地区林工商联合公司扎木林厂 | 54 | 845 |
| 42 | 540100724904611 | 中国电信集团公司拉萨分公司 | 54 | 838 |
| 43 | 542600219670957 | 西藏林芝地区林工商联合公司 | 54 | 834 |
| 44 | 540100710902885 | 西藏自治区藏药厂 | 54 | 825 |
| 45 | 54220071090731X | 西藏电力有限公司山南分公司 | 54 | 782 |
| 46 | 540100710907037 | 中国电信集团公司西藏分公司 | 54 | 770 |
| 47 | 54210073554376X | 西藏电力有限公司昌都公司 | 54 | 734 |
| 48 | 542900219661866 | 西藏梅邦虫草制品有限公司 | 54 | 733 |
| 49 | 54240071091232X | 那曲地区烟草公司 | 54 | 719 |
| 50 | 542900741927479 | 西藏泰达厚生经贸有限公司 | 54 | 681 |
| 51 | 540100735543057 | 西藏天昶建设工程有限责任公司 | 54 | 681 |
| 52 | 540100919672144 | 中国人民财产保险股份有限公司西藏自治区分公司 | 54 | 677 |
| 53 | 540125919661357 | 西藏堆龙德庆县东嘎水泥厂 | 54 | 666 |
| 54 | 540100741903442 | 西藏天顺路桥工程有限公司 | 54 | 641 |
| 55 | 540100710904653 | 西藏自治区地质矿产勘查开发局第二地质大队 | 54 | 635 |
| 56 | 542400219662930 | 中国石油天然气股份有限公司西藏那曲销售分公司 | 54 | 624 |
| 57 | 542300219666350 | 中国石油天然气股份有限公司西藏日喀则销售分公司 | 54 | 623 |
| 58 | 542231741900655 | 西藏华钰矿业开发有限公司山南分公司 | 54 | 612 |
| 59 | 540127735546856 | 西藏桑海矿业开发有限公司 | 54 | 608 |
| 60 | 542500710904952 | 西藏阿里地区对外贸易总公司 | 54 | 604 |
| 61 | 540100219668646 | 西藏拉百商贸有限公司 | 54 | 597 |
| 62 | 542100710907870 | 西藏高争集团昌都地区水泥有限责任公司 | 54 | 596 |
| 63 | 542600710904645 | 西藏电力有限公司林芝公司 | 54 | 588 |
| 64 | 540124741909588 | 西藏宝翔矿业有限公司 | 54 | 584 |
| 65 | 540100919672937 | 中国农业银行拉萨市康昂东路支行 | 54 | 548 |
| 66 | 540125600064075 | 大道堂养生制品有限公司 | 54 | 524 |
| 67 | 542500710902244 | 西藏阿里电力公司 | 54 | 509 |
| 68 | 542900783501054 | 西藏川大华西医药科技有限公司 | 54 | 503 |
| 69 | 542200710906683 | 西藏诺迪康药业股份有限公司 | 54 | 469 |
| 70 | 542500710905701 | 西藏阿里华峰矿业公司 | 54 | 466 |
| 71 | 542100741924163 | 西藏玉龙铜业股份有限公司 | 54 | 457 |

续表

| 序号 | 企业代码 | 企业名称 | 地区 | 实纳税额 |
|---|---|---|---|---|
| 72 | 540124219672573 | 西藏金哈达信通水泥有限责任公司 | 54 | 453 |
| 73 | 542900783533988 | 拉萨诚信实业有限公司 | 54 | 449 |
| 74 | 54012571091443X | 拉萨远大建材有限责任公司 | 54 | 447 |
| 75 | 542621710914368 | 西藏自治区烟草公司林芝地区公司 | 54 | 442 |
| 76 | 542300710903642 | 日喀则地区烟草公司 | 54 | 424 |
| 77 | 542900783513901 | 西藏嘉信景天药业有限公司 | 54 | 421 |
| 78 | 54220021966782X | 中国石油天然气股份有限公司西藏山南分公司 | 54 | 419 |
| 79 | 542300741913069 | 日喀则地区天龙矿工贸有限公司 | 54 | 406 |
| 80 | 542200710900169 | 西藏山南地区烟草分公司 | 54 | 398 |
| 81 | 542200741912146 | 西藏山南江南科工贸有限责任公司 | 54 | 395 |
| 82 | 542900741926994 | 西藏信得药业有限公司 | 54 | 389 |
| 83 | 542900783508360 | 西藏西玛医药科技有限公司 | 54 | 387 |
| 84 | 54220071091160X | 西藏金珠雅砻藏药有限责任公司 | 54 | 386 |
| 85 | 542600219670869 | 林芝县林场 | 54 | 382 |
| 86 | 54012378352562X | 尼木县铜业开发有限责任公司 | 54 | 382 |
| 87 | 540100741914803 | 中国国际航空股份有限公司西藏分公司 | 54 | 378 |
| 88 | 542625741911012 | 西藏林芝地区波密县林厂 | 54 | 364 |
| 89 | 542525741904402 | 西藏阿里聂尔错硼业开发有限公司 | 54 | 357 |
| 90 | 540100219667547 | 拉萨市自来水公司 | 54 | 348 |
| 91 | 540125783500473 | 拉萨市鑫泰工贸有限公司 | 54 | 338 |
| 92 | 542600219671052 | 中国石油天然气股份有限公司西藏林芝销售分公司 | 54 | 324 |
| 93 | 540100710915715 | 西藏天润工程建筑有限公司 | 54 | 317 |
| 94 | 542525710918182 | 阿里金萨矿业开发有限责任公司 | 54 | 314 |
| 95 | 540100741921675 | 华润雪花啤酒（中国）有限公司西藏销售分公司 | 54 | 312 |
| 96 | 540100710917796 | 中国联合网络通信有限公司西藏自治区分公司 | 54 | 311 |
| 97 | 542221710912530 | 西藏山南雅砻水泥有限责任公司 | 54 | 306 |
| 98 | 540100219667221 | 西藏自治区电力物资公司 | 54 | 300 |
| 99 | 542621735544404 | 西藏移动通信有限责任公司林芝分公司 | 54 | 298 |
| 100 | 542422741912920920 | 西藏华夏矿业有限公司 | 54 | 297 |

# 六、2008 年度分行业企业纳税百强排行榜

## 全国医药制造业纳税百强排行榜

单位：万元

| 序号 | 企业代码 | 企业名称 | 地区 | 实纳税额 |
|---|---|---|---|---|
| 1 | 110192600035733 | 拜耳医药保健有限公司 | 11 | 80202 |
| 2 | 610190623100825 | 西安杨森制药有限公司 | 61 | 77140 |
| 3 | 321200728698763 | 扬子江药业集团有限公司 | 32 | 61398 |
| 4 | 330195609136127 | 杭州赛诺菲安万特民生制药有限公司 | 33 | 60818 |
| 5 | 120115600537733 | 诺和诺德（中国）制药有限公司 | 12 | 60293 |
| 6 | 210213604814718 | 辉瑞制药有限公司 | 21 | 46694 |
| 7 | 310115607297170 | 上海罗氏制药有限公司 | 31 | 44808 |
| 8 | 32070570404786X | 江苏恒瑞医药股份有限公司 | 32 | 43574 |
| 9 | 310112607220034 | 中美上海施贵宝制药有限公司 | 31 | 42339 |
| 10 | 11011460001684X | 北京诺华制药有限公司 | 11 | 41641 |
| 11 | 330195609132097 | 杭州默沙东制药有限公司 | 33 | 39136 |
| 12 | 12011060055017X | 中美天津史克制药有限公司 | 12 | 33101 |
| 13 | 320681138835764 | 东盛科技启东盖天力制药股份有限公司 | 32 | 29239 |
| 14 | 320200607912321 | 华瑞制药有限公司 | 32 | 26733 |
| 15 | 53010221652214X | 云南白药集团股份有限公司 | 53 | 25606 |
| 16 | 320704608395928 | 江苏豪森药业股份有限公司 | 32 | 24122 |
| 17 | 230103828027713 | 哈药集团制药总厂 | 23 | 23461 |
| 18 | 12011323944464X | 天津天士力制药股份有限公司 | 12 | 23307 |
| 19 | 350205791277160 | 锐珂（厦门）医疗器材有限公司 | 35 | 23189 |
| 20 | 320200607915071 | 阿斯利康制药有限公司 | 32 | 22294 |
| 21 | 230198128173269 | 哈药集团三精制药股份有限公司 | 23 | 21094 |
| 22 | 230198127044967 | 哈药集团制药六厂 | 23 | 20755 |
| 23 | 371302756399007 | 鲁南贝特制药有限公司 | 37 | 20506 |
| 24 | 130102601000356 | 河北维尔康制药有限公司 | 13 | 18552 |
| 25 | 370112614073351 | 齐鲁制药有限公司 | 37 | 18014 |
| 26 | 320500608287425 | 惠氏制药有限公司 | 32 | 17969 |
| 27 | 330195609120774 | 杭州中美华东制药有限公司 | 33 | 17860 |
| 28 | 440301618914306 | 深圳赛诺菲巴斯德生物制品有限公司 | 44 | 17845 |
| 29 | 321700608207421 | 葛兰素史克制药（苏州）有限公司 | 32 | 17794 |

续表

| 序号 | 企业代码 | 企业名称 | 地区 | 实纳税额 |
|---|---|---|---|---|
| 30 | 110192600031468 | 北京泰德制药有限公司 | 11 | 17159 |
| 31 | 450300198888809 | 桂林三金药业股份有限公司 | 45 | 17049 |
| 32 | 210114604613895 | 安斯泰来制药（中国）有限公司 | 21 | 17024 |
| 33 | 321700608205450 | 卫材（中国）药业有限公司 | 32 | 16486 |
| 34 | 330195609120766 | 正大青春宝药业有限公司 | 33 | 16424 |
| 35 | 520103214433290 | 贵州益佰制药股份有限公司 | 52 | 15999 |
| 36 | 320705608398264 | 江苏正大天晴药业股份有限公司 | 32 | 15347 |
| 37 | 110105633796475 | 北京双鹤药业股份有限公司 | 11 | 15245 |
| 38 | 310115607337208 | 上海葛兰素史克生物制品有限公司 | 31 | 15127 |
| 39 | 440301710924590 | 三九医药股份有限公司 | 44 | 14935 |
| 40 | 210114117977093 | 东北制药总厂 | 21 | 14926 |
| 41 | 440111190479760 | 广州王老吉药业股份有限公司 | 44 | 14278 |
| 42 | 110105600056278 | 北京费森尤斯卡比医药有限公司 | 11 | 14228 |
| 43 | 32170060823522X | 礼来苏州制药有限公司 | 32 | 13976 |
| 44 | 372525168130028 | 山东东阿阿胶股份有限公司 | 37 | 13304 |
| 45 | 320705138997640 | 江苏康缘药业股份有限公司 | 32 | 13264 |
| 46 | 13011123565800X | 石家庄以岭药业股份有限公司 | 13 | 13002 |
| 47 | 120115600538920 | 诺维信（中国）生物技术有限公司 | 12 | 12724 |
| 48 | 372901734725174 | 菏泽步长制药有限公司 | 37 | 12191 |
| 49 | 321200703973749 | 扬子江药业集团江苏制药股份有限公司 | 32 | 12024 |
| 50 | 330191143068555 | 杭州民生药业集团有限公司 | 33 | 11645 |
| 51 | 120111103069502 | 天津力生制药股份有限公司 | 12 | 11359 |
| 52 | 442000618120303 | 曼秀雷敦（中国）药业有公司 | 44 | 11144 |
| 53 | 51011420260067X | 四川科伦药业股份有限公司 | 51 | 11056 |
| 54 | 331002704676287 | 浙江海正药业股份有限公司 | 33 | 11004 |
| 55 | 310228607336328 | 上海百特医疗用品有限公司 | 31 | 10997 |
| 56 | 130211601054717 | 太阳石（唐山）药业有限公司 | 13 | 10953 |
| 57 | 120115722982747 | 施维雅（天津）制药有限公司 | 12 | 10705 |
| 58 | 321283141179315 | 江苏济川制药有限公司 | 32 | 10573 |
| 59 | 620101224348348 | 兰州生物制品研究所 | 62 | 10348 |
| 60 | 610490623231518 | 咸阳步长制药有限公司 | 61 | 10346 |
| 61 | 510115620854656 | 四川维奥制药有限公司 | 51 | 10198 |
| 62 | 440111714253245 | 广州白云山制药股份有限公司广州白云山制药总厂 | 44 | 10099 |
| 63 | 370212163567984 | 青岛黄海制药有限责任公司 | 37 | 9947 |
| 64 | 120115600891249 | 葛兰素史克（天津）有限公司 | 12 | 9941 |
| 65 | 120111600550022 | 中国大冢制药有限公司 | 12 | 9934 |
| 66 | 130124757518418 | 神威药业有限公司 | 13 | 9781 |

续表

| 序号 | 企业代码 | 企业名称 | 地区 | 实纳税额 |
|---|---|---|---|---|
| 67 | 500102208500610 | 太极集团重庆涪陵制药厂有限公司 | 50 | 9619 |
| 68 | 320400608126461 | 常州四药制药有限公司 | 32 | 9473 |
| 69 | 310112607337064 | 上海强生制药有限公司 | 31 | 9418 |
| 70 | 371311265870503 | 山东罗欣药业股份有限公司 | 37 | 9334 |
| 71 | 440103190459794 | 广州中一药业有限公司 | 44 | 9035 |
| 72 | 440111773303038 | 广州白云山和记黄埔中药有限公司 | 44 | 8980 |
| 73 | 310107607283043 | 上海先灵葆雅制药有限公司 | 31 | 8898 |
| 74 | 420115755124060 | 武汉生物制品研究所黄金桥分所 | 42 | 8688 |
| 75 | 430202184298947 | 株洲千金药业股份有限公司 | 43 | 8676 |
| 76 | 321700608205645 | 苏州百特医疗用品有限公司 | 32 | 8672 |
| 77 | 371002726685299 | 山东威高集团医用高分子制品股份有限公司 | 37 | 8634 |
| 78 | 110105101771031 | 爱尔康（中国）眼科产品有限公司 | 11 | 8615 |
| 79 | 430105712191079 | 九芝堂股份有限公司 | 43 | 8485 |
| 80 | 130111601002132 | 石药集团维生药业（石家庄）有限公司 | 13 | 8460 |
| 81 | 222403732565090 | 吉林敖东延边药业股份有限公司 | 22 | 8323 |
| 82 | 110192722600841 | 北京同仁堂科技发展股份有限公司 | 11 | 8308 |
| 83 | 220502244585084 | 修正药业集团股份有限公司 | 22 | 8302 |
| 84 | 110106801100028 | 北京同仁堂科技发展股份有限公司制药厂 | 11 | 8209 |
| 85 | 445281231131526 | 康美药业股份有限公司 | 44 | 8151 |
| 86 | 131082757518688 | 河北神威药业有限公司 | 13 | 8078 |
| 87 | 340222149747030 | 安徽双鹤药业有限责任公司 | 34 | 8008 |
| 88 | 610190710172659 | 西安利君制药有限责任公司 | 61 | 7962 |
| 89 | 110222600048921 | 北京韩美药品有限公司 | 11 | 7934 |
| 90 | 220105735930540 | 吉林省吴太感康药业有限公司 | 22 | 7863 |
| 91 | 210114242656694 | 东北制药集团公司沈阳第一制药厂 | 21 | 7803 |
| 92 | 370112614070556 | 山东博士伦福瑞达制药有限公司 | 37 | 7752 |
| 93 | 130811700684693 | 承德颈复康药业集团有限公司 | 13 | 7735 |
| 94 | 371082613772986 | 山东达因海洋生物制药股份有限公司 | 37 | 7715 |
| 95 | 320102249794475 | 金陵药业股份有限公司 | 32 | 7678 |
| 96 | 460100201357380 | 先声药业有限公司 | 46 | 7504 |
| 97 | 310226631291406 | 上海雷允上药业有限公司 | 31 | 7378 |
| 98 | 440101618419364 | 广州百特医疗用品有限公司 | 44 | 7325 |
| 99 | 11010671092358X | 中牧实业股份有限公司 | 11 | 7213 |
| 100 | 320300136384672 | 江苏恩华药业股份有限公司 | 32 | 7095 |

# 全国银行业纳税百强排行榜

单位：万元

| 序号 | 企业代码 | 企业名称 | 地区 | 实纳税额 |
|---|---|---|---|---|
| 1 | 110102100003962 | 中国工商银行股份有限公司 | 11 | 4229629 |
| 2 | 110108100005474 | 中国农业银行 | 11 | 2853104 |
| 3 | 110102100001342 | 中国银行股份有限公司 | 11 | 2209954 |
| 4 | 110102000018454 | 国家开发银行 | 11 | 1661641 |
| 5 | 44030110001686X | 招商银行股份有限公司 | 44 | 972803 |
| 6 | 350100158142711 | 兴业银行股份有限公司 | 35 | 459351 |
| 7 | 110102100004447 | 中国建设银行股份有限公司 | 11 | 450200 |
| 8 | 31004313221158X | 上海浦东发展银行股份有限公司 | 31 | 404583 |
| 9 | 110101100018988 | 中国民生银行股份有限公司 | 11 | 396622 |
| 10 | 110104101174712 | 北京银行股份有限公司 | 11 | 266673 |
| 11 | 440301192185379 | 深圳发展银行 | 44 | 237558 |
| 12 | 610802016082725 | 中国农业银行榆林分行 | 61 | 210332 |
| 13 | 440300455744938 | 中国工商银行股份有限公司深圳市分行 | 44 | 200265 |
| 14 | 310043132257510 | 上海银行股份有限公司 | 31 | 193978 |
| 15 | 350102858144646 | 中国农业银行福建省分行 | 35 | 150970 |
| 16 | 110102801380971000 | 国家开发银行北京市分行 | 11 | 145820 |
| 17 | 11010210112001X | 华夏银行股份有限公司 | 11 | 118400 |
| 18 | 110102101135684 | 交通银行股份有限公司北京市分行 | 11 | 103505 |
| 19 | 110108801977962 | 中国民生银行股份有限公司总行营业部 | 11 | 100636 |
| 20 | 310043132204400 | 中国建设银行股份有限公司上海市分行 | 31 | 97740 |
| 21 | 500904902887456001 | 中国工商银行重庆市分行 | 50 | 97056 |
| 22 | 440101190336428 | 广东省发展银行股份有限公司 | 44 | 94190 |
| 23 | 430102883761611 | 中国工商银行股份有限公司湖南省分行 | 43 | 93331 |
| 24 | 110108100016448 | 中国进出口银行 | 11 | 92780 |
| 25 | 340103148974661 | 徽商银行股份有限公司 | 34 | 92286 |
| 26 | 310043132202528 | 中国农业银行上海市分行 | 31 | 88419 |
| 27 | 420106877596808 | 国家开发银行湖北省分行 | 42 | 86284 |
| 28 | 11010271093465X | 中国邮政储蓄银行有限责任公司 | 11 | 85276 |
| 29 | 110102100017045 | 中国农业发展银行 | 11 | 84291 |
| 30 | 370102863047816 | 国家开发银行山东省分行 | 37 | 75713 |
| 31 | 140106810015183 | 中国建设银行股份有限公司山西省分行 | 14 | 73306 |
| 32 | 31004313220454X | 中国银行股份有限公司上海市分行 | 31 | 72939 |
| 33 | 110102801124011 | 中信银行股份有限公司总行营业部 | 11 | 72321 |
| 34 | 440300192365580 | 平安银行股份有限公司（平安银行） | 44 | 65723 |

续表

| 序号 | 企业代码 | 企业名称 | 地区 | 实纳税额 |
|---|---|---|---|---|
| 35 | 440301455766379 | 中国建设银行股份有限公司深圳市分行 | 44 | 60085 |
| 36 | 310043832211775 | 招商银行股份有限公司上海分行 | 31 | 60081 |
| 37 | 440300445769023 | 中国银行股份有限公司深圳市分行 | 44 | 60076 |
| 38 | 440100890328787 | 中国银行股份有限公司广东省分行 | 44 | 58891 |
| 39 | 500904902887456 | 中国工商银行股份有限公司重庆市分行 | 50 | 57439 |
| 40 | 141002113126734 | 临汾市尧都区屯里农村信用合作社 | 14 | 56433 |
| 41 | 310043798961993 | 渣打银行（中国）有限公司 | 31 | 55907 |
| 42 | 330194253924826 | 杭州银行股份有限公司 | 33 | 55259 |
| 43 | 450100711428783 | 国家开发银行广西壮族自治区分行 | 45 | 55126 |
| 44 | 420103877715264 | 中国工商银行股份有限公司湖北分行营业部 | 42 | 54243 |
| 45 | 340103848942433 | 中国银行股份有限公司安徽省分行 | 34 | 49825 |
| 46 | 320103249682756 | 南京银行股份有限公司 | 32 | 49694 |
| 47 | 310043664339541 | 三菱东京日联银行（中国）有限公司 | 31 | 49621 |
| 48 | 440300455769852 | 交通银行股份有限公司深圳分行 | 44 | 47536 |
| 49 | 350590856105555 | 中国建设银行股份有限公司泉州分行 | 35 | 47055 |
| 50 | 150102701466583 | 国家开发银行股份有限公司内蒙古分行 | 15 | 46302 |
| 51 | 110103101506051 | 中国农业银行股份有限公司北京市分行 | 11 | 46152 |
| 52 | 310043X07204428 | 汇丰银行（中国）有限公司上海分行 | 31 | 45942 |
| 53 | 530103622600772 | 中国农业银行云南省分行 | 53 | 45843 |
| 54 | 310043132207804 | 交通银行股份有限公司上海市分行 | 31 | 44501 |
| 55 | 230102127592111 | 哈尔滨银行股份有限公司 | 23 | 44386 |
| 56 | 110102801124847 | 北京农村商业银行股份有限公司 | 11 | 44136 |
| 57 | 110102801107430 | 中国工商银行股份有限公司北京长安支行 | 11 | 43949 |
| 58 | 410105869971268 | 中国农业发展银行河南省分行 | 41 | 43777 |
| 59 | 510105990720292 | 国家开发银行股份有限公司四川省分行 | 51 | 42169 |
| 60 | 440300192227030 | 深圳农村商业银行股份有限公司（深圳农村商业银行） | 44 | 42082 |
| 61 | 420106931251983 | 中国农业银行湖北省分行 | 42 | 41761 |
| 62 | 410104971859950 | 交通银行股份有限公司河南省分行 | 41 | 41753 |
| 63 | 420103714672941 | 中国建设银行股份有限公司湖北省分行 | 42 | 41495 |
| 64 | 350102705101397 | 国家开发银行股份有限公司福建省分行 | 35 | 41479 |
| 65 | 420103877585797 | 招商银行股份有限公司武汉分行 | 42 | 40677 |
| 66 | 320006834791179 | 招商银行股份有限公司南京分行 | 32 | 38603 |
| 67 | 11010280137896X | 中国工商银行股份有限公司北京新街口支行 | 11 | 38350 |
| 68 | 440300892351059 | 中国民生银行股份有限公司深圳分行 | 44 | 37735 |
| 69 | 110102801120096 | 中国农业发展银行总行营业部 | 11 | 37323 |
| 70 | 110102733466748 | 华夏银行股份有限公司北京分行 | 11 | 37223 |
| 71 | 310043798981134 | 花旗银行（中国）有限公司 | 31 | 35972 |

续表

| 序号 | 企业代码 | 企业名称 | 地区 | 实纳税额 |
|---|---|---|---|---|
| 72 | 650102928598388 | 中国农业发展银行新疆维吾尔自治区分行 | 65 | 35412 |
| 73 | 110102801949566 | 中国建设银行股份有限公司总行营业部 | 11 | 35408 |
| 74 | 140106810015810 | 中国工商银行股份有限公司山西省分行 | 14 | 34498 |
| 75 | 440300G34777439 | 中国农业银行股份有限公司深圳市分行 | 44 | 34064 |
| 76 | 320105834753463 | 中信银行股份有限公司南京分行 | 32 | 33799 |
| 77 | 330000842910094 | 中国银行股份有限公司浙江省分行 | 33 | 33550 |
| 78 | 530102622600270 | 中国工商银行股份有限公司云南省分行 | 53 | 33299 |
| 79 | 44030078278219X | 招商银行股份有限公司深圳分行 | 44 | 33193 |
| 80 | 61009092052005X | 中国工商银行股份有限公司陕西省分行 | 61 | 33172 |
| 81 | 310043798980801 | 汇丰银行（中国）有限公司 | 31 | 33009 |
| 82 | 310043832220719 | 兴业银行股份有限公司上海分行 | 31 | 32827 |
| 83 | 500103902819736 | 中国建设银行股份有限公司重庆市分行 | 50 | 32589 |
| 84 | 610090294468046 | 西安市商业银行股份有限公司 | 61 | 32199 |
| 85 | 430102883842091 | 中国工商银行股份有限公司省分行营业部 | 43 | 32165 |
| 86 | 310043832246986 | 中国民生银行上海分行 | 31 | 32153 |
| 87 | 310043607216756 | 法国巴黎银行（中国）有限公司 | 31 | 31907 |
| 88 | 350590856105440 | 中国工商银行股份有限公司泉州分行 | 35 | 31803 |
| 89 | 210102817561582 | 中国建设银行股份有限公司辽宁省分行 | 21 | 31275 |
| 90 | 441900782985974 | 东莞市农村信用合作联社 | 44 | 31247 |
| 91 | 310043798999780 | 东亚银行（中国）有限公司 | 31 | 30916 |
| 92 | 441900707688371 | 东莞银行股份有限公司 | 44 | 30897 |
| 93 | 310043779347314 | 上海农村商业银行股份有限公司 | 31 | 30836 |
| 94 | 510105633142770 | 成都银行股份有限公司 | 51 | 30474 |
| 95 | 320582842111495 | 中国农业银行张家港市支行 | 32 | 30242 |
| 96 | 120114803060859 | 国家开发银行天津市分行 | 12 | 30172 |
| 97 | 441302456660517 | 中国建设银行股份有限公司惠州市分行 | 44 | 29865 |
| 98 | 150102814110524 | 中国建设银行股份有限公司内蒙古分行 | 15 | 29433 |
| 99 | 110102801105478 | 招商银行股份有限公司北京分行 | 11 | 28935 |
| 100 | 15010362640500X | 中国工商银行股份有限公司内蒙古分行 | 15 | 28577 |

# 全国卷烟制造业纳税百强排行榜

单位：万元

| 序号 | 企业代码 | 企业名称 | 地区 | 实纳税额 |
|---|---|---|---|---|
| 1 | 430102740640740 | 湖南中烟工业有限责任公司 | 43 | 2533453 |
| 2 | 310043132200434 | 上海烟草（集团）公司 | 31 | 2069451 |
| 3 | 53040121766326X | 红塔烟草（集团）有限责任公司 | 53 | 2040335 |
| 4 | 530102781651462 | 红云烟草（集团）有限责任公司 | 53 | 1891234 |
| 5 | 330194142916794 | 浙江中烟工业有限责任公司 | 33 | 1445180 |
| 6 | 420104757009410 | 湖北中烟工业有限责任公司 | 42 | 1312584 |
| 7 | 41010575714492X | 河南中烟工业公司 | 41 | 1115979 |
| 8 | 340104148944251 | 安徽中烟工业公司 | 34 | 925712 |
| 9 | 520100214412588 | 贵州中烟工业有限责任公司 | 52 | 907971 |
| 10 | 370112759162101 | 山东中烟工业公司 | 37 | 840090 |
| 11 | 440103190329746 | 广东中烟工业有限责任公司 | 44 | 662894 |
| 12 | 320102134876825 | 江苏中烟工业公司南京卷烟厂 | 32 | 646814 |
| 13 | 320300136388104 | 江苏中烟工业公司徐州卷烟厂 | 32 | 630149 |
| 14 | 532526217870138 | 红河烟草（集团）有限责任公司 | 53 | 564970 |
| 15 | 510112793957784 | 四川烟草工业有限责任公司 | 51 | 532347 |
| 16 | 350802157821405 | 龙岩烟草工业有限责任公司 | 35 | 469912 |
| 17 | 610198220562750 | 陕西中烟工业公司 | 61 | 469906 |
| 18 | 450100198222644 | 广西中烟工业有限责任公司 | 45 | 461420 |
| 19 | 360101767016649 | 江西中烟工业公司 | 36 | 420332 |
| 20 | 320800139434583 | 江苏中烟工业公司淮阴卷烟厂 | 32 | 370766 |
| 21 | 350204155016357 | 厦门烟草工业有限责任公司 | 35 | 352922 |
| 22 | 441401196271995 | 广东中烟工业有限责任公司梅州卷烟厂 | 44 | 337185 |
| 23 | 370212794031617 | 山东中烟工业公司青岛卷烟厂 | 37 | 326551 |
| 24 | 222401795219048 | 吉林烟草工业有限责任公司 | 22 | 318203 |
| 25 | 620101224434895 | 甘肃烟草工业有限责任公司 | 62 | 292052 |
| 26 | 530601216970591 | 红河烟草（集团）有限责任公司昭通卷烟厂 | 53 | 244189 |
| 27 | 130702106158578 | 张家口卷烟厂有限责任公司 | 13 | 225938 |
| 28 | 230103127050339 | 黑龙江烟草工业有限责任公司 | 23 | 222906 |
| 29 | 440203191526821 | 广东中烟工业有限责任公司韶关卷烟厂 | 44 | 177814 |
| 30 | 150104114155211 | 内蒙古昆明卷烟有限责任公司 | 15 | 169406 |
| 31 | 110112101100772 | 北京卷烟厂 | 11 | 163395 |
| 32 | 130104784057215 | 河北白沙烟草有限责任公司 | 13 | 162096 |
| 33 | 440301192199332 | 深圳烟草工业有限责任公司 | 44 | 154683 |
| 34 | 320102134764540 | 江苏中烟工业公司 | 32 | 146924 |

续表

| 序号 | 企业代码 | 企业名称 | 地区 | 实纳税额 |
|---|---|---|---|---|
| 35 | 370781795333617 | 山东中烟工业公司青州卷烟厂 | 37 | 133968 |
| 36 | 210802121122004 | 红塔辽宁烟草有限责任公司营口卷烟厂 | 21 | 128271 |
| 37 | 500102711619686 | 重庆烟草工业有限责任公司涪陵卷烟厂 | 50 | 117361 |
| 38 | 500114711640768 | 重庆烟草工业有限责任公司黔江分厂 | 50 | 109707 |
| 39 | 14011611007158X | 山西昆明烟草有限责任公司 | 14 | 106341 |
| 40 | 500108203155686 | 重庆烟草工业有限责任公司重庆卷烟厂 | 50 | 101503 |
| 41 | 120110767648013 | 上海烟草（集团）公司天津卷烟厂 | 12 | 92043 |
| 42 | 654003230490439 | 红云红河烟草（集团）有限责任公司新疆卷烟厂 | 65 | 81108 |
| 43 | 210102755522149 | 红塔辽宁烟草有限责任公司沈阳卷烟厂 | 21 | 79194 |
| 44 | 130604105947209 | 石家庄卷烟厂保定卷烟分厂 | 13 | 72494 |
| 45 | 440801770180773 | 广东中烟工业有限责任公司湛江卷烟厂 | 44 | 65501 |
| 46 | 370481169896877 | 山东中烟工业公司滕州卷烟厂 | 37 | 62706 |
| 47 | 152201115611784 | 红云红河烟草（集团）有限责任公司乌兰浩特卷烟厂 | 15 | 54204 |
| 48 | 460100735841214 | 海南红塔卷烟有限责任公司 | 46 | 49277 |
| 49 | 361122796959291 | 江西中烟工业公司广丰卷烟厂 | 36 | 34261 |
| 50 | 220303753632424 | 湖南中烟工业有限责任公司四平卷烟厂 | 22 | 34100 |
| 51 | 640302228281814 | 湖南中烟工业有限责任公司吴忠卷烟厂 | 64 | 12176 |
| 52 | 210102755786419 | 红塔辽宁烟草有限责任公司 | 21 | 234 |

注：根据财政部、国家税务总局2008年度全国企业税收调查资料，全国卷烟制造业纳税排行仅至52位。

# 全国石油及制品批发业纳税百强排行榜

单位：万元

| 序号 | 企业代码 | 企业名称 | 地区 | 实纳税额 |
|---|---|---|---|---|
| 1 | 650104228931952 | 新疆西北中石油国际事业有限公司 | 65 | 532788 |
| 2 | 440401105377277 | 中油燃料油股份有限公司 | 44 | 385074 |
| 3 | 440100795524886 | 中国石化销售有限公司华南分公司 | 44 | 342437 |
| 4 | 310043744912184 | 中国石化销售有限公司华东分公司 | 31 | 340867 |
| 5 | 370211747204554 | 青岛益佳海业贸易有限公司 | 37 | 166690 |
| 6 | 420103744618954 | 中国石化销售有限公司华中分公司 | 42 | 137095 |
| 7 | 110102100003102 | 中国石化销售有限公司 | 11 | 136502 |
| 8 | 120114749125091 | 中国石化销售有限公司华北分公司 | 12 | 121941 |
| 9 | 210105716408175 | 中油辽宁销售分公司 | 21 | 116276 |
| 10 | 330000720083254 | 中国石油化工股份有限公司浙江石油分公司 | 33 | 114578 |
| 11 | 350100717868448 | 中石化森美（福建）石油有限公司 | 35 | 94247 |
| 12 | 15210276105971X | 满洲里中石油国际事业有限公司 | 15 | 92107 |
| 13 | 440682738591185 | 广东省石油企业集团南方石油化工有限公司 | 44 | 85837 |
| 14 | 440103722457168 | 中国石油化工股份有限公司广东石油分公司 | 44 | 80664 |
| 15 | 150102701467412 | 中国石油天然气股份有限公司内蒙古销售分公司 | 15 | 66582 |
| 16 | 32010672057933X | 中国石油化工股份有限公司江苏石油分公司 | 32 | 66340 |
| 17 | 370522771049849 | 山东国能石化进出口有限公司 | 37 | 65039 |
| 18 | 650104712965011 | 中国石油天然气股份有限公司西北销售新疆分公司 | 65 | 60420 |
| 19 | 310228132206027 | 中国金山联合贸易有限责任公司 | 31 | 59569 |
| 20 | 440106762916947 | 中国石油天然气股份有限公司华南销售分公司 | 44 | 58737 |
| 21 | 110102100012666 | 中国联合石油有限责任公司 | 11 | 57618 |
| 22 | 110105100000905 | 中国船舶燃料有限责任公司 | 11 | 56210 |
| 23 | 110105710934860 | 中国石化集团石油商业储备有限公司 | 11 | 54765 |
| 24 | 440102231228758 | 广州市华泰兴石油化工有限公司 | 44 | 53998 |
| 25 | 440101617405702 | 广东南华石油有限公司 | 44 | 53577 |
| 26 | 31004683221508X | 中国航空油料有限责任公司上海分公司 | 31 | 48536 |
| 27 | 230102702852099 | 中国石油天然气股份有限公司黑龙江销售分公司 | 23 | 44666 |
| 28 | 654023710851117 | 霍尔果斯中石油国际事业有限公司 | 65 | 39833 |
| 29 | 440301708596778 | 中国石油化工股份有限公司深圳石油分公司 | 44 | 39659 |
| 30 | 652701787637477 | 阿拉山口中石油国际事业有限公司 | 65 | 38796 |
| 31 | 420104722002083 | 中国石油化工股份有限公司湖北石油分公司 | 42 | 38331 |
| 32 | 530103719408277 | 中国石油化工股份有限公司云南石油分公司 | 53 | 37893 |
| 33 | 210202716951354 | 中国石油天然气股份有限公司大连销售分公司 | 21 | 34353 |
| 34 | 340111711777123 | 中国石油化工股份有限公司安徽石油分公司 | 34 | 33757 |

续表

| 序号 | 企业代码 | 企业名称 | 地区 | 实纳税额 |
|---|---|---|---|---|
| 35 | 110102801388295 | 中国石油天然气股份有限公司华北天然气销售分公司 | 11 | 32950 |
| 36 | 610198713595630 | 中国石油天然气股份有限公司陕西销售分公司 | 61 | 31614 |
| 37 | 110102710929404 | 中国石油国际事业有限公司 | 11 | 28939 |
| 38 | 11010510169286X | 中国石油化工集团公司 | 11 | 28302 |
| 39 | 440101617425586 | 华南蓝天航空油料有限公司 | 44 | 28183 |
| 40 | 130106723388547 | 中国石油化工股份有限公司河北石油分公司 | 13 | 27609 |
| 41 | 65010271890202X | 中国石油天然气股份有限公司新疆销售分公司 | 65 | 27314 |
| 42 | 140116715997051 | 中国石油化工股份有限公司山西石油分公司 | 14 | 27127 |
| 43 | 42011174460435X | 中国石油天然气股份有限公司湖北销售分公司 | 42 | 26198 |
| 44 | 500103902800832 | 中国石油天然气股份有限公司重庆销售分公司 | 50 | 26169 |
| 45 | 361101705558047 | 中国石油化工股份有限公司江西上饶石油分公司 | 36 | 25648 |
| 46 | 420111760686164 | 中国石油天然气股份有限公司华中销售分公司 | 42 | 25468 |
| 47 | 110102100000411 | 中国中化集团公司 | 11 | 24343 |
| 48 | 110105625911998 | 壳牌（中国）有限公司 | 11 | 23706 |
| 49 | 220104702333395 | 中国石油天然气股份有限公司吉林销售分公司 | 22 | 21612 |
| 50 | 620102712757642 | 中国石油天然气股份有限公司甘肃销售分公司 | 62 | 20648 |
| 51 | 440301715248173 | 深圳市中油通达石油有限公司 | 44 | 20008 |
| 52 | 37010272328617X | 中国石油化工股份有限公司山东石油分公司 | 37 | 19041 |
| 53 | 410105719178475 | 中国石油化工股份有限公司河南石油分公司 | 41 | 18677 |
| 54 | 330322704346771 | 浙江中油华电能源有限公司 | 33 | 17923 |
| 55 | 430105717050312 | 中国石油化工股份有限公司湖南石油分公司 | 43 | 17802 |
| 56 | 360101705516816 | 中国石油化工股份有限公司江西石油分公司 | 36 | 17689 |
| 57 | 120118101765977 | 中海油气开发利用公司 | 12 | 17683 |
| 58 | 210103715742139 | 中国石油东北销售分公司 | 21 | 16723 |
| 59 | 370102267143959 | 山东蓝天化工贸易有限公司 | 37 | 15361 |
| 60 | 619000741280740 | 中国石化销售有限公司西北分公司 | 61 | 15201 |
| 61 | 640104710665816 | 中国石油天然气股份有限公司宁夏分公司 | 64 | 14557 |
| 62 | 210302725501216 | 中国石油辽宁鞍山销售分公司 | 21 | 13409 |
| 63 | 310115607375538 | 埃克森美孚化工商务（上海）有限公司 | 31 | 13178 |
| 64 | 370284756943797 | 山东石大科技有限公司青岛分公司 | 37 | 12722 |
| 65 | 630104710412982 | 中国石油天然气股份有限公司青海销售分公司 | 63 | 12525 |
| 66 | 450100711494908 | 中国石油天然气股份有限公司广西销售分公司 | 45 | 12431 |
| 67 | 410102719174482 | 中国石油天然气股份有限公司河南销售分公司 | 41 | 12415 |
| 68 | 310104607357460 | 埃克森美孚（中国）投资有限公司 | 31 | 12329 |
| 69 | 420102100024632 | 中石化长江燃料有限公司 | 42 | 12125 |
| 70 | 440701766562381 | 中油碧辟石油有限公司 | 44 | 11749 |
| 71 | 370322167251696 | 胜利油田高青石油开发有限责任公司 | 37 | 11662 |

续表

| 序号 | 企业代码 | 企业名称 | 地区 | 实纳税额 |
|---|---|---|---|---|
| 72 | 430105743171505 | 中国石油天然气股份有限公司湖南销售分公司 | 43 | 11188 |
| 73 | 520100714307389 | 中国石油化工股份有限公司贵州石油分公司 | 52 | 11070 |
| 74 | 210103001603903 | 中国石油天然气股份有限公司辽宁沈阳销售分公司 | 21 | 10803 |
| 75 | 310115703292257 | 上海南光石化有限公司 | 31 | 10687 |
| 76 | 210213792032229 | 大连保税区海悦国际贸易有限公司 | 21 | 10639 |
| 77 | 440601724779144 | 中国石油化工股份有限公司广东佛山石油分公司 | 44 | 10440 |
| 78 | 440106736158804 | 广东振戎能源有限公司 | 44 | 10425 |
| 79 | 310115834577308 | 中国石油天然气股份有限公司华东化工销售分公司 | 31 | 9929 |
| 80 | 23019874441664X | 中油黑龙江农垦石油有限公司 | 23 | 9527 |
| 81 | 350502662837379 | 中石化森美（福建）石油有限公司泉州分公司 | 35 | 9301 |
| 82 | 460100713864511 | 中国石油化工股份有限公司海南石油分公司 | 46 | 9010 |
| 83 | 620101719034551 | 中国石油天然气股份有限公司西北销售兰州分公司 | 62 | 8612 |
| 84 | 610104920523517 | 中国航空油料有限责任公司西安分公司 | 61 | 8566 |
| 85 | 330000722781742 | 中国石油化工股份有限公司浙江杭州石油分公司 | 33 | 8401 |
| 86 | 441900737553398 | 中石化广东东莞石油分公司 | 44 | 8150 |
| 87 | 440101712401814 | 中石化中海船舶燃料供应有限公司 | 44 | 8086 |
| 88 | 350102717324950 | 中国石油化工股份有限公司福建石油分公司 | 35 | 8069 |
| 89 | 622101719037517 | 中石油有限公司西北销售玉门分公司 | 62 | 7919 |
| 90 | 310043765998968 | 中国石油化工股份有限公司上海沥青销售分公司 | 31 | 7870 |
| 91 | 220204724872285 | 中国石油有限公司东北销售吉林分公司 | 22 | 7863 |
| 92 | 230403129101347 | 中国石油天然气股份有限公司鹤岗销售分公司 | 23 | 7832 |
| 93 | 460100721225584 | 海南中通化工进出口有限公司 | 46 | 7770 |
| 94 | 360701705714329 | 中国石油化工股份有限公司江西赣州石油分公司 | 36 | 7662 |
| 95 | 210411725504361 | 中国石油天然气股份有限公司东北销售抚顺分公司 | 21 | 7132 |
| 96 | 411000721835278 | 中石化股份有限公司河南许昌石油分公司 | 41 | 7079 |
| 97 | 230603725318091 | 中国石油天然气股份有限公司东北销售大庆分公司 | 23 | 7034 |
| 98 | 620104720270893 | 中国石油管道涩宁兰销售分公司 | 62 | 6897 |
| 99 | 330201720469691 | 中石化股份有限公司浙江宁波石油分公司 | 33 | 6745 |
| 100 | 370203724001244 | 中国石化股份有限公司山东青岛石油分公司 | 37 | 6672 |

# 全国石油和天然气开采业纳税百强排行榜

单位：万元

| 序号 | 企业代码 | 企业名称 | 地区 | 实纳税额 |
|---|---|---|---|---|
| 1 | 230690716675409 | 大庆油田有限责任公司 | 23 | 4229138 |
| 2 | 370502723856718 | 中国石油化工股份有限公司胜利油田分公司 | 37 | 2691386 |
| 3 | 120118712824649 | 中海石油（中国）有限公司 | 12 | 1728116 |
| 4 | 650200715597998 | 中国石油天然气股份有限公司新疆油田分公司 | 65 | 1188673 |
| 5 | 65280071554911X | 中国石油天然气股份有限公司塔里木油田分公司 | 65 | 1015703 |
| 6 | 619000713594558 | 中国石油天然气股份有限公司长庆油田分公司 | 61 | 935801 |
| 7 | 22079171717338X | 中国石油天然气股份有限公司吉林油田分公司 | 22 | 546973 |
| 8 | 652800742248144 | 中国石油化工股份有限公司西北油田分公司 | 65 | 467371 |
| 9 | 130982721634003 | 中国石油天然气股份有限公司华北油田分公司 | 13 | 417748 |
| 10 | 211103716484362 | 中国石油辽河油田分公司 | 21 | 340174 |
| 11 | 120114718258908 | 中国石油股份有限公司大港油田分公司 | 12 | 330139 |
| 12 | 120118718249438 | 中海石油（中国）有限公司天津分公司 | 12 | 314442 |
| 13 | 410902719176285 | 中国石油化工股份有限公司中原油田分公司 | 41 | 232501 |
| 14 | 652100718901908 | 中国石油天然气股份有限公司吐哈油田分公司 | 65 | 225534 |
| 15 | 632820710925462 | 中国石油天然气股份有限公司青海油田分公司 | 63 | 188523 |
| 16 | 440301708594625 | 中海石油（中国）有限公司深圳分公司 | 44 | 177714 |
| 17 | 32100172059808X | 中国石油化工股份有限公司江苏油田分公司 | 32 | 157184 |
| 18 | 230690129310130 | 大庆石油管理局 | 23 | 150193 |
| 19 | 370502164721269 | 中国石化集团胜利石油管理局 | 37 | 144246 |
| 20 | 411300719176832 | 中国石油化工股份有限公司河南油田分公司 | 41 | 139582 |
| 21 | 610690783684735 | 延长油田股份有限公司 | 61 | 115775 |
| 22 | 130203721614029 | 中国石油天然气股份有限公司冀东油田分公司 | 13 | 111629 |
| 23 | 440801707913938 | 中海石油（中国）有限公司湛江分公司 | 44 | 98397 |
| 24 | 429005735209235 | 中国石油化工股份有限公司江汉油田公司 | 42 | 88771 |
| 25 | 410902169954862 | 中国石化集团中原石油勘探局（中原油田） | 41 | 86975 |
| 26 | 510108675795796 | 中国石油集团川庆钻探工程有限公司 | 51 | 84692 |
| 27 | 211103122565835 | 辽河石油勘探局 | 21 | 78445 |
| 28 | 610626223720646 | 延长油田股份有限公司吴起采油厂 | 61 | 69772 |
| 29 | 610625223690125 | 延长油田股份有限公司永宁采油厂 | 61 | 57155 |
| 30 | 230621733649747 | 大庆模范屯油田有限责任公司 | 23 | 50825 |
| 31 | 61900071009796X | 长庆石油勘探局 | 61 | 50406 |
| 32 | 152502701479077 | 中国石油华北油田公司二连分公司 | 15 | 47694 |
| 33 | 152101701354995 | 大庆油田有限责任公司呼伦贝尔分公司 | 15 | 45627 |
| 34 | 230622126976818 | 大庆头台油田开发有限责任公司 | 23 | 45313 |

续表

| 序号 | 企业代码 | 企业名称 | 地区 | 实纳税额 |
|---|---|---|---|---|
| 35 | 650200228900005 | 新疆维吾尔自治区石油管理局 | 65 | 45012 |
| 36 | 152528664091478 | 镶黄旗鑫垠能源技术开发有限公司 | 15 | 44838 |
| 37 | 372523873954006 | 中石化中原油田分公司采油三厂 | 37 | 42893 |
| 38 | 12011871092921X | 中海油田服务股份有限公司 | 12 | 42724 |
| 39 | 130681710926983 | 中国石油集团东方地球物理勘探有限责任公司 | 13 | 41647 |
| 40 | 440300X26002020 | 丹文能源中国有限公司 | 44 | 40692 |
| 41 | 231282126979349349 | 大庆榆树林油田开发有限责任公司 | 23 | 38989 |
| 42 | 610825224120933 | 陕西延长油田股份有限公司定边采油厂 | 61 | 37719 |
| 43 | 622101712722124 | 中国石油玉门油田分公司 | 62 | 37075 |
| 44 | 650203X2600187X | HAFNIUM 有限公司 | 65 | 36394 |
| 45 | 211103X26002418 | BECKBURY 国际有限公司 | 21 | 35928 |
| 46 | 440801X26002370 | 哈斯基石油中国有限公司 | 44 | 35506 |
| 47 | 231281702811174 | 安达市庆新油田开发有限责任公司 | 23 | 35370 |
| 48 | 610602223531132 | 延长油田股份有限公司南泥湾采油厂 | 61 | 34391 |
| 49 | 110105678200786 | 中国石油集团长城钻探工程有限公司 | 11 | 32607 |
| 50 | 650200676327257 | 中国石油集团西部钻探工程有限公司 | 65 | 32604 |
| 51 | 220791710932072 | MI 能源公司 | 22 | 31015 |
| 52 | 130982104322397 | 华北石油管理局 | 13 | 30817 |
| 53 | 310046132215329 | 上海石油天然气有限公司 | 31 | 29133 |
| 54 | 610624223660380 | 延长油田股份有限公司杏子川钻采公司 | 61 | 27846 |
| 55 | 231281739693087 | 大庆油田有限责任公司安达分公司 | 23 | 26106 |
| 56 | 230624726898390 | 大庆杜尔伯特龙虎泡油田有限责任公司 | 23 | 25920 |
| 57 | 610824748626505 | 延长油田股份有限公司靖边采油厂 | 61 | 25736 |
| 58 | 220791244433152 | 吉林石油集团有限责任公司 | 22 | 25664 |
| 59 | 370521164735433 | 胜利油田鲁胜石油开发有限责任公司 | 37 | 25278 |
| 60 | 120118722950227 | 海洋石油工程股份有限公司 | 12 | 24564 |
| 61 | 120118100023285 | 中国石油天然气勘探开发公司 | 12 | 23710 |
| 62 | 321001134753374 | 中国石化集团江苏石油勘探局 | 32 | 22655 |
| 63 | 510108765397812 | 四川石油管理局川西钻探公司 | 51 | 22426 |
| 64 | 120114103060065 | 大港油田集团有限责任公司 | 12 | 21116 |
| 65 | 440801618905012 | BP（中国）勘探及生产公司 | 44 | 18725 |
| 66 | 652100228599064 | 吐哈石油勘探开发指挥部 | 65 | 16944 |
| 67 | 372324726717289 | 东胜精攻无棣石油开发有限责任公司 | 37 | 16401 |
| 68 | 46902372129781X | 海南福山油田勘探开发有限责任公司 | 46 | 16343 |
| 69 | 650200722354900 | 新疆石油工程建设有限责任公司 | 65 | 15396 |
| 70 | 610623223630755 | 延长油田股份有限公司瓦窑堡采油厂 | 61 | 15344 |
| 71 | 220702123980600 | 吉林石油天然气开发有限责任公司 | 22 | 15120 |

续表

| 序号 | 企业代码 | 企业名称 | 地区 | 实纳税额 |
|---|---|---|---|---|
| 72 | 652800929478337 | 塔里木石油勘探开发指挥部第二勘探公司 | 65 | 14779 |
| 73 | 610627223750490 | 延长油矿股份有限公司下寺湾采油厂 | 61 | 13861 |
| 74 | 411300169951928 | 中国石化集团河南石油勘探局 | 41 | 13801 |
| 75 | 11019271093297X | 中国石油集团海洋工程有限公司 | 11 | 13493 |
| 76 | 650200928904664 | 新疆独山子石油化工总厂 | 65 | 12751 |
| 77 | 370523763674812 | 胜利石油管理局石油开发中心胜科管理区 | 37 | 12683 |
| 78 | 610621223570297 | 延长油田股份有限公司王家川采油厂 | 61 | 11743 |
| 79 | 370502748975203 | 中国石化集团胜利石油管理局石油开发中心 | 37 | 10548 |
| 80 | 130982740186824 | 河北华北石油工程建设有限公司 | 13 | 10485 |
| 81 | 372930719176285 | 中国石化公司中原油田分公司 | 37 | 10000 |
| 82 | 231282766046352 | 大庆油田有限责任公司肇东分公司 | 23 | 8994 |
| 83 | 370502864731134 | 中国石油化工股份有限公司胜利油田分公司油气集输总厂 | 37 | 8941 |
| 84 | 220104123998499 | 中国石油天然气股份有限公司吉林长春销售分公司 | 22 | 8711 |
| 85 | 652800929471020 | 塔里木石油勘探开发指挥部第四勘探公司 | 65 | 8431 |
| 86 | 652800929470079 | 塔里木石油勘探开发指挥部运输公司 | 65 | 8296 |
| 87 | 230621710931950 | 中亚石油有限公司 | 23 | 8117 |
| 88 | 230621710925462 | 大庆油田公司州十三合作区块管理部 | 23 | 7901 |
| 89 | 372301166902282 | 滨南石油开发有限公司 | 37 | 7780 |
| 90 | 652302929326720 | 新疆石油管理局准东勘探开发公司 | 65 | 7726 |
| 91 | 650200228957036 | 新疆油田黑油山有限责任公司 | 65 | 7358 |
| 92 | 230622725347802 | 大庆肇源新肇油田有限责任公司 | 23 | 7211 |
| 93 | 370502164740195 | 胜利油田牛庄石油开发有限责任公司 | 37 | 6913 |
| 94 | 619000726264056 | 西安长庆科技工程有限公司 | 61 | 6878 |
| 95 | 610624709915902 | 陕西省长乐石化有限公司 | 61 | 6775 |
| 96 | 320111134766132 | 华扬石油天然气勘探开发总公司 | 32 | 6577 |
| 97 | 653124729185548 | 中国石油天然气股份公司塔里木油田公司塔西南勘探开发公司 | 65 | 6533 |
| 98 | 652800929470175 | 塔里木石油勘探开发指挥部第一勘探公司 | 65 | 6505 |
| 99 | 372325167113015 | 胜利油田东胜精攻沾化石油开发有限公司 | 37 | 6484 |
| 100 | 230622739655865 | 肇源县兴源油田开发有限责任公司 | 23 | 6475 |

# 全国石油加工炼焦及核燃料加工业纳税百强排行榜

单位：万元

| 序号 | 企业代码 | 企业名称 | 地区 | 实纳税额 |
|---|---|---|---|---|
| 1 | 330201793017426 | 中国石油化工股份有限公司镇海炼化分公司 | 33 | 1679786 |
| 2 | 440901722484553 | 中国石油化工股份有限公司茂名分公司 | 44 | 1197013 |
| 3 | 210211716947734 | 中国石油天然气股份有限公司大连石化分公司 | 21 | 934397 |
| 4 | 610690220568570 | 陕西延长石油（集团）有限责任公司 | 61 | 594977 |
| 5 | 210213604821942 | 大连西太平洋石油化工有限公司 | 21 | 503123 |
| 6 | 310043834486537 | 中国石油化工股份有限公司上海高桥分公司 | 31 | 486187 |
| 7 | 310043132212291 | 中国石化上海石油化工股份有限公司 | 31 | 444097 |
| 8 | 440801617797099 | 中国石化湛江东兴石油化工有限公司 | 44 | 387494 |
| 9 | 120114722958405 | 中国石油化工股份有限公司天津分公司 | 12 | 366373 |
| 10 | 372301706208970 | 中海沥青股份有限公司 | 37 | 159999 |
| 11 | 430603661699146 | 中国石化集团资产经营管理有限公司巴陵石化分公司 | 43 | 156534 |
| 12 | 110191802763501 | 中国石油化工股份有限公司北京燕山分公司 | 11 | 154952 |
| 13 | 130182670310403 | 中国石化石家庄炼油化工股份有限公司 | 13 | 153222 |
| 14 | 320102721730177 | 中国石油化工股份有限公司金陵分公司 | 32 | 142866 |
| 15 | 330206734245293 | 中海石油宁波大榭石化有限公司 | 33 | 134526 |
| 16 | 210702716459108 | 中国石油天然气股份有限公司锦州石化分公司 | 21 | 128981 |
| 17 | 610824783669017 | 延长石油（集团）榆林核算部 | 61 | 122073 |
| 18 | 21040271960098X | 中国石油天然气股份有限公司抚顺石化分公司 | 21 | 121815 |
| 19 | 440112721928327 | 中国石油化工股份有限公司广州分公司 | 44 | 121548 |
| 20 | 469040754358922 | 中国石化海南炼油化工有限公司 | 46 | 110391 |
| 21 | 211401716427237 | 中国石油天然气股份有限公司锦西石化分公司 | 21 | 108022 |
| 22 | 650203726984969 | 中国石油天然气股份有限公司克拉玛依石化分公司 | 65 | 102369 |
| 23 | 370305723267788 | 中国石油化工股份有限公司齐鲁分公司 | 37 | 98301 |
| 24 | 220203717174219 | 中国石油天然气股份有限公司吉林市石化分公司 | 22 | 88598 |
| 25 | 120114724495870 | 中国石油天然气股份有限公司大港石化分公司 | 12 | 82915 |
| 26 | 230690X06584158 | 中国石油天然气股份有限公司大庆炼化分公司 | 23 | 81165 |
| 27 | 320111797106047 | 中国石化扬子石油化工有限公司 | 32 | 79730 |
| 28 | 340803713982868 | 中国石油化工股份公司安庆分公司 | 34 | 79568 |
| 29 | 650109718902097 | 中国石油天然气股份有限公司乌石化分公司 | 65 | 78165 |
| 30 | 142302741096548 | 山西大土河焦化有限责任公司 | 14 | 75337 |
| 31 | 130982804322363 | 中国石油天然气股份有限公司华北石化分公司 | 13 | 74597 |
| 32 | 230603716676129 | 中国石油天然气股份有限公司大庆石化分公司 | 23 | 72559 |
| 33 | 321201726639030 | 中海沥青（泰州）有限公司 | 32 | 69921 |
| 34 | 370211753752987 | 青岛丽东化工有限公司 | 37 | 68802 |

续表

| 序号 | 企业代码 | 企业名称 | 地区 | 实纳税额 |
|---|---|---|---|---|
| 35 | 211103729061625 | 中国石油天然气股份有限公司辽河石化公司 | 21 | 62166 |
| 36 | 360401716522330 | 中国石油化工股份有限公司九江分公司 | 36 | 61775 |
| 37 | 420801714644238 | 中国石油化工股份有限公司荆门分公司 | 42 | 61519 |
| 38 | 142703113873561 | 山西阳光焦化集团股份有限公司 | 14 | 60761 |
| 39 | 430603717052342 | 中国石油化工股份有限公司长岭分公司 | 43 | 58714 |
| 40 | 610498727375006 | 中国石油天然气股份有限公司长庆石化分公司 | 61 | 58101 |
| 41 | 410306721836588 | 中国石油化工股份有限公司洛阳分公司 | 41 | 57050 |
| 42 | 650202712998841 | 中国石油天然气股份有限公司独山子石化分公司 | 65 | 56586 |
| 43 | 370102706312970 | 中国石油化工股份有限公司济南分公司 | 37 | 56251 |
| 44 | 321200746841914 | 中海油气（泰州）石化有限公司 | 32 | 55168 |
| 45 | 370211766720175 | 中国石化青岛炼油化工有限责任公司 | 37 | 53158 |
| 46 | 130913723359121 | 中海石油中捷石化有限公司 | 13 | 51094 |
| 47 | 420107717996183 | 中国石油化工股份有限公司武汉分公司 | 42 | 48163 |
| 48 | 450704739966997 | 广西东油沥青有限公司 | 45 | 47506 |
| 49 | 23010471844994X | 中国石油天然气股份有限公司哈尔滨石化分公司 | 23 | 44230 |
| 50 | 211004701696207 | 中国石油股份有限公司辽阳石化分公司 | 21 | 44225 |
| 51 | 420107711961422 | 武汉平煤武钢联合焦化有限责任公司 | 42 | 43178 |
| 52 | 330191143042160 | 杭州石化有限责任公司 | 33 | 42986 |
| 53 | 440801728778317 | 中海石油湛江燃料油有限公司 | 44 | 41402 |
| 54 | 140121715902382 | 山西美锦煤炭气化股份有限公司 | 14 | 41045 |
| 55 | 140121701026537 | 太原市梗阳实业集团有限公司 | 14 | 39473 |
| 56 | 350505717868421 | 福建联合石油化工有限公司 | 35 | 39189 |
| 57 | 130283752420382 | 迁安中化煤化工有限责任公司 | 13 | 38610 |
| 58 | 14232376248251X | 山西亚太焦化冶镁有限公司 | 14 | 38131 |
| 59 | 130902721677572 | 中国石油化工股份有限公司沧州分公司 | 13 | 37805 |
| 60 | 142323812404692 | 山西华鑫煤焦化实业有限公司 | 14 | 37467 |
| 61 | 370206163576944 | 中国石化集团青岛石油化工有限责任公司 | 37 | 36261 |
| 62 | 330422609457182 | 浙江壳牌化工石油有限公司 | 33 | 36053 |
| 63 | 120107600540000 | 壳牌（天津）石油化工有限公司 | 12 | 33927 |
| 64 | 120107600538170 | 埃克森美孚（天津）石油有限公司 | 12 | 33536 |
| 65 | 211103122433701 | 盘锦北方沥青股份有限公司 | 21 | 33311 |
| 66 | 320800139450989 | 淮安清江石油化工有限责任公司 | 32 | 33125 |
| 67 | 372308167154095 | 山东京博石油化工有限公司 | 37 | 31925 |
| 68 | 450502199305695 | 中国石油化工股份有限公司北海分公司 | 45 | 30808 |
| 69 | 230921766048008 | 亿达信煤焦化能源有限公司 | 23 | 30561 |
| 70 | 140181739322980 | 山西金业煤焦化集团古交有限公司 | 14 | 28656 |
| 71 | 142623751530248 | 临汾万鑫达焦化有限责任公司 | 14 | 28355 |

续表

| 序号 | 企业代码 | 企业名称 | 地区 | 实纳税额 |
|---|---|---|---|---|
| 72 | 142625113273064 | 山西焦化股份有限公司 | 14 | 27641 |
| 73 | 210811670477983 | 营口嘉晨燃化有限公司 | 21 | 27625 |
| 74 | 640105227682712 | 中石油股份公司宁夏炼化公司 | 64 | 26542 |
| 75 | 142623719828247 | 山西光大焦化气源有限公司 | 14 | 26359 |
| 76 | 142703739336477 | 山西曙光煤焦集团有限公司 | 14 | 26266 |
| 77 | 210402119215009 | 中国石油抚顺石油化工公司 | 21 | 25670 |
| 78 | 142303743524059 | 山西东辉煤化工股份有限公司 | 14 | 24838 |
| 79 | 410881750738573 | 济源市金马焦化有限公司 | 41 | 24306 |
| 80 | 371311769712592 | 临沂烨华焦化有限公司 | 37 | 23459 |
| 81 | 220702717170197 | 中国石油前郭石化分公司 | 22 | 23401 |
| 82 | 150105814190106 | 中国石油天然气股份有限公司呼和浩特石化分公司 | 15 | 23391 |
| 83 | 130203104792823 | 唐山钢铁集团有限责任公司 | 13 | 22565 |
| 84 | 140114701138010 | 太原煤气化股份有限公司 | 14 | 21954 |
| 85 | 142301725904621 | 山西楼东俊安煤气化有限公司 | 14 | 21561 |
| 86 | 370725165770118 | 山东潍焦集团有限公司 | 37 | 21264 |
| 87 | 372930763696472 | 东明中油燃料石化有限公司 | 37 | 21187 |
| 88 | 370321757482363 | 山东金诚重油化工有限公司 | 37 | 20969 |
| 89 | 37078672073757X | 山东昌邑石化有限公司 | 37 | 20671 |
| 90 | 372330751769814 | 山东铁雄能源煤化有限公司 | 37 | 20608 |
| 91 | 370112761866298 | 济南信赢煤焦化有限公司 | 37 | 20408 |
| 92 | 140121783266939 | 山西美锦焦化有限公司 | 14 | 20322 |
| 93 | 370783165442384 | 山东海化集团有限公司 | 37 | 19883 |
| 94 | 44090166334762X | 中国石化集团资产经营管理有限公司茂名石化分公司 | 44 | 19790 |
| 95 | 530328781658066 | 云南大为制焦有限公司 | 53 | 19650 |
| 96 | 371311751774058 | 山东沂州能源股份有限公司 | 37 | 19523 |
| 97 | 142402757279429 | 山西宏安焦化科技有限公司 | 14 | 19469 |
| 98 | 230902749673100 | 七台河宝泰隆煤化工股份有限公司 | 23 | 19125 |
| 99 | 370305664437395 | 中国石化集团资产经营管理有限公司齐鲁石化分公司 | 37 | 18921 |
| 100 | 622821224371097 | 中国石油庆阳石化分公司 | 62 | 18410 |

# 全国造纸及纸制品业纳税百强排行榜

单位：万元

| 序号 | 企业代码 | 企业名称 | 地区 | 实纳税额 |
|---|---|---|---|---|
| 1 | 321101608835858 | 金东纸业（江苏）股份有限公司 | 32 | 86349 |
| 2 | 110192742602094 | 利乐包装（北京）有限公司 | 11 | 71557 |
| 3 | 370783613588986 | 山东晨鸣纸业集团股份有限公司 | 37 | 60217 |
| 4 | 469040620050666 | 海南金海浆纸业有限公司 | 46 | 56424 |
| 5 | 320585739426077 | 玖龙纸业（太仓）有限公司 | 32 | 53519 |
| 6 | 320583608279441 | 利乐包装（昆山）有限公司 | 32 | 51451 |
| 7 | 32058173784235X | 江苏理文造纸有限公司 | 32 | 50352 |
| 8 | 320581608248696 | 芬欧汇川（常熟）纸业有限公司 | 32 | 46638 |
| 9 | 321700608243801 | 金华盛纸业（苏州工业园区）有限公司 | 32 | 29076 |
| 10 | 440601617621448 | 利乐华新（佛山）包装有限公司 | 44 | 27417 |
| 11 | 130602105945019 | 保定钞票纸厂 | 13 | 26518 |
| 12 | 440105618413376 | 广州造纸股份有限公司 | 44 | 24890 |
| 13 | 370882725421072 | 兖州天章纸业有限公司 | 37 | 24650 |
| 14 | 441900618332373 | 东莞理文造纸厂有限公司 | 44 | 24550 |
| 15 | 370321706397513 | 山东博汇纸业股份有限公司 | 37 | 24265 |
| 16 | 320508738299440 | 琳得科（苏州）科技有限公司 | 32 | 23926 |
| 17 | 441900752885796 | 广东理文造纸有限公司 | 44 | 22403 |
| 18 | 330227610253873 | 宁波中华纸业有限公司 | 33 | 22097 |
| 19 | 360107744264607 | 江西晨鸣纸业有限责任公司 | 36 | 20850 |
| 20 | 430602722587712 | 岳阳纸业股份有限公司 | 43 | 20446 |
| 21 | 321700738299360 | 康美包（苏州）有限公司 | 32 | 19331 |
| 22 | 370523164960403 | 山东华泰纸业股份有限公司 | 37 | 18866 |
| 23 | 330401710959275 | 民丰特种纸股份有限公司 | 33 | 18447 |
| 24 | 371102613803877 | 山东亚太森博浆纸有限公司 | 37 | 18096 |
| 25 | 37088279249110X | 万国纸业太阳白卡纸有限公司 | 37 | 17731 |
| 26 | 372502167965920 | 中冶纸业银河有限公司 | 37 | 16975 |
| 27 | 320583608276873 | 艾利（中国）有限公司 | 32 | 14480 |
| 28 | 33020674218972X | 宁波亚洲浆纸业有限公司 | 33 | 14035 |
| 29 | 340502150523317 | 安徽山鹰纸业股份有限公司 | 34 | 13701 |
| 30 | 320508608199820 | 苏州紫兴纸业有限公司 | 32 | 13669 |
| 31 | 372527168210327 | 山东泉林纸业有限责任公司 | 37 | 13438 |
| 32 | 420101271892354 | 武汉晨鸣汉阳纸业股份有限公司 | 42 | 13074 |
| 33 | 37072572622314X | 昌乐世纪阳光纸业有限公司 | 37 | 12956 |
| 34 | 310225742128011 | 上海中隆纸业有限公司 | 31 | 12706 |

续表

| 序号 | 企业代码 | 企业名称 | 地区 | 实纳税额 |
|---|---|---|---|---|
| 35 | 320583749413501 | 鸿运纸业（昆山）有限公司 | 32 | 12277 |
| 36 | 130133754016535 | 诺斯克（河北）纸业有限公司 | 13 | 12262 |
| 37 | 440401617502107 | 珠海经济特区红塔仁恒纸业有限公司 | 44 | 12139 |
| 38 | 44190073755127X | 东莞海龙纸业有限公司 | 44 | 10535 |
| 39 | 350582766195286 | 恒安（中国）纸业有限公司 | 35 | 10355 |
| 40 | 350427158157497 | 福建省青山纸业股份有限公司 | 35 | 10248 |
| 41 | 350582633904448 | 恒安（晋江）妇女用品有限公司 | 35 | 10100 |
| 42 | 411100170001516 | 河南银鸽实业投资股份有限公司 | 41 | 10089 |
| 43 | 231090130233769 | 牡丹江恒丰纸业股份有限公司 | 23 | 9831 |
| 44 | 441900617688669 | 东莞玖龙纸业有限公司 | 44 | 9829 |
| 45 | 320583711500415 | 昆山钞票纸厂 | 32 | 9785 |
| 46 | 321700608243799 | 金红叶纸业（苏州工业园区）有限公司 | 32 | 9618 |
| 47 | 440194671817564 | 广州造纸股份有限公司南沙分公司 | 44 | 9373 |
| 48 | 410721173174009 | 新乡新亚纸业集团股份有限公司 | 41 | 9175 |
| 49 | 32058573782811X | 海龙纸业（太仓）有限公司 | 32 | 8634 |
| 50 | 370523267190595 | 东营华泰纸业有限公司 | 37 | 8513 |
| 51 | 370882706094280 | 山东太阳纸业股份有限公司 | 37 | 8456 |
| 52 | 22020277872435X | 吉林晨鸣纸业有限责任公司 | 22 | 7874 |
| 53 | 640502227695003 | 宁夏美利纸业股份有限公司 | 64 | 7703 |
| 54 | 320583718671938 | 艾利（昆山）有限公司 | 32 | 7429 |
| 55 | 370882788489664 | 兖州中天纸业有限公司 | 37 | 7402 |
| 56 | 652801718901860 | 新疆博湖苇业股份有限公司 | 65 | 7400 |
| 57 | 532524622813102 | 云南红塔蓝鹰纸业有限公司 | 53 | 7130 |
| 58 | 320200628287430 | 无锡荣成纸业有限公司 | 32 | 7100 |
| 59 | 431103188322289 | 永州湘江纸业有限责任公司 | 43 | 7024 |
| 60 | 370704757484000 | 山东恒安纸业有限公司 | 37 | 6865 |
| 61 | 430981722573011 | 沅江纸业有限责任公司 | 43 | 6757 |
| 62 | 370284264627202 | 青岛海王纸业股份有限公司 | 37 | 6676 |
| 63 | 451029718861977 | 广西劲达兴纸业有限公司 | 45 | 6521 |
| 64 | 350582782154134 | 恒安（中国）卫生用品有限公司 | 35 | 6432 |
| 65 | 372527734697337 | 山东泉林包装有限公司 | 37 | 6395 |
| 66 | 32100176586058X | 永丰余造纸（扬州）有限公司 | 32 | 6283 |
| 67 | 330482146684900 | 浙江景兴纸业股份有限公司 | 33 | 6254 |
| 68 | 441223724757551 | 广东鼎丰纸业有限公司 | 44 | 6234 |
| 69 | 310113607342250 | 上海诺斯克潜力纸业有限公司 | 31 | 6199 |
| 70 | 321201608735451 | 泰州魏德曼高压绝缘有限公司 | 32 | 6197 |
| 71 | 440301723000100 | 深圳市美盈森环保科技股份有限公司 | 44 | 6172 |

续表

| 序号 | 企业代码 | 企业名称 | 地区 | 实纳税额 |
|---|---|---|---|---|
| 72 | 321700608205936 | 苏州工业园区亚太纸品加工有限公司 | 32 | 6148 |
| 73 | 430702616661050 | 湖南恒安纸业有限公司 | 43 | 6122 |
| 74 | 330482799626986 | 浙江景兴板纸有限公司 | 33 | 6045 |
| 75 | 421281722039353 | 赤壁晨鸣纸业有限公司 | 42 | 5968 |
| 76 | 440183714224292 | 广州万利达纸制品有限公司 | 44 | 5908 |
| 77 | 360702767001754 | 赣州华劲纸业有限公司 | 36 | 5765 |
| 78 | 442000618130923 | 中山联合鸿兴造纸有限公司 | 44 | 5393 |
| 79 | 500383787487413 | 重庆理文造纸有限公司 | 50 | 5372 |
| 80 | 450100708605697 | 南宁糖业股份有限公司蒲庙造纸厂 | 45 | 5350 |
| 81 | 370705726238114 | 中天纸业股份有限公司 | 37 | 5346 |
| 82 | 310115607310072 | 唯绿包装（上海）有限公司 | 31 | 5064 |
| 83 | 310229607336256 | 上海尤妮佳有限公司 | 31 | 5012 |
| 84 | 31022760729595X | 全日美实业（上海）有限公司 | 31 | 4912 |
| 85 | 500381795888241 | 玖龙纸业（重庆）有限公司 | 50 | 4685 |
| 86 | 410823755177410 | 焦作瑞丰纸业有限公司 | 41 | 4591 |
| 87 | 321101608832649 | 镇江大东纸业有限公司 | 32 | 4546 |
| 88 | 42090275700840X | 维达纸业（孝感）有限公司 | 42 | 4405 |
| 89 | 640121710656629 | 宁夏紫荆花纸业有限公司 | 64 | 4398 |
| 90 | 440705617743605 | 维达纸业（广东）有限公司 | 44 | 4366 |
| 91 | 441223745529486 | 广宁县江南纸业有限公司 | 44 | 4362 |
| 92 | 310227607417400 | 巨圆纸业（上海）有限公司 | 31 | 4349 |
| 93 | 370831706345473 | 山东华金集团有限公司 | 37 | 4340 |
| 94 | 450100619315217 | 广西南宁凤凰纸业有限公司 | 45 | 4151 |
| 95 | 210114604603777 | 沈阳东联日用品有限公司 | 21 | 4079 |
| 96 | 410902750700049 | 濮阳龙丰纸业有限公司 | 41 | 4025 |
| 97 | 320300728730516 | 徐州红杉树纸业有限公司 | 32 | 3833 |
| 98 | 370612727579922 | 烟台市大展纸业有限公司 | 37 | 3780 |
| 99 | 310228747642554 | 上海东冠纸业有限公司 | 31 | 3762 |
| 100 | 370305164326963 | 淄博欧木特种纸业有限公司 | 37 | 3709 |

# 全国有色金属冶炼及压延加工业纳税百强排行榜

单位：万元

| 序号 | 企业代码 | 企业名称 | 地区 | 实纳税额 |
|---|---|---|---|---|
| 1 | 620301224690952 | 金川集团有限公司 | 62 | 504677 |
| 2 | 340700148973642 | 铜陵有色金属集团股份有限公司 | 34 | 90646 |
| 3 | 370502706242888 | 东营方圆有色金属有限公司 | 37 | 80554 |
| 4 | 372524769712461 | 茌平信发华宇氧化铝有限公司 | 37 | 78765 |
| 5 | 372522769728295 | 阳谷祥光铜业有限公司 | 37 | 77549 |
| 6 | 340700151105774 | 铜陵有色金属集团控股有限公司 | 34 | 75399 |
| 7 | 37233074568737X | 山东魏桥铝电有限公司 | 37 | 70783 |
| 8 | 411221753877093 | 东方希望（三门峡）铝业有限公司 | 41 | 68141 |
| 9 | 340700610436303 | 金隆铜业有限公司 | 34 | 60769 |
| 10 | 451023737615325 | 中国铝业股份有限公司广西分公司 | 45 | 58743 |
| 11 | 430211616777117 | 株洲冶炼集团股份有限公司 | 43 | 57917 |
| 12 | 630121710495888 | 青海桥头铝电有限公司 | 63 | 50537 |
| 13 | 530112709705745 | 云南铜业股份有限公司 | 53 | 46400 |
| 14 | 530301713464526 | 云南驰宏锌锗股份有限公司 | 53 | 45235 |
| 15 | 320300784997610 | 江苏中能硅业科技发展有限公司 | 32 | 44374 |
| 16 | 210213782460801 | 淡水河谷英可新型镍材料（大连）有限公司 | 21 | 42648 |
| 17 | 142703736335903 | 中国铝业股份有限公司山西分公司 | 14 | 42607 |
| 18 | 142202746040199 | 山西鲁能晋北铝业有限责任公司 | 14 | 41429 |
| 19 | 410106737441935 | 中国铝业股份有限公司河南分公司 | 41 | 40777 |
| 20 | 411200750704816 | 开曼铝业（三门峡）有限公司 | 41 | 40502 |
| 21 | 420203770785545 | 大冶有色金属有限公司 | 42 | 38429 |
| 22 | 511102720850126 | 四川新光硅业科技有限责任公司 | 51 | 37886 |
| 23 | 410804737427535 | 中国铝业股份有限公司中州分公司 | 41 | 37537 |
| 24 | 41088171917196X | 河南豫光金铅股份有限公司 | 41 | 37093 |
| 25 | 152302743874331 | 内蒙古鸿骏铝电有限责任公司 | 15 | 36452 |
| 26 | 520113736615163 | 中国铝业股份有限公司贵州分公司 | 52 | 34824 |
| 27 | 41032317147426X | 河南万基铝业股份有限公司 | 41 | 34682 |
| 28 | 150240740146937 | 东方希望包头稀土铝业有限责任公司 | 15 | 34179 |
| 29 | 21140112076702X | 葫芦岛锌业股份有限公司 | 21 | 33951 |
| 30 | 37030373817367X | 中国铝业股份有限公司山东分公司 | 37 | 33826 |
| 31 | 330205144229592 | 宁波金田铜业（集团）股份有限公司 | 33 | 32815 |
| 32 | 53012121658149X | 云南铝业股份有限公司 | 53 | 30205 |
| 33 | 410800173525171 | 焦作万方铝业股份有限公司 | 41 | 28700 |
| 34 | 630121710494041 | 中国铝业股份有限公司青海分公司 | 63 | 24056 |

续表

| 序号 | 企业代码 | 企业名称 | 地区 | 实纳税额 |
|---|---|---|---|---|
| 35 | 532501917903260 | 云南锡业股份有限公司冶炼分公司 | 53 | 24006 |
| 36 | 410181170002324 | 河南中孚实业股份有限公司 | 41 | 23176 |
| 37 | 620101660036287 | 中国铝业股份有限公司兰州分公司 | 62 | 21010 |
| 38 | 330205720401806 | 宁波金田冶炼有限公司 | 33 | 20717 |
| 39 | 350105611447389 | 福建中日达金属有限公司 | 35 | 20651 |
| 40 | 44020472242362X | 深圳市中金岭南有色金属股份有限公司韶关冶炼厂 | 44 | 19847 |
| 41 | 370681757467200 | 龙口东海氧化铝有限公司 | 37 | 18869 |
| 42 | 532522217954016 | 蒙自矿冶有限责任公司 | 53 | 18668 |
| 43 | 142733746008674 | 北方铜业股份有限公司 | 14 | 18013 |
| 44 | 430725730538873 | 湖南创元铝业有限公司 | 43 | 17959 |
| 45 | 35020661200343X | 厦门厦顺铝箔有限公司 | 35 | 17502 |
| 46 | 372524791511519 | 茌平信源铝业有限公司 | 37 | 17301 |
| 47 | 64038171509328X | 青铜峡铝业股份有限公司 | 64 | 17283 |
| 48 | 620121681502232 | 中国铝业股份有限公司连城分公司 | 62 | 17018 |
| 49 | 372524734700321 | 山东信发华信铝业有限公司 | 37 | 16885 |
| 50 | 620402660043444 | 白银有色集团股份有限公司 | 62 | 16249 |
| 51 | 411481789181717 | 河南神火铝业股份有限公司 | 41 | 16226 |
| 52 | 451200718852210 | 河池市南方有色冶炼有限责任公司 | 45 | 16125 |
| 53 | 430482185440001 | 水口山有色金属有限责任公司 | 43 | 15846 |
| 54 | 142702785802192 | 山西华圣铝业有限公司 | 14 | 15621 |
| 55 | 530113772668027 | 昆明金水铜冶炼有限公司 | 53 | 15567 |
| 56 | 22028472673322X | 吉林吉恩镍业股份有限公司 | 22 | 15479 |
| 57 | 410881752283795 | 济源市金利冶炼有限责任公司 | 41 | 15471 |
| 58 | 350206155013367 | 厦门钨业股份有限公司 | 35 | 15334 |
| 59 | 330781736863466 | 兰溪自立铜业有限公司 | 33 | 15275 |
| 60 | 360702723944371 | 赣州逸豪优美科实业有限公司 | 36 | 15031 |
| 61 | 411282742545894 | 灵宝黄金股份有限公司 | 41 | 14475 |
| 62 | 330183143661746 | 杭州富春江冶炼有限公司 | 33 | 14444 |
| 63 | 410329757127564 | 洛阳豫港龙泉铝业有限公司 | 41 | 14307 |
| 64 | 410329731334063 | 河南豫港龙泉铝业有限公司 | 41 | 13748 |
| 65 | 320400251167665 | 江苏沙钢集团鑫瑞特钢有限公司 | 32 | 13531 |
| 66 | 210423119615379 | 中国有色集团抚顺红透山矿业有限公司 | 21 | 13316 |
| 67 | 360605799468017 | 江西金田铜业有限公司 | 36 | 13066 |
| 68 | 330211256009914 | 宁波市金龙铜业有限公司 | 33 | 12756 |
| 69 | 410881733846548 | 济源市万洋冶炼（集团）有限公司 | 41 | 12608 |
| 70 | 360824796951812 | 江西金龙铜业有限公司 | 36 | 11962 |
| 71 | 410882742507484 | 沁阳沁澳铝业有限公司 | 41 | 11957 |

续表

| 序号 | 企业代码 | 企业名称 | 地区 | 实纳税额 |
|---|---|---|---|---|
| 72 | 372524744549127 | 山东信发希望铝业有限公司 | 37 | 11856 |
| 73 | 330382145584633 | 乐清市泰隆铜业有限公司 | 33 | 11694 |
| 74 | 310113133497065 | 上海宝冶工业技术服务有限公司 | 31 | 11404 |
| 75 | 410881758377389 | 河南豫光锌业有限公司 | 41 | 11382 |
| 76 | 15024075258087X | 包头华鼎铜业发展有限公司 | 15 | 11362 |
| 77 | 410329796787557 | 伊川豫港龙泉铝业有限公司 | 41 | 11313 |
| 78 | 210781749779175 | 锦州新华龙钼业股份有限公司 | 21 | 11241 |
| 79 | 15020762644034X | 包头华美稀土高科有限公司 | 15 | 11038 |
| 80 | 640381750840439 | 宁夏加宁铝业有限公司 | 64 | 11028 |
| 81 | 37131179037900X | 山东华宇铝电有限公司 | 37 | 11020 |
| 82 | 37068526714066X | 山东国大黄金股份有限公司 | 37 | 10818 |
| 83 | 152826767866440 | 巴彦淖尔紫金有色金属有限公司 | 15 | 10816 |
| 84 | 360723772369617 | 大余华润铜材厂 | 36 | 10655 |
| 85 | 110106750106496 | 中博世金科贸有限责任公司 | 11 | 10632 |
| 86 | 360725160482766 | 崇义章源钨业股份有限公司 | 36 | 10435 |
| 87 | 451200200898812 | 广西成源矿冶有限公司 | 45 | 10348 |
| 88 | 370681705830311 | 山东南山铝业股份有限公司 | 37 | 10040 |
| 89 | 532923709844016 | 云南祥云飞龙有色金属股份有限公司 | 53 | 9608 |
| 90 | 330205144249577 | 宁波市江北大创铜线有限公司 | 33 | 9456 |
| 91 | 320400608123519 | 常州金源铜业有限公司 | 32 | 9225 |
| 92 | 320282250429512 | 江苏三木集团金属材料有限公司 | 32 | 9191 |
| 93 | 451221751239581 | 南丹县南方有色冶炼有限责任公司 | 45 | 9125 |
| 94 | 410305783426891 | 中铝洛阳铜业有限公司 | 41 | 9071 |
| 95 | 430211738979657 | 株洲钻石切削刀具股份有限公司 | 43 | 8886 |
| 96 | 620402789615925 | 甘肃华鹭铝业有限公司 | 62 | 8790 |
| 97 | 610725719739041 | 汉中八一锌业有限公司 | 61 | 8630 |
| 98 | 370681743354803 | 烟台南山铝业新材料有限公司 | 37 | 8605 |
| 99 | 330227610266658 | 宁波香豪莱宝金属工业有限公司 | 33 | 8550 |
| 100 | 220490726751460 | 吉林麦达斯铝业有限公司 | 22 | 8394 |

# 全国专用设备制造业纳税百强排行榜

单位：万元

| 序号 | 企业代码 | 企业名称 | 地区 | 实纳税额 |
|---|---|---|---|---|
| 1 | 370602613422169 | 斗山工程机械（中国）有限公司 | 37 | 105092 |
| 2 | 340104610308512 | 日立建机（中国）有限公司 | 34 | 100628 |
| 3 | 430104712194405 | 长沙中联重工科技发展股份有限公司 | 43 | 79607 |
| 4 | 320300608002178 | 卡特彼勒（徐州）有限公司 | 32 | 76335 |
| 5 | 370802613590592 | 小松山推工程机械有限公司 | 37 | 67117 |
| 6 | 310115669401543 | 沪东重机有限公司 | 31 | 49912 |
| 7 | 110108600010704 | 北京发那科机电有限公司 | 11 | 46559 |
| 8 | 220105605917786 | 大陆汽车电子（长春）有限公司 | 22 | 43286 |
| 9 | 32040075324574X | 现代（江苏）工程机械有限公司 | 32 | 34629 |
| 10 | 320400608125290 | 小松（常州）工程机械有限公司 | 32 | 33859 |
| 11 | 430121616800612 | 三一重工股份有限公司 | 43 | 27371 |
| 12 | 510104621704027 | 成都神钢建设机械有限公司 | 51 | 25516 |
| 13 | 370802165936413 | 山推工程机械股份有限公司 | 37 | 22801 |
| 14 | 440301708467837 | 深圳迈瑞生物医疗电子股份有限公司 | 44 | 21872 |
| 15 | 140114701013306 | 太原重工股份有限公司 | 14 | 21442 |
| 16 | 510601735892505 | 二重集团（德阳）重型装备股份有限公司 | 51 | 21412 |
| 17 | 370281718016255 | 青岛现代机械有限公司 | 37 | 20835 |
| 18 | 42010175817731X | 中冶南方工程技术有限公司 | 42 | 20168 |
| 19 | 310115736227531 | 沃尔沃建筑设备（中国）有限公司 | 31 | 18873 |
| 20 | 320583608278537 | 鸿准精密模具（昆山）有限公司 | 32 | 18687 |
| 21 | 440101741899375 | 海瑞克（广州）隧道设备有限公司 | 44 | 17571 |
| 22 | 371002613752272 | 豪顿华工程有限公司 | 37 | 16913 |
| 23 | 429005177564194 | 中国石化集团江汉石油管理局 | 42 | 16887 |
| 24 | 310113133401086 | 中冶宝钢技术服务有限公司 | 31 | 16809 |
| 25 | 110102710924910 | 中国兵器工业集团公司 | 11 | 16800 |
| 26 | 310115600045608 | 多米诺标识科技有限公司 | 31 | 16580 |
| 27 | 410102170033534 | 郑州煤矿机械集团股份有限公司 | 41 | 16492 |
| 28 | 130503105780461 | 中钢集团邢台机械轧辊有限公司 | 13 | 15534 |
| 29 | 150102752587860 | 上海三菱电梯有限公司内蒙古分公司 | 15 | 15306 |
| 30 | 130922601644717 | 渤海能克钻杆有限公司 | 13 | 14814 |
| 31 | 440301618839457 | 理光（深圳）工业发展有限公司 | 44 | 13749 |
| 32 | 370211740386033 | 青岛东碧机械有限公司 | 37 | 13650 |
| 33 | 210211732769552 | 大连重工·起重集团有限公司 | 21 | 13438 |
| 34 | 450221785204483 | 柳州柳工挖掘机有限公司 | 45 | 13299 |

续表

| 序号 | 企业代码 | 企业名称 | 地区 | 实纳税额 |
|---|---|---|---|---|
| 35 | 321700608208459 | 久保田农业机械（苏州）有限公司 | 32 | 13248 |
| 36 | 210211728854885 | 中国第一重型机械集团大连加氢反应器制造有限公司 | 21 | 13173 |
| 37 | 320121249800425 | 南京南瑞继保电气有限公司 | 32 | 12847 |
| 38 | 310043132324373 | 上海烟草机械有限责任公司 | 31 | 12585 |
| 39 | 321284608724509 | 格兰特（江苏）钻具有限公司 | 32 | 12417 |
| 40 | 21021311866817X | 大连冰山集团金州重型机器有限公司 | 21 | 12367 |
| 41 | 330165757218052 | 杭州神钢建设机械有限公司 | 33 | 12177 |
| 42 | 130611601218216 | 中航惠腾风电设备股份有限公司 | 13 | 12060 |
| 43 | 430702186481585 | 常德烟草机械有限责任公司 | 43 | 11919 |
| 44 | 340506713957793 | 安徽星马汽车股份有限公司 | 34 | 11888 |
| 45 | 110192600028998 | 颇尔过滤器（北京）有限公司 | 11 | 11867 |
| 46 | 320300718531986 | 卡特彼勒路面机械（徐州）有限公司 | 32 | 11718 |
| 47 | 330191143085793 | 杭州制氧机集团有限公司 | 33 | 11269 |
| 48 | 310114766905508 | 山特维克矿山工程机械（中国）有限公司 | 31 | 11098 |
| 49 | 350204155052227 | 厦门工程机械股份有限公司 | 35 | 11030 |
| 50 | 110192700228364 | 北京源德生物医学工程有限公司 | 11 | 10952 |
| 51 | 120110722964936 | 天津赛瑞机器设备有限公司 | 12 | 10744 |
| 52 | 610303741294552 | 宝鸡石油机械有限责任公司 | 61 | 10697 |
| 53 | 110108101929281 | 北京石油机械厂 | 11 | 10684 |
| 54 | 130702601230186 | 中煤张家口煤矿机械有限责任公司 | 13 | 10570 |
| 55 | 320281607982979 | 阿法拉伐（江阴）设备制造有限公司 | 32 | 10362 |
| 56 | 440194749937313 | 广州海瑞克隧道机械有限公司 | 44 | 10216 |
| 57 | 510107720312707 | 成都市利君实业有限责任公司 | 51 | 10183 |
| 58 | 131011755456671 | 维特根（中国）机械有限公司 | 13 | 9743 |
| 59 | 210304241503266 | 鞍钢重型机械有限责任公司 | 21 | 9661 |
| 60 | 330195609167003 | 液化空气（杭州）有限公司 | 33 | 9220 |
| 61 | 310227607293049 | 上海永大电梯设备有限公司 | 31 | 9186 |
| 62 | 120111744023379 | 申克（天津）工业技术有限公司 | 12 | 9186 |
| 63 | 310110607234882 | 上海柴油机股份有限公司 | 31 | 9140 |
| 64 | 310225607204288 | 上海西门子医疗器械有限公司 | 31 | 9104 |
| 65 | 320281628349216 | 贝卡尔特（中国）技术研发有限公司 | 32 | 9026 |
| 66 | 640202710682798 | 宁夏天地奔牛实业集团有限公司 | 64 | 8449 |
| 67 | 510132725526042 | 成都市新筑路桥机械股份有限公司 | 51 | 8194 |
| 68 | 140197792208394 | 煤炭科学研究总院山西煤机装备有限公司 | 14 | 7921 |
| 69 | 11011475773417X | 北京市三一重机有限公司 | 11 | 7679 |
| 70 | 120115780349878 | 奥的斯电梯（中国）有限公司 | 12 | 7506 |
| 71 | 320200703501733 | 美卓造纸机械（中国）有限公司 | 32 | 7380 |

续表

| 序号 | 企业代码 | 企业名称 | 地区 | 实纳税额 |
|---|---|---|---|---|
| 72 | 120117600905698 | 洛伊热工工程（天津）有限公司 | 12 | 7229 |
| 73 | 210106738693683 | 沈阳重型机器有限责任公司 | 21 | 7104 |
| 74 | 43012176071660X | 湖南三一路面机械有限公司 | 43 | 7101 |
| 75 | 370296718055537 | 青岛高校软控股份有限公司 | 37 | 7077 |
| 76 | 321700758957869 | 欧瑞康（中国）科技有限公司 | 32 | 7054 |
| 77 | 230890741822837 | 佳木斯煤矿机械有限公司 | 23 | 6946 |
| 78 | 110108788600297 | 北京国电龙源环保工程有限公司 | 11 | 6924 |
| 79 | 510112732360482 | 四川成都成工工程机械股份有限公司 | 51 | 6789 |
| 80 | 43012175802337X | 中联重科工程起重机分公司 | 43 | 6554 |
| 81 | 411000174275039 | 许昌烟草机械有限责任公司 | 41 | 6530 |
| 82 | 110108754150320 | 同方环境股份有限公司 | 11 | 6269 |
| 83 | 320508761504908 | 苏州普美驾驶室有限公司 | 32 | 6261 |
| 84 | 31022760736170X | 蒂森克虏伯电梯（上海）有限公司 | 31 | 6241 |
| 85 | 110111102722186 | 中煤北京煤矿机械有限责任公司 | 11 | 6216 |
| 86 | 450922715156498 | 广西玉柴重工有限公司 | 45 | 6192 |
| 87 | 120222718211771 | 戴纳派克（中国）压实摊铺设备有限公司 | 12 | 6190 |
| 88 | 320281748729125 | 江阴德玛斯特钻具有限公司 | 32 | 6175 |
| 89 | 370103163047954 | 山东电力设备厂 | 37 | 6143 |
| 90 | 44018161870283X | 广东日立工机有限公司 | 44 | 6120 |
| 91 | 210106731037296 | 中国有色（沈阳）冶金机械有限公司 | 21 | 6016 |
| 92 | 310229763041783 | 苛氯工程设备技术（上海）有限公司 | 31 | 5953 |
| 93 | 310227765592415 | 龙工（上海）机械制造有限公司 | 31 | 5826 |
| 94 | 350802764066798 | 龙工（福建）机械有限公司 | 35 | 5820 |
| 95 | 510601793958322 | 二重集团德阳锻造厂有限责任公司 | 51 | 5799 |
| 96 | 500106450402728 | 煤炭科学研究总院重庆研究院 | 50 | 5797 |
| 97 | 210132702087542 | 沈阳东软医疗系统有限公司 | 21 | 5725 |
| 98 | 372527168212752 | 山东时风（集团）有限责任公司 | 37 | 5664 |
| 99 | 110104101619638 | 中国烟草机械集团有限责任公司 | 11 | 5629 |
| 100 | 130982738736188 | 河北华北石油荣盛机械制造有限公司 | 13 | 5627 |

## 全国证券业纳税百强排行榜

单位：万元

| 序号 | 企业代码 | 企业名称 | 地区 | 实纳税额 |
|---|---|---|---|---|
| 1 | 310043132200581 | 上海证券交易所 | 31 | 767275 |
| 2 | 310106100019382 | 光大证券股份有限公司 | 31 | 366188 |
| 3 | 31010663159284X | 国泰君安证券股份有限公司 | 31 | 281742 |
| 4 | 440300101781440 | 中信证券股份有限公司 | 44 | 199583 |
| 5 | 440401617436816 | 广发证券股份有限公司 | 44 | 117634 |
| 6 | 110102710934537 | 中国银河证券股份有限公司 | 11 | 109719 |
| 7 | 440300192278444 | 国信证券有限责任公司 | 44 | 93188 |
| 8 | 110105781703453 | 中信建投证券有限责任公司 | 11 | 79209 |
| 9 | 430102142927995 | 方正证券有限责任公司 | 43 | 68807 |
| 10 | 31004372935636X | 中国证券登记结算有限责任公司上海分公司 | 31 | 67773 |
| 11 | 310104132278661 | 申银万国证券股份有限公司 | 31 | 62038 |
| 12 | 440301192238549 | 招商证券股份有限公司 | 44 | 60408 |
| 13 | 320006134754246 | 华泰证券股份有限公司 | 32 | 55191 |
| 14 | 370103729246347 | 齐鲁证券有限公司 | 37 | 52503 |
| 15 | 110105625909986 | 中国国际金融有限公司 | 11 | 51862 |
| 16 | 31010313220921X | 海通证券股份有限公司 | 31 | 50783 |
| 17 | 420103177568750 | 长江证券股份有限公司 | 42 | 46444 |
| 18 | 430103740648021 | 财富证券有限责任公司 | 43 | 39743 |
| 19 | 440300779891627 | 中国建银投资证券有限责任公司 | 44 | 39575 |
| 20 | 310101132294776 | 东方证券股份有限公司 | 31 | 36925 |
| 21 | 440301710922202 | 博时基金管理有限公司 | 44 | 34787 |
| 22 | 350100158159898 | 兴业证券股份有限公司 | 35 | 33975 |
| 23 | 310115736650364 | 中银国际证券有限责任公司 | 31 | 31730 |
| 24 | 440301279533137 | 南方基金管理有限公司 | 44 | 29961 |
| 25 | 440300792573957 | 安信证券股份有限公司 | 44 | 29622 |
| 26 | 440401727878666 | 易方达基金管理有限公司 | 44 | 28625 |
| 27 | 440301731137342 | 中国证券登记结算有限责任公司深圳分公司 | 44 | 27736 |
| 28 | 530103734309760 | 红塔证券股份有限公司 | 53 | 24591 |
| 29 | 310109132211395 | 上海证券有限责任公司 | 31 | 23373 |
| 30 | 440301710924339 | 大成基金管理有限公司 | 44 | 22899 |
| 31 | 510105201811328 | 华西证券有限责任公司 | 51 | 21871 |
| 32 | 320103134881536 | 南京证券有限责任公司 | 32 | 21478 |
| 33 | 440300100023453 | 平安证券有限责任公司 | 44 | 21305 |
| 34 | 330000142917324 | 财通证券经纪有限责任公司 | 33 | 18471 |

续表

| 序号 | 企业代码 | 企业名称 | 地区 | 实纳税额 |
|---|---|---|---|---|
| 35 | 220104664275090 | 东北证券股份有限公司 | 22 | 18354 |
| 36 | 320504137720519 | 东吴证券有限责任公司 | 32 | 18256 |
| 37 | 610090719782242 | 西部证券股份有限公司 | 61 | 17580 |
| 38 | 140116110013881 | 山西证券股份有限公司 | 14 | 17437 |
| 39 | 440300279434913 | 联合证券有限责任公司 | 44 | 17315 |
| 40 | 370212264585313 | 中信万通证券有限责任公司 | 37 | 17098 |
| 41 | 350100158143546 | 广发华福证券有限责任公司 | 35 | 16697 |
| 42 | 440300717869125 | 景顺长城基金管理有限公司 | 44 | 16481 |
| 43 | 440106890481693 | 招商证券股份有限公司广州天河北路证券营业部 | 44 | 16480 |
| 44 | 650102228593068 | 宏源证券股份有限公司 | 65 | 15873 |
| 45 | 330000738442972 | 浙商证券有限责任公司 | 33 | 15294 |
| 46 | 310115717857546 | 交银施罗德基金管理有限公司 | 31 | 14453 |
| 47 | 320400137180719 | 东海证券有限责任公司 | 32 | 14371 |
| 48 | 450100198223268 | 国海证券有限责任公司 | 45 | 12867 |
| 49 | 440301708470788 | 鹏华基金管理有限公司 | 44 | 12749 |
| 50 | 310101771813093 | 汇添富基金管理有限公司 | 31 | 12641 |
| 51 | 440300757600403 | 诺安基金管理有限公司 | 44 | 12348 |
| 52 | 330000799620736 | 中国银河证券股份有限公司绍兴证券营业部 | 33 | 12245 |
| 53 | 330300668309710 | 上海证券有限责任公司温州谢池商城证券营业部 | 33 | 12195 |
| 54 | 510105201961940 | 国金证券股份有限公司 | 51 | 12084 |
| 55 | 310101717850969 | 光大保德信基金管理有限公司 | 31 | 11907 |
| 56 | 110105801117487 | 招商证券有限公司北京建国路营业部 | 11 | 11884 |
| 57 | 440300892413301 | 招商证券股份有限公司深圳南山南油大道证券营业部 | 44 | 11821 |
| 58 | 441900281887188 | 东莞证券有限责任公司 | 44 | 11357 |
| 59 | 440300734158341 | 长城基金管理有限公司 | 44 | 11177 |
| 60 | 320200135914870 | 国联证券股份有限公司 | 32 | 11070 |
| 61 | 310101755007761 | 兴业全球基金管理有限公司 | 31 | 10418 |
| 62 | 110101717856308 | 工银瑞信基金管理有限公司 | 11 | 10077 |
| 63 | 44030072857172X | 融通基金管理有限公司 | 44 | 9976 |
| 64 | 310115631834917 | 国泰基金管理有限公司 | 31 | 9630 |
| 65 | 110106710929690 | 中国民族证券有限责任公司 | 11 | 9520 |
| 66 | 330000736024814 | 中信金通证券有限责任公司 | 33 | 9313 |
| 67 | 420106877589958 | 招商证券股份有限公司武汉中北路证券营业部 | 42 | 9096 |
| 68 | 310115710936241 | 海富通基金管理有限公司 | 31 | 8987 |
| 69 | 44030071093625X | 招商基金管理有限公司 | 44 | 8876 |
| 70 | 440101190660172 | 广州证券有限责任公司 | 44 | 8640 |
| 71 | 110102766756039 | 北京高华证券有限责任公司 | 11 | 8378 |

续表

| 序号 | 企业代码 | 企业名称 | 地区 | 实纳税额 |
|---|---|---|---|---|
| 72 | 440301710928356 | 银华基金管理有限公司 | 44 | 8216 |
| 73 | 500103500902203291 | 西南证券股份有限公司 | 50 | 8195 |
| 74 | 44030089222050X | 招商证券股份有限公司深圳东门南路营业部 | 44 | 7642 |
| 75 | 440101731541281 | 万联证券有限责任公司 | 44 | 7450 |
| 76 | 440300707743879 | 第一创业证券有限责任公司 | 44 | 7344 |
| 77 | 110103792126567 | 招商证券股份有限公司北京光明路营业部 | 11 | 7193 |
| 78 | 440301734161639 | 国都证券有限责任公司 | 44 | 7186 |
| 79 | 440301710924152 | 长盛基金管理有限公司 | 44 | 6963 |
| 80 | 441402617436816 | 广发证券梅州营业部 | 44 | 6902 |
| 81 | 31011571785197X | 中银基金管理有限公司 | 31 | 6720 |
| 82 | 110102801117866 | 光大证券股份有限公司北京月坛营业部 | 11 | 6309 |
| 83 | 310101832203425 | 兴业证券股份有限公司上海金陵东路证券营业部 | 31 | 6270 |
| 84 | 440300723048411 | 国泰君安证券股份有限公司深圳分公司 | 44 | 6200 |
| 85 | 11010217000168X | 民生证券有限责任公司 | 11 | 5915 |
| 86 | 310107832226205 | 招商证券股份有限公司澳门路证券营业部 | 31 | 5770 |
| 87 | 430102183800843 | 湘财证券有限公司 | 43 | 5655 |
| 88 | 310103747256530 | 中国国际金融有限公司上海淮海中路证券营业部 | 31 | 5632 |
| 89 | 110102799994033 | 中国银河证券股份有限公司北京月坛证券营业部 | 11 | 5440 |
| 90 | 370303864107577 | 齐鲁证券有限公司淄博人民西路证券营业部 | 37 | 5286 |
| 91 | 44030073883903X | 国投瑞银基金管理有限公司 | 44 | 5220 |
| 92 | 510104729832274 | 和兴证券经纪有限责任公司 | 51 | 5195 |
| 93 | 140213602164846 | 大同证券经纪有限责任公司 | 14 | 5088 |
| 94 | 110108736452958 | 国都证券有限责任公司中关村南大街营业部 | 11 | 5057 |
| 95 | 440300192431912 | 长城证券有限责任公司 | 44 | 4646 |
| 96 | 330000799623734 | 中国银河证券股份有限公司温州证券营业部 | 33 | 4447 |
| 97 | 120115103064576 | 渤海证券股份有限公司 | 12 | 4212 |
| 98 | 350100798394706 | 中国银河证券股份有限公司福州证券营业部 | 35 | 4015 |
| 99 | 310106710933446 | 平安资产管理有限责任公司 | 31 | 4006 |
| 100 | 350102854440499 | 国泰君安证券股份有限公司福州五四路营业部 | 35 | 3976 |

# 全国烟草制品批发业纳税百强排行榜

单位：万元

| 序号 | 企业代码 | 企业名称 | 地区 | 实纳税额 |
|---|---|---|---|---|
| 1 | 530301217222042 | 云南省烟草公司曲靖市公司 | 53 | 139269 |
| 2 | 440106729911247 | 广东烟草广州市有限公司 | 44 | 115880 |
| 3 | 530103216593597 | 云南省烟草公司昆明市公司 | 53 | 96338 |
| 4 | 530111291981370 | 云南省卷烟烤烟交易市场 | 53 | 92379 |
| 5 | 532301217430343 | 云南省烟草公司楚雄州公司 | 53 | 82626 |
| 6 | 510105201911513 | 四川省烟草公司成都市公司 | 51 | 80454 |
| 7 | 530401217660501 | 云南省烟草公司玉溪市公司 | 53 | 79990 |
| 8 | 320502137690890 | 江苏省烟草公司苏州市公司 | 32 | 77289 |
| 9 | 532901218651543 | 云南省烟草公司大理州公司 | 53 | 75423 |
| 10 | 310043132200426 | 上海烟草贸易中心有限公司 | 31 | 73888 |
| 11 | 532526218032822 | 云南省烟草公司红河州公司 | 53 | 67564 |
| 12 | 310110630473910 | 上海市烟草贸易中心卷烟经理部 | 31 | 66264 |
| 13 | 520302214760830 | 贵州省烟草公司遵义市公司 | 52 | 66138 |
| 14 | 522401215471045 | 贵州省烟草公司毕节地区公司 | 52 | 62248 |
| 15 | 420112751810979 | 湖北省烟草公司武汉市公司 | 42 | 57755 |
| 16 | 350503156100796 | 福建省烟草公司泉州市公司 | 35 | 57419 |
| 17 | 320102134923126 | 江苏省烟草公司南京市公司 | 32 | 51751 |
| 18 | 370203713700736 | 山东青岛烟草有限公司 | 37 | 50462 |
| 19 | 440301192179593 | 中国烟草总公司深圳市公司 | 44 | 50031 |
| 20 | 510112752323857 | 川渝中烟工业公司 | 51 | 49196 |
| 21 | 44190073145791X | 广东烟草东莞市有限公司 | 44 | 48275 |
| 22 | 320200135906010 | 江苏省烟草公司无锡市公司 | 32 | 47262 |
| 23 | 320601138315283 | 江苏省烟草公司南通市公司 | 32 | 46810 |
| 24 | 430111183855596 | 湖南省烟草公司长沙市公司 | 43 | 46778 |
| 25 | 330194143058496 | 浙江省烟草公司杭州市公司 | 33 | 43543 |
| 26 | 500105202804090 | 中国烟草总公司重庆市公司 | 50 | 40846 |
| 27 | 210203118466391 | 中国烟草总公司大连市公司 | 21 | 40645 |
| 28 | 530601216970583 | 云南省烟草公司昭通市公司 | 53 | 40484 |
| 29 | 120101103065720 | 中国烟草总公司天津市公司 | 12 | 39586 |
| 30 | 230198127041096 | 黑龙江省烟草公司哈尔滨市公司 | 23 | 39236 |
| 31 | 440601714701386 | 广东烟草佛山市有限公司 | 44 | 39162 |
| 32 | 532621218170205 | 云南省烟草公司文山州公司 | 53 | 38816 |
| 33 | 530502218920651 | 云南省烟草公司保山市公司 | 53 | 38624 |
| 34 | 650103228581569 | 新疆维吾尔自治区烟草公司 | 65 | 38572 |

续表

| 序号 | 企业代码 | 企业名称 | 地区 | 实纳税额 |
|---|---|---|---|---|
| 35 | 370705723278313 | 山东潍坊烟草有限公司 | 37 | 38050 |
| 36 | 610190220600163 | 陕西省烟草公司西安市公司 | 61 | 37840 |
| 37 | 371302724990871 | 山东临沂烟草有限公司 | 37 | 37122 |
| 38 | 410102170030528 | 河南省烟草公司郑州市公司 | 41 | 36792 |
| 39 | 422801883014237 | 湖北省烟草公司恩施州公司 | 42 | 36675 |
| 40 | 350103154381352 | 福建省烟草公司福州市公司 | 35 | 36526 |
| 41 | 370602165047704 | 山东烟台烟草有限公司 | 37 | 35188 |
| 42 | 210103701935984 | 辽宁省烟草公司沈阳市公司 | 21 | 34624 |
| 43 | 441401733102469 | 广东烟草梅州市有限公司 | 44 | 34187 |
| 44 | 32040013720360X | 江苏省烟草公司常州市公司 | 32 | 34087 |
| 45 | 321001140715905 | 江苏省烟草公司扬州市公司 | 32 | 33552 |
| 46 | 320901140132929 | 江苏省烟草公司盐城市公司 | 32 | 32895 |
| 47 | 321201141855483 | 江苏省烟草公司泰州市公司 | 32 | 32709 |
| 48 | 220105124014834 | 吉林省烟草公司长春市公司 | 22 | 30600 |
| 49 | 11011210114015X | 中国烟草总公司北京市公司 | 11 | 30561 |
| 50 | 35040215558109X | 福建省烟草公司三明分公司 | 35 | 30519 |
| 51 | 513401213000370 | 四川省烟草公司凉山分公司 | 51 | 30398 |
| 52 | 350602156507027 | 福建省烟草公司漳州市公司 | 35 | 30136 |
| 53 | 431103188320144 | 湖南省烟草公司永州市公司 | 43 | 29846 |
| 54 | 150104114154657 | 呼和浩特市烟草公司 | 15 | 29549 |
| 55 | 350702705273092 | 福建省烟草公司南平市公司 | 35 | 29137 |
| 56 | 130104104393865 | 河北省烟草公司石家庄市公司 | 13 | 28578 |
| 57 | 520100709611191 | 贵州省烟草公司贵阳市公司 | 52 | 27611 |
| 58 | 522330009600299 | 贵州省烟草公司黔西南州公司 | 52 | 27542 |
| 59 | 430702186482860 | 湖南省烟草公司常德市公司 | 43 | 27503 |
| 60 | 140111110120089 | 山西省烟草公司太原市公司 | 14 | 27407 |
| 61 | 320300136406616 | 江苏省烟草公司徐州市公司 | 32 | 27344 |
| 62 | 442000712311122 | 广东烟草中山市有限公司 | 44 | 25797 |
| 63 | 340104783099130 | 安徽省烟草公司合肥市公司 | 34 | 25359 |
| 64 | 370802706116873 | 山东济宁烟草有限公司 | 37 | 25053 |
| 65 | 360701160237197 | 江西省烟草公司赣州市公司 | 36 | 24498 |
| 66 | 340802151302495 | 安徽省烟草公司安庆市公司 | 34 | 23580 |
| 67 | 130603105941085 | 河北省烟草公司保定市公司 | 13 | 23065 |
| 68 | 360101158376593 | 江西省烟草公司南昌市公司 | 36 | 22750 |
| 69 | 130203104744995 | 河北省烟草公司唐山市公司 | 13 | 22602 |
| 70 | 440901719221832 | 广东烟草茂名市有限公司 | 44 | 21961 |
| 71 | 440801730463162 | 广东烟草湛江市有限公司 | 44 | 21796 |

续表

| 序号 | 企业代码 | 企业名称 | 地区 | 实纳税额 |
|---|---|---|---|---|
| 72 | 421001178968502 | 湖北省烟草公司荆州市公司 | 42 | 21625 |
| 73 | 522701216252186 | 贵州省烟草公司黔南州公司 | 52 | 21569 |
| 74 | 522201215051390 | 贵州省烟草公司铜仁地区公司 | 52 | 21559 |
| 75 | 150240114392532 | 内蒙古自治区烟草公司包头市公司 | 15 | 21487 |
| 76 | 411403175000969 | 河南省烟草公司商丘市公司 | 41 | 21140 |
| 77 | 441801732175121 | 广东烟草清远市有限公司 | 44 | 20607 |
| 78 | 411000174272612 | 河南省烟草公司许昌市公司 | 41 | 20557 |
| 79 | 430602186085953 | 湖南省烟草公司岳阳市公司 | 43 | 20320 |
| 80 | 413001176883054 | 河南省烟草公司信阳市公司 | 41 | 20248 |
| 81 | 342400152943614 | 安徽省烟草公司六安市公司 | 34 | 20006 |
| 82 | 441601707923773 | 广东烟草河源市有限公司 | 44 | 19761 |
| 83 | 36110116144311X | 江西省烟草公司上饶市公司 | 36 | 19633 |
| 84 | 420501722096227 | 湖北省烟草公司宜昌市公司 | 42 | 19548 |
| 85 | 360403159304292 | 江西省烟草公司九江市公司 | 36 | 19330 |
| 86 | 321100141379448 | 江苏省烟草公司镇江市公司 | 32 | 19207 |
| 87 | 620102224332944 | 甘肃省烟草公司兰州市公司 | 62 | 19083 |
| 88 | 330181143565172 | 杭州市烟草公司萧山分公司 | 33 | 18678 |
| 89 | 460100201242022 | 中国烟草总公司海南省公司 | 46 | 18676 |
| 90 | 53080221835117X | 云南省烟草公司普洱市公司 | 53 | 18645 |
| 91 | 440204731441889 | 广东烟草韶关市有限公司 | 44 | 18634 |
| 92 | 530381797240748 | 曲靖市烟草公司宣威分公司 | 53 | 18615 |
| 93 | 361001162581645 | 江西省烟草公司抚州市公司 | 36 | 18575 |
| 94 | 440701731471180 | 广东烟草江门市有限公司 | 44 | 18558 |
| 95 | 412800175860627 | 河南省烟草公司驻马店市公司 | 41 | 18480 |
| 96 | 372901725406403 | 山东菏泽烟草有限公司 | 37 | 18448 |
| 97 | 14021311040230X | 山西省烟草公司大同市公司 | 14 | 18365 |
| 98 | 342600153581109 | 安徽省烟草公司巢湖市公司 | 34 | 17966 |
| 99 | 142701113632995 | 山西省烟草公司运城市公司 | 14 | 17629 |
| 100 | 420606179319125 | 湖北省烟草公司襄樊市公司 | 42 | 17559 |

# 全国新闻出版业纳税百强排行榜

单位：万元

| 序号 | 企业代码 | 企业名称 | 地区 | 实纳税额 |
|---|---|---|---|---|
| 1 | 110108H52628661 | 清华大学出版社 | 11 | 12937 |
| 2 | 440100455345160 | 广州日报社 | 44 | 12430 |
| 3 | 510104450754002 | 成都商报社 | 51 | 6549 |
| 4 | 110102H52626295 | 新华通讯社参考新闻编辑部 | 11 | 6139 |
| 5 | 110101400004182 | 人民教育出版社 | 11 | 5924 |
| 6 | 330100782378461 | 杭州日报报业集团有限公司 | 33 | 5598 |
| 7 | 110106700095354 | 人教教材中心 | 11 | 5269 |
| 8 | 110101400686259 | 北京日报社 | 11 | 4975 |
| 9 | 420106441625268 | 湖北日报传媒集团 | 42 | 4816 |
| 10 | 110108H52628258 | 外语教学与研究出版社 | 11 | 4662 |
| 11 | 110103100015808 | 人民卫生出版社 | 11 | 4474 |
| 12 | 110105400002611 | 中国劳动社会保障出版社 | 11 | 4380 |
| 13 | 320106466000600 | 江苏教育出版社 | 32 | 4337 |
| 14 | 33020314406269X | 宁波日报报业集团有限公司 | 33 | 4184 |
| 15 | 110108718711493 | 人民教育电子音像出版社 | 11 | 4143 |
| 16 | 519000727458485 | 四川日报报业集团 | 51 | 3992 |
| 17 | 320106466004900 | 新华日报社 | 32 | 3971 |
| 18 | 110102400012043 | 中国证券报社 | 11 | 3746 |
| 19 | 370102495572798 | 山东大众报业（集团）有限公司 | 37 | 3543 |
| 20 | 330193470100014 | 杭州日报社 | 33 | 3473 |
| 21 | 410105772169105 | 河南日报报业（集团）有限公司 | 41 | 3387 |
| 22 | 420106420000883 | 湖北知音期刊出版实业集团有限责任公司 | 42 | 3368 |
| 23 | 440102455858644 | 广东省出版集团 | 44 | 3327 |
| 24 | 310046425003557 | 新闻报社 | 31 | 3310 |
| 25 | 110101400001686 | 中国财政经济出版社 | 11 | 3166 |
| 26 | 230102712077567 | 哈尔滨日报报业集团有限责任公司 | 23 | 3100 |
| 27 | 110101400002216 | 高等教育出版社 | 11 | 3044 |
| 28 | 320106466000563 | 江苏省出版总社 | 32 | 2950 |
| 29 | 110101400005409 | 商务印书馆 | 11 | 2910 |
| 30 | 150102114120676 | 内蒙古教育出版社 | 15 | 2907 |
| 31 | 500103450387708 | 重庆日报报业集团 | 50 | 2893 |
| 32 | 320103466008557 | 现代快报社 | 32 | 2736 |
| 33 | 440604770981386 | 佛山珠江传媒集团股份有限公司 | 44 | 2699 |
| 34 | 110105101765838 | 环球时报社 | 11 | 2682 |

续表

| 序号 | 企业代码 | 企业名称 | 地区 | 实纳税额 |
|---|---|---|---|---|
| 35 | 110102400685002 | 北京出版社 | 11 | 2621 |
| 36 | 450100498502365 | 广西日报社 | 45 | 2618 |
| 37 | 110101E0066575X | 健康杂志社 | 11 | 2618 |
| 38 | 120104401200046 | 今晚报社 | 12 | 2591 |
| 39 | 440104455856948 | 羊城晚报社 | 44 | 2584 |
| 40 | 110105400010371 | 人民日报社 | 11 | 2524 |
| 41 | 31010913312340X | 上海外语教育出版社有限公司 | 31 | 2467 |
| 42 | 310046425013413 | 解放日报报业集团 | 31 | 2441 |
| 43 | 420111177606710 | 湖北省出版总社 | 42 | 2413 |
| 44 | 370103495572747 | 山东省出版总社 | 37 | 2408 |
| 45 | 430105183761821 | 湖南出版投资控股集团公司湖南出版中心 | 43 | 2366 |
| 46 | 110108400007375 | 精品购物指南报社 | 11 | 2317 |
| 47 | 110108400003593 | 海洋出版社 | 11 | 2302 |
| 48 | 350204426603888 | 厦门市厦门日报社 | 35 | 2290 |
| 49 | 37020216357958X | 青岛出版社 | 37 | 2282 |
| 50 | 330165470049263 | 浙江教育出版社有限公司 | 33 | 2232 |
| 51 | 330401470891450 | 嘉兴日报社（第二名称：嘉兴市广告策划公司） | 33 | 2208 |
| 52 | 110102400005169 | 中国金融出版社 | 11 | 2178 |
| 53 | 110101400007893 | 科学出版社有限责任公司 | 11 | 2177 |
| 54 | 440100G19214304 | 南方都市报 | 44 | 2166 |
| 55 | 110101400001424 | 人民交通出版社 | 11 | 2083 |
| 56 | 370212794016468 | 山东大众报业（集团）半岛传媒有限公司 | 37 | 2062 |
| 57 | 330103757087953 | 钱江报系有限公司 | 33 | 2046 |
| 58 | 430105730512550 | 湖南出版投资控股集团有限公司 | 43 | 2017 |
| 59 | 510106201819610 | 四川出版集团公司 | 51 | 1974 |
| 60 | 110108400001942 | 电子工业出版社 | 11 | 1934 |
| 61 | 610103435200773 | 华商报社 | 61 | 1875 |
| 62 | 210103791598896 | 辽宁日报传媒集团有限公司 | 21 | 1860 |
| 63 | 110108400000421 | 法律出版社 | 11 | 1849 |
| 64 | 120103401200038 | 天津日报集团 | 12 | 1798 |
| 65 | 110108H52628207 | 中国人民大学出版社 | 11 | 1770 |
| 66 | 11010471780679X | 新京报社 | 11 | 1747 |
| 67 | 110101400006129 | 人民出版社 | 11 | 1743 |
| 68 | 450100198221377 | 广西出版总社 | 45 | 1696 |
| 69 | 530102431202835 | 云南日报报业集团 | 53 | 1614 |
| 70 | 110101100027526 | 语文出版社 | 11 | 1613 |
| 71 | 410303416525556 | 洛阳市日报社 | 41 | 1588 |

续表

| 序号 | 企业代码 | 企业名称 | 地区 | 实纳税额 |
|---|---|---|---|---|
| 72 | 110102400009602 | 中央广播电视大学出版社 | 11 | 1564 |
| 73 | 320400467283913 | 江苏省常州日报社 | 32 | 1549 |
| 74 | 110105100011305 | 中国农业出版社 | 11 | 1545 |
| 75 | 110104101618969 | 中国地图出版社 | 11 | 1491 |
| 76 | 130105765184251 | 河北省出版总社 | 13 | 1489 |
| 77 | 310110630385718 | 复旦大学出版社 | 31 | 1486 |
| 78 | 320103751254917 | 南京报业集团有限责任公司 | 32 | 1473 |
| 79 | 110102400004553 | 机械工业信息研究院 | 11 | 1430 |
| 80 | 460100428200425 | 海南日报社 | 46 | 1384 |
| 81 | 110102400014647 | 中国电力出版社有限公司 | 11 | 1363 |
| 82 | 110104400004254 | 经济日报社 | 11 | 1346 |
| 83 | 410105761689877 | 中原出版传媒投资控股集团有限公司 | 41 | 1333 |
| 84 | 140114715923343 | 英语周报社 | 14 | 1317 |
| 85 | 130106401702513 | 河北日报报业集团 | 13 | 1315 |
| 86 | 210204118423260 | 大连晚报社 | 21 | 1315 |
| 87 | 450100198223831 | 接力出版社 | 45 | 1295 |
| 88 | 360101158261024 | 江西省出版总社 | 36 | 1292 |
| 89 | 110101400003913 | 人民公安报社 | 11 | 1270 |
| 90 | 360101491015062 | 江西日报社 | 36 | 1258 |
| 91 | 110101801215490 | 北京《瑞丽》杂志社 | 11 | 1252 |
| 92 | 350102488002949 | 福建日报社 | 35 | 1207 |
| 93 | 210103410575026 | 沈阳日报社 | 21 | 1201 |
| 94 | 230102414003359 | 黑龙江日报报业集团 | 23 | 1200 |
| 95 | 430105444877452 | 湖南日报社 | 43 | 1193 |
| 96 | 520100429254388 | 贵阳日报社 | 52 | 1187 |
| 97 | 110101400007842 | 中国工人日报社 | 11 | 1184 |
| 98 | 610103437204428 | 西安日报（西安晚报） | 61 | 1170 |
| 99 | 11010140001345X | 中国青年报社 | 11 | 1168 |
| 100 | 110102400003438 | 健康报社 | 11 | 1165 |

# 全国橡胶制品业纳税百强排行榜

单位：万元

| 序号 | 企业代码 | 企业名称 | 地区 | 实纳税额 |
|---|---|---|---|---|
| 1 | 33019560912074X | 杭州中策橡胶有限公司 | 33 | 42610 |
| 2 | 410800712634853 | 风神轮胎股份有限公司 | 41 | 39989 |
| 3 | 350205612004387 | 厦门正新橡胶工业有限公司 | 35 | 36585 |
| 4 | 340104610306859 | 安徽佳通轮胎有限公司 | 34 | 27628 |
| 5 | 371002726700647 | 三角轮胎股份有限公司 | 37 | 24860 |
| 6 | 511502709066285 | 四川省宜宾普什集团有限公司 | 51 | 24628 |
| 7 | 210114604623495 | 普利司通（沈阳）轮胎有限公司 | 21 | 23678 |
| 8 | 320800608473885 | 江苏韩泰轮胎有限公司 | 32 | 23456 |
| 9 | 370685613418880 | 招远利奥橡胶制品有限公司 | 37 | 20778 |
| 10 | 350205612044901 | 厦门正新海燕轮胎有限公司 | 35 | 19951 |
| 11 | 410118794254765 | 郑州百斯特矿机有限公司 | 41 | 19437 |
| 12 | 370284264810373 | 青岛双星轮胎工业有限公司 | 37 | 19341 |
| 13 | 320583608278641 | 正新橡胶（中国）有限公司 | 32 | 19252 |
| 14 | 21020460485690X | 大连固特异轮胎有限公司 | 21 | 16671 |
| 15 | 330402609457692 | 韩泰轮胎有限公司 | 33 | 16558 |
| 16 | 371082783478958 | 固铂成山（山东）轮胎有限公司 | 37 | 16199 |
| 17 | 310112607218997 | 双钱集团股份有限公司 | 31 | 15584 |
| 18 | 32011360893328X | 南京锦湖轮胎有限公司 | 32 | 15253 |
| 19 | 370882776344767 | 倍耐力轮胎有限公司 | 37 | 14035 |
| 20 | 649702715050837 | 银川佳通长城轮胎有限公司 | 64 | 13132 |
| 21 | 120115600891804 | 普利司通（天津）轮胎有限公司 | 12 | 11929 |
| 22 | 321700608235190 | 盖茨优霓塔传动系统（苏州）有限公司 | 32 | 11445 |
| 23 | 370523726207182 | 山东金宇轮胎有限公司 | 37 | 11053 |
| 24 | 210114604621123 | 米其林沈阳轮胎有限公司 | 21 | 10842 |
| 25 | 330165734511598 | 杭州横滨轮胎有限公司 | 33 | 10631 |
| 26 | 350305611258799 | 福建佳通轮胎有限公司 | 35 | 10115 |
| 27 | 342500259222497 | 安徽中鼎密封件股份有限公司 | 34 | 9428 |
| 28 | 649702715050829 | 银川佳通轮胎有限公司 | 64 | 8949 |
| 29 | 220104605905427 | 长春恩福油封有限公司 | 22 | 8460 |
| 30 | 31004360722860X | 上海高桥巴斯夫分散体有限公司 | 31 | 8225 |
| 31 | 330165704212714 | 杭州朝阳橡胶有限公司 | 33 | 8106 |
| 32 | 350205751621705 | 厦门正新实业有限公司 | 35 | 7711 |
| 33 | 370523706165050 | 山东三泰橡胶有限责任公司 | 37 | 7262 |
| 34 | 320583608279898 | 建大橡胶（中国）有限公司 | 32 | 6890 |

续表

| 序号 | 企业代码 | 企业名称 | 地区 | 实纳税额 |
|---|---|---|---|---|
| 35 | 320281607982055 | 江阴兰陵瓶塞有限公司 | 32 | 6740 |
| 36 | 370211743966332 | 赛轮股份有限公司 | 37 | 6196 |
| 37 | 120111600579423 | 天津星光橡塑有限公司 | 12 | 5802 |
| 38 | 371002756385422 | 三角（威海）华盛轮胎有限公司 | 37 | 5528 |
| 39 | 320682757343996 | 双钱集团（如皋）轮胎有限公司 | 32 | 5505 |
| 40 | 310112607429866 | 上海米其林回力轮胎股份有限公司 | 31 | 5355 |
| 41 | 440301715235436 | 日东电工材料（深圳）有限公司 | 44 | 5323 |
| 42 | 320200607916103 | 无锡恩福油封有限公司 | 32 | 5195 |
| 43 | 32058173941261X | 住友橡胶（常熟）有限公司 | 32 | 4945 |
| 44 | 320200746227877 | 普利司通（无锡）轮胎有限公司 | 32 | 4699 |
| 45 | 370523753519173 | 兴源轮胎集团有限公司 | 37 | 4672 |
| 46 | 360108612412401 | 泰丰轮胎（江西）有限公司 | 36 | 4605 |
| 47 | 210323120373143 | 鞍山轮胎厂 | 21 | 4388 |
| 48 | 12011160089006X | 日新（天津）塑胶有限公司 | 12 | 4136 |
| 49 | 31022760733578X | 日东电工（上海松江）有限公司 | 31 | 4090 |
| 50 | 320281746246920 | 江阴市安基橡胶工业有限公司 | 32 | 4057 |
| 51 | 440181618404787 | 广州市华南橡胶轮胎有限公司 | 44 | 3986 |
| 52 | 440306618861515 | 津泰橡胶（深圳）有限公司 | 44 | 3978 |
| 53 | 320200740674465 | 江苏通用科技股份有限公司 | 32 | 3972 |
| 54 | 320582608260249 | 安固（张家港）橡胶工业有限公司 | 32 | 3950 |
| 55 | 532624790252965 | 麻栗坡县华源橡胶发展有限公司 | 53 | 3913 |
| 56 | 321600628403139 | 南港（张家港保税区）橡胶工业有限公司 | 32 | 3878 |
| 57 | 231090755330702 | 桦林佳通轮胎有限公司 | 23 | 3756 |
| 58 | 320200135893635 | 无锡二橡胶股份有限公司 | 32 | 3616 |
| 59 | 32170075799553X | 玛努利液压器材（苏州）有限公司 | 32 | 3580 |
| 60 | 220104717866506 | 锦湖轮胎（长春）有限公司 | 22 | 3560 |
| 61 | 440101755588412 | 东海橡塑（广州）有限公司 | 44 | 3548 |
| 62 | 120109103690171 | 天津鹏翎胶管股份有限公司 | 12 | 3415 |
| 63 | 440105725604725 | 广州广橡企业集团有限公司 | 44 | 3409 |
| 64 | 131127748498902 | 河北省景县景渤石油机械有限公司 | 13 | 3357 |
| 65 | 370203706413552 | 青岛伦敦杜蕾斯有限公司 | 37 | 3251 |
| 66 | 31022660738272X | 上海井上高分子制品有限公司 | 31 | 3206 |
| 67 | 120103600551025 | 天津国际联合轮胎橡胶有限公司 | 12 | 3168 |
| 68 | 430211712106524 | 株洲时代新材料科技股份有限公司 | 43 | 3156 |
| 69 | 310227607341960 | 上海大塚橡塑实业有限公司 | 31 | 3045 |
| 70 | 442000739890013 | 山下橡胶（中山）有限公司 | 44 | 3011 |
| 71 | 320500628394172 | 盛州橡塑胶（苏州）有限公司 | 32 | 3002 |

续表

| 序号 | 企业代码 | 企业名称 | 地区 | 实纳税额 |
|---|---|---|---|---|
| 72 | 120113600537493 | 天津大丰橡胶工业有限公司 | 12 | 2994 |
| 73 | 370206163572767 | 青岛橡六集团有限公司 | 37 | 2915 |
| 74 | 320684138772062 | 南通回力橡胶有限公司 | 32 | 2888 |
| 75 | 321201141850586 | 江苏海阳化纤有限公司 | 32 | 2828 |
| 76 | 320111608958022 | 东爵有机硅（南京）有限公司 | 32 | 2799 |
| 77 | 441900281842676 | 东莞市高能电气股份有限公司 | 44 | 2629 |
| 78 | 430602186081434 | 际华三五一七橡胶制品有限公司 | 43 | 2623 |
| 79 | 330226711169494 | 建新赵氏集团有限公司 | 33 | 2585 |
| 80 | 120112600896111 | 东海橡塑（天津）有限公司 | 12 | 2549 |
| 81 | 370882613591982 | 银河德普胶带有限公司 | 37 | 2528 |
| 82 | 511502742259468 | 四川省宜宾普什集团3D有限公司 | 51 | 2455 |
| 83 | 370882668078748 | 山东安能输送带橡胶有限公司 | 37 | 2450 |
| 84 | 32058160825026X | 华丰橡胶（中国）有限公司 | 32 | 2425 |
| 85 | 37020671802356X | 青岛黄海橡胶股份有限公司 | 37 | 2415 |
| 86 | 450300785201522 | 中国化工橡胶桂林有限公司 | 45 | 2389 |
| 87 | 211302744333537 | 朝阳浪马轮胎有限责任公司 | 21 | 2305 |
| 88 | 131111236298229 | 衡水中铁建工程橡胶有限责任公司 | 13 | 2292 |
| 89 | 310227733388065 | 上海西川密封件有限公司 | 31 | 2254 |
| 90 | 372527749857778 | 时风巨兴轮胎有限责任公司 | 37 | 2208 |
| 91 | 440113618701562 | 阿乐斯绝热材料（广州）有限公司 | 44 | 2169 |
| 92 | 420303770797642 | 双星东风轮胎有限公司 | 42 | 2144 |
| 93 | 330226713353383 | 康迪泰克捷豹传动系统有限公司 | 33 | 2095 |
| 94 | 210114001607728 | 埃迪亚（沈阳）橡胶制品有限公司 | 21 | 2080 |
| 95 | 131111700652480 | 衡水宝力工程橡胶有限公司 | 13 | 2014 |
| 96 | 330621745050694 | 浙江三力士橡胶股份有限公司 | 33 | 1932 |
| 97 | 37028377682527X | 青岛光明轮胎有限公司 | 37 | 1921 |
| 98 | 342524796437231 | 安徽中鼎密封件股份有限公司宁国分公司 | 34 | 1911 |
| 99 | 512081206873448 | 四川轮胎橡胶（集团）股份有限公司 | 51 | 1899 |
| 100 | 14040570100096X | 山西凤凰胶带有限公司 | 14 | 1850 |

# 全国通用设备制造业纳税百强排行榜

单位：万元

| 序号 | 企业代码 | 企业名称 | 地区 | 实纳税额 |
|---|---|---|---|---|
| 1 | 37021126462882X | 青岛海信电器股份有限公司 | 37 | 127940 |
| 2 | 120115773646700 | 维斯塔斯风力技术（中国）有限公司 | 12 | 98506 |
| 3 | 370705745676590 | 潍柴动力股份有限公司 | 37 | 92837 |
| 4 | 310112133385370 | 上海锅炉厂有限公司 | 31 | 70955 |
| 5 | 230110127047965 | 哈尔滨电机厂有限责任公司 | 23 | 54518 |
| 6 | 320300136442270 | 徐州重型机械有限公司 | 32 | 52230 |
| 7 | 330421753019961 | 浙江昱辉阳光能源有限公司 | 33 | 32989 |
| 8 | 320107134872875 | 南京汽轮电机（集团）有限责任公司 | 32 | 32895 |
| 9 | 310115607206953 | 上海振华港口机械（集团）股份有限公司 | 31 | 31437 |
| 10 | 230110128024925 | 哈尔滨汽轮机厂有限责任公司 | 23 | 29815 |
| 11 | 510302620729185 | 东方锅炉（集团）股份有限公司 | 51 | 28410 |
| 12 | 610115628001738 | 西安陕鼓动力股份有限公司 | 61 | 26864 |
| 13 | 110192600063785 | 施耐德北京中压电器有限公司 | 11 | 26744 |
| 14 | 31011560721358X | 上海日立电器有限公司 | 31 | 26625 |
| 15 | 430121799122817 | 中联重科底盘分公司 | 43 | 24669 |
| 16 | 330104609138624 | 西子奥的斯电梯有限公司 | 33 | 22784 |
| 17 | 330165704202620 | 杭州汽轮机股份有限公司 | 33 | 22136 |
| 18 | 310115607244183 | 迪堡金融设备有限公司 | 31 | 21827 |
| 19 | 500902621910672 | 重庆康明斯发动机有限公司 | 50 | 21660 |
| 20 | 110192600055056 | 博世力士乐（北京）液压有限公司 | 11 | 21626 |
| 21 | 310115607385947 | 伊顿流体动力（上海）有限公司 | 31 | 21086 |
| 22 | 310112607359597 | 贺德克液压技术（上海）有限公司 | 31 | 20518 |
| 23 | 11019260002492X | SMC（中国）有限公司 | 11 | 19493 |
| 24 | 320200748159222 | 一汽解放汽车有限公司无锡柴油机厂 | 32 | 19090 |
| 25 | 321700730135548 | SEW－传动设备（苏州）有限公司 | 32 | 17725 |
| 26 | 120113600898141 | 西门子机械传动（天津）有限公司 | 12 | 17487 |
| 27 | 310112607211939 | 上海英格索兰压缩机有限公司 | 31 | 17438 |
| 28 | 230198127575573 | 哈尔滨动力设备股份有限公司 | 23 | 17232 |
| 29 | 310115607279693 | 费斯托中国有限公司 | 31 | 17036 |
| 30 | 310107733384785 | 科尼起重机设备（上海）有限公司 | 31 | 16364 |
| 31 | 31011560736461X | 派克汉尼汾流体传动产品（上海）有限公司 | 31 | 15972 |
| 32 | 310115607339342 | 上海三菱电机·上菱空调机电器有限公司 | 31 | 15451 |
| 33 | 420107177685180 | 武汉重工铸锻有限责任公司 | 42 | 15379 |
| 34 | 310227607350031 | 上海纳博特斯克液压有限公司 | 31 | 15331 |

续表

| 序号 | 企业代码 | 企业名称 | 地区 | 实纳税额 |
|---|---|---|---|---|
| 35 | 32170060820727X | 艾默生环境优化技术（苏州）有限公司 | 32 | 15185 |
| 36 | 610304732645971 | 宝鸡法士特齿轮有限责任公司 | 61 | 14688 |
| 37 | 120113600588485 | 天津阿尔斯通水电设备有限公司 | 12 | 14581 |
| 38 | 320200764180291 | 无锡威孚汽车柴油系统有限公司 | 32 | 13972 |
| 39 | 510683205250521 | 东方电气集团东方汽轮机有限公司 | 51 | 13634 |
| 40 | 110107600001939 | 北京巴布科克·威尔科克斯有限公司 | 11 | 13564 |
| 41 | 110106741551037 | 北京现代京城工程机械有限公司 | 11 | 13301 |
| 42 | 310112132200768 | 上海重型机器厂有限公司 | 31 | 13075 |
| 43 | 230206128512566 | 中国第一重型机械集团公司 | 23 | 12672 |
| 44 | 421001615405514 | 法雷奥汽车空调湖北有限公司 | 42 | 12290 |
| 45 | 440681617411379 | 广东美芝制冷设备有限公司 | 44 | 12262 |
| 46 | 320585607984640 | 特灵空调系统（中国）有限公司 | 32 | 11742 |
| 47 | 320583724173660 | 牧田（昆山）有限公司 | 32 | 11570 |
| 48 | 230206739676439 | 中国第一重型机械（集团）有限责任公司 | 23 | 11370 |
| 49 | 210211726023244 | 大连华锐股份有限公司 | 21 | 11302 |
| 50 | 130211601052156 | 唐山松下产业机器有限公司 | 13 | 11214 |
| 51 | 321001755898023 | 海沃机械（扬州）有限公司 | 32 | 11064 |
| 52 | 42011110000894X | 中国长江动力公司（集团） | 42 | 11006 |
| 53 | 442000618132742 | 蒂森电梯有限公司 | 44 | 10941 |
| 54 | 530111622602196 | 沈机集团昆明机床股份有限公司 | 53 | 10491 |
| 55 | 210213796905170 | 平山重工（大连）有限公司 | 21 | 10442 |
| 56 | 420106177716557 | 武汉重型机床集团有限公司 | 42 | 10407 |
| 57 | 37010426435729X | 济南二机床集团有限公司 | 37 | 10322 |
| 58 | 230198127046743 | 哈尔滨空调股份有限公司 | 23 | 10290 |
| 59 | 210213740940452 | 大连机床（数控）股份有限公司 | 21 | 10220 |
| 60 | 110192769904535 | 比泽尔制冷技术（中国）有限公司 | 11 | 10108 |
| 61 | 120115600540887 | SEW－工业减速机（天津）有限公司 | 12 | 9826 |
| 62 | 320400608118082 | 梅特勒－托利多（常州）称重设备系统有限公司 | 32 | 9363 |
| 63 | 310229757564393 | 邦飞利传动设备（上海）有限公司 | 31 | 9347 |
| 64 | 649702710605290 | 宁夏小巨人机床有限公司 | 64 | 9294 |
| 65 | 340104148950117 | 安徽合力股份有限公司 | 34 | 9157 |
| 66 | 370802763668551 | 小松液压机械有限公司 | 37 | 9022 |
| 67 | 321700608235422 | 格兰富水泵（苏州）有限公司 | 32 | 8698 |
| 68 | 230202711088838 | 齐齐哈尔二机床（集团）有限责任公司 | 23 | 8683 |
| 69 | 32030073529613X | 徐州罗特艾德回转支承有限公司 | 32 | 8659 |
| 70 | 320200607913359 | 阿特拉斯·科普柯（无锡）压缩机有限公司 | 32 | 8345 |
| 71 | 110105600049430 | 泰科流体控制（北京）有限公司 | 11 | 8168 |

续表

| 序号 | 企业代码 | 企业名称 | 地区 | 实纳税额 |
|---|---|---|---|---|
| 72 | 31011570300442X | 派克汉尼汾液压系统（上海）有限公司 | 31 | 8136 |
| 73 | 130703601231058 | 斯必克冷却技术（张家口）有限公司 | 13 | 8107 |
| 74 | 321283714092090 | 江苏泰隆减速机股份有限公司 | 32 | 7946 |
| 75 | 320323608003015 | 徐州美驰车桥有限公司 | 32 | 7795 |
| 76 | 340203796443842 | 安徽海螺川崎节能设备制造有限公司 | 34 | 7786 |
| 77 | 440307618807092 | 深圳麦克维尔空调有限公司 | 44 | 7622 |
| 78 | 370811745684443 | 山东彩桥驾驶室有限公司 | 37 | 7613 |
| 79 | 330181609166051 | 杭州友佳精密机械有限公司 | 33 | 7589 |
| 80 | 320200724184386 | 约克（无锡）空调冷冻科技有限公司 | 32 | 7585 |
| 81 | 320121751299795 | 南京高速齿轮制造有限公司 | 32 | 7526 |
| 82 | 510113734805780 | 成都天马铁路轴承有限公司 | 51 | 7251 |
| 83 | 620503739643151 | 天水星火机床有限责任公司 | 62 | 7243 |
| 84 | 370602751764087 | 斗山机床（烟台）有限公司 | 37 | 7229 |
| 85 | 320200135894240 | 无锡透平叶片有限公司 | 32 | 7209 |
| 86 | 120222600891927 | 丹佛斯（天津）有限公司 | 12 | 7026 |
| 87 | 510304762306858 | 华西能源工业股份有限公司 | 51 | 6999 |
| 88 | 210213604820712 | 三菱电机大连机器有限公司 | 21 | 6998 |
| 89 | 120115600911705 | 卓轮（天津）机械有限公司 | 12 | 6919 |
| 90 | 210281242399712 | 瓦房店轴承股份有限公司 | 21 | 6918 |
| 91 | 210114715767002 | 中捷机床有限公司 | 21 | 6880 |
| 92 | 310226607410348 | 上海通用电气开关有限公司 | 31 | 6818 |
| 93 | 410305769475283 | 洛阳 LYC 轴承有限公司 | 41 | 6792 |
| 94 | 230198749523460 | 哈尔滨汽轮机厂辅机工程有限公司 | 23 | 6724 |
| 95 | 310113607276556 | 东芝电梯（中国）有限公司 | 31 | 6702 |
| 96 | 371482167575471 | 山东通裕集团有限公司 | 37 | 6690 |
| 97 | 330165725884202 | 杭州杭氧股份有限公司 | 33 | 6489 |
| 98 | 320281607984659 | 江苏双良空调设备股份有限公司 | 32 | 6479 |
| 99 | 310227607422568 | 葆德电气（上海）有限公司 | 31 | 6474 |
| 100 | 320583608276769 | 昆山恩斯克有限公司 | 32 | 6435 |

# 全国通讯设备、计算机及其他电子设备制造业纳税百强排行榜

单位：万元

| 序号 | 企业代码 | 企业名称 | 地区 | 实纳税额 |
|---|---|---|---|---|
| 1 | 110108700000458 | 联想（北京）有限公司 | 11 | 228348 |
| 2 | 440301279285671 | 深圳市中兴康讯电子有限公司 | 44 | 167542 |
| 3 | 310112607417881 | 华硕电脑（上海）有限公司 | 31 | 142974 |
| 4 | 12011572574957X | 天津三星通信技术有限公司 | 12 | 139371 |
| 5 | 120115600899320 | 天津三星电子显示器有限公司 | 12 | 136459 |
| 6 | 110192600087023 | 富士康精密组件（北京）有限公司 | 11 | 114464 |
| 7 | 440301618815578 | 康佳集团股份有限公司 | 44 | 111110 |
| 8 | 440307755675030 | 深圳华为通信技术有限公司 | 44 | 107455 |
| 9 | 310115607339756 | 上海索广映像有限公司 | 31 | 100093 |
| 10 | 320113608943998 | 南京夏普电子有限公司 | 32 | 78397 |
| 11 | 110192749353393 | 北京京东方光电科技有限公司 | 11 | 78025 |
| 12 | 310115607211699 | 上海贝尔股份有限公司 | 31 | 73399 |
| 13 | 440306738817535 | 深圳富泰宏精密工业有限公司 | 44 | 72825 |
| 14 | 510700205412308 | 四川长虹电器股份有限公司 | 51 | 61905 |
| 15 | 440306761967961 | 群康科技（深圳）有限公司 | 44 | 59929 |
| 16 | 320113608967965 | 南京 LG 新港显示有限公司 | 32 | 59658 |
| 17 | 440307715281416 | 艾默生网络能源有限公司 | 44 | 57186 |
| 18 | 350206612020483 | 戴尔（中国）有限公司 | 35 | 55013 |
| 19 | 120115600502506 | 摩托罗拉（中国）电子有限公司 | 12 | 54071 |
| 20 | 35010572793981X | 日立数字映像（中国）有限公司 | 35 | 48504 |
| 21 | 440301710936938 | 深圳三星科健移动通信技术有限公司 | 44 | 38729 |
| 22 | 310104607220405 | 3M 中国有限公司 | 31 | 37603 |
| 23 | 31011571093983X | 上海松下等离子显示器有限公司 | 31 | 37466 |
| 24 | 321700608238156 | 伟创力电子（技术）苏州有限公司 | 32 | 37370 |
| 25 | 321700742473202 | 苏州三星电子电脑有限公司 | 32 | 36813 |
| 26 | 310115607395993 | 泰科电子（上海）有限公司 | 31 | 35849 |
| 27 | 320508608199126 | 苏州冠捷科技有限公司 | 32 | 35769 |
| 28 | 110192600091145 | 威讯联合半导体（北京）有限公司 | 11 | 35688 |
| 29 | 440300671877970 | 深圳市联决电子有限公司 | 44 | 33476 |
| 30 | 210213604878746 | 大连东芝电视有限公司 | 21 | 33098 |
| 31 | 371002613752790 | 三星电子（山东）数码打印机有限公司 | 37 | 31852 |
| 32 | 320584718615098 | 中达电子（江苏）有限公司 | 32 | 29680 |
| 33 | 441300195971850 | TCL 集团股份有限公司 | 44 | 29309 |
| 34 | 440301618810099 | 深圳创维－RGB 电子有限公司 | 44 | 29225 |

续表

| 序号 | 企业代码 | 企业名称 | 地区 | 实纳税额 |
|---|---|---|---|---|
| 35 | 110105600065959 | 冠捷科技（北京）有限公司 | 11 | 26691 |
| 36 | 330107754408889 | 杭州华三通信技术有限公司 | 33 | 25134 |
| 37 | 320583608278094 | 四海电子（昆山）有限公司 | 32 | 24913 |
| 38 | 441501723829525 | 信利半导体有限公司 | 44 | 24759 |
| 39 | 110108785501795 | 华为数字技术有限公司 | 11 | 24322 |
| 40 | 310104607316693 | 上海松下半导体有限公司 | 31 | 24006 |
| 41 | 330195609136821 | 杭州摩托罗拉移动通信设备有限公司 | 33 | 22899 |
| 42 | 420101616400352 | 长飞光纤光缆有限公司 | 42 | 22643 |
| 43 | 350105733614544 | LG 麦可龙（福建）电子有限公司 | 35 | 22349 |
| 44 | 330195609138560 | 杭州东信移动电话有限公司 | 33 | 20588 |
| 45 | 110101799001011 | 诺基亚西门子通信技术（北京）有限公司 | 11 | 20261 |
| 46 | 440301618932432 | 记忆科技（深圳）有限公司 | 44 | 19841 |
| 47 | 320113745391659 | 乐金电子（南京）等离子有限公司 | 32 | 18997 |
| 48 | 321700724448871 | 天弘（苏州）科技有限公司 | 32 | 18646 |
| 49 | 441900733124385 | 东莞三星视界有限公司 | 44 | 17303 |
| 50 | 120115600901857 | 天津三星视界有限公司 | 12 | 17278 |
| 51 | 310115703099764 | 上海华为技术有限公司 | 31 | 17144 |
| 52 | 210211604856336 | 中国华录松下电子信息有限公司 | 21 | 16975 |
| 53 | 330195609167257 | UT 斯达康通讯有限公司 | 33 | 16561 |
| 54 | 441301617893742 | 索尼精密部件（惠州）有限公司 | 44 | 16418 |
| 55 | 440301618909697 | 深圳三星视界有限公司 | 44 | 16326 |
| 56 | 440681617408620 | 广东北电通信设备有限公司 | 44 | 16010 |
| 57 | 450300619386429 | 桂林 NEC 无线通信有限公司 | 45 | 15937 |
| 58 | 350206705499032 | 联想移动通信科技有限公司 | 35 | 15514 |
| 59 | 440301279346489 | 深圳赛格三星股份有限公司 | 44 | 15061 |
| 60 | 310112717869803 | 上海广电 NEC 液晶显示器有限公司 | 31 | 14868 |
| 61 | 440307745160041 | 比亚迪精密制造有限公司 | 44 | 14858 |
| 62 | 310115736669348 | 惠普科技（上海）有限公司 | 31 | 14593 |
| 63 | 35020661201872X | 厦门松下电子信息有限公司 | 35 | 14581 |
| 64 | 441301617881792 | 西门子威迪欧汽车电子（惠州）有限公司 | 44 | 14276 |
| 65 | 31022760742458X | 达群（上海）电脑有限公司 | 31 | 13919 |
| 66 | 440301728588054 | 冲电气实业（深圳）有限公司 | 44 | 13659 |
| 67 | 310114729528096 | 伟创力电子科技（上海）有限公司 | 31 | 13284 |
| 68 | 320583608279388 | 沪士电子股份有限公司 | 32 | 13231 |
| 69 | 110192801148435 | 揖斐电电子（北京）有限公司 | 11 | 13078 |
| 70 | 330165719574662 | 宏讯电子工业（杭州）有限公司 | 33 | 12768 |
| 71 | 441900712213354 | 台达电子电源（东莞）有限公司 | 44 | 12717 |

续表

| 序号 | 企业代码 | 企业名称 | 地区 | 实纳税额 |
|---|---|---|---|---|
| 72 | 110108700391823 | 瑞斯康达科技发展股份有限公司 | 11 | 12567 |
| 73 | 110108100006493 | 中国大恒（集团）有限公司 | 11 | 12503 |
| 74 | 310115607282497 | 诺基亚西门子通信（上海）有限公司 | 31 | 12500 |
| 75 | 440301279351261 | 中国长城计算机深圳股份有限公司 | 44 | 12436 |
| 76 | 110192600066628 | 安迅（北京）金融设备系统有限公司 | 11 | 12020 |
| 77 | 440106716340473 | 广州广电运通金融电子股份有限公司 | 44 | 11930 |
| 78 | 330165733796106 | 杭州海康威视数字技术股份有限公司 | 33 | 11791 |
| 79 | 441900618369862 | 广东步步高电子工业有限公司 | 44 | 11479 |
| 80 | 441900618113146 | 东莞生益电子有限公司 | 44 | 11352 |
| 81 | 310115607201538 | 中达电通股份有限公司 | 31 | 11340 |
| 82 | 41051170678656X | 河南安彩高科股份有限公司 | 41 | 11317 |
| 83 | 150105772202948 | 创维电子（内蒙古）有限公司 | 15 | 10833 |
| 84 | 310115703098702 | 上海联想电子有限公司 | 31 | 10780 |
| 85 | 310115703000357 | 上海惠普有限公司 | 31 | 10629 |
| 86 | 130528601199617 | 河北宁晋松宫半导体有限公司 | 13 | 10598 |
| 87 | 110108710924187 | 有研半导体材料股份有限公司 | 11 | 10581 |
| 88 | 320584733745659 | 瑞仪光电（苏州）有限公司 | 32 | 10351 |
| 89 | 310115607374607 | 上海华虹 NEC 电子有限公司 | 31 | 10194 |
| 90 | 13052872161271X | 宁晋赛美港龙电子材料有限公司 | 13 | 10086 |
| 91 | 110192801149091 | 北京三箭和众鼎电子有限公司 | 11 | 10064 |
| 92 | 321700728739895 | 友达光电（苏州）有限公司 | 32 | 9866 |
| 93 | 310115798941546 | 上海贝尔阿尔卡特软件有限公司 | 31 | 9808 |
| 94 | 110108100026793 | 同方股份有限公司 | 11 | 9800 |
| 95 | 440301618869808 | 爱普生技术（深圳）有限公司 | 44 | 9661 |
| 96 | 610498766306601 | 彩虹集团电子股份有限公司 | 61 | 9590 |
| 97 | 330165727215176 | 浙江大华技术股份有限公司 | 33 | 9496 |
| 98 | 320508714118035 | 名硕电脑（苏州）有限公司 | 32 | 9494 |
| 99 | 110192795103715 | 富泰京精密电子（北京）有限公司 | 11 | 9373 |
| 100 | 441301617584413 | TCL 王牌电器（惠州）有限公司 | 44 | 9368 |

# 全国水力发电业纳税百强排行榜

单位：万元

| 序号 | 企业代码 | 企业名称 | 地区 | 实纳税额 |
|---|---|---|---|---|
| 1 | 420501100015058 | 中国长江三峡工程开发总公司 | 42 | 271046 |
| 2 | 420501710930405 | 中国长江电力股份有限公司 | 42 | 208045 |
| 3 | 451222715180527 | 龙滩水电开发有限公司 | 45 | 68249 |
| 4 | 420501177591096 | 湖北清江水电开发有限责任公司 | 42 | 59565 |
| 5 | 520100214406188 | 贵州乌江水电开发有限责任公司 | 52 | 53053 |
| 6 | 510402201808348 | 二滩水电开发有限责任公司 | 51 | 45350 |
| 7 | 430103183792804 | 五凌电力有限公司 | 43 | 42572 |
| 8 | 530103719449490 | 华能澜沧江水电有限公司 | 53 | 39303 |
| 9 | 350124724218232 | 福建水口发电有限公司 | 35 | 34705 |
| 10 | 530102216558329 | 国投云南大朝山水电有限公司 | 53 | 29484 |
| 11 | 630105661936228 | 青海黄河上游水电开发有限责任公司 | 63 | 23774 |
| 12 | 522330215280564 | 中国南方电网有限责任公司调峰调频发电公司天生桥水力发电总厂 | 52 | 23770 |
| 13 | 330523710959988 | 华东天荒坪抽水蓄能有限责任公司 | 33 | 20535 |
| 14 | 530922219540992 | 华能漫湾水电厂 | 53 | 16488 |
| 15 | 451229201093549 | 大唐岩滩水力发电有限责任公司 | 45 | 16131 |
| 16 | 511111206953042 | 国电大渡河流域水电开发有限公司龚嘴水力发电总厂 | 51 | 15931 |
| 17 | 522330730960791 | 天生桥一级水电开发有限责任公司水力发电厂 | 52 | 15466 |
| 18 | 500243753067066 | 重庆大唐国际彭水水电开发有限公司 | 50 | 15384 |
| 19 | 440106707674084 | 天生桥一级水电开发有限责任公司 | 44 | 14333 |
| 20 | 451321718828392 | 广西桂冠开投电力有限责任公司 | 45 | 14216 |
| 21 | 350822158162202 | 福建棉花滩水电开发有限公司 | 35 | 13830 |
| 22 | 410881169950968 | 黄河水利水电开发总公司 | 41 | 13389 |
| 23 | 450400753737824 | 广西长洲水电开发有限责任公司 | 45 | 12525 |
| 24 | 142234602610316 | 黄河万家寨水利枢纽有限公司 | 14 | 12406 |
| 25 | 51180021090215X | 四川华能宝兴河电力股份有限公司 | 51 | 11825 |
| 26 | 510802205817698 | 华电四川发电有限公司宝珠寺水力发电厂 | 51 | 11759 |
| 27 | 440184190334975 | 广东蓄能发电有限公司 | 44 | 11119 |
| 28 | 220211723146169 | 松花江水力发电有限公司 | 22 | 11026 |
| 29 | 451229715159402 | 广西桂冠电力股份有限公司大化水力发电厂 | 45 | 10944 |
| 30 | 340604610420256 | 淮北国安电力有限公司 | 34 | 10874 |
| 31 | 522628766092105 | 贵州清水江水电有限公司 | 52 | 9981 |
| 32 | 510198725361022 | 国电大渡河流域水电开发有限公司 | 51 | 9889 |
| 33 | 510181720365227 | 四川省紫坪铺开发有限责任公司 | 51 | 9815 |
| 34 | 513324746902430 | 四川久隆水电开发有限公司 | 51 | 9512 |

续表

| 序号 | 企业代码 | 企业名称 | 地区 | 实纳税额 |
|---|---|---|---|---|
| 35 | 620402224788917 | 国投甘肃小三峡发电有限公司大峡水电站 | 62 | 9460 |
| 36 | 513321212052275 | 四川华能康定水电有限责任公司 | 51 | 9180 |
| 37 | 441421196375188 | 广东梅雁水电股份有限公司 | 44 | 9064 |
| 38 | 220621702233095 | 松江河发电厂 | 22 | 8570 |
| 39 | 441402786485205 | 广东梅雁水电股份有限公司三龙水电站 | 44 | 7712 |
| 40 | 630121710545857 | 青海华电大通发电有限公司 | 63 | 7641 |
| 41 | 45103177595781X | 广西平班水电开发有限公司隆林分公司 | 45 | 7636 |
| 42 | 511622289561027 | 四川华能东西关水电股份有限公司 | 51 | 7510 |
| 43 | 23109072138522X | 黑龙江莲花水电有限责任公司 | 23 | 7462 |
| 44 | 361130756795982 | 婺源武口电业发展有限责任公司 | 36 | 6917 |
| 45 | 441601751086546 | 广东粤电新丰江发电有限责任公司 | 44 | 6653 |
| 46 | 451002779109797 | 广西右江水利开发有限责任公司百色分公司 | 45 | 6535 |
| 47 | 411200169994346 | 三门峡黄河明珠（集团）有限公司 | 41 | 6306 |
| 48 | 510997206152800 | 四川明星电力股份有限公司 | 51 | 6270 |
| 49 | 630105713577934 | 黄河上游水电开发有限责任公司 | 63 | 6111 |
| 50 | 51010862160072X | 四川嘉陵电力有限公司 | 51 | 6061 |
| 51 | 520100761353863 | 贵州北盘江电力股份有限公司 | 52 | 5878 |
| 52 | 360828705761811 | 中国国电集团公司万安水力发电厂 | 36 | 5502 |
| 53 | 420381182212003 | 汉江水利水电（集团）有限责任公司 | 42 | 5489 |
| 54 | 220282126910018 | 白山发电厂 | 22 | 5463 |
| 55 | 620122762391730 | 国投甘肃小三峡发电有限公司小峡水电站 | 62 | 5312 |
| 56 | 654028778990471 | 国电新疆吉林台水电开发有限公司吉林台一级水电站分公司 | 65 | 5297 |
| 57 | 513221709101837 | 四川福堂水电有限公司 | 51 | 5209 |
| 58 | 350925157424127 | 闽东水电开发有限公司 | 35 | 4979 |
| 59 | 441622751050092092 | 广东粤电枫树坝发电有限责任公司 | 44 | 4708 |
| 60 | 622923226320250 | 甘肃省电力公司刘家峡水电厂 | 62 | 4681 |
| 61 | 431281750603249 | 沅江电力开发有限责任公司洪江水力发电厂 | 43 | 4514 |
| 62 | 450100198224236 | 广西桂冠电力股份有限公司 | 45 | 4433 |
| 63 | 510727735862816 | 四川华能涪江水电有限责任公司 | 51 | 4387 |
| 64 | 430821183775203 | 湖南澧水流域水利水电开发有限责任公司慈利江垭电站 | 43 | 4371 |
| 65 | 440106786471401 | 中国南方电网有限责任公司调峰调频发电公司 | 44 | 4306 |
| 66 | 500232711646158 | 重庆江口水电有限责任公司 | 50 | 4184 |
| 67 | 500101711607773 | 重庆三峡水利电力（集团）股份有限公司 | 50 | 4050 |
| 68 | 511826742283943 | 四川大川电力有限公司 | 51 | 3856 |
| 69 | 511826779814162 | 四川大川电力有限公司大川电厂 | 51 | 3856 |
| 70 | 511132207800224 | 四川大渡河电力股份有限公司 | 51 | 3851 |
| 71 | 530602216972415 | 云南昭通高桥发电有限公司 | 53 | 3824 |

续表

| 序号 | 企业代码 | 企业名称 | 地区 | 实纳税额 |
|---|---|---|---|---|
| 72 | 44180145732729X | 广东省飞来峡水利枢纽管理局 | 44 | 3764 |
| 73 | 622923226320349 | 黄河上游水电开发有限责任公司陇电分公司 | 62 | 3698 |
| 74 | 530822741482078 | 云南滇能泗南江水电开发有限公司 | 53 | 3679 |
| 75 | 210522120011492 | 国电电力发展公司和禹水电开发公司 | 21 | 3553 |
| 76 | 450127799732615 | 横县江南发电有限公司 | 45 | 3547 |
| 77 | 520181214402662 | 中国国电集团公司红枫水力发电厂 | 52 | 3539 |
| 78 | 431081661673317 | 湖南省电力公司东江水力发电厂 | 43 | 3521 |
| 79 | 513321749616106 | 四川金康电力发展有限公司 | 51 | 3480 |
| 80 | 42068218356780X | 湖北汉江王甫洲水力发电有限责任公司 | 42 | 3358 |
| 81 | 341102730014981 | 华东琅琊山抽水蓄能有限责任公司 | 34 | 3356 |
| 82 | 441422196423477 | 广东粤电青溪发电有限责任公司 | 44 | 3328 |
| 83 | 511622709129565 | 四川嘉陵江桐子壕航电开发有限公司 | 51 | 3314 |
| 84 | 511423740028770 | 四川瓦屋山电力实业有限公司 | 51 | 3266 |
| 85 | 622626225771076 | 大唐碧口水力发电厂 | 62 | 3261 |
| 86 | 520100755393412 | 贵州乌江清水河水电开发有限公司 | 52 | 3193 |
| 87 | 530326217412102 | 华电云南发电有限公司以礼河发电厂 | 53 | 3178 |
| 88 | 450221747987050 | 广西柳州红花水电有限责任公司 | 45 | 3170 |
| 89 | 350428731888162 | 福建省金湖电力有限责任公司 | 35 | 3132 |
| 90 | 652826670219845 | 国电新疆开都河流域水电开发有限公司察汗乌苏水电站 | 65 | 3123 |
| 91 | 46900720164497X | 国电海南大广坝发电有限公司 | 46 | 3105 |
| 92 | 330182143953474 | 华东电网有限公司新安江水力发电厂 | 33 | 3042 |
| 93 | 532527753566615 | 云南华润电力（红河）有限公司 | 53 | 2963 |
| 94 | 330300704315676 | 浙江珊溪经济发展有限责任公司 | 33 | 2918 |
| 95 | 450801708646886 | 广西西江航运建设发展有限责任贵港航运枢纽分公司 | 45 | 2912 |
| 96 | 350426743843666 | 福建省尤溪流域水电开发有限责任公司 | 35 | 2828 |
| 97 | 433125758013390 | 五凌电力有限公司碗米坡水电厂 | 43 | 2825 |
| 98 | 530523919010909 | 云南保山电力股份公司龙陵分公司 | 53 | 2765 |
| 99 | 350702671944715 | 中电（福建）电力开发有限公司 | 35 | 2734 |
| 100 | 620101296718432 | 兰州宏源电力技术有限公司 | 62 | 2725 |

# 全国食品制造业纳税百强排行榜

单位：万元

| 序号 | 企业代码 | 企业名称 | 地区 | 实纳税额 |
|---|---|---|---|---|
| 1 | 442000617592341 | 完美（中国）日用品有限公司 | 44 | 76821 |
| 2 | 440191618416948 | 箭牌糖果（中国）有限公司 | 44 | 69106 |
| 3 | 310115607231489 | 多美滋婴幼儿食品有限公司 | 31 | 65355 |
| 4 | 441788796213641 | 嘉吉粮油（阳江）有限公司 | 44 | 55123 |
| 5 | 440191618419751 | 美赞臣营养品（中国）有限公司 | 44 | 51703 |
| 6 | 440705617435303 | 无限极（中国）有限公司 | 44 | 41095 |
| 7 | 441900618100230 | 东莞雀巢有限公司 | 44 | 32037 |
| 8 | 441900617993276 | 东莞徐记食品有限公司 | 44 | 31289 |
| 9 | 110227600037341 | 玛氏食品（中国）有限公司 | 11 | 30829 |
| 10 | 37028472781753X | 圣元营养食品有限公司 | 37 | 27271 |
| 11 | 33019560916761X | 杭州顶益食品有限公司 | 33 | 27162 |
| 12 | 330102609136119 | 杭州娃哈哈保健食品有限公司 | 33 | 26490 |
| 13 | 150105701465425 | 内蒙古蒙牛乳业（集团）股份有限公司 | 15 | 25981 |
| 14 | 152301752570057 | 通辽梅花生物科技有限公司 | 15 | 24933 |
| 15 | 310114607379993 | 上海太太乐食品有限公司 | 31 | 24523 |
| 16 | 310112607286172 | 不凡帝凡梅勒糖果（中国）有限公司 | 31 | 24223 |
| 17 | 440601722448755 | 佛山市海天调味食品有限公司 | 44 | 21738 |
| 18 | 445121707825911 | 广东雅士利集团股份有限公司 | 44 | 21720 |
| 19 | 230182606410215 | 双城雀巢有限公司 | 23 | 21165 |
| 20 | 120115600501650 | 天津顶益国际食品有限公司 | 12 | 19137 |
| 21 | 150117114124263 | 内蒙古伊利实业集团股份有限公司 | 15 | 19103 |
| 22 | 440116618422272 | 仙妮蕾德（中国）有限公司 | 44 | 18977 |
| 23 | 32012473318760X | 南京喜之郎食品有限公司 | 32 | 16773 |
| 24 | 120222104086654 | 天津天狮生物工程有限公司 | 12 | 16742 |
| 25 | 110114710932945 | 新时代健康产业（集团）有限公司 | 11 | 15904 |
| 26 | 440624762922685 | 佛山市海天（高明）调味食品有限公司 | 44 | 15860 |
| 27 | 131011601347974 | 好丽友食品有限公司 | 13 | 15592 |
| 28 | 150121701469493 | 内蒙古伊利实业集团股份有限公司奶粉事业部 | 15 | 15213 |
| 29 | 420112616404134 | 武汉统一企业食品有限公司 | 42 | 13978 |
| 30 | 310112607360299 | 光明乳业股份有限公司 | 31 | 13582 |
| 31 | 110192600037501 | 宝健（中国）日用品有限公司 | 11 | 12840 |
| 32 | 411100615125088 | 华懋双汇实业（集团）有限公司 | 41 | 12672 |
| 33 | 330165712560866 | 浙江贝因美科工贸股份有限公司 | 33 | 12478 |
| 34 | 520102622230513 | 贵阳南明老干妈风味食品有限责任公司 | 52 | 12256 |

续表

| 序号 | 企业代码 | 企业名称 | 地区 | 实纳税额 |
|---|---|---|---|---|
| 35 | 110104600035012 | 卡夫食品（中国）有限公司 | 11 | 12000 |
| 36 | 500904621911253 | 重庆顶益食品有限公司 | 50 | 10945 |
| 37 | 150123790173212 | 内蒙古蒙牛高科乳业有限公司 | 15 | 10479 |
| 38 | 440101734929310 | 施恩（广州）婴幼儿营养品有限公司 | 44 | 10296 |
| 39 | 44172373617517X | 阳江喜之郎果冻制造有限公司 | 44 | 10127 |
| 40 | 320200136297640 | 无锡瑞年实业有限公司 | 32 | 9226 |
| 41 | 340104730029438 | 洽洽食品股份有限公司 | 34 | 8926 |
| 42 | 372500760037658 | 希杰（聊城）生物科技有限公司 | 37 | 8631 |
| 43 | 31022960742052X | 上好佳（中国）有限公司 | 31 | 8510 |
| 44 | 310227769445295 | 上海健久生物科技有限公司 | 31 | 8484 |
| 45 | 420101616426819 | 武汉顶益食品有限公司 | 42 | 8270 |
| 46 | 44010171637004X | 广州市合生元生物制品有限公司 | 44 | 8201 |
| 47 | 310227607424651 | 箭牌糖类（上海）有限公司 | 31 | 7991 |
| 48 | 330102609136098 | 杭州娃哈哈食品有限公司 | 33 | 7819 |
| 49 | 440181775696269 | 箭牌糖果（中国）有限公司番禺工厂 | 44 | 7620 |
| 50 | 310227607270330 | 上海大江（集团）股份有限公司 | 31 | 7140 |
| 51 | 51011562170270X | 成都统一企业食品有限公司 | 51 | 6876 |
| 52 | 370125777405904 | 济南达利食品有限公司 | 37 | 6691 |
| 53 | 310106607339385 | 上海惠氏营养品有限公司 | 31 | 6606 |
| 54 | 130525601421644 | 今麦郎食品有限公司 | 13 | 6560 |
| 55 | 610390766301413 | 宝鸡阜丰生物科技有限公司 | 61 | 6533 |
| 56 | 130811601207795 | 河北四海发展有限责任公司 | 13 | 6467 |
| 57 | 410105779420534 | 郑州思念食品有限公司 | 41 | 6437 |
| 58 | 46010071381539X | 海南养生堂保健品有限公司 | 46 | 6301 |
| 59 | 320281751442280 | 中粮麦芽（江阴）有限公司 | 32 | 6216 |
| 60 | 410108514683187 | 郑州三全食品股份有限公司 | 41 | 6147 |
| 61 | 610190623910924 | 西安顶益食品有限公司 | 61 | 6048 |
| 62 | 310101607408504 | 上海江崎格力高食品有限公司 | 31 | 5661 |
| 63 | 440101618421149 | 味可美（广州）食品有限公司 | 44 | 5611 |
| 64 | 440181708217512 | 广州酒家集团利口福食品有限公司 | 44 | 5578 |
| 65 | 210114604622222 | 沈阳顶益食品有限公司 | 21 | 5538 |
| 66 | 110222736476482 | 北京光明健能乳业有限公司 | 11 | 5413 |
| 67 | 350521611536808 | 福建达利食品集团有限公司 | 35 | 5408 |
| 68 | 150117783012605 | 内蒙古金川伊利乳业有限责任公司 | 15 | 5386 |
| 69 | 13020876032071X | 蒙牛乳业（唐山）有限公司 | 13 | 5370 |
| 70 | 321700608219158 | 维益食品（苏州）有限公司 | 32 | 5356 |
| 71 | 150117787050094 | 内蒙古阜丰生物科技有限公司 | 15 | 5246 |

续表

| 序号 | 企业代码 | 企业名称 | 地区 | 实纳税额 |
|---|---|---|---|---|
| 72 | 11022480116622X | 百事食品（中国）有限公司北京分厂 | 11 | 5216 |
| 73 | 370285614314338 | 青岛雀巢有限公司 | 37 | 5174 |
| 74 | 420984730873233 | 湖北达利食品有限公司 | 42 | 5147 |
| 75 | 320323608077903 | 维维食品饮料股份有限公司 | 32 | 5072 |
| 76 | 120115600531200 | 天津雀巢有限公司 | 12 | 5026 |
| 77 | 640121750810280 | 宁夏伊品生物工程股份有限公司 | 64 | 4902 |
| 78 | 44010661741211X | 亨氏联合有限公司 | 44 | 4808 |
| 79 | 230230663894324 | 黑龙江省姆阿普食品有限公司 | 23 | 4764 |
| 80 | 330401704203471 | 浙江五芳斋实业股份有限公司 | 33 | 4633 |
| 81 | 320200745556855 | 无锡健特生物工程有限公司 | 32 | 4612 |
| 82 | 340506771130874 | 蒙牛乳业（马鞍山）有限公司 | 34 | 4588 |
| 83 | 340121779060372 | 合肥伊利乳业有限责任公司 | 34 | 4512 |
| 84 | 230230736928960 | 黑龙江飞鹤乳业有限公司 | 23 | 4491 |
| 85 | 230198607175114 | 哈尔滨顶益食品有限公司 | 23 | 4477 |
| 86 | 370903756375080 | 蒙牛乳业（泰安）有限公司 | 37 | 4336 |
| 87 | 11010560001676X | 北京航空食品有限公司 | 11 | 4319 |
| 88 | 330411778270415 | 玛氏食品（嘉兴）有限公司 | 33 | 4282 |
| 89 | 120115600888963 | 天津顶园食品有限公司 | 12 | 4232 |
| 90 | 440101618426206 | 广州顶益食品有限公司 | 44 | 4232 |
| 91 | 441201895427426 | 广东肇庆星湖生物科技股份有限公司生物工程基地 | 44 | 4221 |
| 92 | 110114742615370 | 北京稻香村食品有限责任公司食品厂 | 11 | 4212 |
| 93 | 330195609168639 | 杭州顶园食品有限公司 | 33 | 4204 |
| 94 | 310112607206507 | 上海味好美食品有限公司 | 31 | 4101 |
| 95 | 110112744735827 | 蒙牛乳业（北京）有限公司 | 11 | 4094 |
| 96 | 110102600062547 | 北京三元食品股份有限公司 | 11 | 4083 |
| 97 | 410182716747003 | 郑州博大面业有限公司 | 41 | 4074 |
| 98 | 430124616602720 | 长沙加加食品集团有限公司 | 43 | 3989 |
| 99 | 420101764629984 | 嘉吉烯王生物工程（武汉）有限公司 | 42 | 3983 |
| 100 | 31022760733463X | 上海芳精香料有限公司 | 31 | 3946 |

# 全国火力发电业纳税百强排行榜

单位：万元

| 序号 | 企业代码 | 企业名称 | 地区 | 实纳税额 |
|---|---|---|---|---|
| 1 | 110104100017336 | 大唐国际发电股份有限公司 | 11 | 119079 |
| 2 | 440781727840297 | 广东国华粤电台山发电有限公司 | 44 | 104537 |
| 3 | 150122114179096 | 内蒙古大唐国际托克托发电有限责任公司 | 15 | 87107 |
| 4 | 330201741035171 | 浙江国华浙能发电有限公司 | 33 | 76120 |
| 5 | 152128115196461 | 华能伊敏煤电有限责任公司 | 15 | 64639 |
| 6 | 350681611470087 | 华阳电业有限公司 | 35 | 61283 |
| 7 | 440401618390629 | 广东省珠海发电厂有限公司 | 44 | 57657 |
| 8 | 331021744117463 | 华能国际电力股份有限公司浙江分公司 | 33 | 54193 |
| 9 | 152530747941116 | 内蒙古上都发电有限责任公司 | 15 | 51333 |
| 10 | 440301618816706 | 深圳妈湾电力有限公司 | 44 | 42610 |
| 11 | 321001140861574 | 扬州第二发电有限责任公司 | 32 | 42352 |
| 12 | 370883866156823 | 华电国际电力股份有限公司邹县发电厂 | 37 | 41688 |
| 13 | 371402167270774 | 华能国际电力股份有限公司德州电厂 | 37 | 41579 |
| 14 | 33078175492287X | 浙江浙能兰溪发电有限责任公司 | 33 | 41418 |
| 15 | 440106617419493 | 广东电力发展股份有限公司 | 44 | 41267 |
| 16 | 330000730318598 | 浙江嘉华发电有限责任公司 | 33 | 37315 |
| 17 | 330000142943450 | 浙江东南发电股份有限公司 | 33 | 36961 |
| 18 | 340402777374271 | 淮浙煤电有限责任公司 | 34 | 35957 |
| 19 | 451302619303021 | 广西来宾法资发电有限公司 | 45 | 34491 |
| 20 | 130205804791805 | 大唐国际发电股份有限公司陡河发电厂 | 13 | 34032 |
| 21 | 310046632080651 | 上海外高桥第二发电有限责任公司 | 31 | 33365 |
| 22 | 120225712823929 | 天津国华盘山发电有限责任公司 | 12 | 32341 |
| 23 | 142232736333166 | 山西鲁能河曲发电有限公司 | 14 | 32337 |
| 24 | 32058577051178X | 国华太仓发电有限公司 | 32 | 32183 |
| 25 | 321121608836068 | 江苏镇江发电有限公司 | 32 | 31951 |
| 26 | 330000142942853 | 浙江浙能北仑发电有限公司 | 33 | 30991 |
| 27 | 370883669307768 | 华电邹县发电有限公司 | 37 | 30781 |
| 28 | 330201753286162 | 浙江大唐乌沙山发电有限责任公司 | 33 | 30022 |
| 29 | 441900X17400174 | 广东广合电力有限公司沙角发电厂C厂 | 44 | 29865 |
| 30 | 330000720083393 | 国电浙江北仑第一发电有限公司 | 33 | 29284 |
| 31 | 32058573782766X | 太仓港协鑫发电有限公司 | 32 | 28993 |
| 32 | 320581710936305 | 华润电力（常熟）有限公司 | 32 | 27802 |
| 33 | 340402769047502 | 淮沪煤电有限公司 | 34 | 26878 |
| 34 | 440501708028113 | 华能国际电力股份有限公司汕头电厂 | 44 | 26830 |

续表

| 序号 | 企业代码 | 企业名称 | 地区 | 实纳税额 |
|---|---|---|---|---|
| 35 | 320281767397322 | 江阴利港发电股份有限公司 | 32 | 26720 |
| 36 | 610821755247976 | 陕西国华锦界能源有限责任公司 | 61 | 25642 |
| 37 | 110105X26000551 | 华能北京热电有限责任公司 | 11 | 25465 |
| 38 | 520100722102973 | 贵州西电电力股份有限公司 | 52 | 25116 |
| 39 | 152629747939649 | 内蒙古岱海发电有限责任公司 | 15 | 24768 |
| 40 | 530325748281375 | 云南滇东能源有限责任公司 | 53 | 24746 |
| 41 | 211421120771168 | 绥中发电有限责任公司 | 21 | 24570 |
| 42 | 210804604051941 | 华能国际电力股份有限公司营口电厂 | 21 | 24454 |
| 43 | 340402733034777 | 安徽淮南洛能发电有限责任公司 | 34 | 24444 |
| 44 | 44512275564834X | 广东大唐国际潮州发电有限责任公司 | 44 | 24266 |
| 45 | 150403701280332 | 元宝山发电有限责任公司 | 15 | 24239 |
| 46 | 350205612024484 | 厦门华夏国际电力发展有限公司 | 35 | 24231 |
| 47 | 610490623747768 | 陕西渭河发电有限公司 | 61 | 24018 |
| 48 | 330000143049514 | 杭州华电半山发电有限公司 | 33 | 23756 |
| 49 | 42011730024252X | 华能武汉发电有限责任公司 | 42 | 23575 |
| 50 | 32120075796619X | 国电泰州发电有限公司 | 32 | 23257 |
| 51 | 131082109315911 | 三河发电有限责任公司 | 13 | 23111 |
| 52 | 140507602003081 | 阳城国际发电有限责任公司 | 14 | 22484 |
| 53 | 370205163580003 | 华电青岛发电有限公司 | 37 | 22395 |
| 54 | 320281607984069 | 江阴苏龙发电有限公司 | 32 | 22299 |
| 55 | 620403624172476 | 靖远第二发电有限公司 | 62 | 22295 |
| 56 | 511600289562433 | 四川广安发电有限责任公司 | 51 | 22103 |
| 57 | 530381738062005 | 国电宣威发电有限责任公司 | 53 | 22042 |
| 58 | 130121X01701132 | 华能国际电力股份有限公司上安电厂 | 13 | 21925 |
| 59 | 500902X21900091 | 华能重庆珞璜发电有限责任公司 | 50 | 21726 |
| 60 | 110107722601879 | 北京京能热电股份有限公司 | 11 | 21622 |
| 61 | 130912735605449 | 河北国华沧东发电有限责任公司 | 13 | 21609 |
| 62 | 640205710627078 | 国电宁夏石嘴山发电有限责任公司 | 64 | 21358 |
| 63 | 320300608003410 | 徐州华润电力有限公司 | 32 | 21222 |
| 64 | 370681169423228 | 山东百年电力发展股份有限公司 | 37 | 21182 |
| 65 | 130212784073944 | 河北大唐国际王滩发电有限责任公司 | 13 | 21110 |
| 66 | 230206128512937 | 中国华电集团富拉尔基发电总厂 | 23 | 20801 |
| 67 | 441900731486219 | 广东电力发展股份有限公司沙角 A 电厂 | 44 | 20519 |
| 68 | 44522477307022X | 广东粤电靖海发电有限公司 | 44 | 20409 |
| 69 | 120111103069465 | 天津华能杨柳青热电有限责任公司 | 12 | 20406 |
| 70 | 410881735514918 | 华能沁北发电有限责任公司 | 41 | 20334 |
| 71 | 340406754894610 | 淮南平圩第二发电有限责任公司 | 34 | 20333 |

续表

| 序号 | 企业代码 | 企业名称 | 地区 | 实纳税额 |
|---|---|---|---|---|
| 72 | 520202745718447 | 贵州粤黔电力有限责任公司 | 52 | 20320 |
| 73 | 360981794754903 | 江西赣能股份有限公司丰城二期发电厂 | 36 | 20252 |
| 74 | 120225700560092 | 天津大唐国际盘山发电有限责任公司 | 12 | 19836 |
| 75 | 350182X11041238 | 华能国际电力股份有限公司福州电厂 | 35 | 19720 |
| 76 | 431381763251190 | 大唐华银电力股份有限公司金竹山火力发电分公司 | 43 | 19708 |
| 77 | 210711603973637 | 华润电力（锦州）有限公司 | 21 | 19597 |
| 78 | 152722626590110 | 内蒙古蒙达发电有限责任公司 | 15 | 19575 |
| 79 | 230506702734180 | 国电双鸭山发电有限公司 | 23 | 19529 |
| 80 | 230111769212838 | 华电能源股份有限公司哈尔滨第三发电厂 | 23 | 19405 |
| 81 | 610322220592466 | 陕西宝鸡第二发电有限责任公司 | 61 | 19213 |
| 82 | 35012275314528X | 福建华电可门发电有限公司 | 35 | 19155 |
| 83 | 130406601167076 | 河北邯峰发电有限责任公司 | 13 | 18968 |
| 84 | 320601608316572 | 华能国际电力股份有限公司南通电厂 | 32 | 18924 |
| 85 | 370705165423394 | 华电潍坊发电有限公司 | 37 | 18759 |
| 86 | 42128171463630X | 华润电力湖北有限公司 | 42 | 18719 |
| 87 | 140321713679818 | 山西阳光发电有限责任公司 | 14 | 18582 |
| 88 | 431003717861553 | 华润电力湖南有限公司 | 43 | 18320 |
| 89 | 310046631639185 | 上海吴泾第二发电有限责任公司 | 31 | 18304 |
| 90 | 140604715928128 | 山西大唐国际神头发电有限责任公司 | 14 | 18215 |
| 91 | 440401717859111 | 广东珠海金湾发电有限公司 | 44 | 18143 |
| 92 | 372500727563541 | 山东中华发电有限公司聊城发电厂 | 37 | 18126 |
| 93 | 430305184734649 | 大唐湘潭发电有限责任公司 | 43 | 18042 |
| 94 | 152721701419883 | 内蒙古国华准格尔发电有限责任公司 | 15 | 18007 |
| 95 | 210910121562106 | 阜新发电有限责任公司 | 21 | 17843 |
| 96 | 152722772228160 | 北方联合电力有限责任公司鄂尔多斯发电厂 | 15 | 17758 |
| 97 | 640181774928697 | 华电宁夏灵武发电有限公司 | 64 | 17658 |
| 98 | 340406850220739 | 安徽淮南平圩发电有限责任公司 | 34 | 17636 |
| 99 | 130131752436982 | 河北西柏坡第二发电有限责任公司 | 13 | 17599 |
| 100 | 440194618459825 | 广州东方电力有限公司 | 44 | 17569 |

# 全国黑色金属冶炼及压延加工业纳税百强排行榜

单位：万元

| 序号 | 企业代码 | 企业名称 | 地区 | 实纳税额 |
|---|---|---|---|---|
| 1 | 310046631696382 | 宝山钢铁股份有限公司 | 31 | 1497363 |
| 2 | 210303242669479 | 鞍钢股份有限公司 | 21 | 735713 |
| 3 | 420107300247654 | 武汉钢铁股份有限公司 | 42 | 576463 |
| 4 | 340504610400837 | 马鞍山钢铁股份有限公司 | 34 | 394073 |
| 5 | 150230114392559 | 包头钢铁（集团）有限责任公司 | 15 | 345868 |
| 6 | 371203267179433 | 莱芜钢铁股份有限公司 | 37 | 266906 |
| 7 | 140116701011888 | 山西太钢不锈钢股份有限公司 | 14 | 220413 |
| 8 | 150230701464975 | 内蒙古包钢钢联股份有限公司 | 15 | 220097 |
| 9 | 371102747809801 | 日照钢铁有限公司 | 37 | 214478 |
| 10 | 210502242690243 | 本钢板材股份有限公司 | 21 | 199653 |
| 11 | 370112726230489 | 济南钢铁股份有限公司 | 37 | 197617 |
| 12 | 450205715187622 | 柳州钢铁股份有限公司 | 45 | 193497 |
| 13 | 130203104759628 | 唐山钢铁股份有限公司 | 13 | 183293 |
| 14 | 410504719173420 | 安阳钢铁股份有限公司 | 41 | 183158 |
| 15 | 120114104313327 | 天津钢管集团股份有限公司 | 12 | 160194 |
| 16 | 620200224641202 | 酒泉钢铁（集团）有限责任公司 | 62 | 140013 |
| 17 | 440205231129346 | 广东韶钢松山股份有限公司 | 44 | 135614 |
| 18 | 430304770052915 | 湖南华菱湘潭钢铁有限公司 | 43 | 132844 |
| 19 | 130207601074048 | 唐山国丰钢铁有限公司 | 13 | 123018 |
| 20 | 130227721610976 | 河北津西钢铁股份有限公司 | 13 | 116083 |
| 21 | 510402204360956 | 攀枝花新钢钒股份有限公司 | 51 | 108954 |
| 22 | 360501158308443 | 新余钢铁股份有限公司 | 36 | 108235 |
| 23 | 130404700647251 | 邯郸钢铁股份有限公司 | 13 | 106681 |
| 24 | 371203757493927 | 莱芜钢铁集团银山型钢有限公司 | 37 | 104018 |
| 25 | 320112714085405 | 南京钢铁股份有限公司 | 32 | 96461 |
| 26 | 110107700234318 | 北京首钢股份有限公司 | 11 | 94034 |
| 27 | 500104202852965 | 重庆钢铁股份有限公司 | 50 | 88798 |
| 28 | 410481706575279 | 舞阳钢铁有限责任公司 | 41 | 88039 |
| 29 | 110107101120001 | 首钢总公司 | 11 | 87586 |
| 30 | 320582739421700 | 联峰钢铁（张家港）有限公司 | 32 | 87517 |
| 31 | 320582608257189 | 张家港浦项不锈钢有限公司 | 32 | 86610 |
| 32 | 440101734930290 | 联众（广州）不锈钢有限公司 | 44 | 84773 |
| 33 | 320112748204660 | 南京钢铁联合有限公司 | 32 | 84034 |
| 34 | 620200710375659 | 甘肃酒钢集团宏兴钢铁股份有限公司 | 62 | 81785 |

续表

| 序号 | 企业代码 | 企业名称 | 地区 | 实纳税额 |
|---|---|---|---|---|
| 35 | 130323746874054 | 秦皇岛首秦金属材料有限公司 | 13 | 81785 |
| 36 | 130705106181022 | 宣化钢铁集团有限责任公司 | 13 | 80095 |
| 37 | 220503717104464 | 通化钢铁股份有限公司 | 22 | 78429 |
| 38 | 210303241420014 | 鞍山钢铁集团公司 | 21 | 78005 |
| 39 | 320114134872859 | 上海梅山钢铁股份有限公司 | 32 | 74998 |
| 40 | 320281607984202 | 江阴兴澄特种钢铁有限公司 | 32 | 72990 |
| 41 | 371102791528521 | 日照钢铁轧钢有限公司 | 37 | 72899 |
| 42 | 320582728722524 | 张家港宏发炼钢有限公司 | 32 | 69563 |
| 43 | 120114724488101 | 天津钢铁有限公司 | 12 | 69292 |
| 44 | 210404777794268 | 抚顺新钢铁有限责任公司 | 21 | 66126 |
| 45 | 142729715939089 | 山西海鑫国际钢铁有限公司 | 14 | 65939 |
| 46 | 330165704200860 | 杭州钢铁股份有限公司 | 33 | 65803 |
| 47 | 650106228601101 | 宝钢集团新疆八一钢铁有限公司 | 65 | 65426 |
| 48 | 431302776753288 | 湖南华菱涟源钢铁有限公司 | 43 | 65081 |
| 49 | 42070170691922X | 武汉钢铁集团鄂城钢铁有限责任公司 | 42 | 59842 |
| 50 | 371202169533590 | 山东泰山钢铁集团有限公司 | 37 | 59695 |
| 51 | 350402733617489 | 福建三钢闽光股份有限公司 | 35 | 59518 |
| 52 | 530181757160292 | 武钢集团昆明钢铁股份有限公司 | 53 | 57932 |
| 53 | 130283746868009 | 河北省首钢迁安钢铁有限责任公司 | 13 | 57499 |
| 54 | 320582739403799 | 张家港宏昌钢板有限公司 | 32 | 56674 |
| 55 | 13048174540750X | 河北文丰钢铁有限公司 | 13 | 55620 |
| 56 | 330201744976137 | 宁波钢铁有限公司 | 33 | 55082 |
| 57 | 51040272322100X | 攀枝花钢铁有限责任公司 | 51 | 53877 |
| 58 | 130503105783910 | 邢台钢铁有限责任公司 | 13 | 53500 |
| 59 | 650106722318862 | 新疆八一钢铁股份有限公司 | 65 | 53231 |
| 60 | 130225766614559 | 唐山中厚板材有限公司 | 13 | 52252 |
| 61 | 431381748373560 | 冷水江钢铁有限责任公司 | 43 | 52056 |
| 62 | 130426107140396 | 天津铁厂 | 13 | 51857 |
| 63 | 360106705514271 | 南昌长力钢铁股份有限公司 | 36 | 50701 |
| 64 | 210502736737267 | 本溪北营钢铁（集团）股份有限公司 | 21 | 50609 |
| 65 | 451302199882548 | 广西八一铁合金（集团）有限责任公司 | 45 | 50530 |
| 66 | 340203748920392 | 芜湖新兴铸管有限责任公司 | 34 | 48678 |
| 67 | 370983726242893 | 山东石横特钢集团有限公司 | 37 | 46498 |
| 68 | 21031170152806X | 鞍山宝得钢铁有限公司 | 21 | 45554 |
| 69 | 210711725673536 | 中信锦州铁合金股份有限公司 | 21 | 43822 |
| 70 | 130521757518864 | 德龙钢铁有限公司 | 13 | 43812 |
| 71 | 130283740187835 | 唐山长城钢铁集团燕山钢铁有限公司 | 13 | 43026 |

续表

| 序号 | 企业代码 | 企业名称 | 地区 | 实纳税额 |
|---|---|---|---|---|
| 72 | 210811121400684 | 五矿营口中板有限责任公司 | 21 | 42971 |
| 73 | 320800753219058 | 江苏淮澳钢铁有限公司 | 32 | 41332 |
| 74 | 420105717947410 | 武汉钢铁股份有限公司棒材厂 | 42 | 41089 |
| 75 | 330800749819608 | 衢州元立金属制品有限公司 | 33 | 37688 |
| 76 | 410881177470403 | 河南济源钢铁（集团）有限公司 | 41 | 37000 |
| 77 | 320582751423362 | 张家港沙景宽厚板有限公司 | 32 | 36728 |
| 78 | 370705165557771 | 潍坊钢铁集团有限公司 | 37 | 36291 |
| 79 | 370305725442578 | 南金兆集团有限公司 | 37 | 36054 |
| 80 | 370112163148157 | 济钢集团有限公司 | 37 | 35976 |
| 81 | 130803106512303 | 承德新新钒钛股份有限公司 | 13 | 35180 |
| 82 | 130131734345104 | 河北敬业钢铁有限公司 | 13 | 33799 |
| 83 | 130481104365768 | 新兴铸管股份有限公司 | 13 | 33630 |
| 84 | 360301159066415 | 萍乡钢铁有限责任公司 | 36 | 33349 |
| 85 | 130281601250857 | 唐山建龙实业有限公司 | 13 | 33261 |
| 86 | 220202702435463 | 中钢集团吉林铁合金股份有限公司 | 22 | 32472 |
| 87 | 654025710858538 | 新疆伊犁钢铁有限责任公司 | 65 | 32008 |
| 88 | 330206610274332 | 宁波宝新不锈钢有限公司 | 33 | 31884 |
| 89 | 310046717851785 | 宝钢新日铁汽车板有限公司 | 31 | 31391 |
| 90 | 511024727447487 | 威远钢铁有限公司 | 51 | 31129 |
| 91 | 110107722617264 | 北京首钢新钢有限责任公司 | 11 | 31098 |
| 92 | 210502744320795 | 本溪北方铁业有限公司 | 21 | 29863 |
| 93 | 130421745448467 | 河北纵横钢铁集团有限公司 | 13 | 29648 |
| 94 | 420203757045833 | 湖北新冶钢有限公司 | 42 | 29471 |
| 95 | 41048178221474X | 舞阳新宽厚钢板有限责任公司 | 41 | 29334 |
| 96 | 230705129540614 | 西林钢铁集团有限公司 | 23 | 27675 |
| 97 | 610581661193700 | 陕西龙门钢铁有限责任公司 | 61 | 27572 |
| 98 | 360301754207243 | 萍乡安源钢铁有限责任公司 | 36 | 27419 |
| 99 | 371102747837503 | 日照型钢有限公司 | 37 | 27202 |
| 100 | 130207745420296 | 唐山瑞丰钢铁（集团）有限公司 | 13 | 26501 |

# 全国航空运输业纳税百强排行榜

单位：万元

| 序号 | 企业代码 | 企业名称 | 地区 | 实纳税额 |
|---|---|---|---|---|
| 1 | 510122772989760 | 中国国际航空股份有限公司西南分公司 | 51 | 255773 |
| 2 | 110222717871006 | 中国国际航空股份有限公司 | 11 | 208709 |
| 3 | 440101100017600 | 中国南方航空股份有限公司 | 44 | 186879 |
| 4 | 440306192211290 | 深圳航空有限责任公司 | 44 | 49917 |
| 5 | 35020615499233X | 厦门航空有限公司 | 35 | 46518 |
| 6 | 310046741602981 | 中国东方航空股份有限公司 | 31 | 33262 |
| 7 | 110222710925403 | 北京首都国际机场股份有限公司 | 11 | 30493 |
| 8 | 510109742262413 | 四川航空股份有限公司 | 51 | 30325 |
| 9 | 310046134616599 | 上海国际机场股份有限公司 | 31 | 28486 |
| 10 | 440101725066955 | 广州白云国际机场股份有限公司 | 44 | 26227 |
| 11 | 370112720721201 | 山东航空股份有限公司 | 37 | 26110 |
| 12 | 310046132211803 | 上海航空股份有限公司 | 31 | 25839 |
| 13 | 110192625911509 | 中外运－敦豪国际航空快件有限公司 | 11 | 22357 |
| 14 | 460108620025161 | 海南航空股份有限公司 | 46 | 18576 |
| 15 | 310046607409398 | 上海浦东国际机场货运站有限公司 | 31 | 15686 |
| 16 | 44030027954141X | 深圳市机场股份有限公司 | 44 | 13467 |
| 17 | 610104100005183 | 中国东方航空股份有限公司西北分公司 | 61 | 13067 |
| 18 | 530111778579826 | 中国东方航空股份有限公司云南分公司 | 53 | 12756 |
| 19 | 310115766454452 | 上海东方远航物流有限公司 | 31 | 11026 |
| 20 | 310046631173135 | 中国货运航空有限公司 | 31 | 10083 |
| 21 | 310046132284295 | 上海机场（集团）有限公司 | 31 | 10073 |
| 22 | 110222710932056 | 中国国际货运航空有限公司 | 11 | 10045 |
| 23 | 320003134768664 | 中国东方航空江苏有限公司 | 32 | 9872 |
| 24 | 360122100017678 | 中国东方航空股份有限公司江西分公司 | 36 | 9788 |
| 25 | 110222100010951 | 中国新华航空有限责任公司 | 11 | 9403 |
| 26 | 210104774613513 | 中国南方航空股份有限公司北方分公司 | 21 | 9233 |
| 27 | 65010477605353X | 南方航空股份有限公司新疆分公司 | 65 | 8312 |
| 28 | 110113000018470 | 中国民用航空华北地区管理局 | 11 | 7810 |
| 29 | 330181774360739 | 中国国际航空股份有限公司浙江分公司 | 33 | 7787 |
| 30 | 500112753087972 | 中国国际航空股份有限公司重庆分公司 | 50 | 7580 |
| 31 | 12011480306207X | 中国国际航空股份有限公司天津分公司 | 12 | 7386 |
| 32 | 410184869956543 | 中国南方航空股份有限公司河南分公司 | 41 | 7209 |
| 33 | 110101400006065 | 中国民用航空总局空中交通管理局 | 11 | 6938 |
| 34 | 420103931251748 | 中国南方航空股份有限公司湖北分公司 | 42 | 6926 |

续表

| 序号 | 企业代码 | 企业名称 | 地区 | 实纳税额 |
|---|---|---|---|---|
| 35 | 330181720082710 | 杭州萧山国际机场有限公司 | 33 | 6450 |
| 36 | 350206158163213 | 厦门国际航空港股份有限公司 | 35 | 6318 |
| 37 | 500112756209971 | 重庆机场集团有限公司 | 50 | 6244 |
| 38 | 210211773024741 | 中国南方航空股份有限公司大连分公司 | 21 | 6178 |
| 39 | 37020286309791X | 中国东方航空股份有限公司山东分公司 | 37 | 6028 |
| 40 | 140105713673635 | 中国东方航空股份有限公司山西分公司 | 14 | 5817 |
| 41 | 31022776839377X | 春秋航空有限公司 | 31 | 5464 |
| 42 | 440305192247613 | 中国南方航空（集团）深圳公司 | 44 | 5140 |
| 43 | 370214427403626 | 青岛国际机场集团有限公司 | 37 | 5095 |
| 44 | 530111748276947 | 云南机场集团有限责任公司 | 53 | 4967 |
| 45 | 110222101128791 | 首都机场集团公司 | 11 | 4927 |
| 46 | 110101000014170 | 中国民用航空总局 | 11 | 4806 |
| 47 | 110103100024392 | 中国货运邮政航空有限责任公司 | 11 | 4747 |
| 48 | 420116300249262 | 武汉天河机场有限责任公司 | 42 | 4728 |
| 49 | 420104741414964 | 中国东方航空武汉有限公司 | 42 | 4639 |
| 50 | 330201728126546 | 中国东方航空股份有限公司宁波分公司 | 33 | 4557 |
| 51 | 440300764986244 | 翡翠国际货运航空有限责任公司 | 44 | 4556 |
| 52 | 500112765948952 | 四川航空股份有限公司重庆分公司 | 50 | 4287 |
| 53 | 440111190488448 | 广东省机场管理集团公司 | 44 | 4280 |
| 54 | 460108201266454 | 中国南方航空股份有限公司海南分公司 | 46 | 4180 |
| 55 | 320021134795187 | 南京禄口国际机场有限公司 | 32 | 4135 |
| 56 | 440501279795735 | 汕头航空有限公司 | 44 | 4072 |
| 57 | 220181767187114 | 中国南方航空股份有限公司吉林分公司 | 22 | 4038 |
| 58 | 620121720211551 | 中国航空西北地区空中交通管理局甘肃分局 | 62 | 3977 |
| 59 | 520101709667064 | 贵州航空有限公司 | 52 | 3973 |
| 60 | 350206155010668 | 厦门国际航空港集团有限公司 | 35 | 3943 |
| 61 | 230198772621077 | 中国南方航空股份有限公司黑龙江分公司 | 23 | 3873 |
| 62 | 310115717859779 | 长城航空有限公司 | 31 | 3818 |
| 63 | 440114773305498 | 深圳航空有限责任公司广州分公司 | 44 | 3765 |
| 64 | 450100799705852 | 中国南方航空股份有限公司广西分公司 | 45 | 3754 |
| 65 | 310046425004533 | 中国民用航空华东地区空中交通管理局 | 31 | 3737 |
| 66 | 510122717852403 | 成都双流国际机场股份有限公司 | 51 | 3722 |
| 67 | 430121883764150 | 中国南方航空股份有限公司湖南分公司 | 43 | 3632 |
| 68 | 120116717880527 | 银河国际货运航空有限公司 | 12 | 3563 |
| 69 | 210112752783968 | 沈阳桃仙国际机场股份有限公司 | 21 | 3398 |
| 70 | 130123700715591 | 中国东方航空股份有限公司河北分公司 | 13 | 3298 |
| 71 | 310225786722610 | 上海吉祥航空有限公司 | 31 | 3139 |

续表

| 序号 | 企业代码 | 企业名称 | 地区 | 实纳税额 |
|---|---|---|---|---|
| 72 | 310105741185823 | 扬子江快运航空有限公司 | 31 | 3110 |
| 73 | 210211751589725 | 大连周水子国际机场股份有限公司 | 21 | 3107 |
| 74 | 140105731900096 | 山西航空有限责任公司 | 14 | 3063 |
| 75 | 110106100002345 | 中国联合航空有限公司 | 11 | 2884 |
| 76 | 440300710924128 | 中信海洋直升机股份有限公司 | 44 | 2739 |
| 77 | 46020177426531X | 中国南方航空股份有限公司三亚分公司 | 46 | 2559 |
| 78 | 350101749052304 | 福州国际航空港有限公司 | 35 | 2551 |
| 79 | 650104763754839 | 新疆机场集团有限责任公司 | 65 | 2364 |
| 80 | 440401192591625 | 珠海航空有限公司 | 44 | 2280 |
| 81 | 340111704901181 | 中国东方航空股份有限公司安徽分公司 | 34 | 2211 |
| 82 | 11022278395300X | 中国南方航空股份有限公司北京分公司 | 11 | 1719 |
| 83 | 460100721271724 | 海南美兰国际机场股份有限公司 | 46 | 1700 |
| 84 | 500112798046824 | 西部航空有限责任公司 | 50 | 1687 |
| 85 | 620121924330667 | 中国东方航空股份有限公司甘肃分公司 | 62 | 1655 |
| 86 | 110113625906582 | 北京空港航空地面服务有限公司 | 11 | 1645 |
| 87 | 460200201360897 | 三亚凤凰国际机场有限责任公司 | 46 | 1577 |
| 88 | 320002714091979 | 南京空港发展股份有限公司 | 32 | 1570 |
| 89 | 520101750190421 | 中国国际航空股份有限公司贵州分公司 | 52 | 1545 |
| 90 | 120114727510626 | 天津滨海国际机场 | 12 | 1534 |
| 91 | 440300708451018 | 深圳市深航货运有限公司 | 44 | 1494 |
| 92 | 440111455418403 | 中国民用航空中南地区空中交通管理局 | 44 | 1488 |
| 93 | 610495220520630 | 西部机场集团公司 | 61 | 1485 |
| 94 | 430121680327233 | 湖南机场股份公司长沙黄花国际机场分公司 | 43 | 1457 |
| 95 | 370112750875455 | 济南国际机场股份有限公司 | 37 | 1397 |
| 96 | 460108730082423 | 中国民用航空中南地区空中交通管理局海南分局 | 46 | 1360 |
| 97 | 460106760374515 | 大新华航空有限公司 | 46 | 1354 |
| 98 | 50011266089744X | 重庆航空有限责任公司 | 50 | 1339 |
| 99 | 14010575725677X | 山西省民航机场集团公司 | 14 | 1297 |
| 100 | 53011176709804X | 云南机场集团有限责任公司昆明巫家坝国际机场 | 53 | 1196 |

# 全国广播电视电影和音像业纳税百强排行榜

单位：万元

| 序号 | 企业代码 | 企业名称 | 地区 | 实纳税额 |
|---|---|---|---|---|
| 1 | 11010840001134X | 中国中央电视台 | 11 | 90650 |
| 2 | 110108100002724 | 中国国际电视总公司 | 11 | 22896 |
| 3 | 110108400686849 | 北京电视台 | 11 | 13735 |
| 4 | 330000735248330 | 浙江广播电视集团 | 33 | 9749 |
| 5 | 320002466012046 | 江苏省广播电视总台 | 32 | 7965 |
| 6 | 340111485000374 | 安徽电视台 | 34 | 7403 |
| 7 | 110108102071643 | 北京未来广告公司 | 11 | 6455 |
| 8 | 440104191143046 | 广州市电视台 | 44 | 6339 |
| 9 | 440100455863726 | 广东电视台 | 44 | 5742 |
| 10 | 410105415803569 | 河南电视台 | 41 | 5266 |
| 11 | 44010273218583X | 广东南方电视台 | 44 | 5116 |
| 12 | 33020175625385X | 宁波广播电视集团 | 33 | 4593 |
| 13 | 370102495574865 | 山东省电视台 | 37 | 4426 |
| 14 | 500903450388313 | 重庆广播电视集团（总台） | 50 | 4207 |
| 15 | 110105400686830 | 北京人民广播电台 | 11 | 3716 |
| 16 | 519000767258541 | 四川广播电视集团 | 51 | 3562 |
| 17 | 130106401704594 | 河北电视台 | 13 | 3100 |
| 18 | 610103435202429 | 陕西电视台广告中心 | 61 | 3034 |
| 19 | 330103747154112 | 杭州文化广播电视集团 | 33 | 2836 |
| 20 | 330783768691187 | 华谊兄弟传媒股份有限公司 | 33 | 2796 |
| 21 | 440301102944491 | 华视传媒集团有限公司 | 44 | 2738 |
| 22 | 32020046629838X | 无锡广播电视集团 | 32 | 2479 |
| 23 | 42010672827336X | 武汉市电视台 | 42 | 2388 |
| 24 | 31011513222695X | 上海东方明珠广播电视塔有限公司 | 31 | 2380 |
| 25 | 520101429202772 | 贵州省电视台 | 52 | 2319 |
| 26 | 530102431202093 | 云南电视台 | 53 | 2309 |
| 27 | 32010375686065X | 南京广播电视集团 | 32 | 1860 |
| 28 | 120101401356032 | 中国天津电视台 | 12 | 1720 |
| 29 | 320601467541353 | 南通市电视台 | 32 | 1681 |
| 30 | 310104132622987 | 上海电影制片厂 | 31 | 1650 |
| 31 | 440604778317228 | 佛山珠江传媒网络有限公司 | 44 | 1648 |
| 32 | 510108450756569 | 成都电视台 | 51 | 1607 |
| 33 | 320103466003123 | 江苏人民广播电台 | 32 | 1580 |
| 34 | 460100747781220 | 海南海视旅游卫视传媒有限责任公司 | 46 | 1565 |

续表

| 序号 | 企业代码 | 企业名称 | 地区 | 实纳税额 |
|---|---|---|---|---|
| 35 | 441900774002210 | 东莞广播电视台 | 44 | 1505 |
| 36 | 37010249554114X | 齐鲁电视台 | 37 | 1473 |
| 37 | 320400467290099 | 常州广播电视台 | 32 | 1410 |
| 38 | 330300777207641 | 温州市广播电视总台 | 33 | 1308 |
| 39 | 440100455860103 | 广东人民广播电台 | 44 | 1276 |
| 40 | 320200720638395 | 江苏中广网络有限公司 | 32 | 1268 |
| 41 | 440106726482280 | 广东有线广播电视网络股份有限公司 | 44 | 1268 |
| 42 | 320583729004030 | 昆山市信息港网络科技有限责任公司 | 32 | 1248 |
| 43 | 230103607035285 | 哈尔滨电视台经济信息部 | 23 | 1213 |
| 44 | 370102495573280 | 山东有线电视中心 | 37 | 1208 |
| 45 | 442000457264938 | 中山广播电视台 | 44 | 1142 |
| 46 | 650103718902628 | 新疆广电网络有限公司 | 65 | 1020 |
| 47 | 110108400001707 | 中国教育电视台 | 11 | 1018 |
| 48 | 210103769583663 | 沈阳传媒网络有限公司 | 21 | 1017 |
| 49 | 110106710929244 | 中国有线电视网络有限公司 | 11 | 970 |
| 50 | 640104735990164 | 宁夏广播电视总台 | 64 | 970 |
| 51 | 320200722229560 | 无锡太湖明珠广电网络股份有限公司 | 32 | 916 |
| 52 | 210204422426597 | 大连电视台 | 21 | 910 |
| 53 | 110108100001836 | 中国电影集团公司 | 11 | 909 |
| 54 | 32040070361982X | 常州广播电视信息网络有限责任公司 | 32 | 904 |
| 55 | 440104781158870 | 广东南方广播影视传媒集团 | 44 | 888 |
| 56 | 610103437202166 | 西安电视台 | 61 | 877 |
| 57 | 110103710934633 | 央视动画有限公司 | 11 | 865 |
| 58 | 44050145594661X | 汕头市广播电视台 | 44 | 845 |
| 59 | 430103748380832 | 长沙广播电视集团 | 43 | 823 |
| 60 | 330100779287374 | 浙江华策影视股份有限公司 | 33 | 816 |
| 61 | 130106401750208 | 石家庄电视台广告部 | 13 | 813 |
| 62 | 110108101974525 | 北京外语音像出版社 | 11 | 791 |
| 63 | 370102495574857 | 山东人民广播电台 | 37 | 777 |
| 64 | 42010378447617X | 湖北省广播电视总台 | 42 | 767 |
| 65 | 110108755254308 | 中央数字电视传媒有限公司 | 11 | 752 |
| 66 | 450100498521515 | 南宁市电视台 | 45 | 743 |
| 67 | 320300466543189 | 徐州广播电视台 | 32 | 743 |
| 68 | 610102220601086 | 陕西广电网络传媒股份有限公司 | 61 | 706 |
| 69 | 610102435202437 | 陕西人民广播电台 | 61 | 685 |
| 70 | 530102G81654108 | 云南电视台经济生活频道 | 53 | 659 |
| 71 | 420112755144184 | 武汉广电数字网络有限公司 | 42 | 657 |

续表

| 序号 | 企业代码 | 企业名称 | 地区 | 实纳税额 |
|---|---|---|---|---|
| 72 | 14011472462939X | 太原有线电视网络有限公司 | 14 | 653 |
| 73 | 110108762957546 | 央视风云传播有限公司 | 11 | 618 |
| 74 | 430111444877911 | 湖南人民广播电台 | 43 | 611 |
| 75 | 231004716690019 | 牡丹江新闻传媒集团有限公司 | 23 | 597 |
| 76 | 130203745416721 | 唐山广播电视传媒有限公司 | 13 | 594 |
| 77 | 340111485003575 | 安徽人民广播电台 | 34 | 578 |
| 78 | 320900W00002164 | 盐城广播电视台 | 32 | 577 |
| 79 | 370102493000120 | 济南电视台 | 37 | 572 |
| 80 | 110102102455356 | 中央广播电视大学音像出版社 | 11 | 568 |
| 81 | 320103754116325 | 南京广电网络有限责任公司 | 32 | 564 |
| 82 | 210302001110762 | 鞍山市广播电视局 | 21 | 563 |
| 83 | 370102493006100 | 济南市广播电视信息网络中心 | 37 | 554 |
| 84 | 420103764627815 | 武汉万达国际电影城有限公司 | 42 | 550 |
| 85 | 130102401704367 | 河北人民广播电台 | 13 | 545 |
| 86 | 350590489240156 | 泉州电视台 | 35 | 542 |
| 87 | 120101401356024 | 天津人民广播电台 | 12 | 529 |
| 88 | 321100468662421 | 镇江市广播电视总台 | 32 | 506 |
| 89 | 11010810191037X | 中央新闻纪录电影制片厂 | 11 | 481 |
| 90 | 110107400004043 | 中国国际广播电台 | 11 | 477 |
| 91 | 330401470891223 | 嘉兴市广播电视总台（嘉兴人民广播电台、嘉兴电视台） | 33 | 465 |
| 92 | 110106802205331 | 北京中视北方影像技术有限责任公司 | 11 | 464 |
| 93 | 320006466009170 | 江苏教育电视台经济信息部 | 32 | 455 |
| 94 | 21020442242660X | 大连人民广播电台 | 21 | 447 |
| 95 | 320581467142598 | 常熟市广播电视台 | 32 | 443 |
| 96 | 110105101721544 | 北京瑞特影音贸易公司 | 11 | 428 |
| 97 | 440301727138123 | 深圳华强数码电影有限公司 | 44 | 427 |
| 98 | 230102769057727 | 哈尔滨万达国际电影城有限公司 | 23 | 414 |
| 99 | 110105733482318 | 中影星美电影院线有限公司 | 11 | 413 |
| 100 | 210301734225567 | 鞍山奥维德有限电视宽带网开发有限公司 | 21 | 398 |

# 全国纺织业纳税百强排行榜

单位：万元

| 序号 | 企业代码 | 企业名称 | 地区 | 实纳税额 |
|---|---|---|---|---|
| 1 | 372330167206000 | 山东魏桥创业集团有限公司 | 37 | 181259 |
| 2 | 372330720714466 | 魏桥纺织股份有限公司 | 37 | 50501 |
| 3 | 372302734697273 | 滨州魏桥科技工业园有限公司 | 37 | 23758 |
| 4 | 330621742046841 | 绍兴怡华纺织有限公司 | 33 | 22917 |
| 5 | 35020561200482X | 厦门翔鹭化纤股份有限公司 | 35 | 14644 |
| 6 | 422826747660576 | 恩施州鑫鑫麻织品有限责任公司 | 42 | 10761 |
| 7 | 330621733827689 | 浙江天龙数码印染有限公司 | 33 | 10652 |
| 8 | 320281703519028 | 凯诺科技股份有限公司 | 32 | 10642 |
| 9 | 32058271853989X | 华芳集团棉纺有限公司 | 32 | 10440 |
| 10 | 330602254727728 | 浙江雄盛实业有限公司 | 33 | 10309 |
| 11 | 130102700715920 | 石家庄常山纺织股份有限公司 | 13 | 10241 |
| 12 | 410403169972489 | 神马实业股份有限公司 | 41 | 9746 |
| 13 | 330181255708094 | 杭州锦盛纺织有限公司 | 33 | 8230 |
| 14 | 330181757244402 | 浙江富丽达纤维有限公司 | 33 | 7759 |
| 15 | 320601738288741 | 罗莱家纺股份有限公司 | 32 | 6932 |
| 16 | 440783719222755 | 广东开平春晖股份有限公司 | 44 | 6826 |
| 17 | 330681720017003 | 双双集团有限公司 | 33 | 6612 |
| 18 | 440101745991267 | 广州海日花边有限公司 | 44 | 6551 |
| 19 | 34080325922242X | 安徽华茂纺织股份有限公司 | 34 | 6430 |
| 20 | 150202772231669 | 内蒙古鹿王羊绒有限公司 | 15 | 6208 |
| 21 | 320584628461785 | 盛虹集团有限公司 | 32 | 6036 |
| 22 | 320582727261885 | 华芳集团金田纺织有限公司 | 32 | 5861 |
| 23 | 372301734718687 | 山东滨州亚光毛巾有限公司 | 37 | 5733 |
| 24 | 350221612036055 | 厦门东纶股份有限公司 | 35 | 5699 |
| 25 | 210213604859617 | 大连吉田拉链有限公司 | 21 | 5614 |
| 26 | 370902166499008 | 山东岱银纺织集团股份有限公司 | 37 | 5606 |
| 27 | 370785165854485 | 山东银鹰化纤有限公司 | 37 | 5438 |
| 28 | 37142775354722X | 华芳夏津纺织有限公司 | 37 | 5225 |
| 29 | 120116754811475 | 天津天纺投资控股有限公司 | 12 | 5161 |
| 30 | 371002758272827 | 威海魏桥科技工业园有限公司 | 37 | 4954 |
| 31 | 320324768255932 | 徐州天虹时代纺织有限公司 | 32 | 4924 |
| 32 | 320324720617105 | 江苏世纪天虹纺织有限公司 | 32 | 4914 |
| 33 | 152702626402255 | 内蒙古鄂尔多斯羊绒制品股份有限公司 | 15 | 4855 |
| 34 | 440301618881268 | 深圳市富安娜家居用品股份有限公司 | 44 | 4847 |

续表

| 序号 | 企业代码 | 企业名称 | 地区 | 实纳税额 |
|---|---|---|---|---|
| 35 | 350205612010760 | 华懋（厦门）织造染整有限公司 | 35 | 4822 |
| 36 | 370302613281175 | 鲁泰纺织股份有限公司 | 37 | 4745 |
| 37 | 370703165440805 | 山东海龙股份有限公司 | 37 | 4736 |
| 38 | 370322768706334 | 淄博鲁群纺织有限公司 | 37 | 4648 |
| 39 | 320281142273776 | 江苏华西村股份有限公司 | 32 | 4610 |
| 40 | 350582746351560 | 晋江市佳福化纤实业有限公司 | 35 | 4567 |
| 41 | 320582703680751 | 骏马化纤股份有限公司 | 32 | 4460 |
| 42 | 41130272414099X | 南阳纺织集团有限公司 | 41 | 4364 |
| 43 | 330501720068169 | 浙江中新毛纺织有限公司 | 33 | 4221 |
| 44 | 320200724429654 | 无锡百和织造股份有限公司 | 32 | 4103 |
| 45 | 320508608235799 | 科德宝·宝翎无纺布（苏州）有限公司 | 32 | 4094 |
| 46 | 330483742910986 | 浙江红太阳毛纺织有限公司 | 33 | 4081 |
| 47 | 320924134792226 | 江苏双山集团股份有限公司 | 32 | 4043 |
| 48 | 320585138050000 | 太仓利泰纺织厂有限公司 | 32 | 3850 |
| 49 | 440705617742442 | 江门市新会区冠华针织厂有限公司 | 44 | 3849 |
| 50 | 320281142294446 | 江苏霞客环保色纺股份有限公司 | 32 | 3834 |
| 51 | 33028214477876X | 宁波锦纶股份有限公司 | 33 | 3829 |
| 52 | 44019461872051X | 互太（番禺）纺织印染有限公司 | 44 | 3793 |
| 53 | 430105184049246 | 湖南梦洁家纺股份有限公司 | 43 | 3779 |
| 54 | 330181704277796 | 浙江航民股份有限公司 | 33 | 3729 |
| 55 | 330602739932121 | 绍兴金渔印染有限公司 | 33 | 3718 |
| 56 | 330281726414579 | 宁波百隆纺织有限公司 | 33 | 3692 |
| 57 | 33041172527923X | 台华特种纺织（嘉兴）有限公司 | 33 | 3643 |
| 58 | 650105738382471 | 新疆金纺纺织股份有限公司 | 65 | 3609 |
| 59 | 32068275392358X | 江苏金元亚麻有限公司 | 32 | 3540 |
| 60 | 420606179314682 | 际华三五四二纺织有限公司 | 42 | 3539 |
| 61 | 370811758258478 | 山东德源纱厂有限公司 | 37 | 3483 |
| 62 | 310114132225391 | 上海协通（集团）有限公司 | 31 | 3447 |
| 63 | 320582751424488 | 张家港市天一纺织有限公司 | 32 | 3373 |
| 64 | 372524706158942 | 山东金号织业有限公司 | 37 | 3344 |
| 65 | 410303171116550 | 洛阳白马集团有限责任公司 | 41 | 3292 |
| 66 | 37140272389938X | 山东德棉股份有限公司 | 37 | 3221 |
| 67 | 320281250344877 | 江苏阳光集团有限公司 | 32 | 3195 |
| 68 | 330181710942596 | 杭州钱江印染化工有限公司 | 33 | 3156 |
| 69 | 320281739571899 | 江阴启新纺织有限公司 | 32 | 3097 |
| 70 | 420901722030025 | 湖北孝棉实业集团有限责任公司 | 42 | 3062 |
| 71 | 510903708989141 | 华润锦华股份有限公司 | 51 | 3049 |

续表

| 序号 | 企业代码 | 企业名称 | 地区 | 实纳税额 |
|---|---|---|---|---|
| 72 | 37068166139756X | 山东南山纺织服饰有限公司 | 37 | 3030 |
| 73 | 411329176802410 | 河南新野纺织股份有限公司 | 41 | 3016 |
| 74 | 350582611607004 | 晋江市三福纺织实业有限公司 | 35 | 2980 |
| 75 | 440682617645845 | 南海南新无纺布有限公司 | 44 | 2971 |
| 76 | 440801617804607 | 湛江中湛纺织有限公司 | 44 | 2970 |
| 77 | 320281716832603 | 江苏倪家巷集团精毛纺织有限公司 | 32 | 2969 |
| 78 | 420606271752431 | 湖北银河纺织股份有限公司 | 42 | 2930 |
| 79 | 320582737847548 | 张家港广天色织有限公司 | 32 | 2904 |
| 80 | 330183143712769 | 浙江春江轻纺集团有限责任公司 | 33 | 2897 |
| 81 | 430305734771584 | 湘潭东信棉业有限公司 | 43 | 2873 |
| 82 | 320584718617210 | 吴江福华织造有限公司 | 32 | 2866 |
| 83 | 440301192173749 | 深圳市纺织（集团）股份有限公司 | 44 | 2852 |
| 84 | 372324706308461 | 山东基德生态科技有限公司 | 37 | 2845 |
| 85 | 440582617458185 | 广东曼妮芬服装有限公司 | 44 | 2821 |
| 86 | 610111719798500 | 陕西唐华四棉有限责任公司 | 61 | 2808 |
| 87 | 320200757986967 | 必达福环境技术（无锡）有限公司 | 32 | 2798 |
| 88 | 330682743472500 | 浙江华孚色纺有限公司 | 33 | 2790 |
| 89 | 320582608258886 | 张家港扬子精梳毛条有限公司 | 32 | 2757 |
| 90 | 320400137164372 | 常州市毛条厂有限公司 | 32 | 2736 |
| 91 | 330602609661159 | 浙江亦尧纺织有限公司 | 33 | 2692 |
| 92 | 610490752113825 | 咸阳华润纺织有限公司 | 61 | 2668 |
| 93 | 320601608308249 | 东丽酒伊织染（南通）有限公司 | 32 | 2655 |
| 94 | 321300142324684 | 江苏箭鹿毛纺股份有限公司 | 32 | 2635 |
| 95 | 330181782390508 | 杭州航民达美染整有限公司 | 33 | 2609 |
| 96 | 32060113830033X | 江苏大生集团有限公司 | 32 | 2604 |
| 97 | 320281628424386 | 江阴市天华纱业有限公司 | 32 | 2565 |
| 98 | 370782745667897 | 诸城市中纺金维纺织有限公司 | 37 | 2559 |
| 99 | 110114736481572 | 北京鄂尔多斯科技发展有限公司 | 11 | 2558 |
| 100 | 410822744055362 | 焦作市海华纺织股份有限公司 | 41 | 2545 |

# 全国房地产业纳税百强排行榜

单位：万元

| 序号 | 企业代码 | 企业名称 | 地区 | 实纳税额 |
|---|---|---|---|---|
| 1 | 310105733386529 | 和记黄埔地产（上海）古北有限公司 | 31 | 72918 |
| 2 | 150501743892417 | 通辽市华泰房地产开发有限公司 | 15 | 67740 |
| 3 | 11010220283066X | 金融街控股股份有限公司 | 11 | 67273 |
| 4 | 310115607229696 | 上海仁恒房地产有限公司 | 31 | 52694 |
| 5 | 110101710920506 | 北京东方广场有限公司 | 11 | 52467 |
| 6 | 440106190548279 | 广州富力地产股份有限公司 | 44 | 51018 |
| 7 | 440104455352838 | 广州市房屋调换总站 | 44 | 47490 |
| 8 | 310115132214887 | 上海陆家嘴金融贸易区股份开发有限公司 | 31 | 44727 |
| 9 | 460201201350496 | 三亚亚龙湾开发股份有限公司 | 46 | 42482 |
| 10 | 110116600088878 | 北京万置房地产开发有限公司 | 11 | 41019 |
| 11 | 440300100011460 | 招商局蛇口工业区有限公司 | 44 | 40604 |
| 12 | 321700762449875 | 中海发展（苏州）有限公司 | 32 | 39815 |
| 13 | 131082743400742 | 三河福成房地产开发有限公司 | 13 | 37172 |
| 14 | 440682768428450 | 中海地产（佛山）有限公司 | 44 | 36303 |
| 15 | 110102101108619000 | 北京城市开发集团有限责任公司 | 11 | 35111 |
| 16 | 440104708230880 | 广州中海地产有限公司 | 44 | 34959 |
| 17 | 310114746530630 | 上海格林风范房地产发展有限公司 | 31 | 34266 |
| 18 | 440305192177782 | 深圳华侨城房地产有限公司 | 44 | 34252 |
| 19 | 330227610259941 | 雅戈尔置业有限公司 | 33 | 34039 |
| 20 | 440102741884392 | 保利房地产（集团）股份有限公司 | 44 | 33126 |
| 21 | 110102633798454 | 北京兆泰置地（集团）股份有限公司 | 11 | 29973 |
| 22 | 440191708238233 | 广州珠江侨都房地产有限公司 | 44 | 29530 |
| 23 | 440682778311950 | 保利华南实业有限公司 | 44 | 28328 |
| 24 | 510198720350287 | 中海兴业（成都）发展有限公司 | 51 | 25900 |
| 25 | 350698611451062 | 招商局漳州开发区有限公司 | 35 | 25677 |
| 26 | 110105101718097 | 北京金隅嘉业房地产开发有限公司 | 11 | 25526 |
| 27 | 11010272260990X | 北京德胜投资有限责任公司 | 11 | 25416 |
| 28 | 440402767345821 | 珠海华发投资发展有限公司 | 44 | 25132 |
| 29 | 510198762277030 | 成都人居置业有限公司 | 51 | 25075 |
| 30 | 440300192441811 | 深圳招商房地产有限公司 | 44 | 24653 |
| 31 | 320111751264138 | 南京天华百润投资发展有限责任公司 | 32 | 24333 |
| 32 | 310109750565692 | 上海复地智宝房地产开发有限公司 | 31 | 23777 |
| 33 | 441900707833575 | 东莞骏豪房地产开发有限公司 | 44 | 23513 |
| 34 | 321700727279479 | 中新苏州工业园区置地有限公司 | 32 | 23355 |

续表

| 序号 | 企业代码 | 企业名称 | 地区 | 实纳税额 |
|---|---|---|---|---|
| 35 | 420101737546008 | 武汉地产开发投资集团有限公司 | 42 | 23312 |
| 36 | 310115607317442 | 上海汤臣浦东房地产开发有限公司 | 31 | 23125 |
| 37 | 441900744496205 | 东莞市光大房地产开发有限公司 | 44 | 23014 |
| 38 | 131011236077725 | 荣盛房地产发展股份有限公司 | 13 | 22859 |
| 39 | 410102790639588 | 郑州煤电长城房产开发投资有限公司 | 41 | 22788 |
| 40 | 32170060819777X | 中新苏州工业园区开发股份有限公司 | 32 | 22730 |
| 41 | 33010077661873X | 杭州名城房地产开发有限公司 | 33 | 22653 |
| 42 | 350102611009960 | 融侨集团股份有限公司 | 35 | 22508 |
| 43 | 21020424126711X | 大连新型房地产开发有限公司 | 21 | 22397 |
| 44 | 310108607211015 | 上海港沪房地产有限公司 | 31 | 22336 |
| 45 | 44018161878541X | 广州市番禺祈福新邨房地产有限公司 | 44 | 22336 |
| 46 | 440100708315454 | 广州市光大花园房地产开发有限公司 | 44 | 22265 |
| 47 | 310115607375378 | 上海和联房产开发有限公司 | 31 | 21371 |
| 48 | 440106710937076 | 广州市城市建设开发有限公司 | 44 | 20455 |
| 49 | 321700743130594 | 苏州南都建屋有限公司 | 32 | 19755 |
| 50 | 440103749921637 | 广州市万科房地产有限公司 | 44 | 19688 |
| 51 | 310115132206713 | 上海陆家嘴（集团）有限公司 | 31 | 19610 |
| 52 | 510104740325097 | 华润置地（成都）有限公司 | 51 | 19474 |
| 53 | 330104765485134 | 杭州欣盛房地产开发有限公司 | 33 | 19453 |
| 54 | 310104607228853 | 上海港汇房地产开发有限公司 | 31 | 19169 |
| 55 | 110106736456019 | 北京万年花城房地产开发有限责任公司 | 11 | 19095 |
| 56 | 440191712480698 | 广州侨鑫房地产开发有限公司 | 44 | 18924 |
| 57 | 11010274158375X | 北京凯晨置业有限公司 | 11 | 18593 |
| 58 | 440300752505271 | 深圳市东方尊峪房地产开发有限公司 | 44 | 18563 |
| 59 | 310113133476360 | 大华（集团）有限公司 | 31 | 18401 |
| 60 | 51010770928264X | 四川蓝光和骏实业股份有限公司 | 51 | 18276 |
| 61 | 442000726514772 | 中山市凯茵豪园房地产开发有限公司 | 44 | 18187 |
| 62 | 310107703307105 | 上海新湖房地产开发有限公司 | 31 | 17982 |
| 63 | 440300708491589 | 深圳金荣泰房地产开发有限公司 | 44 | 17978 |
| 64 | 440300192275227 | 深圳市万科房地产有限公司 | 44 | 17956 |
| 65 | 440104781222094 | 广州富力创盛置业发展有限公司 | 44 | 17688 |
| 66 | 210211716973393 | 大连运腾房地产开发有限公司 | 21 | 17473 |
| 67 | 330227610271342 | 宁波宁兴房地产开发集团有限公司 | 33 | 17463 |
| 68 | 32058375320346X | 上海绿地集团（昆山）置业有限公司 | 32 | 17431 |
| 69 | 500112202806301 | 重庆鲁能开发（集团）有限公司 | 50 | 17382 |
| 70 | 330106749844096 | 杭州振兴置业投资有限公司 | 33 | 17253 |
| 71 | 310227631758344 | 上海南都白马房地产开发有限公司 | 31 | 17156 |

续表

| 序号 | 企业代码 | 企业名称 | 地区 | 实纳税额 |
|---|---|---|---|---|
| 72 | 110105733465841 | 北京住总房地产开发有限责任公司 | 11 | 16962 |
| 73 | 330227793013740 | 宁波万科房地产开发有限公司 | 33 | 16835 |
| 74 | 510198737710541 | 成都高新置业有限公司 | 51 | 16753 |
| 75 | 440682776224909 | 佛山市万科置业有限公司 | 44 | 16417 |
| 76 | 320103733161493 | 南京朗诗置业股份有限公司 | 32 | 16254 |
| 77 | 530112216529085 | 昆明城建房地产开发股份有限公司 | 53 | 16241 |
| 78 | 330100782358647 | 华润新鸿基房地产（杭州）有限公司 | 33 | 16137 |
| 79 | 330125765477185 | 杭州翡翠城房地产开发有限公司 | 33 | 16118 |
| 80 | 110102633791201 | 北京荟宏房地产开发有限责任公司 | 11 | 16059 |
| 81 | 310104729430689 | 上海新海汇房产有限公司 | 31 | 15949 |
| 82 | 120104767628434 | 天津富力城房地产开发有限公司 | 12 | 15723 |
| 83 | 110106788601943 | 北京中粮万科假日风景房地产开发有限公司 | 11 | 15450 |
| 84 | 31010973540038X | 上海港国际客运中心开发有限公司 | 31 | 15443 |
| 85 | 530181753552053 | 昆明万辉房地产开发有限公司 | 53 | 15301 |
| 86 | 44019123122823X | 广州合景房地产开发有限公司 | 44 | 15079 |
| 87 | 110105710939856 | 北京香江兴利房地产开发有限公司 | 11 | 14952 |
| 88 | 330104719577660 | 杭州滨江房产集团股份有限公司 | 33 | 14876 |
| 89 | 420111755110937 | 金地集团武汉房地产开发有限公司 | 42 | 14848 |
| 90 | 310112630790676 | 上海万源房地产开发有限公司 | 31 | 14805 |
| 91 | 321700713242093 | 苏州工业园区华新国际城市发展有限公司 | 32 | 14763 |
| 92 | 440606279978013 | 佛山市顺德区碧桂园物业发展有限公司 | 44 | 14761 |
| 93 | 440103712480452 | 广州市恒果房地产开发有限公司 | 44 | 14750 |
| 94 | 12010774912956X | 天津市国泰实业发展有限公司 | 12 | 14748 |
| 95 | 120107730340795 | 天津塘沽贻成实业有限公司 | 12 | 14738 |
| 96 | 310112630403787 | 上海漕河泾开发区高科技园发展有限公司 | 31 | 14727 |
| 97 | 330106757213577 | 浙江银马房地产开发有限公司 | 33 | 14275 |
| 98 | 320105738884690 | 南京西城房地产开发有限公司 | 32 | 14254 |
| 99 | 310113132157675 | 上海宝宸置业有限公司 | 31 | 14156 |
| 100 | 350594775353434 | 福建中体房地产发展有限公司 | 35 | 14147 |

# 全国电信和其他信息传输服务业纳税百强排行榜

单位：万元

| 序号 | 企业代码 | 企业名称 | 地区 | 实纳税额 |
|---|---|---|---|---|
| 1 | 440100707653099 | 中国移动通信集团广东有限公司 | 44 | 685230 |
| 2 | 37010372495538X | 中国移动通信集团山东有限公司 | 37 | 387978 |
| 3 | 32000670404188X | 中国移动通信集团江苏有限公司 | 32 | 326963 |
| 4 | 330165704200297 | 中国移动通信集团浙江有限公司 | 33 | 295328 |
| 5 | 110101710939135 | 中国联合网络通信有限公司 | 11 | 257853 |
| 6 | 310046132149237 | 中国移动通信集团上海有限公司 | 31 | 209033 |
| 7 | 441900712250622 | 中国移动通信集团广东有限公司东莞分公司 | 44 | 196741 |
| 8 | 350102710920936 | 中国移动通信集团福建有限公司 | 35 | 196569 |
| 9 | 210101719646152 | 中国移动通信集团辽宁有限公司 | 21 | 192796 |
| 10 | 110101722611700 | 中国移动通信集团北京有限公司 | 11 | 182405 |
| 11 | 420101710937412 | 中国移动通信集团湖北有限公司 | 42 | 135214 |
| 12 | 530111760417482 | 中国移动通信集团云南有限公司 | 53 | 126533 |
| 13 | 310046671143758 | 中国电信股份有限公司上海分公司 | 31 | 126356 |
| 14 | 140115710937455 | 中国移动通信集团山西有限公司 | 14 | 118088 |
| 15 | 430103710937420 | 中国移动通信集团湖南有限公司 | 43 | 116787 |
| 16 | 440106748017099 | 中国电信股份有限公司广州分公司 | 44 | 110746 |
| 17 | 450100718890786 | 中国移动通信集团广西有限公司 | 45 | 106615 |
| 18 | 610190735354889 | 中国移动通信集团陕西有限公司 | 61 | 103414 |
| 19 | 320106743917098 | 中国电信股份有限公司江苏分公司 | 32 | 103227 |
| 20 | 440304708542518 | 中国移动通信集团广东有限公司深圳分公司 | 44 | 98453 |
| 21 | 440601708178082 | 中国移动通信集团广东有限公司佛山分公司 | 44 | 80200 |
| 22 | 120116722997404 | 中国移动通信集团天津有限公司 | 12 | 79455 |
| 23 | 230190762734027 | 中国移动通信集团黑龙江有限公司 | 23 | 76789 |
| 24 | 150102756683040 | 中国移动通信集团内蒙古有限公司 | 15 | 69171 |
| 25 | 5009053736550152 | 中国移动通信集团重庆有限公司 | 50 | 62997 |
| 26 | 141002741096177 | 中国移动通信集团山西有限公司临汾分公司 | 14 | 54999 |
| 27 | 110102710925032 | 中国移动通信集团公司 | 11 | 47181 |
| 28 | 110102726360734 | 中国网通（集团）有限公司北京市分公司 | 11 | 45865 |
| 29 | 330103744141180 | 中国电信股份有限公司浙江分公司 | 33 | 41905 |
| 30 | 371302727541078 | 中国移动通信集团山东有限公司临沂分公司 | 37 | 41870 |
| 31 | 520101761388505 | 中国移动通信集团贵州有限公司 | 52 | 41677 |
| 32 | 330165716105852 | 阿里巴巴（中国）网络技术有限公司 | 33 | 41021 |
| 33 | 130203730285511 | 中国移动通信集团河北有限公司唐山分公司 | 13 | 38709 |
| 34 | 370202727813301 | 中国联合网络通信有限公司青岛市分公司 | 37 | 37251 |

续表

| 序号 | 企业代码 | 企业名称 | 地区 | 实纳税额 |
|---|---|---|---|---|
| 35 | 350204705446475 | 中国移动通信集团福建有限公司厦门分公司 | 35 | 36720 |
| 36 | 441900751092436 | 中国电信股份有限公司东莞分公司 | 44 | 30248 |
| 37 | 460100710920952 | 中国移动通信集团海南有限公司 | 46 | 27345 |
| 38 | 440300748856239 | 中国电信股份有限公司深圳分公司 | 44 | 26428 |
| 39 | 440106618652334 | 中国移动通信集团广东有限公司广州分公司 | 44 | 26292 |
| 40 | 150203701241480264 | 中国移动通信集团内蒙古有限公司包头分公司 | 15 | 25965 |
| 41 | 440703712362923 | 中国移动通信集团广东有限公司江门分公司 | 44 | 24293 |
| 42 | 130102718369616 | 中国移动通信集团河北有限公司石家庄分公司 | 13 | 24001 |
| 43 | 440300708461136 | 深圳市腾讯计算机系统有限公司 | 44 | 23374 |
| 44 | 410305716778897 | 中国移动通信集团河南有限公司洛阳分公司 | 41 | 23105 |
| 45 | 150631701412139 | 鄂尔多斯移动通信分公司 | 15 | 21895 |
| 46 | 370602726718943 | 中国移动通信集团山东有限公司烟台分公司 | 37 | 20944 |
| 47 | 130402718352355 | 中国移动通信集团河北有限公司邯郸分公司 | 13 | 20606 |
| 48 | 210202726011227 | 中国移动通信集团辽宁有限公司大连分公司 | 21 | 20444 |
| 49 | 620102712780981 | 中国移动通信集团甘肃有限公司兰州分公司 | 62 | 20120 |
| 50 | 350102X11695282 | 中国移动通信集团福建有限公司福州分公司 | 35 | 20056 |
| 51 | 150590767871733 | 中国移动通信集团内蒙古有限公司通辽分公司 | 15 | 19692 |
| 52 | 140115728183970 | 中国联合网络通信有限公司山西省分公司 | 14 | 18604 |
| 53 | 450901715156228 | 中国移动通信集团广西有限公司玉林分公司 | 45 | 18476 |
| 54 | 340506711783996 | 中国移动通信集团安徽有限公司马鞍山分公司 | 34 | 17823 |
| 55 | 130302718368920 | 中国移动通信集团河北有限公司秦皇岛分公司 | 13 | 17701 |
| 56 | 110102710927599 | 中国铁通集团有限公司 | 11 | 16925 |
| 57 | 519000765055994 | 中国移动通信集团四川有限公司成都分公司 | 51 | 16188 |
| 58 | 510122672154010 | 中国电信股份有限公司双流分公司 | 51 | 15119 |
| 59 | 37100273067885X | 中国移动通信集团山东有限公司威海分公司 | 37 | 14760 |
| 60 | 441201708157935 | 中国移动通信集团广东有线公司肇庆分公司 | 44 | 14028 |
| 61 | 430702707354777 | 中国移动通信集团湖南有限公司常德分公司 | 43 | 13974 |
| 62 | 350591705388519 | 中国移动通信集团福建有限公司泉州分公司 | 35 | 13559 |
| 63 | 320200748734186 | 中国电信股份有限公司无锡分公司 | 32 | 13057 |
| 64 | 230190726908659 | 中国联通有限公司黑龙江分公司 | 23 | 12720 |
| 65 | 440403707957842 | 中国移动通信集团广东有限公司珠海分公司 | 44 | 12664 |
| 66 | 440604748014859 | 中国电信股份有限公司佛山分公司 | 44 | 12656 |
| 67 | 110101801657272 | 中国联合网络通信有限公司北京市分公司 | 11 | 12508 |
| 68 | 370202727805846 | 中国移动通信集团山东有限公司青岛分公司 | 37 | 12505 |
| 69 | 430103712198481 | 中国移动通信集团湖南有限公司长沙分公司 | 43 | 12480 |
| 70 | 35059075736499X | 中国电信股份有限公司泉州分公司 | 35 | 12451 |
| 71 | 210103715752134 | 中国移动通信集团辽宁有限公司沈阳分公司 | 21 | 12399 |

续表

| 序号 | 企业代码 | 企业名称 | 地区 | 实纳税额 |
|---|---|---|---|---|
| 72 | 420103717918134 | 中国移动通信集团湖北有限公司武汉分公司 | 42 | 12389 |
| 73 | 370705724816582 | 中国网通（集团）有限公司潍坊市分公司 | 37 | 11865 |
| 74 | 320106748211211 | 中国电信股份有限公司南京分公司 | 32 | 11752 |
| 75 | 420106761217466 | 中国电信股份有限公司武汉分公司 | 42 | 11600 |
| 76 | 410105716768859 | 中国移动通信集团河南有限公司郑州分公司 | 41 | 11592 |
| 77 | 360403741989637 | 中国移动通信集团江西有限公司九江分公司 | 36 | 11502 |
| 78 | 130903718383848 | 中国移动通信集团河北有限公司沧州分公司 | 13 | 11456 |
| 79 | 330282747363504 | 中国电信股份有限公司慈溪分公司 | 33 | 11446 |
| 80 | 41309627112730203X | 中国移动通信集团河南有限公司信阳分公司 | 41 | 11316 |
| 81 | 110102681953105 | 中国电信股份有限公司北京分公司 | 11 | 11183 |
| 82 | 410291719162158 | 中国移动通信集团河南有限公司开封分公司 | 41 | 11075 |
| 83 | 630103710561689 | 中国移动通信集团青海有限公司 | 63 | 10975 |
| 84 | 440300746610323 | 中国移动（深圳）有限公司 | 44 | 10701 |
| 85 | 350802705389458 | 中国移动通信集团福建有限公司龙岩分公司 | 35 | 10464 |
| 86 | 530101719406626 | 中国移动通信集团云南有限公司昆明分公司 | 53 | 10286 |
| 87 | 13050371836695X | 中国移动通信集团河北有限公司邢台分公司 | 13 | 10173 |
| 88 | 35020375162018X | 中国电信股份有限公司厦门分公司 | 35 | 10010 |
| 89 | 320601748745029 | 中国电信股份有限公司南通分公司 | 32 | 10000 |
| 90 | 340104756813650 | 中国电信股份有限公司合肥分公司 | 34 | 9767 |
| 91 | 210102764384227 | 中国网通（集团）有限公司沈阳市分公司 | 21 | 9689 |
| 92 | 371701706378048 | 中国移动通信集团山东有限公司菏泽分公司 | 37 | 9676 |
| 93 | 410891706631269 | 中国移动通信集团河南有限公司焦作分公司 | 41 | 9632 |
| 94 | 330165842919654 | 中国移动通信集团浙江有限公司杭州分公司 | 33 | 9604 |
| 95 | 320504714023378 | 中国移动通信集团江苏有限公司苏州分公司 | 32 | 9603 |
| 96 | 320800711587688 | 中国移动通信集团江苏有限公司淮安分公司 | 32 | 9564 |
| 97 | 410103728685495 | 中国联合网络通信有限公司郑州市分公司 | 41 | 9389 |
| 98 | 130611731402521 | 中国移动通信集团河北有限公司保定分公司 | 13 | 9386 |
| 99 | 310046X07320269 | 中国联合网络通信有限公司上海市分公司 | 31 | 9364 |
| 100 | 610191730392704 | 中国联合网络通信有限公司陕西省分公司 | 61 | 9099 |

# 全国电器机械及电器器材制造业纳税百强排行榜

单位：万元

| 序号 | 企业代码 | 企业名称 | 地区 | 实纳税额 |
|---|---|---|---|---|
| 1 | 310112717880375 | 上海电气电站设备有限公司 | 31 | 109007 |
| 2 | 440401192548256 | 珠海格力电器股份有限公司 | 44 | 106698 |
| 3 | 320200791954918 | 尚能太阳能电力有限公司 | 32 | 86822 |
| 4 | 440705617733669 | ABB 新会低压开关有限公司 | 44 | 72444 |
| 5 | 110105600039013 | 北京 ABB 电气传动系统有限公司 | 11 | 55062 |
| 6 | 230110128025389 | 哈尔滨锅炉厂有限责任公司 | 23 | 50909 |
| 7 | 120117600587482 | 西门子电气传动有限公司 | 12 | 50239 |
| 8 | 350206612012766 | 厦门 ABB 开关有限公司 | 35 | 47785 |
| 9 | 11019260004105X | 北京 ABB 高压开关设备有限公司 | 11 | 45437 |
| 10 | 650104299937622 | 新疆金风科技股份有限公司 | 65 | 38842 |
| 11 | 440401749197247 | 珠海金峰航电源科技有限公司 | 44 | 32608 |
| 12 | 330382142944445 | 浙江正泰电器股份有限公司 | 33 | 27486 |
| 13 | 120117777336785 | 歌美飒风电（天津）有限公司 | 12 | 27239 |
| 14 | 310114607307316 | 德尔福派克电气系统有限公司 | 31 | 25563 |
| 15 | 340104610306381 | 合肥 ABB 变压器有限公司 | 34 | 24378 |
| 16 | 320481137588984 | 江苏华鹏变压器有限公司 | 32 | 23973 |
| 17 | 310225607332044 | 上海施耐德配电电器有限公司 | 31 | 23741 |
| 18 | 610104726284858 | 西安西开高压电气股份有限公司 | 61 | 23486 |
| 19 | 500107621917575 | 重庆 ABB 变压器有限公司 | 50 | 23021 |
| 20 | 44040461751487X | 珠海经济特区飞利浦家庭电器有限公司 | 44 | 21193 |
| 21 | 110108784800267 | 华锐风电科技有限公司 | 11 | 20412 |
| 22 | 350702611055115 | 福建南平南孚电池有限公司 | 35 | 20331 |
| 23 | 440181618437239 | 日立电梯（中国）有限公司 | 44 | 19743 |
| 24 | 510601671415848 | 东方电气集团东方电机有限公司 | 51 | 18815 |
| 25 | 130602718358175 | 保定天威保变电气股份有限公司 | 13 | 18722 |
| 26 | 330165768201424 | 杭州九阳小家电有限公司 | 33 | 18646 |
| 27 | 320508745585592 | 苏州阿海珐高压电气开关有限公司 | 32 | 18551 |
| 28 | 341102705042956 | 博西华家用电器有限公司 | 34 | 18548 |
| 29 | 410702614406101 | 河南新飞电器有限公司 | 41 | 18321 |
| 30 | 330195609135896 | 西门子（杭州）高压开关有限公司 | 33 | 18134 |
| 31 | 131082769824527 | 阳光硅谷电子科技有限公司 | 13 | 17803 |
| 32 | 610104220601553 | 西安西电变压器有限责任公司 | 61 | 17479 |
| 33 | 330195609130761 | 杭州松下家用电器有限公司 | 33 | 17409 |
| 34 | 370903764801246 | 山东泰开高压开关有限公司 | 37 | 16890 |

续表

| 序号 | 企业代码 | 企业名称 | 地区 | 实纳税额 |
|---|---|---|---|---|
| 35 | 320481703625269 | 江苏上上电缆集团有限公司 | 32 | 16409 |
| 36 | 370104742442772 | 九阳股份有限公司 | 37 | 16180 |
| 37 | 320105608935031 | 艾欧史密斯（中国）热水器有限公司 | 32 | 16154 |
| 38 | 320581142037132 | 常熟开关制造有限公司（原常熟开关厂） | 32 | 16116 |
| 39 | 320400608126648 | 常州东芝变压器有限公司 | 32 | 16064 |
| 40 | 350206612023932 | 厦门 ABB 低压电器设备有限公司 | 35 | 15968 |
| 41 | 120115718238042 | 施耐德电气低压（天津）有限公司 | 12 | 15930 |
| 42 | 41040071918260X | 河南平高东芝高压开关有限公司 | 41 | 15657 |
| 43 | 43040618500797X | 特变电工衡阳变压器有限公司 | 43 | 15469 |
| 44 | 210132774846229 | 通用电气能源（沈阳）有限公司 | 21 | 15220 |
| 45 | 320583608279089 | 樱花卫厨（中国）股份有限公司 | 32 | 14782 |
| 46 | 320282250436413 | 远东电缆有限公司 | 32 | 14375 |
| 47 | 110192801147045 | 三洋能源（北京）有限公司 | 11 | 14299 |
| 48 | 500903709410891 | 格力电器（重庆）有限公司 | 50 | 14282 |
| 49 | 370103613203732 | 西门子变压器有限公司 | 37 | 13993 |
| 50 | 31011460733260X | 上海安川电动机器有限公司 | 31 | 13868 |
| 51 | 110105600020881 | 西门子工厂自动化工程有限公司 | 11 | 13556 |
| 52 | 440301618882172 | 深圳寿力亚洲实业有限公司 | 44 | 13139 |
| 53 | 342623153720033 | 安徽华菱电缆集团有限公司 | 34 | 13047 |
| 54 | 370212264574251 | 青岛海尔股份有限公司 | 37 | 12921 |
| 55 | 320200704046760 | 无锡小天鹅股份有限公司 | 32 | 12640 |
| 56 | 320584722209375 | 中达光电工业（吴江）有限公司 | 32 | 12600 |
| 57 | 440681190343548 | 海信科龙电器股份有限公司 | 44 | 12415 |
| 58 | 370212614315963 | 青岛海尔电冰箱有限公司 | 37 | 12293 |
| 59 | 370212264821953 | 青岛汉缆股份有限公司 | 37 | 12257 |
| 60 | 440301192174389 | 深圳市赛格通信有限公司 | 44 | 11903 |
| 61 | 33028214479257X | 宁波方太厨具有限公司 | 33 | 11895 |
| 62 | 330195609132724 | 博世电动工具（中国）有限公司 | 33 | 11875 |
| 63 | 410411712645640 | 河南平高电气股份有限公司 | 41 | 11766 |
| 64 | 330382797616661 | 德力西电气有限公司 | 33 | 11758 |
| 65 | 442000617592579 | 中山 ABB 变压器有限公司 | 44 | 11747 |
| 66 | 350206612038886 | 厦门 ABB 华电高压开关有限公司 | 35 | 11731 |
| 67 | 440681617642521 | 广东美的生活电器制造有限公司 | 44 | 11625 |
| 68 | 32072271851262X | 连云港市港圣开关制造有限公司 | 32 | 11594 |
| 69 | 310112631651029 | 上海电气集团上海电机厂有限公司 | 31 | 11586 |
| 70 | 110192600067671 | 施耐德（北京）中低压电器有限公司 | 11 | 11342 |
| 71 | 610104220601000 | 西安西电电力整流器有限责任公司 | 61 | 11268 |

续表

| 序号 | 企业代码 | 企业名称 | 地区 | 实纳税额 |
|---|---|---|---|---|
| 72 | 320400137160005 | 常州西电变压器有限责任公司 | 32 | 11082 |
| 73 | 371402167279461 | 皇明太阳能集团有限公司 | 37 | 10930 |
| 74 | 340207704908535 | 广东美的集团芜湖制冷设备有限公司 | 34 | 10755 |
| 75 | 230190702990002 | 哈尔滨光宇蓄电池股份有限公司 | 23 | 10737 |
| 76 | 440601617638733 | 欧司朗（中国）照明有限公司 | 44 | 10630 |
| 77 | 120115600535930 | SEW－传动设备（天津）有限公司 | 12 | 10402 |
| 78 | 440681784896596 | 佛山市顺德区美的电热电器制造有限公司 | 44 | 10248 |
| 79 | 320281760534590 | 海润光伏科技股份有限公司 | 32 | 10209 |
| 80 | 44200078948120X | 中山市欧普照明股份有限公司 | 44 | 10161 |
| 81 | 310105607341186 | 上海日港置信非晶体金属有限公司 | 31 | 10105 |
| 82 | 44010161847833X | 广州维奥伊林变压器有限公司 | 44 | 10051 |
| 83 | 321023718546176 | 宝胜科技创新股份有限公司 | 32 | 9868 |
| 84 | 110107722616181 | 北京北重汽轮电机有限责任公司 | 11 | 9749 |
| 85 | 610304221414573 | 宝鸡群力海庆电子有限公司 | 61 | 9709 |
| 86 | 440501729227779 | 威尔信汕头保税区动力设备有限公司 | 44 | 9314 |
| 87 | 21011460461146X | 沈阳古河电缆有限公司 | 21 | 9211 |
| 88 | 310225607332247 | 上海江森自控国际蓄电池有限公司 | 31 | 9127 |
| 89 | 350702156989580 | 福建南平太阳电缆股份有限公司 | 35 | 9121 |
| 90 | 411300176331620 | 南阳防爆集团有限公司 | 41 | 9035 |
| 91 | 110106100011495 | 中国华电工程（集团）有限公司 | 11 | 8953 |
| 92 | 230890721361340 | 佳木斯电机股份有限公司 | 23 | 8898 |
| 93 | 310112607256491 | 上海西门子开关有限公司 | 31 | 8852 |
| 94 | 330382145573168 | 德力西集团有限公司 | 33 | 8844 |
| 95 | 110192600092623 | 北京宏达日新电机有限公司 | 11 | 8727 |
| 96 | 320508732251374 | 住友电工（苏州）电子线制品有限公司 | 32 | 8590 |
| 97 | 342623153712041 | 安徽江淮电缆集团有限公司 | 34 | 8520 |
| 98 | 320134134872365 | 南京南瑞集团公司 | 32 | 8312 |
| 99 | 32020060791794X | 博西威家用电器有限公司 | 32 | 8273 |
| 100 | 440307708416327 | 深圳市比亚迪锂电池有限公司 | 44 | 8235 |

# 全国电力供应业纳税百强排行榜

单位：万元

| 序号 | 企业代码 | 企业名称 | 地区 | 实纳税额 |
|---|---|---|---|---|
| 1 | 440106734916755 | 广东电网公司广州供电局 | 44 | 552993 |
| 2 | 440102730486030 | 广东电网公司 | 44 | 486278 |
| 3 | 330000142911635 | 浙江省电力公司 | 33 | 376784 |
| 4 | 11010271093123X | 国家电网公司 | 11 | 363318 |
| 5 | 37010316304901X | 山东电力集团公司 | 37 | 311788 |
| 6 | 310046132224671 | 上海市电力公司 | 31 | 308448 |
| 7 | 110104101109822 | 华北电网有限公司 | 11 | 294187 |
| 8 | 110102801365632 | 北京市电力公司 | 11 | 279416 |
| 9 | 210102701796881 | 辽宁省电力有限公司 | 21 | 278995 |
| 10 | 510104621601108 | 四川省电力公司 | 51 | 257094 |
| 11 | 420106177589391 | 湖北省电力公司 | 42 | 255324 |
| 12 | 140116110050121 | 山西省电力公司 | 14 | 227203 |
| 13 | 410103169951151 | 河南省电力公司 | 41 | 223709 |
| 14 | 500107902846275 | 重庆市电力公司杨家坪供电局 | 50 | 212981 |
| 15 | 410303171076587 | 河南省电力公司洛阳供电公司 | 41 | 192191 |
| 16 | 430111183770576 | 湖南省电力公司 | 43 | 182137 |
| 17 | 130106104321300 | 河北省电力公司 | 13 | 165147 |
| 18 | 530103713405825 | 云南电网公司 | 53 | 152829 |
| 19 | 310046754780760 | 华东电网有限公司 | 31 | 134763 |
| 20 | 620101224335387 | 甘肃省电力公司 | 62 | 129932 |
| 21 | 230198126970993 | 黑龙江省电力公司 | 23 | 126311 |
| 22 | 619000710072607 | 陕西省电力公司 | 61 | 124044 |
| 23 | 120114103061295 | 天津市电力公司 | 12 | 121158 |
| 24 | 150105114111593 | 内蒙古电力（集团）有限责任公司 | 15 | 108375 |
| 25 | 441900738593308 | 广东电网公司东莞供电局 | 44 | 107695 |
| 26 | 440106719289001 | 中国南方电网有限责任公司超高压输电公司 | 44 | 102756 |
| 27 | 500902202856659 | 重庆市电力公司 | 50 | 98758 |
| 28 | 130203757512841 | 华北电网有限公司唐山供电公司 | 13 | 92757 |
| 29 | 130302805260053 | 华北电网有限公司秦皇岛电力公司 | 13 | 89986 |
| 30 | 440301619290822 | 广东电网公司深圳供电局 | 44 | 88823 |
| 31 | 34011114894004X | 安徽省电力公司 | 34 | 85745 |
| 32 | 44010676384341X | 中国南方电网有限责任公司 | 44 | 71526 |
| 33 | 33020314405899X | 宁波电业局 | 33 | 69860 |
| 34 | 340202849394328 | 安徽省电力公司芜湖供电公司 | 34 | 67619 |

续表

| 序号 | 企业代码 | 企业名称 | 地区 | 实纳税额 |
|---|---|---|---|---|
| 35 | 320106134766570 | 江苏省电力公司 | 32 | 64312 |
| 36 | 320200834754255 | 江苏省电力公司无锡供电公司 | 32 | 60781 |
| 37 | 350103158142631 | 福建省电力有限公司 | 35 | 60129 |
| 38 | 630104226581557 | 青海省电力公司 | 63 | 52857 |
| 39 | 370202163585613 | 山东电力集团公司青岛供电公司 | 37 | 50225 |
| 40 | 21020211843754X | 辽宁省电力公司大连供电公司 | 21 | 43770 |
| 41 | 330000143048685 | 杭州市电力局 | 33 | 41926 |
| 42 | 320503834754538 | 江苏省电力公司苏州供电公司 | 32 | 40893 |
| 43 | 420102755111139 | 湖北省电力公司武汉供电公司 | 42 | 40420 |
| 44 | 210102X04720187 | 辽宁省电力公司沈阳供电公司 | 21 | 39695 |
| 45 | 370303164105335 | 山东电力集团公司淄博供电公司 | 37 | 39656 |
| 46 | 410102170032734 | 河南省电力公司郑州供电公司 | 41 | 38992 |
| 47 | 450100198222855 | 广西电网公司 | 45 | 37794 |
| 48 | 53010391652092X | 云南电网公司昆明供电局 | 53 | 37748 |
| 49 | 370502164721189 | 山东电力集团公司东营供电公司 | 37 | 37716 |
| 50 | 360101014504082 | 江西省电力公司 | 36 | 36892 |
| 51 | 320400834754220 | 江苏省电力公司常州供电公司 | 32 | 36196 |
| 52 | 619000755219369 | 西北电网公司 | 61 | 35447 |
| 53 | 330000143563345 | 萧山供电局 | 33 | 35153 |
| 54 | 130403805527774 | 邯郸供电公司 | 13 | 33977 |
| 55 | 320106733144888 | 江苏省电力公司南京供电公司 | 32 | 33829 |
| 56 | 370702865450879 | 山东电力集团公司潍坊供电公司 | 37 | 32981 |
| 57 | 370103163154485 | 山东电力集团公司济南供电公司 | 37 | 32775 |
| 58 | 640104227680151 | 宁夏电力公司 | 64 | 32592 |
| 59 | 450100898221888 | 广西电网公司南宁供电局 | 45 | 32570 |
| 60 | 230604129311053 | 大庆电业局 | 23 | 32454 |
| 61 | 44200073755186X | 广东电网公司中山供电局 | 44 | 31639 |
| 62 | 210302241445529 | 辽宁省电力公司鞍山供电公司 | 21 | 31505 |
| 63 | 440682740847661 | 广东电网公司佛山南海供电局 | 44 | 31396 |
| 64 | 413001176882967 | 河南省电力公司信阳供电公司 | 41 | 29841 |
| 65 | 22010412399835X | 吉林省电力公司长春供电公司 | 22 | 28932 |
| 66 | 340603150825112 | 安徽省电力公司淮北供电公司 | 34 | 28881 |
| 67 | 320582842159448 | 江苏省电力公司张家港市供电公司 | 32 | 28739 |
| 68 | 350103154392836 | 福建省福州电业局 | 35 | 28157 |
| 69 | 330300145049294 | 温州电力局 | 33 | 27889 |
| 70 | 420106300260453 | 华中电网公司 | 42 | 27723 |
| 71 | 320281842229725 | 江苏省电力公司江阴市供电公司 | 32 | 27515 |

续表

| 序号 | 企业代码 | 企业名称 | 地区 | 实纳税额 |
|---|---|---|---|---|
| 72 | 320601834754271 | 江苏省电力公司南通供电公司 | 32 | 26515 |
| 73 | 650104228660427 | 新疆电力公司乌鲁木齐电业局 | 65 | 26454 |
| 74 | 619000220526151 | 陕西地方电力（集团）公司 | 61 | 26363 |
| 75 | 330702147301940 | 金华电业局 | 33 | 25685 |
| 76 | 420302178782345 | 湖北省电力公司十堰供电公司 | 42 | 25544 |
| 77 | 220204677314466 | 吉林省电力公司吉林供电公司 | 22 | 25211 |
| 78 | 371302168251348 | 山东电力集团公司临沂供电公司 | 37 | 25048 |
| 79 | 230102127048941 | 哈尔滨电业局 | 23 | 24016 |
| 80 | 320584838233916 | 江苏省电力公司吴江市供电公司 | 32 | 23648 |
| 81 | 51170021015119X | 达州电业局 | 51 | 23541 |
| 82 | 330401146478349 | 嘉兴电力局 | 33 | 23312 |
| 83 | 130602805953589 | 保定供电公司 | 13 | 23237 |
| 84 | 370802165921393 | 山东电力集团公司济宁供电公司 | 37 | 23050 |
| 85 | 320583838134264 | 江苏省电力公司昆山市供电公司 | 32 | 22746 |
| 86 | 440681741708807 | 广东电网公司佛山顺德供电局 | 44 | 22046 |
| 87 | 142701813643345 | 山西省电力公司运城大用户营业所 | 14 | 21734 |
| 88 | 140116110013910 | 山西省电力公司太原供电分公司 | 14 | 21593 |
| 89 | 520100214402515 | 贵州电网公司 | 52 | 21565 |
| 90 | 130682601110408 | 河北国华定洲发电有限责任公司 | 13 | 21163 |
| 91 | 350204155014220 | 福建省厦门电业局 | 35 | 21080 |
| 92 | 131003109261423 | 华北电网有限公司廊坊供电公司 | 13 | 20105 |
| 93 | 410500172196054 | 河南省电力公司安阳供电公司 | 41 | 19723 |
| 94 | 411300176350776 | 河南省电力公司南阳供电公司 | 41 | 18736 |
| 95 | 21080212124284X | 辽宁省电力公司营口供电公司 | 21 | 18237 |
| 96 | 361101161445000 | 江西上饶供电公司 | 36 | 18160 |
| 97 | 330602609610511 | 绍兴电力局 | 33 | 18093 |
| 98 | 350582660383609 | 福建省晋江市电力有限责任公司 | 35 | 17883 |
| 99 | 331082148880454 | 浙江省电力公司台州电业局 | 33 | 17863 |
| 100 | 130104804321045 | 石家庄供电公司 | 13 | 17795 |

# 全国保险业纳税百强排行榜

单位：万元

| 序号 | 企业代码 | 企业名称 | 地区 | 实纳税额 |
|---|---|---|---|---|
| 1 | 11010271092841X | 中国人寿保险股份有限公司 | 11 | 337770 |
| 2 | 440301710930739 | 中国平安人寿保险股份有限公司 | 44 | 305480 |
| 3 | 440301710930720 | 中国平安财产保险股份有限公司 | 44 | 150643 |
| 4 | 110104710931483 | 中国人民财产保险股份有限公司 | 11 | 93533 |
| 5 | 510104901861983 | 中国人寿保险股份有限公司四川省分公司 | 51 | 67895 |
| 6 | 110102100023816 | 泰康人寿保险股份有限公司 | 11 | 58126 |
| 7 | 110229100023875 | 新华人寿保险股份有限公司 | 11 | 41896 |
| 8 | 110108710933702 | 中国人民人寿保险股份有限公司 | 11 | 32913 |
| 9 | 610190100023824 | 永安财产保险股份有限公司 | 61 | 29816 |
| 10 | 110102100023728 | 中国人寿保险（集团）公司 | 11 | 28531 |
| 11 | 310043832236753 | 中国人保财险上海市分公司 | 31 | 21441 |
| 12 | 140106810041525 | 中国人民财产保险股份公司山西省分公司 | 14 | 20296 |
| 13 | 110102710933307 | 中国人民健康保险股份有限公司 | 11 | 19232 |
| 14 | 44030089218633X | 中国平安财产保险股份有限公司深圳分公司 | 44 | 15676 |
| 15 | 110102710932101 | 中国人寿资产管理有限公司 | 11 | 12624 |
| 16 | 230110826962994 | 中国人民财产保险股份有限公司黑龙江省分公司 | 23 | 11232 |
| 17 | 610090920527091 | 中国人民财产保险股份有限公司陕西省分公司 | 61 | 10486 |
| 18 | 130124795464238 | 中国太平洋财产保险股份有限公司河北分公司栾城营销服务部 | 13 | 10333 |
| 19 | 440304785289157 | 中英人寿保险有限公司深圳营销服务部 | 44 | 10143 |
| 20 | 440300192186574 | 中国人民财产保险股份有限公司深圳市分公司 | 44 | 9629 |
| 21 | 440300892225968 | 中国太平洋财产保险股份有限公司深圳分公司 | 44 | 9486 |
| 22 | 110104801628594 | 中国太平洋财产保险有限公司北京分公司 | 11 | 9072 |
| 23 | 310043132227901 | 中国平安财产保险股份有限公司上海分公司 | 31 | 8780 |
| 24 | 500230908750709 | 中国人寿保险有限公司丰都县支公司 | 50 | 7603 |
| 25 | 110102726364591 | 华泰财产保险股份有限公司北京分公司 | 11 | 7349 |
| 26 | 320584738255667 | 中国太平洋人寿保险股份有限公司吴江支公司 | 32 | 6869 |
| 27 | 410105869975138 | 中国人寿保险股份有限公司河南省分公司 | 41 | 6544 |
| 28 | 110103785545456 | 中国平安财产保险股份有限公司北京市崇文支公司 | 11 | 6057 |
| 29 | 440100890350458 | 中国平安财产保险股份有限公司广东分公司 | 44 | 5911 |
| 30 | 440801894395960 | 中国平安财产保险股份有限公司湛江分公司 | 44 | 5867 |
| 31 | 441900707836565 | 中国人民财产保险股份有限公司东莞市分公司 | 44 | 5784 |
| 32 | 310043132211707 | 中国太平洋保险（集团）股份有限公司 | 31 | 5705 |
| 33 | 31004383434562X | 中国平安人寿保险股份有限公司上海分公司 | 31 | 5701 |
| 34 | 230104665655933 | 中国大地财产保险股份有限公司哈尔滨市道外支公司 | 23 | 5690 |

续表

| 序号 | 企业代码 | 企业名称 | 地区 | 实纳税额 |
|---|---|---|---|---|
| 35 | 31004373337320X | 中国太平洋财产保险股份有限公司 | 31 | 5633 |
| 36 | 110108802120821 | 中国人民财产保险股份有限公司北京市海淀支公司 | 11 | 5552 |
| 37 | 440300100012316 | 中国平安保险（集团）股份有限公司 | 44 | 5299 |
| 38 | 420104781985454 | 中华联合财产保险股份有限公司硚口支公司 | 42 | 4958 |
| 39 | 350590856106945 | 中国人民财产保险股份有限公司泉州市分公司 | 35 | 4713 |
| 40 | 110105710929770 | 美国友邦保险有限公司北京分公司 | 11 | 4447 |
| 41 | 371726495173973 | 中国人寿保险股份有限公司鄄城县支公司 | 37 | 4214 |
| 42 | 140106810041453 | 中国人寿保险股份有限公司山西省分公司 | 14 | 4021 |
| 43 | 23010282698435X | 中国人寿保险股份有限公司黑龙江省分公司 | 23 | 4013 |
| 44 | 32010383490580X | 中国人民财产保险股份有限公司南京分公司 | 32 | 4005 |
| 45 | 441900981951806 | 中国平安财产保险股份有限公司东莞分公司 | 44 | 4000 |
| 46 | 110102746719230 | 中国平安财产保险股份有限公司北京分公司 | 11 | 3910 |
| 47 | 230110827046314 | 中国人民财产保险股份有限公司哈尔滨市分公司 | 23 | 3880 |
| 48 | 120114746651037 | 中国平安财产保险股份有限公司天津分公司 | 12 | 3783 |
| 49 | 370602966233962 | 中国人民财产保险股份有限公司烟台分公司 | 37 | 3643 |
| 50 | 110101801126092 | 中国人民财产保险股份有限公司北京市分公司营业部 | 11 | 3625 |
| 51 | 350204854993528 | 中国人民财产保险股份有限公司厦门市分公司 | 35 | 3615 |
| 52 | 130602805944471 | 中国人保财险保定市分公司 | 13 | 3563 |
| 53 | 11010810002371X | 中国再保险（集团）股份有限公司 | 11 | 3514 |
| 54 | 441900981970935 | 中国太平洋财产保险股份有限公司东莞中心支公司 | 44 | 3409 |
| 55 | 371302706056225 | 中国人民财产保险股份有限公司临沂市分公司 | 37 | 3374 |
| 56 | 440300710931571 | 招商信诺人寿保险有限公司 | 44 | 3347 |
| 57 | 310043745642163 | 中华联合财产保险股份有限公司上海分公司 | 31 | 3306 |
| 58 | 110101758203928 | 中意人寿保险有限公司北京分公司 | 11 | 3293 |
| 59 | 210105676852529 | 民安保险（中国）有限公司辽宁分公司 | 21 | 3222 |
| 60 | 110101798536380 | 中华联合财产保险股份有限公司北京分公司 | 11 | 3195 |
| 61 | 410103968106827 | 中国人民财产保险股份有限公司郑州市分公司 | 41 | 3162 |
| 62 | 110101761400690 | 光大永明人寿保险有限公司北京分公司 | 11 | 3123 |
| 63 | 310043X07203345 | 美国友邦保险有限公司上海分公司 | 31 | 3059 |
| 64 | 330203954233171 | 中国人民财产保险股份有限公司宁波市分公司 | 33 | 3029 |
| 65 | 37010296471813X | 中国人民财产保险股份有限公司济南市分公司 | 37 | 2969 |
| 66 | 110102100023752 | 华泰财产保险股份有限公司 | 11 | 2916 |
| 67 | 310043710933382 | 三星火灾海上保险（中国）有限公司 | 31 | 2903 |
| 68 | 370683966252804 | 中国人寿保险股份有限公司莱州支公司 | 37 | 2903 |
| 69 | 440300746632784 | 中国平安人寿保险股份有限公司深圳分公司 | 44 | 2836 |
| 70 | 130403805565260 | 中国人民财产保险股份有限公司邯郸分公司 | 13 | 2828 |
| 71 | 350100858145382 | 中国人寿保险股份有限公司福建省分公司 | 35 | 2822 |

续表

| 序号 | 企业代码 | 企业名称 | 地区 | 实纳税额 |
|---|---|---|---|---|
| 72 | 440104784879243 | 中意人寿保险有限公司广东省分公司 | 44 | 2802 |
| 73 | 150105772201777 | 中国大地财产保险股份有限公司内蒙古分公司 | 15 | 2800 |
| 74 | 420106877599005 | 中国人寿保险股份有限公司湖北省分公司 | 42 | 2789 |
| 75 | 110108801118789 | 中国平安人寿保险股份有限公司北京分公司 | 11 | 2786 |
| 76 | 130903806603142 | 中国人民财产保险股份有限公司沧州分公司 | 13 | 2758 |
| 77 | 440100890505448 | 中国人寿保险股份有限公司广州市分公司 | 44 | 2682 |
| 78 | 31004375756799X | 中国大地财产保险股份有限公司上海分公司 | 31 | 2681 |
| 79 | 610090920543964 | 中国平安财产保险股份有限公司陕西分公司 | 61 | 2667 |
| 80 | 442000898070186 | 中国人民财产保险股份公司中山市分公司 | 44 | 2648 |
| 81 | 32050373441320X | 中国太平洋财产保险股份有限公司苏州分公司 | 32 | 2614 |
| 82 | 150105764499980 | 中华联合财产保险股份有限公司内蒙古分公司 | 15 | 2588 |
| 83 | 222426826689641 | 中国人寿保险股份有限公司安图支公司 | 22 | 2524 |
| 84 | 440401707995881 | 中国人民财产保险股份有限公司珠海市分公司 | 44 | 2508 |
| 85 | 650102928681675 | 中国人民财产保险股份有限公司乌鲁木齐市分公司 | 65 | 2497 |
| 86 | 150802817242485 | 中国人寿保险股份有限公司临河区支公司 | 15 | 2462 |
| 87 | 410181870495983 | 中国人寿保险股份有限公司巩义支公司 | 41 | 2427 |
| 88 | 310043607398772 | 太平洋安泰人寿保险有限公司 | 31 | 2405 |
| 89 | 320005134778264 | 中国人寿保险股份有限公司江苏省分公司 | 32 | 2398 |
| 90 | 110105661572858 | 中国人寿财产保险股份有限公司北京分公司 | 11 | 2383 |
| 91 | 120114803061587 | 中国太平洋财产保险股份有限公司天津分公司 | 12 | 2344 |
| 92 | 210202744378268 | 中国平安人寿保险股份有限公司大连分公司 | 21 | 2342 |
| 93 | 450100898229476 | 中国平安财产保险股份有限公司广西分公司 | 45 | 2309 |
| 94 | 370502706160620 | 中国人保财险东营市分公司 | 37 | 2308 |
| 95 | 370202863623756 | 中国太平洋财产保险股份有限公司青岛分公司 | 37 | 2297 |
| 96 | 120114780311765 | 渤海财产保险股份有限公司日照市分公司 | 12 | 2268 |
| 97 | 371102X13592156 | 中国人民财产保险股份有限公司 | 37 | 2265 |
| 98 | 370303200002170 | 中国人民财产保险股份有限公司淄博市分公司 | 37 | 2264 |
| 99 | 210302818887875 | 中国人民财产保险股份有限公司鞍山分公司 | 21 | 2262 |
| 100 | 230102734631362 | 泰康人寿保险股份有限公司黑龙江分公司 | 23 | 2257 |

# 全国白酒制造业纳税百强排行榜

单位：万元

| 序号 | 企业代码 | 企业名称 | 地区 | 实纳税额 |
|---|---|---|---|---|
| 1 | 52038271430580X | 贵州茅台酒股份有限公司 | 52 | 107924 |
| 2 | 511502744682825 | 四川省宜宾五粮液酒厂有限公司 | 51 | 74169 |
| 3 | 142334112359966 | 山西杏花村汾酒厂股份有限公司 | 14 | 46884 |
| 4 | 510500204755181 | 泸州老窖酿酒有限责任公司 | 51 | 34168 |
| 5 | 321300779664758 | 江苏洋河包装有限公司 | 32 | 33724 |
| 6 | 32130074557990X | 江苏洋河酒厂股份有限公司 | 32 | 28615 |
| 7 | 44068119384257X | 广东顺德酒厂有限公司 | 44 | 26779 |
| 8 | 340603744890974 | 安徽口子酒业有限责任公司 | 34 | 21923 |
| 9 | 110227722614127 | 北京红星股份有限公司 | 11 | 20605 |
| 10 | 360982775881405 | 四特酒有限责任公司 | 36 | 20477 |
| 11 | 341600151940008 | 安徽古井贡酒股份有限公司 | 34 | 17452 |
| 12 | 321324665782078 | 泗洪双泰饮品灌装有限公司 | 32 | 17369 |
| 13 | 420281728309035 | 湖北劲牌酒业有限公司 | 42 | 14360 |
| 14 | 131102601248773 | 河北衡水老白干酒业股份有限公司酿酒分公司 | 13 | 14020 |
| 15 | 320826139859741 | 江苏今世缘酒业有限公司 | 32 | 13782 |
| 16 | 510683205258558 | 四川绵竹剑南春酒厂有限有限公司 | 51 | 13723 |
| 17 | 51010672341539X | 四川水井坊股份有限公司 | 51 | 12414 |
| 18 | 342427756807242 | 安徽迎驾贡酒有限公司 | 34 | 11949 |
| 19 | 110222802500760 | 北京顺鑫农业股份有限公司牛栏山酒厂 | 11 | 11637 |
| 20 | 440682708112964 | 广东省九江酒厂有限公司 | 44 | 11275 |
| 21 | 610322713576579 | 陕西西凤酒集团股份有限公司 | 61 | 10573 |
| 22 | 152701116977868 | 内蒙古鄂尔多斯酒业集团有限公司 | 15 | 10266 |
| 23 | 321324743917450 | 江苏双沟酒业股份有限公司 | 32 | 9729 |
| 24 | 510702205404041 | 四川省绵阳市丰谷酒业有限责任公司 | 51 | 9607 |
| 25 | 654025710892189 | 新疆伊力特实业股份有限公司 | 65 | 9576 |
| 26 | 152827117410003 | 内蒙古河套酒业集团股份有限公司 | 15 | 8979 |
| 27 | 510922206358198 | 四川沱牌曲酒股份有限公司 | 51 | 8703 |
| 28 | 433101183806380 | 酒鬼酒股份有限公司 | 43 | 8655 |
| 29 | 120106103544975 | 天津津酒集团有限公司 | 12 | 7876 |
| 30 | 320724765898027 | 江苏汤沟两相和酒业有限公司 | 32 | 7824 |
| 31 | 450300198230636 | 桂林三花股份有限公司 | 45 | 7566 |
| 32 | 360701962499818 | 江西章贡酒业有限责任公司 | 36 | 7493 |
| 33 | 370902267173461 | 山东泰山生力源集团股份有限公司 | 37 | 7367 |
| 34 | 341201705044441 | 安徽金种子酒业股份有限公司 | 34 | 6629 |

续表

| 序号 | 企业代码 | 企业名称 | 地区 | 实纳税额 |
|---|---|---|---|---|
| 35 | 150302114670483 | 乌海市大汗酒业有限责任公司 | 15 | 6403 |
| 36 | 370322163043750 | 山东扳倒井股份有限公司 | 37 | 6348 |
| 37 | 350204612027220 | 亚洲酿酒（厦门）有限公司 | 35 | 5896 |
| 38 | 520330215032800 | 贵州茅台酒厂（集团）习酒有限责任公司 | 52 | 5718 |
| 39 | 341621730023482 | 安徽双轮酒业股份有限公司 | 34 | 5700 |
| 40 | 340304719957903 | 安徽皖酒制造集团有限公司 | 34 | 5450 |
| 41 | 142430731930682 | 北京红星股份有限公司六曲香分公司 | 14 | 5277 |
| 42 | 430511755817625 | 湖南湘窖酒业有限公司 | 43 | 5112 |
| 43 | 120221730370548 | 北京红星股份有限公司第一分公司 | 12 | 5110 |
| 44 | 370784165666169 | 山东景芝集团有限公司 | 37 | 4870 |
| 45 | 420583182661212 | 湖北枝江酒业股份有限公司 | 42 | 4648 |
| 46 | 440601719231993 | 佛山市太吉酒厂有限公司 | 44 | 4612 |
| 47 | 421087616221151 | 湖北白云边股份有限公司 | 42 | 4407 |
| 48 | 510525665399028 | 四川省古蔺郎酒厂有限公司 | 51 | 3801 |
| 49 | 370784165645384 | 山东景芝酒厂 | 37 | 3731 |
| 50 | 413022177001076 | 河南淮滨乌龙酒业有限责任公司 | 41 | 3629 |
| 51 | 412725712695365 | 河南省宋河酒业股份有限公司 | 41 | 3600 |
| 52 | 15020270146780X | 内蒙古骆驼酒业股份有限公司 | 15 | 3572 |
| 53 | 520382214990847 | 中国贵州茅台酒厂有限责任公司 | 52 | 3495 |
| 54 | 321324704036335 | 江苏双沟集团有限公司 | 32 | 3367 |
| 55 | 420506735201233 | 宜昌稻花香酿酒厂 | 42 | 3311 |
| 56 | 632126757421245 | 青海互助青稞酒有限公司 | 63 | 3274 |
| 57 | 142301112433206 | 山西杏花村汾酒集团有限责任公司汾青分厂 | 14 | 3114 |
| 58 | 441801197571674 | 清远市酒厂有限公司 | 44 | 2910 |
| 59 | 370112705894200 | 济南趵突泉酿酒有限责任公司 | 37 | 2896 |
| 60 | 622630756594187 | 甘肃金徽酒业集团有限责任公司 | 62 | 2874 |
| 61 | 230227128810029 | 黑龙江省富裕老窖酒业有限公司 | 23 | 2860 |
| 62 | 34122170508120X | 安徽文王酿酒股份有限公司 | 34 | 2835 |
| 63 | 520382214990839 | 贵州茅台酒厂集团技术开发公司 | 52 | 2793 |
| 64 | 511502709066998 | 四川省宜宾五粮液集团有限公司 | 51 | 2520 |
| 65 | 142303110024003 | 山西杏花村义泉涌酒业股份有限公司益汾酒厂 | 14 | 2489 |
| 66 | 370602165005491 | 山东烟台酿酒有限公司 | 37 | 2332 |
| 67 | 610326786964249 | 陕西省太白酒业有限责任公司 | 61 | 2293 |
| 68 | 210711242034094 | 辽宁道光廿五集团满族酿酒有限责任公司 | 21 | 2251 |
| 69 | 371324168458189 | 山东兰陵美酒股份有限公司 | 37 | 2034 |
| 70 | 65402193057617X | 新疆伊力特实业股份有限公司酿酒四厂 | 65 | 2001 |
| 71 | 370181728630777 | 山东百脉泉酒业有限公司 | 37 | 1951 |

续表

| 序号 | 企业代码 | 企业名称 | 地区 | 实纳税额 |
|---|---|---|---|---|
| 72 | 342501771137670 | 安徽宣酒集团股份有限公司 | 34 | 1948 |
| 73 | 500381203598276 | 重庆市江津酒厂（集团）有限公司 | 50 | 1945 |
| 74 | 622624720273488 | 甘肃红川酒业有限责任公司 | 62 | 1892 |
| 75 | 230112127472654 | 黑龙江省玉泉酒业有限责任公司 | 23 | 1874 |
| 76 | 210682120320623 | 辽宁凤城老窖酒业有限责任公司 | 21 | 1825 |
| 77 | 152221720168979 | 内蒙古科尔沁王酒业有限责任公司 | 15 | 1823 |
| 78 | 230225721359996 | 黑龙江鹤城酒业有限公司 | 23 | 1814 |
| 79 | 510602205103169 | 德阳天元酒业有限公司 | 51 | 1744 |
| 80 | 530426778592481 | 云南玉林泉酒业有限公司 | 53 | 1743 |
| 81 | 152324603128003 | 内蒙古百年酒业有限责任公司 | 15 | 1741 |
| 82 | 372925169071146 | 山东四君子集团有限公司 | 37 | 1735 |
| 83 | 500101666442550 | 重庆诗仙太白酒业（集团）有限公司 | 50 | 1724 |
| 84 | 450324200040218 | 桂林湘山酒业有限公司 | 45 | 1714 |
| 85 | 142334112360000 | 山西杏花村汾酒集团有限责任公司 | 14 | 1706 |
| 86 | 370881661992924 | 曲阜孔府家酒酿造有限公司 | 37 | 1698 |
| 87 | 12022510307095X | 天津渔阳酒业有限责任公司 | 12 | 1670 |
| 88 | 130823769803857 | 承德避暑山庄企业集团酒业有限公司 | 13 | 1651 |
| 89 | 130528107500507 | 河北泥坑酒业有限责任公司 | 13 | 1572 |
| 90 | 330125704208854 | 杭州神旺食品有限公司 | 33 | 1536 |
| 91 | 654025930661294 | 伊犁肖尔布拉克酒业有限责任公司 | 65 | 1504 |
| 92 | 370284264627210 | 青岛琅琊台集团股份有限公司 | 37 | 1497 |
| 93 | 411327732471836 | 河南赊店酒业有限公司 | 41 | 1467 |
| 94 | 370781169377516 | 山东青州云门酒业（集团）有限公司 | 37 | 1452 |
| 95 | 370321746571029 | 山东黄河龙集团有限公司 | 37 | 1452 |
| 96 | 32062172443527X | 江苏品王酒业集团股份有限公司 | 32 | 1439 |
| 97 | 152301115822944 | 内蒙古蒙古王酒业有限公司 | 15 | 1430 |
| 98 | 520382730966958 | 贵州茅台酒厂（集团）保健酒业有限公司 | 52 | 1412 |
| 99 | 130902106601672 | 沧州市制酒厂 | 13 | 1381 |
| 100 | 140622111712457 | 山西梨花春酿酒集团有限公司 | 14 | 1378 |

# 全国软件业纳税百强排行榜

单位：万元

| 序号 | 企业代码 | 企业名称 | 地区 | 实纳税额 |
|---|---|---|---|---|
| 1 | 440307783946512 | 深圳市华为技术软件有限公司 | 44 | 31731 |
| 2 | 320114777023172 | 华为软件技术有限公司 | 32 | 27421 |
| 3 | 440301752508472 | 深圳市中兴软件有限责任公司 | 44 | 27229 |
| 4 | 110108625903832 | 甲骨文（中国）软件系统有限公司 | 11 | 25942 |
| 5 | 310115607366949 | 上海国际商业机器工程技术有限公司 | 31 | 24852 |
| 6 | 320114787141375 | 南京中兴软件有限责任公司 | 32 | 21337 |
| 7 | 110108600040399 | 微软（中国）有限公司 | 11 | 20846 |
| 8 | 110108600037325 | 思爱普（北京）软件系统有限公司 | 11 | 18017 |
| 9 | 210132604608172 | 东软集团股份有限公司 | 21 | 13547 |
| 10 | 110108795101314 | 谷歌信息技术（中国）有限公司 | 11 | 13140 |
| 11 | 110108772551611 | 腾讯科技（北京）有限公司 | 11 | 12146 |
| 12 | 110108801144602 | 北京安博在线软件有限公司 | 11 | 11867 |
| 13 | 440106741888131 | 广州网易互动娱乐有限公司 | 44 | 10297 |
| 14 | 120115757602388 | 腾讯数码（天津）有限公司 | 12 | 10274 |
| 15 | 310115775785552 | 百度（中国）有限公司 | 31 | 9720 |
| 16 | 310115747641447 | 携程旅游信息技术（上海）有限公司 | 31 | 9106 |
| 17 | 310115607280598 | 上海宝信软件股份有限公司 | 31 | 7684 |
| 18 | 440106755585983 | 广州博冠信息科技有限公司 | 44 | 7399 |
| 19 | 110107666279917 | 北京畅游时代数码技术有限公司 | 11 | 7360 |
| 20 | 110108600001760 | 用友软件股份有限公司 | 11 | 6833 |
| 21 | 110105739350746 | 北京中电华大电子设计有限责任公司 | 11 | 6541 |
| 22 | 310109607417785 | 西门子产品管理软件（上海）有限公司 | 31 | 6539 |
| 23 | 310115631587178 | 上海盛大网络发展有限公司 | 31 | 5808 |
| 24 | 440106618514927 | 广州网易计算机系统有限公司 | 44 | 5471 |
| 25 | 110108760146299 | 北京完美时空网络技术有限公司 | 11 | 5382 |
| 26 | 350105746378376 | 福建天晴数码有限公司 | 35 | 4965 |
| 27 | 320111768166657 | 南京盛大网络发展有限公司 | 32 | 4729 |
| 28 | 110108801145015 | 北京联想软件有限公司 | 11 | 4685 |
| 29 | 310115734572833 | 银联商务有限公司 | 31 | 4677 |
| 30 | 110108722603532 | 北京交大微联科技有限公司 | 11 | 4576 |
| 31 | 51019878811386X | 成都金山数字娱乐科技有限公司 | 51 | 4475 |
| 32 | 310103X07245932 | 思爱普（北京）软件系统有限公司上海分公司 | 31 | 4343 |
| 33 | 310108791487395 | 恩智浦半导体（上海）有限公司 | 31 | 4030 |
| 34 | 110108733458879 | 北京同方微电子有限公司 | 11 | 3757 |

续表

| 序号 | 企业代码 | 企业名称 | 地区 | 实纳税额 |
|---|---|---|---|---|
| 35 | 210211241765653 | 大连华信计算机技术股份有限公司 | 21 | 3746 |
| 36 | 440301723049318 | 卓望数码技术（深圳）有限公司 | 44 | 3743 |
| 37 | 110107802085421 | 北京易华录信息技术股份有限公司 | 11 | 3488 |
| 38 | 440300788345126 | 博采林电子科技（深圳）有限公司 | 44 | 3447 |
| 39 | 11010875820340X | 赛门铁克软件（北京）有限公司 | 11 | 3439 |
| 40 | 110105600088173 | 北京乐金系统集成有限公司 | 11 | 3284 |
| 41 | 440301774123469 | 深圳中兴力维技术有限公司 | 44 | 3283 |
| 42 | 110108762152377 | 北京视博数字电视技术有限公司 | 11 | 3277 |
| 43 | 330165754400107 | 杭州和利时自动化有限公司 | 33 | 3254 |
| 44 | 310114772120643 | 百度在线网络技术有限公司上海分公司 | 31 | 3070 |
| 45 | 110108600042650 | 亚信科技（中国）有限公司 | 11 | 3070 |
| 46 | 440106788923141 | 汇丰软件开发（广东）有限公司 | 44 | 3038 |
| 47 | 110108102019669 | 北京市华铁信息技术开发总公司 | 11 | 2863 |
| 48 | 210204751587658 | 国际商业机器科技（深圳）公司大连分公司 | 21 | 2744 |
| 49 | 110108766260666 | 航天信息系统工程（北京）有限公司 | 11 | 2714 |
| 50 | 310115747253671 | 上证所信息网络有限公司 | 31 | 2643 |
| 51 | 110108102043722 | 中国软件与技术服务股份有限公司 | 11 | 2605 |
| 52 | 330193253932914 | 恒生电子股份有限公司 | 33 | 2580 |
| 53 | 350111733599532 | 福州瑞芯微电子有限公司 | 35 | 2518 |
| 54 | 440301618839254 | 金蝶软件（中国）有限公司 | 44 | 2487 |
| 55 | 110105717740495 | 三星数据系统（中国）有限公司 | 11 | 2467 |
| 56 | 110108717745819 | 北京高阳圣思园信息技术有限公司 | 11 | 2427 |
| 57 | 411001755150269 | 许昌许继软件技术有限公司 | 41 | 2405 |
| 58 | 310105773278100 | 携程旅游网络技术（上海）有限公司 | 31 | 2387 |
| 59 | 110108769350720 | 同方知网（北京）技术有限公司 | 11 | 2385 |
| 60 | 11010876420170X | 文思创新软件技术有限公司 | 11 | 2329 |
| 61 | 110108600059903 | 日电信息系统（中国）有限公司 | 11 | 2318 |
| 62 | 350102611301021 | 福建富士通信息软件有限公司 | 35 | 2261 |
| 63 | 440300279332044 | 深圳市网域计算机网络有限公司 | 44 | 2248 |
| 64 | 110108756011228 | 北京天拓天宝科技有限公司 | 11 | 2226 |
| 65 | 330194719572798 | 浙江建达科技股份有限公司 | 33 | 2222 |
| 66 | 11010860004164X | 北京北大方正电子有限公司 | 11 | 2200 |
| 67 | 310230744918981 | 上海欣能信息科技发展有限公司 | 31 | 2177 |
| 68 | 131011754030759 | 廊坊新奥软件科技有限公司 | 13 | 2152 |
| 69 | 44030177411428X | 深圳市元征软件开发有限公司 | 44 | 2125 |
| 70 | 110108762962441 | 北京永新视博数字电视技术有限公司 | 11 | 2023 |
| 71 | 110108773350846 | 北京鼎事兴教育咨询有限公司 | 11 | 2010 |

续表

| 序号 | 企业代码 | 企业名称 | 地区 | 实纳税额 |
|---|---|---|---|---|
| 72 | 110114726376752 | 高德软件有限公司 | 11 | 1976 |
| 73 | 11010578481938X | 北京兴大豪信息技术有限公司 | 11 | 1974 |
| 74 | 110108101205304 | 北京和利时系统工程有限公司 | 11 | 1956 |
| 75 | 110108801146341 | 北京先进数通信息技术有限公司 | 11 | 1935 |
| 76 | 310104X07250301 | 微软（中国）有限公司上海分公司 | 31 | 1911 |
| 77 | 110192788601492 | 联通系统集成有限公司 | 11 | 1889 |
| 78 | 110108745467123 | 北京四维图新科技股份有限公司 | 11 | 1883 |
| 79 | 440401739886858 | 珠海翔翼航空技术有限公司 | 44 | 1869 |
| 80 | 310106729393785 | 亿迅（中国）软件有限公司 | 31 | 1854 |
| 81 | 440301782786553 | 捷开通讯（深圳）有限公司 | 44 | 1850 |
| 82 | 110108761434217 | 世纪丽康（北京）科技有限公司 | 11 | 1820 |
| 83 | 210211792041854 | 大连海工装备技术有限公司 | 21 | 1777 |
| 84 | 51010663314141X | 成都三泰电子实业股份有限公司 | 51 | 1764 |
| 85 | 110106749357597 | 北京智控美信信息技术有限公司 | 11 | 1727 |
| 86 | 11010870000837X | 全美测评软件系统（北京）有限公司 | 11 | 1723 |
| 87 | 440301708456361 | 阿尔斯通创为实技术发展（深圳）有限公司 | 44 | 1719 |
| 88 | 320106765283321 | 南京朗讯科技通信有限公司 | 32 | 1704 |
| 89 | 110108773350838 | 北京砍石高科技有限公司 | 11 | 1700 |
| 90 | 110107666905121 | 北京畅游天下网络技术有限公司 | 11 | 1674 |
| 91 | 44040170778462X | 珠海优特电力科技股份有限公司 | 44 | 1644 |
| 92 | 110105717740401 | 安捷伦科技软件有限公司 | 11 | 1620 |
| 93 | 110105600087330 | 毕益辉系统（中国）有限公司 | 11 | 1595 |
| 94 | 110108722618881 | 北京东华合创数码科技股份有限公司 | 11 | 1567 |
| 95 | 51019870927392X | 成都卫士通信息产业股份有限公司 | 51 | 1558 |
| 96 | 110108600035637 | 中讯计算机系统（北京）有限公司 | 11 | 1547 |
| 97 | 510198732356360 | 亚信科技（成都）有限公司 | 51 | 1542 |
| 98 | 530112709763144 | 昆明昆船物流信息产业有限公司 | 53 | 1497 |
| 99 | 320200661313725 | 无锡软件产业发展有限公司 | 32 | 1491 |
| 100 | 370102705957005 | 山东中创软件工程股份有限公司 | 37 | 1491 |

# 全国日用化学品制造业纳税百强排行榜

单位：万元

| 序号 | 企业代码 | 企业名称 | 地区 | 实纳税额 |
|---|---|---|---|---|
| 1 | 440101618404218 | 广州宝洁有限公司 | 44 | 389537 |
| 2 | 440101618419487 | 安利（中国）日用品有限公司 | 44 | 301402 |
| 3 | 310043710938474 | 上海赛科石油化工有限责任公司 | 31 | 56583 |
| 4 | 31011260727223X | 强生（中国）有限公司 | 31 | 47094 |
| 5 | 340104607408459 | 联合利华（中国）有限公司 | 34 | 33307 |
| 6 | 440101618478401 | 安美特（中国）化学有限公司 | 44 | 21859 |
| 7 | 310229607299782 | 妮维雅（上海）有限公司 | 31 | 19897 |
| 8 | 321700754637964 | 优美科汽车催化剂（苏州）有限公司 | 32 | 19287 |
| 9 | 429004757003107 | 湖北丝宝日化有限公司 | 42 | 10603 |
| 10 | 310115607202864 | 上海庄臣有限公司 | 31 | 10044 |
| 11 | 420114711931055 | 丝宝精细化工（武汉）有限公司 | 42 | 9760 |
| 12 | 310226607335456 | 帝斯曼维生素（上海）有限公司 | 31 | 8369 |
| 13 | 411330796786781 | 桐柏安棚碱矿有限责任公司碱业分公司 | 41 | 8215 |
| 14 | 310115607372126 | 默克化工科技（上海）有限公司 | 31 | 8041 |
| 15 | 440401743661301 | 珠海联成化学工业有限公司 | 44 | 6751 |
| 16 | 120113600572512 | 天津长捷化工有限公司 | 12 | 6581 |
| 17 | 130611106060159 | 河北康达有限公司 | 13 | 6527 |
| 18 | 510182723425301 | 成都华融化工有限公司 | 51 | 6221 |
| 19 | 321101729022378 | 汽巴精化（江苏）有限公司 | 32 | 6106 |
| 20 | 320281703520088 | 南荣石油化工（江阴）有限公司 | 32 | 5601 |
| 21 | 44011272562876X | 广州蓝月亮实业有限公司 | 44 | 5550 |
| 22 | 440101708308131 | 广州安利日用品制造有限公司 | 44 | 4281 |
| 23 | 320704731174602 | 罗盖特（中国）精细化工有限公司 | 32 | 4167 |
| 24 | 310115607401054 | 庄臣泰华施贸易（上海）有限公司 | 31 | 4112 |
| 25 | 37230876873903X | 山东省博兴县恒利工贸有限公司 | 37 | 4098 |
| 26 | 120115600542970 | 威娜化妆品（中国）有限公司 | 12 | 3972 |
| 27 | 320200607913527 | 无锡罗地亚精细化工有限公司 | 32 | 3951 |
| 28 | 120116764342553 | 天津新龙桥工程塑料有限公司 | 12 | 3848 |
| 29 | 411000615100091 | 天昌国际烟草有限公司 | 41 | 3838 |
| 30 | 350402155598086 | 三明市三钢煤化工有限公司 | 35 | 3720 |
| 31 | 321700718581713 | 贝侬生化（苏州工业园区）有限公司 | 32 | 3627 |
| 32 | 320112608948174 | 沙索（中国）化学有限公司 | 32 | 3468 |
| 33 | 120111600892567 | 天津宝洁工业有限公司 | 12 | 3402 |
| 34 | 310226607223817 | 上海福新化工有限公司 | 31 | 3313 |

续表

| 序号 | 企业代码 | 企业名称 | 地区 | 实纳税额 |
|---|---|---|---|---|
| 35 | 310112607211242 | 上海环球分子筛有限公司 | 31 | 3184 |
| 36 | 440112723773883 | 广州天赐高新材料股份有限公司 | 44 | 3181 |
| 37 | 350505158165964 | 福建湄洲湾氯碱工业有限公司 | 35 | 3092 |
| 38 | 440783617755497 | 罗赛洛（广东）明胶有限公司 | 44 | 3089 |
| 39 | 532301709823549 | 云南燃二化工有限公司 | 53 | 2949 |
| 40 | 310228132154909 | 上海奥科化学品有限公司 | 31 | 2855 |
| 41 | 45020419863549X | 柳州市两面针旅游用品厂 | 45 | 2848 |
| 42 | 37078376003350X | 山东天力药业有限公司 | 37 | 2727 |
| 43 | 110112600006983 | 北京宝洁洗涤用品有限公司 | 11 | 2538 |
| 44 | 320200607974223 | 脱普日用化学品（中国）有限公司 | 32 | 2467 |
| 45 | 320114249703633 | 南京格灵化工有限公司 | 32 | 2377 |
| 46 | 469023760375059 | 上海家化海南日用化学品有限公司 | 46 | 2308 |
| 47 | 31011260722975X | 上海花王有限公司 | 31 | 2286 |
| 48 | 330702757051088 | 浙江忠鹏化工有限公司 | 33 | 2232 |
| 49 | 442000617592747 | 广东中山爱美高特种化工有限公司 | 44 | 2166 |
| 50 | 310112607330604 | 上海花王化学有限公司 | 31 | 2165 |
| 51 | 310227762643096 | 路博润特种化工制造（上海）有限公司 | 31 | 2162 |
| 52 | 320601720586820 | 江苏东洋之花化妆品股份有限公司 | 32 | 2052 |
| 53 | 440301618810005 | 深圳华美电镀技术有限公司 | 44 | 2011 |
| 54 | 320400137191821 | 江苏庄臣同大有限公司 | 32 | 1980 |
| 55 | 321027608802335 | 江苏三笑集团有限公司 | 32 | 1923 |
| 56 | 442000734992539 | 中山市嘉丹婷日用品有限公司 | 44 | 1897 |
| 57 | 310229787229174 | 贝亲母婴用品（上海）有限公司 | 31 | 1894 |
| 58 | 350802158166457 | 福建红狼实业有限责任公司 | 35 | 1858 |
| 59 | 32083171158660X | 江苏爱特福气雾剂有限公司 | 32 | 1778 |
| 60 | 44030661890815X | 深圳市彩虹精细化工股份有限公司 | 44 | 1771 |
| 61 | 440582707646227 | 广东熊猫日化用品有限公司 | 44 | 1770 |
| 62 | 441900618353422 | 东莞宝丽美化工有限公司 | 44 | 1752 |
| 63 | 211004121993766 | 辽阳石油化纤公司亿方工业公司 | 21 | 1650 |
| 64 | 14011575154763X | 玫琳凯（中国）化妆品有限公司山西分公司 | 14 | 1609 |
| 65 | 440901771887180 | 茂名实华东升化工有限公司 | 44 | 1573 |
| 66 | 32020076829267X | 无锡润奥动力机械实业有限公司 | 32 | 1564 |
| 67 | 610198294468417 | 西安开米股份有限公司 | 61 | 1531 |
| 68 | 440682712339782 | 佛山市南海霸力化工制品有限公司 | 44 | 1501 |
| 69 | 650106763789409 | 新疆金石沥青股份有限公司 | 65 | 1479 |
| 70 | 510108201940154 | 成都光明光电股份有限公司 | 51 | 1474 |
| 71 | 310229762617920 | 三养工程塑料（上海）有限公司 | 31 | 1383 |

续表

| 序号 | 企业代码 | 企业名称 | 地区 | 实纳税额 |
|---|---|---|---|---|
| 72 | 421182180414357 | 湖北祥云（集团）化工股份有限公司 | 42 | 1378 |
| 73 | 360502767027313 | 新余新钢气体有限责任公司 | 36 | 1373 |
| 74 | 33072314751660X | 浙江正点实业有限公司 | 33 | 1362 |
| 75 | 320925140613466 | 江苏克胜集团股份有限公司 | 32 | 1358 |
| 76 | 442000794604876 | 中山榄菊日化实业有限公司 | 44 | 1317 |
| 77 | 442000618127548 | 泰华施利华清洁用品广东有限公司 | 44 | 1306 |
| 78 | 210403732305651 | 抚顺北方化工有限责任公司 | 21 | 1279 |
| 79 | 440301767572119 | 林德气体（深圳）有限公司 | 44 | 1253 |
| 80 | 441283735033073 | 太尔胶粘剂（广东）有限公司 | 44 | 1218 |
| 81 | 310115703012163 | 普莱克斯（上海）半导体气体有限公司 | 31 | 1201 |
| 82 | 330681146290688 | 李字实业集团有限公司 | 33 | 1129 |
| 83 | 120115600558796 | 比欧西气体（天津）有限公司 | 12 | 1126 |
| 84 | 320621796132171 | 江苏天成生化制品有限公司 | 32 | 1122 |
| 85 | 522701722103239 | 贵州宏福剑峰化工股份有限公司 | 52 | 1113 |
| 86 | 420502707097096 | 宜昌新美国际化妆品有限公司 | 42 | 1094 |
| 87 | 331003148198797 | 浙江章华保健美发实业有限公司 | 33 | 1069 |
| 88 | 320581142022782 | 江苏天泽化工有限公司 | 32 | 1063 |
| 89 | 14232270112484X | 文水县振兴化肥有限公司 | 14 | 1061 |
| 90 | 330181743493109 | 杭州传化花王有限公司 | 33 | 1052 |
| 91 | 152301776115593 | 内蒙古霍煤通顺碳素有限责任公司 | 15 | 1038 |
| 92 | 610822713558143 | 天桥集团府谷电石股份有限公司第一分公司 | 61 | 1009 |
| 93 | 440101726824842 | 特普莱（广州）科技电池有限公司 | 44 | 1006 |
| 94 | 320585758965762 | 苏州泰珠科技发展有限公司 | 32 | 964 |
| 95 | 33018175174780X | 浙江胜达祥伟化工有限公司 | 33 | 961 |
| 96 | 37028375692924X | 青岛黄金铅锌开发有限公司 | 37 | 925 |
| 97 | 331082147953906 | 临海市利民化工有限公司 | 33 | 923 |
| 98 | 440301774116808 | 深圳誉通石化科技有限公司 | 44 | 922 |
| 99 | 330305145062026 | 浙江俊尔新材料有限公司 | 33 | 918 |
| 100 | 440191716352765 | 广州温雅日用化妆品有限公司 | 44 | 917 |

# 全国汽车制造业纳税百强排行榜

单位：万元

| 序号 | 企业代码 | 企业名称 | 地区 | 实纳税额 |
|---|---|---|---|---|
| 1 | 220104605120697 | 一汽－大众汽车有限公司 | 22 | 930128 |
| 2 | 310046607371748 | 上海通用汽车有限公司 | 31 | 720529 |
| 3 | 120115710939151 | 天津一汽丰田汽车有限公司 | 12 | 675629 |
| 4 | 310046607200463 | 上海大众汽车有限公司 | 31 | 571398 |
| 5 | 440194717852200 | 广州丰田汽车有限公司 | 44 | 513123 |
| 6 | 440112708263885 | 广州本田汽车有限公司 | 44 | 498305 |
| 7 | 420101616401865 | 东风本田汽车有限公司 | 42 | 471415 |
| 8 | 440114749934315 | 东风汽车有限公司东风日产乘用车公司 | 44 | 395501 |
| 9 | 500904709375109 | 长安福特马自达汽车有限公司 | 50 | 393980 |
| 10 | 510108713006509 | 四川一汽丰田汽车有限公司 | 51 | 358864 |
| 11 | 110222710935986 | 北京现代汽车有限公司 | 11 | 285973 |
| 12 | 210104746494975 | 华晨宝马汽车有限公司 | 21 | 263537 |
| 13 | 110192600003205 | 北京奔驰－戴姆勒·克莱斯勒汽车有限公司 | 11 | 213920 |
| 14 | 420101616412935 | 神龙汽车有限公司 | 42 | 211110 |
| 15 | 220104244976413 | 一汽轿车股份有限公司 | 22 | 158813 |
| 16 | 440114732987664 | 广州风神汽车有限公司 | 44 | 144341 |
| 17 | 450200708731386 | 上汽通用五菱汽车股份有限公司 | 45 | 125234 |
| 18 | 320901608606625 | 东风悦达起亚汽车有限公司 | 32 | 117963 |
| 19 | 210104604606804 | 上海通用（沈阳）北盛汽车有限公司 | 21 | 116067 |
| 20 | 220104776551133 | 四川一汽丰田汽车有限公司长春丰越公司 | 22 | 76344 |
| 21 | 500902621900167 | 重庆长安铃木汽车有限公司 | 50 | 75424 |
| 22 | 420601735211503 | 风神襄樊汽车有限公司 | 42 | 74187 |
| 23 | 360108612446943 | 江铃汽车股份有限公司 | 36 | 66286 |
| 24 | 370602710936591 | 上海通用东岳汽车有限公司 | 37 | 65079 |
| 25 | 430121183802099 | 湖南长丰汽车制造股份有限公司 | 43 | 61377 |
| 26 | 350121611007201 | 东南（福建）汽车工业有限公司 | 35 | 59768 |
| 27 | 210104604603259 | 沈阳华晨金杯汽车有限公司 | 21 | 56944 |
| 28 | 340123733037089 | 安徽江淮汽车股份有限公司商务车分公司 | 34 | 55269 |
| 29 | 50010520286320X | 重庆长安汽车股份有限公司 | 50 | 49033 |
| 30 | 110227742624357 | 北汽福田汽车股份有限公司北京欧曼重型汽车厂 | 11 | 43466 |
| 31 | 320102608942178 | 南京依维柯汽车有限公司 | 32 | 43335 |
| 32 | 420101717869088 | 东风汽车有限公司 | 42 | 37029 |
| 33 | 431103768004930 | 湖南长丰汽车制造股份有限公司永州分公司 | 43 | 34482 |
| 34 | 410104170001401 | 郑州宇通客车股份有限公司 | 41 | 33548 |

续表

| 序号 | 企业代码 | 企业名称 | 地区 | 实纳税额 |
|---|---|---|---|---|
| 35 | 460100760375980 | 一汽海马汽车有限公司 | 46 | 32752 |
| 36 | 610190294204008 | 比亚迪汽车有限公司 | 61 | 32463 |
| 37 | 410122614712838 | 郑州日产汽车有限公司 | 41 | 31669 |
| 38 | 420301751003819 | 东风汽车有限公司东风商用车公司 | 42 | 30136 |
| 39 | 450200198606509 | 东风柳州汽车有限公司 | 45 | 28743 |
| 40 | 370103706266513 | 中国重汽集团济南卡车股份有限公司 | 37 | 27805 |
| 41 | 371082724251075 | 荣成华泰汽车有限公司 | 37 | 26576 |
| 42 | 321081785971412 | 上海汽车集团股份有限公司乘用车仪征分公司 | 32 | 24527 |
| 43 | 500902621909196 | 庆铃汽车股份有限公司 | 50 | 22358 |
| 44 | 320121671342351 | 上海大众汽车有限公司南京分公司 | 32 | 22088 |
| 45 | 120114103071899 | 天津一汽夏利汽车股份有限公司 | 12 | 20666 |
| 46 | 36020161271096X | 江西昌河铃木汽车有限责任公司 | 36 | 17825 |
| 47 | 310046132260250 | 上海汽车集团股份有限公司 | 31 | 17165 |
| 48 | 330206734272689 | 浙江吉利美日汽车有限公司 | 33 | 16371 |
| 49 | 42060670689187X | 东风汽车股份有限公司 | 42 | 16287 |
| 50 | 370206163567343 | 一汽解放青岛汽车厂 | 37 | 16135 |
| 51 | 220106743028725 | 一汽解放汽车有限公司 | 22 | 13594 |
| 52 | 130682738724320 | 河北长安汽车有限公司 | 13 | 13043 |
| 53 | 610197741272070 | 陕西重型汽车有限公司 | 61 | 11968 |
| 54 | 500111745344545 | 上汽依维柯红岩商用车有限公司 | 50 | 11588 |
| 55 | 360108612411441 | 江铃五十铃汽车有限公司 | 36 | 10884 |
| 56 | 110108710933948 | 中国南方工业汽车股份有限公司 | 11 | 10746 |
| 57 | 150240626441422 | 内蒙古北方重型汽车股份有限公司 | 15 | 9640 |
| 58 | 370782869746386 | 北汽福田汽车股份有限公司诸城汽车厂 | 37 | 9506 |
| 59 | 420101100011516 | 东风汽车公司 | 42 | 9053 |
| 60 | 310114717855401 | 上海大众动力总成有限公司 | 31 | 8971 |
| 61 | 37018172624213X | 中国重汽集团济南商用车有限公司 | 37 | 8415 |
| 62 | 331004759093054 | 浙江豪情汽车制造有限公司第一汽车制造分公司 | 33 | 7924 |
| 63 | 530111713404849 | 昆明云内动力股份有限公司 | 53 | 7703 |
| 64 | 420302751016046 | 东风渝安车辆有限公司 | 42 | 7637 |
| 65 | 210603744314221 | 丹东黄海汽车有限责任公司 | 21 | 7546 |
| 66 | 310046710939282 | 上海申沃客车有限公司 | 31 | 6787 |
| 67 | 510112201933587 | 成都一汽汽车有限责任公司 | 51 | 5994 |
| 68 | 152703776105272 | 荣成华泰汽车有限公司鄂尔多斯市分公司 | 15 | 5829 |
| 69 | 532901763872771 | 云南力帆骏马车辆有限公司 | 53 | 5787 |
| 70 | 500904784204182 | 重庆力帆乘用车有限公司 | 50 | 5701 |
| 71 | 44030066415933X | 比亚迪汽车有限公司深圳分公司 | 44 | 5555 |

续表

| 序号 | 企业代码 | 企业名称 | 地区 | 实纳税额 |
|---|---|---|---|---|
| 72 | 370782796192756 | 北汽福田汽车股份有限公司诸城奥铃汽车厂 | 37 | 5446 |
| 73 | 320124721760296 | 南京长安汽车有限公司 | 32 | 5437 |
| 74 | 220211124483278 | 一汽吉林汽车有限公司 | 22 | 5109 |
| 75 | 230198607161978 | 哈飞汽车股份有限公司 | 23 | 4664 |
| 76 | 370783165718774 | 山东凯马汽车制造有限公司 | 37 | 4649 |
| 77 | 320106733162445 | 南京汽车集团有限公司 | 32 | 4326 |
| 78 | 450300619384511 | 桂林大宇客车有限公司 | 45 | 3805 |
| 79 | 512002206800468 | 资阳市南骏汽车有限责任公司 | 51 | 3766 |
| 80 | 330784781849807 | 成都新大地汽车有限责任公司永康众泰分公司 | 33 | 3744 |
| 81 | 420606722040434 | 东风襄樊旅行车有限公司 | 42 | 3736 |
| 82 | 110105710939119 | 沃尔沃（中国）投资有限公司 | 11 | 3691 |
| 83 | 440114781238731 | 东风汽车有限公司东风日产发动机分公司 | 44 | 3549 |
| 84 | 430121712155924 | 北汽福田汽车股份有限公司长沙汽车厂 | 43 | 3546 |
| 85 | 360107787250192 | 江铃控股有限公司陆风分厂 | 36 | 3524 |
| 86 | 500112750087889 | 重庆恒通客车有限公司 | 50 | 3291 |
| 87 | 420301744612130 | 东风（十堰）特种商用车有限公司 | 42 | 3220 |
| 88 | 370105614140905 | 中国重型汽车集团有限公司 | 37 | 3148 |
| 89 | 610390735380518 | 宝鸡华山工程车辆有限责任公司 | 61 | 3137 |
| 90 | 330702726627232 | 青年汽车集团有限公司 | 33 | 3127 |
| 91 | 320121771256469 | 长安福特马自达汽车有限公司南京公司 | 32 | 3126 |
| 92 | 510500744681558 | 四川长江工程起重机有限责任公司 | 51 | 3119 |
| 93 | 610114623101502 | 西安西沃客车有限公司 | 61 | 3102 |
| 94 | 440101753466358 | 本田汽车（中国）有限公司 | 44 | 3090 |
| 95 | 330702609710301 | 金华青年汽车制造有限公司 | 33 | 3021 |
| 96 | 370684792453955 | 包头北奔重型汽车有限公司蓬莱分公司 | 37 | 3008 |
| 97 | 340104661431182 | 合肥昌河汽车有限责任公司 | 34 | 3007 |
| 98 | 110222748819710 | 北京汽车制造厂有限公司顺义汽车厂 | 11 | 3000 |
| 99 | 150230239895862 | 包头北奔重型汽车有限公司 | 15 | 2799 |
| 100 | 360401759960963 | 江西昌河铃木汽车有限责任公司九江分公司 | 36 | 2793 |

# 全国啤酒制造业纳税百强排行榜

单位：万元

| 序号 | 企业代码 | 企业名称 | 地区 | 实纳税额 |
|---|---|---|---|---|
| 1 | 370202163615667 | 青岛啤酒股份有限公司 | 37 | 86029 |
| 2 | 35030373565446X | 英博雪津啤酒有限公司 | 35 | 50396 |
| 3 | 440101745962482 | 广州珠江啤酒股份有限公司 | 44 | 47593 |
| 4 | 110222633646901 | 北京燕京啤酒股份有限公司 | 11 | 39095 |
| 5 | 450300198857017 | 燕京啤酒（桂林漓泉）股份有限公司 | 45 | 29874 |
| 6 | 420101616400141 | 百威（武汉）国际啤酒有限公司 | 42 | 29260 |
| 7 | 210106604608201 | 华润雪花啤酒（辽宁）有限公司 | 21 | 21733 |
| 8 | 500905202823566 | 重庆啤酒股份有限公司 | 50 | 20366 |
| 9 | 610112294463050 | 青岛啤酒西安汉斯集团有限公司 | 61 | 19241 |
| 10 | 230190607170460 | 哈尔滨啤酒有限公司 | 23 | 19000 |
| 11 | 350521158164558 | 福建省燕京惠泉啤酒股份有限公司 | 35 | 18077 |
| 12 | 330181142936883 | 华润雪花啤酒（浙江）有限公司 | 33 | 17639 |
| 13 | 420112616432207 | 华润雪花啤酒（武汉）有限公司 | 42 | 16072 |
| 14 | 220302791137723 | 四平金士百啤酒股份有限公司 | 22 | 13104 |
| 15 | 440683719230085 | 青岛啤酒（三水）有限公司 | 44 | 12174 |
| 16 | 371328787157529 | 山东新银麦啤酒有限公司 | 37 | 11780 |
| 17 | 440306618841899 | 深圳青岛啤酒朝日有限公司 | 44 | 11400 |
| 18 | 220203702205174 | 华润雪花啤酒（吉林）有限公司 | 22 | 10622 |
| 19 | 370212718067714 | 青岛啤酒第五有限公司 | 37 | 10598 |
| 20 | 331023761314530 | 浙江英博石梁啤酒有限公司 | 33 | 10362 |
| 21 | 440421712237858 | 青岛啤酒（珠海）有限公司 | 44 | 10141 |
| 22 | 36010861244928X | 南昌亚洲啤酒有限公司 | 36 | 10071 |
| 23 | 32048173252108X | 重庆啤酒集团常州天目湖啤酒有限公司 | 32 | 10055 |
| 24 | 46010062000810X | 海南亚洲太平洋酿酒有限公司 | 46 | 9932 |
| 25 | 330300609312901 | 英博双鹿啤酒集团有限公司 | 33 | 9837 |
| 26 | 110222802498250 | 北京燕京啤酒股份有限公司一分公司 | 11 | 9375 |
| 27 | 210204726018058 | 大连华润棒棰岛啤酒有限公司 | 21 | 9100 |
| 28 | 370783726217137 | 青岛啤酒（寿光）有限公司 | 37 | 8898 |
| 29 | 21020460485930X | 华润雪花啤酒（大连）有限公司 | 21 | 8858 |
| 30 | 330227254075854 | 浙江英博浙东啤酒有限公司 | 33 | 8567 |
| 31 | 230183727692976 | 华润雪花啤酒（哈尔滨）有限公司 | 23 | 8352 |
| 32 | 210282604822611 | 中粮麦芽（大连）有限公司 | 21 | 8191 |
| 33 | 350403155583917 | 英博雪津（三明）啤酒有限公司 | 35 | 8180 |
| 34 | 620103762398326 | 兰州黄河嘉酿啤酒有限公司 | 62 | 8024 |

续表

| 序号 | 企业代码 | 企业名称 | 地区 | 实纳税额 |
|---|---|---|---|---|
| 35 | 321700608197788 | 华润雪花啤酒（江苏）有限公司 | 32 | 8008 |
| 36 | 34032172333694X | 华润雪花啤酒（安徽）有限公司蚌埠分公司 | 34 | 7918 |
| 37 | 420801615406293 | 英博金龙泉啤酒（湖北）有限公司 | 42 | 7915 |
| 38 | 440682770168176 | 广东燕京啤酒有限公司 | 44 | 7698 |
| 39 | 21028272886934X | 大连大雪啤酒股份有限公司 | 21 | 7660 |
| 40 | 150203239803817 | 燕京啤酒（包头雪鹿）股份有限公司 | 15 | 7630 |
| 41 | 510114709225995 | 华润雪花啤酒（四川）有限公司 | 51 | 7616 |
| 42 | 510703620966375 | 华润雪花啤酒（绵阳）有限公司 | 51 | 7558 |
| 43 | 210301701528350 | 华润雪花啤酒（鞍山）有限公司 | 21 | 7491 |
| 44 | 120113600586447 | 华润雪花啤酒（天津）有限公司 | 12 | 7295 |
| 45 | 450991768941051 | 燕京啤酒（玉林）有限公司 | 45 | 7200 |
| 46 | 33022673699129X | 重庆啤酒集团宁波大梁山有限公司 | 33 | 7081 |
| 47 | 230111781304436 | 华润雪花啤酒（黑龙江）有限公司 | 23 | 7077 |
| 48 | 340104723337854 | 华润雪花啤酒（安徽）有限公司合肥分公司 | 34 | 6992 |
| 49 | 441900765724131 | 华润雪花啤酒（广东）有限公司 | 44 | 6924 |
| 50 | 310112607213598 | 上海亚太酿酒有限公司 | 31 | 6908 |
| 51 | 331122753956154 | 燕京啤酒（浙江仙都）有限公司 | 33 | 6882 |
| 52 | 320400773797752 | 华润雪花啤酒（常州）有限公司 | 32 | 6708 |
| 53 | 320683608369578 | 江苏大富豪啤酒有限公司 | 32 | 6603 |
| 54 | 231090606526701 | 哈尔滨啤酒（牡丹江镜泊）有限公司 | 23 | 6592 |
| 55 | 310227607335042 | 青岛啤酒上海松江有限公司 | 31 | 6320 |
| 56 | 210106604622505 | 华润雪花啤酒（沈阳）有限公司 | 21 | 6244 |
| 57 | 342425760848880 | 华润雪花啤酒（舒城）有限公司 | 34 | 6240 |
| 58 | 210703716458121 | 哈尔滨啤酒（锦州）有限公司 | 21 | 6137 |
| 59 | 150402114793870 | 燕京啤酒（赤峰）有限责任公司 | 15 | 5990 |
| 60 | 220122730754840 | 华润雪花啤酒（长春）有限公司 | 22 | 5904 |
| 61 | 330127704270420 | 杭州千岛湖啤酒有限公司 | 33 | 5882 |
| 62 | 441201617842531 | 肇庆蓝带啤酒有限公司 | 44 | 5829 |
| 63 | 330382145490717 | 浙江英博雁荡山啤酒有限公司 | 33 | 5738 |
| 64 | 341201772820068 | 华润雪花啤酒（阜阳）有限公司 | 34 | 5715 |
| 65 | 510682620898093 | 华润雪花啤酒（德阳）有限公司 | 51 | 5647 |
| 66 | 130103236032199 | 石家庄嘉禾啤酒有限责任公司 | 13 | 5632 |
| 67 | 32058371150466X | 三得利啤酒（昆山）有限公司 | 32 | 5626 |
| 68 | 330195609121064 | 杭州西湖啤酒朝日（股份）有限公司 | 33 | 5616 |
| 69 | 650104722378224 | 新疆乌苏啤酒有限责任公司 | 65 | 5358 |
| 70 | 230602728945955 | 哈尔滨啤酒（大庆晓雪）有限公司 | 23 | 5272 |
| 71 | 130203743434117 | 百威啤酒（唐山）有限公司 | 13 | 5239 |

续表

| 序号 | 企业代码 | 企业名称 | 地区 | 实纳税额 |
|---|---|---|---|---|
| 72 | 441302617897700 | 嘉士伯啤酒（广东）有限公司 | 44 | 5227 |
| 73 | 360111769780974 | 英博雪津（南昌）啤酒有限公司 | 36 | 5156 |
| 74 | 370881613672133 | 燕京啤酒（曲阜三孔）有限责任公司 | 37 | 5130 |
| 75 | 320582704062349 | 江苏张家港酿酒有限公司 | 32 | 5127 |
| 76 | 513401784746838 | 华润雪花啤酒（西昌）有限公司 | 51 | 5088 |
| 77 | 41030361480170X | 洛阳亚洲啤酒有限公司 | 41 | 5072 |
| 78 | 371102613804060 | 青岛啤酒（日照）有限公司 | 37 | 5048 |
| 79 | 110104600025359 | 北京五星青岛啤酒有限公司 | 11 | 4961 |
| 80 | 210403761815941 | 辽宁天湖啤酒有限责任公司 | 21 | 4895 |
| 81 | 330125782385100 | 华润雪花啤酒（杭州）有限公司 | 33 | 4884 |
| 82 | 532901709843750 | 大理啤酒有限公司 | 53 | 4781 |
| 83 | 44030161880000X | 深圳金威啤酒有限公司 | 44 | 4739 |
| 84 | 370902724280036 | 山东泰山啤酒有限公司 | 37 | 4730 |
| 85 | 350221705499817 | 青岛啤酒（厦门）有限公司 | 35 | 4681 |
| 86 | 152123701467332 | 华润雪花啤酒（呼伦贝尔）有限公司 | 15 | 4565 |
| 87 | 230890606542277 | 哈尔滨啤酒（佳木斯佳凤）有限公司 | 23 | 4521 |
| 88 | 370105613204145 | 济南卢堡啤酒有限公司 | 37 | 4498 |
| 89 | 511181723248907 | 华润雪花啤酒（乐山）有限公司 | 51 | 4469 |
| 90 | 211121744313130 | 华润雪花啤酒（盘锦）有限公司 | 21 | 4468 |
| 91 | 152101115239169 | 海拉尔啤酒集团有限责任公司 | 15 | 4449 |
| 92 | 450100619309765 | 南宁青岛啤酒有限公司 | 45 | 4437 |
| 93 | 511002621050924 | 华润雪花啤酒（内江）有限公司 | 51 | 4381 |
| 94 | 370283706486962 | 青岛啤酒第三有限公司 | 37 | 4378 |
| 95 | 440306618924731 | 深圳金威啤酒酿造有限公司 | 44 | 4335 |
| 96 | 610502994962096 | 青岛啤酒渭南有限责任公司 | 61 | 4330 |
| 97 | 320200607912460 | 华润雪花啤酒（无锡）有限公司 | 32 | 4289 |
| 98 | 440401632804138 | 麒麟啤酒（珠海）有限公司 | 44 | 4266 |
| 99 | 320300720618802 | 青岛啤酒（徐州）彭城有限公司 | 32 | 4260 |
| 100 | 640122715051952 | 宁夏西夏嘉酿啤酒有限公司 | 64 | 4150 |

# 全国煤炭及制品批发业纳税百强排行榜

单位：万元

| 序号 | 企业代码 | 企业名称 | 地区 | 实纳税额 |
|---|---|---|---|---|
| 1 | 152701772221612 | 中国神华能源股份有限公司东胜结算部 | 15 | 359728 |
| 2 | 140604811410505 | 平朔煤炭工业公司运销公司 | 14 | 124539 |
| 3 | 110105710934289 | 中国中煤能源股份有限公司 | 11 | 110154 |
| 4 | 120115600539026 | 天津俊安煤焦化工有限公司 | 12 | 102142 |
| 5 | 370403164446404 | 枣庄矿业（集团）有限责任公司 | 37 | 96939 |
| 6 | 310115775768541 | 上海中煤华东有限公司 | 31 | 85065 |
| 7 | 152721767895014 | 中国神华能源股份有限公司准格尔运销公司 | 15 | 30433 |
| 8 | 440106708227390 | 广州大优煤炭销售有限公司 | 44 | 30156 |
| 9 | 450681667025839 | 东兴市金源百和贸易有限公司 | 45 | 29749 |
| 10 | 320322677603110 | 江苏大屯煤炭贸易有限公司 | 32 | 28874 |
| 11 | 140107724600378 | 山西三联正丰国际贸易有限公司 | 14 | 26390 |
| 12 | 411281706779589 | 义马煤业（集团）有限责任公司 | 41 | 25852 |
| 13 | 330206764503935 | 浙江浙能富兴燃料有限公司 | 33 | 25402 |
| 14 | 140581748587294 | 晋城市高平公路煤炭销售有限公司 | 14 | 24329 |
| 15 | 440106190326035 | 广东省电力工业燃料有限公司 | 44 | 22393 |
| 16 | 610821223959550 | 神东天隆集团有限责任公司煤炭运销分公司 | 61 | 21090 |
| 17 | 140116110054915 | 山西焦煤集团国际发展有限公司 | 14 | 20270 |
| 18 | 110106765503013 | 旭阳控股有限公司 | 11 | 19647 |
| 19 | 445122193211647 | 潮州市亚太能源有限公司 | 44 | 18490 |
| 20 | 61020292114093X | 铜川矿务局煤炭运输销售公司 | 61 | 18037 |
| 21 | 440194190524066 | 广州珠江电力燃料有限公司 | 44 | 16895 |
| 22 | 110192769354270 | 北京五矿利国国际贸易有限公司 | 11 | 16373 |
| 23 | 140621770105941 | 山西中煤顺通煤业有限责任公司 | 14 | 16028 |
| 24 | 140624775183287 | 朔州市津生煤业有限公司 | 14 | 15009 |
| 25 | 110105101171669 | 中国煤炭进出口公司 | 11 | 14693 |
| 26 | 140525748598137 | 晋城市泽州公路煤炭销售有限公司 | 14 | 13439 |
| 27 | 440401779988920 | 珠海秦发贸易有限公司 | 44 | 12330 |
| 28 | 140624662379937 | 山西能源产业集团煤炭有限公司怀仁分公司 | 14 | 11994 |
| 29 | 310226797033749 | 上海鑫世纪恒源电力燃料有限公司 | 31 | 11843 |
| 30 | 652701715541310 | 阿拉山口欣克有限责任公司 | 65 | 11779 |
| 31 | 210213787308067 | 大连彤和经贸有限公司 | 21 | 11552 |
| 32 | 140227779558218 | 左云县小京庄煤炭运销有限公司 | 14 | 11176 |
| 33 | 140522748591816 | 晋城市阳城公路煤炭销售有限公司 | 14 | 11040 |
| 34 | 130727757515217 | 阳原国通煤炭运销有限公司 | 13 | 11000 |

续表

| 序号 | 企业代码 | 企业名称 | 地区 | 实纳税额 |
|---|---|---|---|---|
| 35 | 150221670671655 | 神华集团包头矿业有限责任公司运销集装站 | 15 | 10824 |
| 36 | 142302748592552 | 山西大土河国际贸易有限公司 | 14 | 10362 |
| 37 | 321600720656147 | 张家港保税区发源钢铁炉料贸易有限公司 | 32 | 10353 |
| 38 | 140227767144798 | 山西中泰煤业有限公司 | 14 | 10192 |
| 39 | 372324674539352 | 无棣励通物流有限公司 | 37 | 9886 |
| 40 | 140507767106628 | 晋东南铁路煤炭销售有限公司晋城分公司 | 14 | 9847 |
| 41 | 440205617441308 | 韶关市宜达燃料开发有限公司 | 44 | 9829 |
| 42 | 35010215815822X | 国投京闽（福建）工贸有限公司 | 35 | 9543 |
| 43 | 320281784367360 | 江阴市运河燃料有限公司 | 32 | 9504 |
| 44 | 140227111740685 | 大同市旧高山煤炭集运站 | 14 | 9350 |
| 45 | 520100766084623 | 永贵能源开发有限责任公司 | 52 | 8967 |
| 46 | 150102114121476 | 内蒙古集通铁路（集团）有限责任公司 | 15 | 8828 |
| 47 | 150202772242480 | 内蒙古伊泰集团有限公司东兴发运站 | 15 | 8762 |
| 48 | 310103134545591 | 上海神华煤炭运销有限公司 | 31 | 8679 |
| 49 | 140624781041365 | 山西中联煤业有限公司 | 14 | 7889 |
| 50 | 140111748566557 | 山西焦炭集团国际贸易有限公司 | 14 | 7721 |
| 51 | 14062466041548X | 怀仁县联顺玺达煤炭销售有限公司 | 14 | 7559 |
| 52 | 131028796586958 | 河北瑞兴燃料有限公司 | 13 | 7534 |
| 53 | 140624111833531 | 怀仁县南窑煤业有限责任公司 | 14 | 7451 |
| 54 | 140211776738539 | 大同市南郊区塔山煤炭集运站 | 14 | 7347 |
| 55 | 140624811416042 | 山西省朔州矿业公司金沙滩煤炭集运站 | 14 | 7151 |
| 56 | 130727760305915 | 阳原县苏原煤炭经销有限责任公司 | 13 | 7139 |
| 57 | 140107788531033 | 山西华运能源发展集团有限公司 | 14 | 7107 |
| 58 | 14233411231037X | 山西省煤炭运销总公司吕梁分公司 | 14 | 6978 |
| 59 | 140111739338771 | 山西省焦炭集团有限责任公司 | 14 | 6792 |
| 60 | 140621736321181 | 大同煤矿集团朔州矿业公司岱岳运销站 | 14 | 6602 |
| 61 | 140211110519145 | 山西能源产业集团公司大同南郊集运站 | 14 | 6504 |
| 62 | 140624662358298 | 山西经路源工贸有限公司 | 14 | 6457 |
| 63 | 152627752578876 | 内蒙古华盛煤炭有限责任公司 | 15 | 6397 |
| 64 | 140624811855061 | 山西省朔州市矿业公司南窑出口煤站 | 14 | 6370 |
| 65 | 14021175151626X | 大同钰源煤炭运销有限责任公司 | 14 | 6135 |
| 66 | 130204601058187 | 河北省唐山市滦通商贸有限公司 | 13 | 5980 |
| 67 | 410402169991946 | 平顶山煤业（集团）有限责任公司 | 41 | 5934 |
| 68 | 130728765173851 | 怀安县乾元能源有限公司 | 13 | 5871 |
| 69 | 140227111741418 | 大同鹊山精煤有限责任公司 | 14 | 5823 |
| 70 | 14010674351204X | 山西通洲贸易有限公司 | 14 | 5806 |
| 71 | 32028176053286X | 江阴苏龙电力燃料有限公司 | 32 | 5748 |

续表

| 序号 | 企业代码 | 企业名称 | 地区 | 实纳税额 |
|---|---|---|---|---|
| 72 | 231202660249629 | 黑龙江龙煤矿业集团荣盛国际经贸有限公司 | 23 | 5745 |
| 73 | 440183618770672 | 广州粤和能源有限公司 | 44 | 5707 |
| 74 | 320322738254023 | 徐州东方运销实业集团有限公司 | 32 | 5662 |
| 75 | 130225601296871 | 乐亭县渤港物贸有限公司 | 13 | 5660 |
| 76 | 130312723395835 | 秦皇岛市铭伟经贸有限公司 | 13 | 5371 |
| 77 | 140227111740159 | 山西省煤炭运销总公司大同分公司左云县公司 | 14 | 5281 |
| 78 | 31011577577006X | 上海鹭翔海陆燃料有限公司 | 31 | 5263 |
| 79 | 44020575788491X | 韶关市曲江三和贸易有限公司 | 44 | 5187 |
| 80 | 140203775183199 | 山西统配煤炭经销总公司大同发煤站 | 14 | 5097 |
| 81 | 140781113036931 | 山西安泰集团股份有限公司 | 14 | 5054 |
| 82 | 140107110014569 | 山西煤炭进出口集团有限公司 | 14 | 5047 |
| 83 | 610890745008031 | 榆林市榆神煤炭有限责任公司 | 61 | 5046 |
| 84 | 13021260107374X | 开滦（集团）有限责任公司煤炭运销经营部 | 13 | 5035 |
| 85 | 370103752666569 | 山东广宇能源有限公司 | 37 | 5030 |
| 86 | 130727762069194 | 阳原县京原煤炭运销有限公司 | 13 | 4952 |
| 87 | 110105100014063 | 中煤科技集团公司 | 11 | 4889 |
| 88 | 140303676433551 | 山西国阳新能国际贸易有限公司 | 14 | 4852 |
| 89 | 372321778405703 | 惠民县保运煤炭销售有限责任公司 | 37 | 4837 |
| 90 | 142232741066859 | 山西世德能源集团有限公司 | 14 | 4810 |
| 91 | 320923663284040 | 江苏昆仑能源有限公司 | 32 | 4762 |
| 92 | 61082173534658X | 陕西陕北矿业神木运销有限公司 | 61 | 4723 |
| 93 | 370811739266368 | 山东恒信集团有限公司 | 37 | 4683 |
| 94 | 140321724627271 | 山西东升煤业集团有限公司 | 14 | 4631 |
| 95 | 445224751073251 | 惠来县华中燃料有限公司 | 44 | 4622 |
| 96 | 110227802611161 | 北京华特安科经贸有限公司 | 11 | 4598 |
| 97 | 140108713656245 | 太原市龙聚煤炭有限公司 | 14 | 4573 |
| 98 | 110102796700482 | 北京大唐燃料有限公司 | 11 | 4544 |
| 99 | 150116743862381 | 内蒙古西蒙煤炭有限责任公司 | 15 | 4540 |
| 100 | 140211746014361 | 山西煤运省外煤焦经销大同有限公司 | 14 | 4529 |

# 全国综合零售业纳税百强排行榜

单位：万元

| 序号 | 企业代码 | 企业名称 | 地区 | 实纳税额 |
|---|---|---|---|---|
| 1 | 310108607372708 | 上海大润发有限公司 | 31 | 32493 |
| 2 | 440301618842912 | 深圳天虹商场有限公司 | 44 | 26752 |
| 3 | 310107607320828 | 上海联家超市有限公司 | 31 | 25394 |
| 4 | 320106134789924 | 苏果超市有限公司 | 32 | 24442 |
| 5 | 330195609122737 | 杭州大厦有限公司 | 33 | 23547 |
| 6 | 310107132230940 | 农工商超市（集团）有限公司 | 31 | 22302 |
| 7 | 320105721756748 | 金鹰国际商贸集团（中国）有限公司 | 32 | 22273 |
| 8 | 110102600013542 | 百盛商业发展有限公司 | 11 | 20756 |
| 9 | 110104101542829 | 北京菜市口百货股份有限公司 | 11 | 20271 |
| 10 | 440102190481772 | 广州友谊集团股份有限公司 | 44 | 19085 |
| 11 | 410105614717452 | 郑州丹尼斯百货有限公司 | 41 | 18694 |
| 12 | 440104190422131 | 广州市广百股份有限公司 | 44 | 18378 |
| 13 | 110108758204138 | 北京家乐福商业有限公司中关村广场店 | 11 | 17941 |
| 14 | 33010314294455X | 浙江银泰百货有限公司 | 33 | 16913 |
| 15 | 440301618907464 | 沃尔玛深国投百货有限公司 | 44 | 16253 |
| 16 | 440101618421616 | 广州屈臣氏个人用品商店有限公司 | 44 | 16210 |
| 17 | 310115607210055 | 上海第一八佰伴有限公司 | 31 | 15711 |
| 18 | 110108746102994 | 北京翠微大厦股份有限公司 | 11 | 15520 |
| 19 | 330206704881846 | 三江购物俱乐部股份有限公司 | 33 | 14075 |
| 20 | 210202241268278 | 大商集团股份有限公司 | 21 | 13898 |
| 21 | 320103134881640 | 南京中央商场（集团）股份有限公司 | 32 | 13702 |
| 22 | 310115710939493 | 上海易初莲花连锁超市有限公司 | 31 | 13650 |
| 23 | 610103742801536 | 西安开元商城有限公司 | 61 | 13360 |
| 24 | 440301192201295 | 华润万家有限公司 | 44 | 13202 |
| 25 | 110102634384245 | 北京中友百货有限责任公司 | 11 | 13151 |
| 26 | 330165143033993 | 杭州联华华商集团有限公司 | 33 | 12907 |
| 27 | 110109101373009 | 北京美廉美连锁商业有限公司 | 11 | 12795 |
| 28 | 430102763258296 | 家润多商业股份有限公司 | 43 | 12494 |
| 29 | 420101616404089 | 武汉广场管理有限公司 | 42 | 12285 |
| 30 | 110105101782670 | 北京京客隆商业集团股份有限公司 | 11 | 12257 |
| 31 | 110107665601978 | 北京市大中家用电器连锁销售有限公司 | 11 | 12058 |
| 32 | 440106231122961 | 广东天河城百货有限公司 | 44 | 11671 |
| 33 | 510104201930562 | 成都王府井百货有限公司 | 51 | 11173 |
| 34 | 440301710936858 | 沃尔玛（中国）投资有限公司 | 44 | 11148 |

续表

| 序号 | 企业代码 | 企业名称 | 地区 | 实纳税额 |
|---|---|---|---|---|
| 35 | 310104607268898 | 上海太平洋百货有限公司 | 31 | 11030 |
| 36 | 61010271019417X | 西安爱家商贸有限公司 | 61 | 11017 |
| 37 | 310106717864738 | 古驰（中国）贸易有限公司 | 31 | 10825 |
| 38 | 310101132329342 | 上海新世界股份有限公司 | 31 | 10767 |
| 39 | 37020261434422X | 青岛永旺东泰商业有限公司 | 37 | 10683 |
| 40 | 110105625905811 | 北京燕莎友谊商城有限公司 | 11 | 10669 |
| 41 | 110105661563601 | 北京赛特百货有限公司 | 11 | 10505 |
| 42 | 110101101305380 | 北京王府井百货（集团）股份有限公司 | 11 | 10473 |
| 43 | 310101132203694 | 上海百联集团股份有限公司 | 31 | 10464 |
| 44 | 420104300085552 | 武汉中百连锁仓储超市有限公司 | 42 | 10199 |
| 45 | 320103134896447 | 南京新街口百货商店股份有限公司 | 32 | 9958 |
| 46 | 110103101500717 | 北京富海华进出口有限公司 | 11 | 9941 |
| 47 | 310106717851371 | 上海久光百货有限公司 | 31 | 9914 |
| 48 | 210102243490294 | 中兴－沈阳商业大厦（集团）股份有限公司 | 21 | 9722 |
| 49 | 320200703514737 | 无锡商业大厦大东方股份有限公司 | 32 | 9688 |
| 50 | 310104607220798 | 东方商厦有限公司 | 31 | 9557 |
| 51 | 110105717865677 | 华联新光百货（北京）有限公司 | 11 | 9335 |
| 52 | 370702163099527 | 山东潍坊百货集团股份有限公司 | 37 | 9219 |
| 53 | 310109607370331 | 联华超市股份有限公司 | 31 | 9120 |
| 54 | 310105631479302 | 上海国美电器有限公司 | 31 | 9095 |
| 55 | 330193143044537 | 百大集团股份有限公司 | 33 | 9085 |
| 56 | 330193143045249 | 杭州解百集团股份有限公司 | 33 | 9068 |
| 57 | 110108102122164 | 北京双安商场有限责任公司 | 11 | 9004 |
| 58 | 130103236047630 | 北国商城股份有限公司 | 13 | 8708 |
| 59 | 230103606111426 | 黑龙江远大购物中心有限公司 | 23 | 8491 |
| 60 | 31010660727864X | 上海梅龙镇广场有限公司 | 31 | 8437 |
| 61 | 440301782757269 | 深圳市人人乐商业有限公司 | 44 | 8249 |
| 62 | 430103616774151 | 湖南平和堂实业有限公司 | 43 | 8129 |
| 63 | 430105782875193 | 快乐购物有限责任公司 | 43 | 7850 |
| 64 | 350204737887347 | 厦门市天虹商场有限公司 | 35 | 7840 |
| 65 | 32030075142893X | 徐州金鹰国际实业有限公司 | 32 | 7659 |
| 66 | 210202711321302 | 大连国际商贸大厦有限公司大连麦凯乐总店 | 21 | 7569 |
| 67 | 110105625912499 | 华糖洋华堂商业有限公司 | 11 | 7533 |
| 68 | 310104607200623 | 上海汇金百货有限公司 | 31 | 7450 |
| 69 | 110106700003739 | 北京家乐福商业有限公司 | 11 | 7409 |
| 70 | 310103703190867 | 上海好得便利有限公司 | 31 | 7382 |
| 71 | 440301192172519 | 深圳市国有免税商品（集团）有限公司 | 44 | 7371 |

续表

| 序号 | 企业代码 | 企业名称 | 地区 | 实纳税额 |
|---|---|---|---|---|
| 72 | 32100172521775X | 扬州金鹰国际实业有限公司 | 32 | 7364 |
| 73 | 640104227693286 | 银川新华百货商店股份有限公司 | 64 | 7342 |
| 74 | 370102267180354 | 山东银座商城股份有限公司 | 37 | 7279 |
| 75 | 610104791690043 | 西安市人人乐超市有限公司 | 61 | 7241 |
| 76 | 420103768082381 | 武汉武商量贩连锁有限公司 | 42 | 7159 |
| 77 | 420111731061034 | 群光实业（武汉）有限公司 | 42 | 7145 |
| 78 | 110103101458416 | 北京新世界商场 | 11 | 7071 |
| 79 | 310103607302195 | 上海九海百盛广场有限公司 | 31 | 7052 |
| 80 | 650103228584428 | 新疆友好（集团）股份有限公司 | 65 | 6839 |
| 81 | 610102220603356 | 西安民生集团股份有限公司 | 61 | 6766 |
| 82 | 371002166697725 | 山东家家悦集团有限公司 | 37 | 6748 |
| 83 | 11010810196866X | 北京城乡贸易中心股份有限公司 | 11 | 6687 |
| 84 | 220104844043748 | 长春欧亚集团股份有限公司欧亚商都 | 22 | 6682 |
| 85 | 220104605133017 | 长春卓展时代广场百货有限公司 | 22 | 6682 |
| 86 | 220104795211855 | 吉林省巴黎春天百货有限公司 | 22 | 6682 |
| 87 | 320601138331187 | 文峰大世界连锁发展股份有限公司 | 32 | 6349 |
| 88 | 220104753642446 | 吉林省威宝恒客隆仓储百货有限公司 | 22 | 6318 |
| 89 | 210402119349058 | 大商集团抚顺百货大楼有限公司 | 21 | 6264 |
| 90 | 310103607254904 | 上海屈臣氏日用品有限公司 | 31 | 6247 |
| 91 | 320503134793704 | 苏州人民商场股份有限公司 | 32 | 6217 |
| 92 | 120114754813198 | 天津华润万家生活超市有限公司 | 12 | 6174 |
| 93 | 440301618911535 | 深圳茂业商厦有限公司 | 44 | 6170 |
| 94 | 211103122439732 | 辽宁兴隆百货集团有限公司 | 21 | 6129 |
| 95 | 110107710936284 | 北京沃尔玛百货有限公司 | 11 | 6081 |
| 96 | 310101132264454 | 上海置地广场商厦有限公司 | 31 | 5980 |
| 97 | 440301748854831 | 深圳市茂业百货华强北有限公司 | 44 | 5976 |
| 98 | 140106602087262 | 山西美特好连锁超市股份有限公司 | 14 | 5966 |
| 99 | 11010810201661X | 北京中北方国际贸易有限公司 | 11 | 5913 |
| 100 | 210102604616463 | 沈阳新世界百货有限公司 | 21 | 5840 |

# 全国建筑业纳税百强排行榜

单位：万元

| 序号 | 企业代码 | 企业名称 | 地区 | 实纳税额 |
|---|---|---|---|---|
| 1 | 110105710934369 | 中国交通建设股份有限公司 | 11 | 56452 |
| 2 | 140111110071184 | 中铁十二局集团有限公司 | 14 | 53993 |
| 3 | 330783147520019 | 中天建设集团有限公司 | 33 | 51476 |
| 4 | 610103220522345 | 中铁一局集团有限公司 | 61 | 47531 |
| 5 | 310104132660027 | 中交第三航务工程局有限公司 | 31 | 46455 |
| 6 | 31011563126503X | 中国建筑第八工程局有限公司 | 31 | 44775 |
| 7 | 230690129316372 | 大庆油田建设集团有限责任公司 | 23 | 43750 |
| 8 | 310113746502808 | 上海宝冶建设有限公司 | 31 | 43512 |
| 9 | 110105101692827 | 中国石化工程建设公司 | 11 | 41184 |
| 10 | 340111149185525 | 中铁四局集团有限公司 | 34 | 40179 |
| 11 | 211002122027391 | 中铁十九局集团有限公司 | 21 | 37917 |
| 12 | 110106710935003 | 中国中铁股份有限公司 | 11 | 36898 |
| 13 | 410303171075680 | 中铁隧道集团有限公司 | 41 | 33981 |
| 14 | 110116799024088 | 北京城建三建设发展有限公司京加路项目部 | 11 | 31846 |
| 15 | 110108101884765 | 中铁六局集团有限公司 | 11 | 31213 |
| 16 | 110111710921189 | 中铁建工集团有限公司 | 11 | 28955 |
| 17 | 310115631189305 | 上海建工股份有限公司 | 31 | 28410 |
| 18 | 130208661055789 | 中冶京唐建设有限公司 | 13 | 28107 |
| 19 | 420101757013137 | 中建三局建设工程股份有限公司 | 42 | 27654 |
| 20 | 320621138583616 | 江苏省苏中建设集团股份有限公司 | 32 | 27513 |
| 21 | 120116789363043 | 中冶天工建设有限公司 | 12 | 26471 |
| 22 | 330621726624293 | 浙江宝业建设集团有限公司 | 33 | 25460 |
| 23 | 420102177685391 | 中交第二航务工程局有限公司 | 42 | 25314 |
| 24 | 31010113222855X | 中交上海航道局有限公司 | 31 | 24957 |
| 25 | 110112100024296 | 中国建筑第二工程局有限公司 | 11 | 24657 |
| 26 | 420104615571010 | 中国葛洲坝集团股份有限公司 | 42 | 24595 |
| 27 | 310101133737065 | 上海东捷建设（集团）有限公司 | 31 | 24334 |
| 28 | 12011010375258X | 天津二十冶建设有限公司 | 12 | 23941 |
| 29 | 310108132237536 | 上海久隆电力（集团）有限公司 | 31 | 23846 |
| 30 | 12011210306009X09X | 中铁十八局集团有限公司 | 12 | 23245 |
| 31 | 310104132222385 | 上海隧道工程股份有限公司 | 31 | 22895 |
| 32 | 32020073176600X | 无锡锡能实业集团有限公司 | 32 | 22187 |
| 33 | 140114110104513 | 中铁三局集团有限公司 | 14 | 21745 |
| 34 | 11010710228709X | 中铁建设集团有限公司 | 11 | 20720 |

续表

| 序号 | 企业代码 | 企业名称 | 地区 | 实纳税额 |
|---|---|---|---|---|
| 35 | 320106249701021 | 南京苏逸实业有限公司 | 32 | 20512 |
| 36 | 140114110070843 | 中铁十七局集团有限公司 | 14 | 20488 |
| 37 | 120107103622427 | 中交一航局第一工程有限公司 | 12 | 20405 |
| 38 | 110106101107173 | 中国建筑一局（集团）有限公司 | 11 | 20217 |
| 39 | 370202163570841 | 中交一航局第二工程有限公司 | 37 | 19742 |
| 40 | 310113754778652 | 中冶天工上海十三冶建设有限公司 | 31 | 19685 |
| 41 | 330204768520599 | 宁波建工股份有限公司 | 33 | 19397 |
| 42 | 440606231927946 | 广东腾越建筑工程有限公司 | 44 | 19315 |
| 43 | 330165142912355 | 浙江省建工集团有限责任公司 | 33 | 18527 |
| 44 | 440606708165900 | 佛山市顺德区雅骏装饰设计工程有限公司 | 44 | 18522 |
| 45 | 310115133504675 | 上海市第七建筑有限公司 | 31 | 17396 |
| 46 | 310115132400807 | 上海市第一建筑有限公司 | 31 | 17078 |
| 47 | 430111183761776 | 中国水利水电第八工程局有限公司 | 43 | 16508 |
| 48 | 310113631896624 | 中冶成工上海五冶建设有限公司 | 31 | 16464 |
| 49 | 440105190433447 | 中交广州航道局有限公司 | 44 | 16382 |
| 50 | 310109133126336 | 上海绿地建设集团有限公司 | 31 | 16226 |
| 51 | 330194253926338 | 浙江人有实业股份有限公司 | 33 | 16166 |
| 52 | 110107633700269 | 北京首钢建设集团有限公司 | 11 | 16114 |
| 53 | 310112133304518 | 上海市南电力工程有限公司 | 31 | 16076 |
| 54 | 110106625906144 | 中铁电气化局集团有限公司 | 11 | 15706 |
| 55 | 41031117108195X | 中国石油天然气第一建设公司 | 41 | 15570 |
| 56 | 110105101636761 | 中铁十六局集团有限公司 | 11 | 15466 |
| 57 | 420111177693041 | 中建三局第三建设工程有限责任公司 | 42 | 15464 |
| 58 | 510402793968264 | 中冶实久建设有限公司 | 51 | 14681 |
| 59 | 131003104321618 | 中国石油天然气管道局 | 13 | 14656 |
| 60 | 210202118431447 | 中交一航局第三工程有限公司 | 21 | 14656 |
| 61 | 370502864724487 | 胜利油田胜利工程建设（集团）有限责任公司 | 37 | 14619 |
| 62 | 420107177727555 | 中国第一冶金建设有限责任公司 | 42 | 14607 |
| 63 | 130602700671104 | 河北建设集团有限公司 | 13 | 14495 |
| 64 | 519000711886821 | 四川蜀渝石油建筑安装工程有限责任公司 | 51 | 14449 |
| 65 | 370502864731265 | 中国石化集团胜利石油管理局井下作业公司 | 37 | 14430 |
| 66 | 321700608285139 | 苏州金螳螂建筑装饰股份有限公司 | 32 | 14386 |
| 67 | 310113739759277 | 中国二十冶建设有限公司 | 31 | 14269 |
| 68 | 110108101886621 | 中国新兴建设开发总公司 | 11 | 14189 |
| 69 | 110105101715726 | 中建一局集团建设发展有限公司 | 11 | 14105 |
| 70 | 320502137690962 | 苏州二建建筑集团有限公司 | 32 | 13990 |
| 71 | 330165142936138 | 浙江省长城建设集团股份有限公司 | 33 | 13708 |

续表

| 序号 | 企业代码 | 企业名称 | 地区 | 实纳税额 |
|---|---|---|---|---|
| 72 | 500103747472233 | 中冶赛迪工程技术股份有限公司 | 50 | 13698 |
| 73 | 440106190334510 | 广东省长大公路工程有限公司 | 44 | 13503 |
| 74 | 110192783201385 | 中冶集团华冶资源开发有限责任公司 | 11 | 13379 |
| 75 | 320691138290709 | 南通建工集团股份有限公司 | 32 | 13334 |
| 76 | 120107103620456 | 中交一公局局第六工程有限公司 | 12 | 13308 |
| 77 | 420203177573461 | 中国十五冶金建设有限公司 | 42 | 13292 |
| 78 | 440106190527857 | 广州富利建筑安装工程有限公司 | 44 | 13229 |
| 79 | 440112617412056 | 广东火电工程总公司 | 44 | 13050 |
| 80 | 320505251629030 | 苏州金澄电力实业有限公司 | 32 | 12770 |
| 81 | 450901200444546 | 广西正地建设发展有限公司 | 45 | 12656 |
| 82 | 330783704583216 | 歌山建设集团有限公司 | 33 | 12410 |
| 83 | 120107103063602 | 中国建筑第六工程局有限公司 | 12 | 12067 |
| 84 | 44030019219518X | 中国华西企业有限公司 | 44 | 11900 |
| 85 | 140111110071125 | 中铁六局集团太原铁路建设有限公司 | 14 | 11828 |
| 86 | 120102103203185 | 中铁十六局集团第二工程有限公司 | 12 | 11823 |
| 87 | 140109110071555 | 中铁十二局集团第三工程有限公司 | 14 | 11648 |
| 88 | 450202198614605 | 广西建工集团第五建筑工程有限责任公司 | 45 | 11533 |
| 89 | 14030370107132X | 山西太行建设开发有限公司 | 14 | 11455 |
| 90 | 320113134891099 | 中建工业设备安装有限公司 | 32 | 11248 |
| 91 | 440105190432495 | 中交四航局第二工程有限公司 | 44 | 11238 |
| 92 | 350102154381424 | 中建七局第三建筑有限公司 | 35 | 11227 |
| 93 | 110101710933817 | 中国路桥工程有限责任公司 | 11 | 11143 |
| 94 | 320583741325742 | 昆山市锦程实业集团有限公司 | 32 | 11008 |
| 95 | 320583138131652 | 昆山市顺达电力建设有限公司 | 32 | 10834 |
| 96 | 440512193050759 | 汕头市达濠市政建设有限公司 | 44 | 10677 |
| 97 | 320400137513376 | 常州晋陵电力集团有限公司 | 32 | 10663 |
| 98 | 440106214401707 | 中国建筑第四工程局有限公司 | 44 | 10518 |
| 99 | 330211720497203 | 浙江省二建建设集团有限公司 | 33 | 10502 |
| 100 | 440300131793587 | 江苏省华建建设股份有限公司深圳分公司 | 44 | 10323 |

# 黄鹤楼科技园

*Huanghelou Kejiyuan*

## 制定标准的力量

黄鹤楼之前，烟草行业，甚至其它行业，鲜有淡雅香之说。黄鹤楼之后，淡雅香蔚然成风。

2002年，“黄鹤楼”销量不足4万箱，2009年接近50万箱。来自市场的声音，最朴实又最真实地传递着黄鹤楼淡雅香的魅力。品牌销量与销售结构的同步良性增长，高档卷烟市场中少有的优异表现，“黄鹤楼”成为中式卷烟经典品牌的关键词之一。2008年6月6日，“黄鹤楼”淡雅香品类项目正式通过行业鉴定，得到了国家烟草专卖局的高度认可。与浓香、清香齐名，淡雅香成为中式卷烟的一个全新品类。

## 一流的品牌创造品类

黄鹤楼从此成为“淡雅香”型中式卷烟品类标准的探索者。

中国卷烟行业，乃至整个民族品牌的创新实践，从此产生了新的营销模式和产品标杆。从原料到香料，从薄片到嘴棒，从烟支形状到盒形设计，每一个环节、每一个细节，处处都有标准的力量。

黄鹤楼科技园

“创新性”技术使淡雅香在天然本草研究应用领域，走在世界前列。

黄鹤楼淡雅香腾飞的鲜亮轨迹，足以证明在自主创新的路上，黄鹤楼科技园初步实现了由“执行标准”向“制订标准”的华丽转身。源于制定标准的力量，黄鹤楼已经实现了“从省内向省外”的跨越。如今，这股力量正在持续推动黄鹤楼品牌踏上“从国内向国际”跨越的征途。

## “两园三基地”支撑黄鹤楼品牌异军突起

梳理湖北中烟的发展脉络：从黄鹤楼科技园（产品设计、技术研发、品牌创新），到云盘、红坪、柏泉三大外延基地（原材料保障），再到黄鹤楼工业园（生产制造、物流运输）。

一条资源整合、逐步实现全产业链贯通的“全价值战略”路径，贯穿于黄鹤楼品牌的崛起之路。

长期以来，人们对卷烟制造业产业链的印象，仅止于烟叶和生产。“为何同样的原料，同样的工艺生产，产品以更低的价格进入市场，却处处受到冷落？”传统的观念受到来自总经理彭明权的质疑。“科技在卷烟制造中应该大有可为。”

## 黄鹤楼科技园，淡雅香高技术的源泉

2003年，黄鹤楼科技园创建成立，从高起点切入，成为一个集技术研发、成果转化、聚才融智的重要基地。

天然香精香料研究所、特色工艺工序研究所、减害增香型薄片研究所、功能型嘴棒研究所、品牌文化研究所和天然植物应用重点研究实验室等十多个专业研发机构，相继在科技园建立。3N香料复方技术、4S生态培育技术、柔性风选等371道特色工艺、增香型薄片、纵向多圆嘴棒、多层网络嘴棒等一系列自主知识产权成果，被广泛转化为黄鹤楼淡雅香的竞争力。

## 外延基地：淡雅香高品位的原料基础

“黄鹤楼（云盘）烟叶生态园”是黄鹤楼品牌特色原料的重要栽培基地，成为系列产品呈现烟草本香的重要香源。

“黄鹤楼（红坪）神农百草园”位于神农架林区腹地，以烟用天然本草种植为目的，做储备性原料品种的原生态种植实验，为品牌长期稳定发展提供保障。

“黄鹤楼（柏泉）创意园”园区是集研究、种植、开发于一体的现代性基地，以策划、评估高层次、高水平的科技创意为主，以引种、改良、研究香料植物为辅，兼顾中草药与烟叶的种植研究。

从黄鹤楼“两园三基地”的发展路径来看，其在谋求产业链全程掌控，获得全价值链战略竞争力时，舍弃追求“大而全”，努力做到“精而专”。

## 品牌竞争归根到底是顶级人才的竞争

品牌是一种可以改变产业格局的力量。黄鹤楼淡雅香的成功，就是一个最好的证明。短短数年间，黄鹤楼成功晋升“中式卷烟”高档品牌“四大天王”，开创全新品类，助力企业可持续发展。

以黄鹤楼品牌为代表，“湖北创造”，声威再起。

以专业博士、海归学子和技术带头人领衔的研究团队汇集于此，2000多名植物医学、烟草化学、生物学等专业的顶级人才汇聚于此，挥洒着智慧的激情与汗水。正是他们，开创了黄鹤楼品牌的新时代，续写了黄鹤楼神话的新篇章。

### 院校合作，成果共享

与40多家国内外高等院校、科研院所建立长期技术合作关系，黄鹤楼科技园成为了一个以产学研联盟创新体系为前提，集合科研力量、实施创新活动以及科技成果转化为一体的基地。多领域、深层次、高水平、全方位的合作，以风险共担、成果共享等灵活方式，在短时间内实现创新成果市场化。催生出580多项专利技术，裂变出1916•黄鹤楼、感恩、漫天游、论道等一个个风靡市场的高端产品。

# 湖南中烟工业有限责任公司

湖南中烟工业有限责任公司的前身是湖南中烟工业公司。湖南中烟工业公司成立于2003年5月，隶属国家烟草专卖局（中国烟草总公司）。2006年11月，湖南中烟工业公司与所属长沙卷烟厂、常德卷烟厂合并重组为一个企业法人。2007年11月，经国家烟草专卖局批准，按照建立现代企业制度的要求，湖南中烟工业公司更名改制为湖南中烟工业有限责任公司。公司主要经营范围是：烟草制品的生产、销售，烟用物资、烟机进口和卷烟出口业务，与烟草制品生产销售相关的其他生产经营，多元化经营，资产经营等。

公司目前有员工14000余人，总资产370亿元，年产规模400余万箱，本部设有20个部、室、中心，直辖6个不具有企业法人资格的卷烟生产厂、3个控股烟叶复烤加工企业、1个控股烟草薄片加工企业，持有河北白沙烟草有限责任公司50%的股权。6个卷烟生产厂分别是湖南中烟工业有限责任公司长沙卷烟厂、常德卷烟厂、郴州卷烟厂、零陵卷烟厂、四平卷烟厂、吴忠卷烟厂，公司对卷烟生产厂实行内部核算和目标管理。公司技术中心拥有科技人才200人，其中博士、高级职称、硕士等高级人才60余人，拥有专利165项，获得国家科技进步奖1个，省部级科技进步奖4个。2008年，“长沙卷烟厂特色工艺技术研究与应用”项目被评为中国烟草总公司科学技术进步一等奖。公司拥有高、中、低结构合理的品牌，主要卷烟品牌有“芙蓉王”、“白沙”、“芙蓉”，其中，“芙蓉王”和“白沙”是中国驰名商标、中国名牌、全国名优卷烟品牌。

2008年，全年生产卷烟329.6万箱，同比增加12.16万箱；实现税利325.14亿元，同比增加45.27亿元，增长16.18%。“白沙”销量突破240万箱，连续多年保持全行业单牌号产销量第一，“芙蓉王”销量突破53万箱，继续保持全国高档卷烟产销量领先地位。在第六届世界品牌大会暨中国500强最具价值品牌发布大会上公布的中国最具有价值品牌500强的榜单中，“芙蓉王”、“白沙”、两大品牌分别以品牌价值288.39亿元和265.16亿元位列中国品牌第29位和36位。公司与菲莫公司（PM）的品牌生产、销售合作项目已实施，“万宝路”已正式在公司生产，国际化自主品牌“HARMONY”在阿根廷投入生产，国际化运作平台初步搭建。

湖南中烟工业有限责任公司办公楼

吸　烟　有

吸　烟　有

芙蓉王
递价值 成就你我
湖南中烟工业有限责任公司
China Tobacco Hunan Industrial Co.,Ltd.
害 健 康

Fly Higher
我 心 飞 翔
害 健 康

# 福建中烟工业公司

福建省省长黄小晶（右三）到我司下属福建金闽再造烟叶发展有限公司考察调研

**【企业概况】福建中烟工业公司于2003年11月在福州成立，2005年5月总部搬迁至厦门，下辖龙岩烟草工业有限责任公司、厦门烟草工业有限责任公司、龙岩金叶复烤有限责任公司和金闽再造烟叶有限责任公司四家法人企业，目前全省工业系统主业在岗人员三千多人。**

近几年，福建中烟紧紧围绕进入“两个10多个”的发展目标，按照行业“大品牌、大企业、大市场”的发展思路，积极实施“一优一特”品牌发展战略，即不断做强做大“七匹狼”品牌，大力提升中式混合型卷烟“金桥”品牌，以品牌核心竞争力提升为聚焦点，稳步推进品牌整合、营销整合和技术整合，不断优化资源配置，有效地提升了福建卷烟工业的整体竞争实力。产销量从2003年的105万箱增长到2008年的158.8万箱；销售收入从70亿元增至152亿元；税利从44.5亿元增至106.5亿元，特别是“七匹狼”品牌从2003年的13万箱快速发展到2008年的107万箱，实现产销量超百万箱、销售收入超百亿元“双百”目标，销量在全国名优卷烟中列第11位，已成长为具有较强竞争力的全国重点骨干卷烟品牌。“金桥”卷烟品味进一步提升，规模进一步做大，产销量达到10万箱，也列为烟草行业重点培育的全国性骨干卷烟品牌考核。

2008年2月10日，国家烟草专卖局姜成康局长（右三）龙岩市委书记张健（右二）视察"七匹狼"精品线技改工程。

2009年1月29日，国家烟草专卖局局长姜成康（左二）一行视察精品"七匹狼"卷烟专用生产线技改项目工地

2008年，福建中烟工业公司下属企业龙岩烟草工业有限责任公司、厦门烟草工业有限责任公司分别纳税超20亿元，位列福建省国税百强榜第一、第二名，为促进海峡西岸经济区建设发挥了重要作用。

当前乃至今后一段时间，福建中烟将继续坚定不移贯彻实施"一优一特"品牌发展战略，以"保增长、促发展"为主题，统筹兼顾，继续深化改革，强化基础管理，大力自主创新，突出科技创新、品牌培育和技改建设，不断增强发展后劲，努力推动福建中烟全面协调发展，为成为中国烟草发展重要一极不懈奋斗。

2008年，"七匹狼"、"金桥"均列为烟草行业重点培育的全国性骨干卷烟品牌，在国家局发布的前20名全国性卷烟重点骨干品牌评价中，"七匹狼"名列第11位。2008年实现全年产销量158.8万箱，销售收入达到151亿元，税利110亿元，继续呈现持续稳定健康发展的良好势头。"金桥（英伦奶香）"新品上市展现出良好的成长性，成为中式混合型卷烟的一大亮点。

2009年4月22日，福建省省长黄小晶（左三）视察"七匹狼"精品线技术改造项目主体工程

国家烟草专卖局李克明副局长（前左一）厦门市市长刘赐贵（中）视察金桥项目工地。

福建中烟工业公司总经理卢金来

福建中烟工业公司总经理卢金来（左二）深入龙烟生产一线调研。

**【企业改革与发展】2006年以来，福建中烟在保留下属企业法人资格、实行母子公司管理体制架构的基础上，积极推进企业改革与发展，努力实现省公司由管理型向生产经营实体转变，构建了独具特色、富有成效的“母子公司、母分运作”模式。**

按照“总体规划、分步实施”的原则，稳步推进“四大中心”建设。2006年先后成立福建中烟营销中心、技术中心，并紧紧围绕“一优一特”品牌战略，以“打造特色工艺，提高产品市场适应能力”为主线，深入开展产品研发和市场营销工作，取得较好的成效，目前已实现全省卷烟工业系统品牌、销售和技术的完全整合，2008年，福建中烟成立“生产经营总调度室”，进一步加强生产制造、计划管理和设备管理，基本建立起“成产制造中心”的运作方式，有效地优化配置了各项资源。

【公司制改造】2007年11月，龙岩、厦门卷烟厂分别改制为龙岩、厦门烟草工业有限责任公司，采取董事会、经理层、监事会各司其职、有效制衡的法人治理结构，逐步实现由工厂制向公司制的转变。

国家烟草专卖局纪检组长潘家华（左二）视察厦门卷烟厂

2009年刘赐贵市长（右一）陪同福建省常务副省长张昌平（右二）莅临我司视察建设中的“金桥生产中心二期工程”

厦烟金桥卷烟生产项目奠基

制丝车间

**【技术创新】建立以项目制为主轴的技术创新管理机制，将项目实施成效与绩效考核挂钩，探索“产品负责制”模式，陆续推出了“七匹狼”传奇系列、“金桥”异型特色系列新品，“金典狼”、“金桥（英伦奶香）”等产品显示出较强的竞争力。**

【营销模式改革】减少营销业务管理层次，努力推进组织架构全面扁平化。分拆业务大区域，在部分大区域实行业务承包试点改革，通过人员双向选择及竞争上岗产生大区域经理和业务团队；按照非法人相对独立实体运作，减少营销业务决策环节，实行预算管理和充分授权，以快速反应市场。

【技术改造工程】在保持国内一流卷烟制造企业的基础上，以大力发展中式卷烟，打造精品中式卷烟先进制造基地为核心，积极推进精品“七匹狼”专用生产线技术改造项目和“金桥”混合型卷烟技术改造项目建设，为福建中烟发展增添强大后劲。

龙烟双百

魅力厦烟

**图书在版编目（CIP）数据**

中国纳税百强年鉴. 2009年卷/《中国纳税百强年鉴》编委会主编. —北京：中国财政经济出版社，2009. 12
ISBN 978 - 7 - 5095 - 2032 - 1

Ⅰ. 中…　Ⅱ. 中…　Ⅲ. 工商企业 - 中国 - 2009 - 年鉴
Ⅳ. F279. 24 - 54

中国版本图书馆CIP数据核字(2009)第027393号

**责任编辑**：王彦浩　　**责任校对**：徐艳丽
**封面设计**：源　昊　　**版式设计**：源　昊

中国财政经济出版社 出版

**URL**：http://www. cfeph. cn
E - mail：cfeph @ cfeph. cn

社址：北京市海淀区阜成路甲28号　邮政编码：100142
发行处电话：88190406　财经书店电话：64033436
中国文联印刷厂印刷　各地新华书店经销
889 × 1194毫米　16开　25印张　450千字
2010年3月第1版　2010年3月第1次印刷
定价：350. 00元
ISBN 978 - 7 - 5095 - 2032 - 1/F · 2000